广西崇左何村遗址

发掘报告

⊙ 广西文物保护与考古研究所　编著

文物出版社

图书在版编目（CIP）数据

广西崇左何村遗址发掘报告 / 广西文物保护与考古研究所编著. -- 北京：文物出版社，2023.2
ISBN 978-7-5010-7978-0

Ⅰ.①广… Ⅱ.①广… Ⅲ.①新石器时代文化—文化遗址—考古发掘—发掘报告—崇左 Ⅳ.①K878.05

中国国家版本馆CIP数据核字（2023）第023934号

审图号：桂S（2022）14-5号

广西崇左何村遗址发掘报告

编　　著：广西文物保护与考古研究所

责任编辑：张晓雯　杨新改
责任印制：张　丽

出版发行：文物出版社
社　　址：北京市东城区东直门内北小街2号楼
邮　　编：100007
网　　址：http://www.wenwu.com
经　　销：新华书店
印　　刷：天津图文方嘉印刷有限公司
开　　本：889mm×1194mm　1/16
印　　张：19
版　　次：2023年2月第1版
印　　次：2023年2月第1次印刷
书　　号：ISBN 978-7-5010-7978-0
定　　价：380.00元

The Hecun Site in Chongzuo, Guangxi

Compiled by

Guangxi Institute of Cultural Relics Protection and Archaeology

Cultural Relics Press

内容提要

何村遗址位于广西崇左市江州区濑湍镇九岸村何坡屯东部左江的左岸台地上，是一处新石器时代晚期的贝丘遗址。

该遗址发现的遗迹只有墓葬一种。墓葬中的人骨往往和地层中的螺壳、蚌壳混在一起，没有发现墓圹。人骨分布十分密集，很多不同个体的人骨无间隙相互叠压。葬式以屈肢葬为主，还有肢解葬和蹲踞葬等其他葬式。屈肢葬有仰身屈肢、侧身屈肢、俯身屈肢等形式。肢解葬多为头部肢解，也有多处肢解者。

文化遗物包括石制品、蚌器、骨牙器、陶片四大类，其中石制品占绝大多数。打制石器加工方法以锤击法为主，形态比较规整。磨制石器大多磨制不精，其中葫芦形和喇叭形的研磨器，制作工艺复杂，线型流畅，通体精磨，代表该遗址磨制石器制作技术的最高水平。蚌器中双肩蚌铲和单肩蚌铲占大多数，二者制作精美。骨器和陶片数量少。

何村遗址所在位置正好处于左江上游与下游之间，对研究左江上游与下游之间的文化关系具有重要价值。遗址发现的陶片与左江流域岩洞葬的陶片相似，为研究岩洞葬与台地遗址之间的关系提供了宝贵的资料。同时，墓葬材料比较丰富，在相对较小的范围内，发现了100多个人骨个体，这些材料对于研究广西地区史前人类丧葬习俗、人类体质等方面的问题具有重要意义。

Abstract

This book is the excavation report of Hecun site from 2007 to 2008. The site of Hecun is a late Neolithic shell mound deposit, which located on the left bank terrace of Zuojiang River east of Hepotun in Settler Town, Jiangzhou District, Chongzuo, Guangxi.

Burials found at the site are the only culture features. Human bones in the burials are often found mixed with the conch and mussel shells in the stratum, and no tomb structure has been identified. The distribution of human bones is very dense. Human bones from multiple individuals are stacked on top of each other without gaps. Human skeletons are laid mainly in flexural style, including supine bent limbs, lateral bent limbs, and prone bent limbs forms. Other burial styles such as dismemberment burial and squatting burial are also recognized. In most dismemberment burials only heads have been dismembered, but dismemberments of varied body regions have also been found at Hecun.

Artifacts found at Hecun include stone, mussel, bone and tooth, and pottery products, of which stone products account for the majority. The processing of beaten stone tools is mainly through hammering method, and the form of stone artifacts is relatively regular. Most of the ground stone tools are not finely made, except the gourd-shaped and trumpet-shaped grinders. These grinders have been polished entirely and show smooth outlines which indicate complex production techniques and represent the highest level of grinding stone tools production technology at the site. Among the mussel wares, double-shouldered mussel wares and single-shouldered mussel shovels account for most of them, and both are elaborate made. The number of bone tools and pottery shards is small.

The location of the Hecun site is at the middle point of the upper and lower reaches of the Zuojiang River, which is of great value for the study of cultural relations between the upper and lower reaches of the Zuojiang River. The pottery shards found at the site are similar to those of the cave burials in the Zuojiang River basin, providing valuable information for studying the relationship between cave burials and terrace sites. At the same time, the burial materials are relatively abundant, and more than 100 human individuals are found in a small area. These materials are important for the study of prehistoric human funeral practices and human physiognomy in the Guangxi area.

目　录

第三章　文化遗物

第四章　自然遗物

第五章　文化内涵与年代

第六章　相关问题的讨论

插图目录

彩版目录

第一章　绪　论

第一节　地理环境与历史沿革

一、地理位置

江州区位于广西西南部，居左江中上游，地处东经 107°6′23″ ～ 107°47′33″，北纬 22°9′34″ ～ 22°54′18″ 之间。东接扶绥县，南邻宁明县，西连龙州县，西北靠大新县，北毗隆安县，湘桂铁路南（宁）凭（祥）路横穿过市区及 3 个乡镇。

何村遗址位于崇左市江州区濑湍镇九岸村何坡屯东部左江的左岸台地上。西距何坡屯约 1 千米，南面紧临左江，临江面为悬崖峭壁；东北面是连绵的山峰，呈半环状围抱遗址，山脚下，一条冲沟将遗址与山峰隔开；东面距遗址直线距离约 400 米处为关刀山岩画（图一；彩版一，1）。

二、江州区的地理环境

江州区位于崇左市的东南部。全境地势为南北高，中、东部低，由西北向东南倾斜。北部为

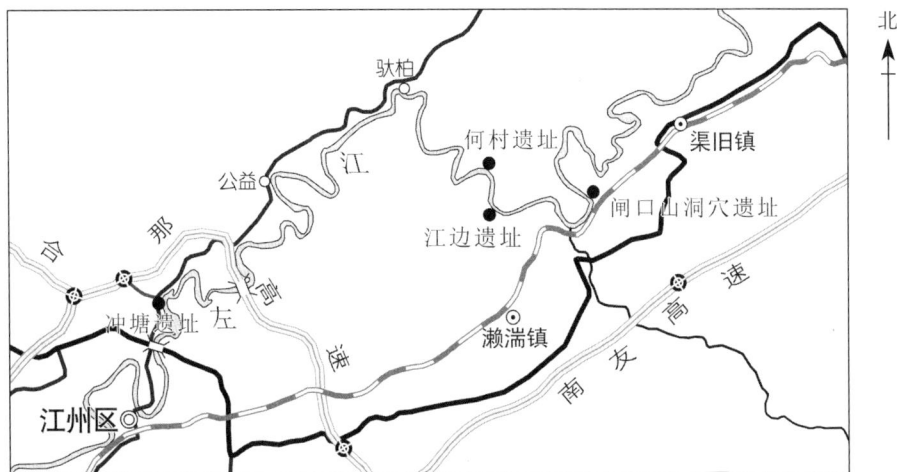

图一　何村遗址地理位置示意图

审图号：S（2022）14-5 号　　（审图号二维码）

西大明山、小明山所盘踞，群山起伏，两大明山主峰位于区境东北部，海拔 1071.2 米，为区境内最高峰。南部为十万大山余脉，绵延至宁明，横亘本区江州、罗白乡一带，多为土山。西部为石灰岩地区；东、中部为丘陵、小平原地带；左江河由西南向东北斜贯区境中部，形成河谷阶地，东西宽 71 千米，南北长 81 千米。境内有大小河流 14 条，河流总长度 475.8 千米，流域面积 4028 平方千米，最大河流是左江，由西南龙州县入区境，流经太平、濑湍、驮卢、雷州等乡镇（街道），境内流程约 139 千米，年平均流量 544 立方米。其次是黑水河，境内流程 31 千米，年平均流量 135 立方米。江州区境内土壤有水稻土、红壤土、赤红壤土、石灰岩土、紫色土、冲积土、沼泽土类，其中大部分是赤红壤土，占 73%。土壤水热条件好，但土壤严重缺磷缺钾，保肥性能差。江州区属亚热带季风气候，春暖易旱，夏热易涝，秋凉干燥，冬短微寒，年平均气温 21℃～22.3℃，年平均降雨量 1150 毫米，年日照时数 1634.4 小时。境内自然资源丰富，主要农作物有水稻、玉米、甘蔗、木薯、花生、黄黑豆、红瓜子、龙眼、荔枝、柑橙、香蕉、西番莲等。野生动植物资源种类多，植物主要有龙血树、金茶花、金银花、金钱草、绞股蓝、苏木、鸡血藤等珍贵药用类植物，动物主要有白头叶猴、黑叶猴、穿山甲、大南蛇、白花蛇、蛤蚧、沉香鱼等，其中白头叶猴为世界珍稀保护动物。境内居住着汉、壮、瑶、回、苗、侗等民族，少数民族占总人口的 80% 以上。

三、江州区历史沿革

江州区历史悠久，秦始皇三十三年（公元前 214 年），崇左属象郡地。秦末为南越国属地。汉武帝元鼎六年（公元前 111 年）崇左境域属郁林郡临尘、雍鸡（小部分）县地。三国时期属郁林郡地（县属不详）。晋属晋城县，隶晋兴郡。隋属西原地。唐初置左江镇、羁縻左州、羁縻思诚土州。宋初置太平寨，皇祐年间置崇善县，后又置江州、土州，为崇左县境内有建置之始。唐贞观元年（公元 627 年）崇左县境时属思城州地。五代十国，属南汉。宋仁宗年间，诸州陷于广源州酋侬智高。朝廷命枢密院副使狄青讨平后，改左江镇为太平寨（治丽江），始有"太平"之名。皇祐五年（1053 年）始置崇善县，隶邕州都督府辖太平寨。元顺帝至正十九年（1359 年）上思州酋黄英衍劫夺路印，迁路治于驮卢团。明洪武二年（1369 年）诏改太平路为太平府，统辖崇善县、左州，宣德三年（1428 年），因崇善县土官赵暹谋反，遂改土归流。清仍遵明制，仍属太平府。

1913 年废府存县，隶属镇南道。1918 年撤销江州、罗白县，其地并入崇善县，而将恩城划归养利。1926 年废道，1930 年崇善属龙州民团区。1951 年 4 月左县与崇善县合并，把两县名各取一字合称为崇左县。2002 年，国务院撤销崇左县设江州区，属崇左市管辖。

第二节　崇左市江州区考古工作回顾

左江流域的考古调查工作始于 20 世纪 50 年代，当时的遗址为零星发现。1956 年，华南考古队在左江流域考古调查，在崇左江州区濑湍镇濑湍社区陇料屯的绿轻山矮洞中的堆积物胶结层中发现有淡水螺、丽蚌、鱼牙和鹿牙等旧石器时代晚期遗存。发现打制石器，其中一件为燧石石器，另一件为其他砾石石器。调查人员确定这是一处旧石器时代遗址。从 20 世纪 60 年代起，广西文物部门开始在自治区范围内开展文物普查，于 1963～1966 年完成了南宁地区的文物普查，在江州地区发现了一些文物线索。20 世纪 70 年代至 2010 年期间，考古工作者在左江流域进行了多次的考古调查，发现了一批古遗址、古墓葬，包括江州何村遗址、江边遗址、冲塘遗址、金柜山遗址、吞云岭遗址、郡造石铲遗址、古坡汉墓群、上峙后山岩棺葬、岜欣岩棺葬、壶关豆豉岭墓群等[1]。另外，还发现了不少建筑遗址，如左州金山寺遗址、江州土司衙门遗址、丽江公园遗址、旧街观音庙遗址、那俭观音庙遗址、江州观音庙遗址等。随着左江花山岩画文化景观申报世界文化遗产工作的开展，围绕申遗的考古调查也紧锣密鼓地进行。2010～2016 年，考古工作者多次组织左江流域的专题考古调查，发现了大量遗址，其中在江州区发现了花梨山岩厦遗址、芭银山岩厦遗址等。2016 年以后，江州区的考古调查持续开展。2016～2018 年，崇左市壮族博物馆再次在江州区进行了考古调查，发现了不少遗址。2019～2021 年，广西文物保护与考古研究所和崇左市壮族博物馆一起，在左江流域进行边境考古专题调查，在江州区发现了果米洞穴遗址、楞凉遗址、老称遗址、灶瓦遗址、盛隆贝丘遗址、大渌洞穴遗址、贡奉洞穴遗址、逐汪山遗址、怀洞岩洞葬等几十处遗址。

江州区的考古调查还有一个重要内容，就是对左江岩画进行实地科学考察，20 世纪主要有 1956 年、1962 年、1985 年三次大规模的考察[2]，发现了不少岩画。

江州区的考古发掘工作做得很少。1985 年，广西文物工作队曾对吞云岭遗址进行了试掘，发掘面积约 17 平方米，遗址的年代应同属新石器时代晚期[3]。进入 21 世纪以来，江州区的科学考古发掘逐步开展，发掘的遗址除何村遗址外，还有江边遗址、冲塘遗址、古坡汉墓、楞凉遗址、老称遗址、灶瓦遗址、果米遗址、怀洞遗址、驮逐洞穴遗址等。

这些调查和试掘极大地扩充了江州区考古学文化的内容，对进一步研究江州区的古代考古学文化面貌和发展序列，及丰富江州历史文化内涵意义重大，也为将来的工作奠定了基础。总体而言，江州区发现的遗址较少，发掘的遗址更少，考古学文化面貌不清晰，还有大量空白需要填补。

第三节　发掘背景及工作经过

一、发掘背景

为支持崇左左江主干流下游河段山秀水电站建设，广西文物保护与考古研究所于 2002 年 7 月联合当时的崇左县文物管理所（今崇左市文物管理中心）对水电站库区建设范围内的用地进行了考古调查，20 世纪 70 年代发现的何村遗址即位于库区范围内。虽然何村遗址所处的海拔高度高于库区水位高度，但由于电站建成后水位抬升，会对遗址造成一定的影响。本着既有利于经济建设，又有利于文物保护的原则，文物部门与建设单位协商后，决定对遗址进行抢救性发掘。

[1] 广西壮族自治区文化厅、广西壮族自治区文物局编：《左江右江流域考古》，广西科学技术出版社，2015 年。
[2] 广西壮族自治区文化厅、广西壮族自治区文物局编：《左江右江流域考古》，广西科学技术出版社，2015 年。
[3] 何乃汉：《崇左吞云岭新石器时代遗址》，《广西文物》1985 年创刊号。

二、工作经过

发掘工作始于 2007 年 10 月，至 2008 年 1 月结束，历时 3 个月，获取了一大批文化遗物和自然遗物（彩版一，2；彩版二）。发掘工作完成后，随即简单报道了发掘成果[1]。2008 年上半年准备着手整理遗址发掘材料，但由于整理场地一时无法解决，整理工作一拖再拖。对遗址的测年分析、孢粉分析等工作早在 2010 年之前就已完成。2012 年开始，发掘者利用野外工作的空档时间开始整理发掘材料。受各种原因影响，整理工作断断续续，直到 2022 年才完成报告的编写。

本报告对发掘的材料进行了全面介绍。主要内容包括遗址的地理环境、遗迹、遗物、年代、文化内涵及与周边遗址的关系等几个方面。

第四节　探方分布与地层堆积

何村遗址属河旁台地贝丘遗址，面积约 650 平方米。2007~2008 年的发掘区位于遗址的中心位置，是遗址堆积最厚，地层最为完整的区域。此次发掘布 5 米 × 5 米探方共 26 个，面积 650 平方米（图二；彩版三，1），实际发掘面积 600 平方米（T10、T11 未发掘）。发掘区的探方编号从西北角的第一个探方开始，依次由南向北、由西往东编，编完一排另起一排。例如第一个探方为 T1，依次 T2……至 T26。所出器物编号均以 2007GJH 冠于前，如：2007GJHT4 ② : 1，2007 表示 2007 年，G 表示广西，J 表示江州区，H 表示何村，T4 表示 4 号探方，②表示地层，1 为器

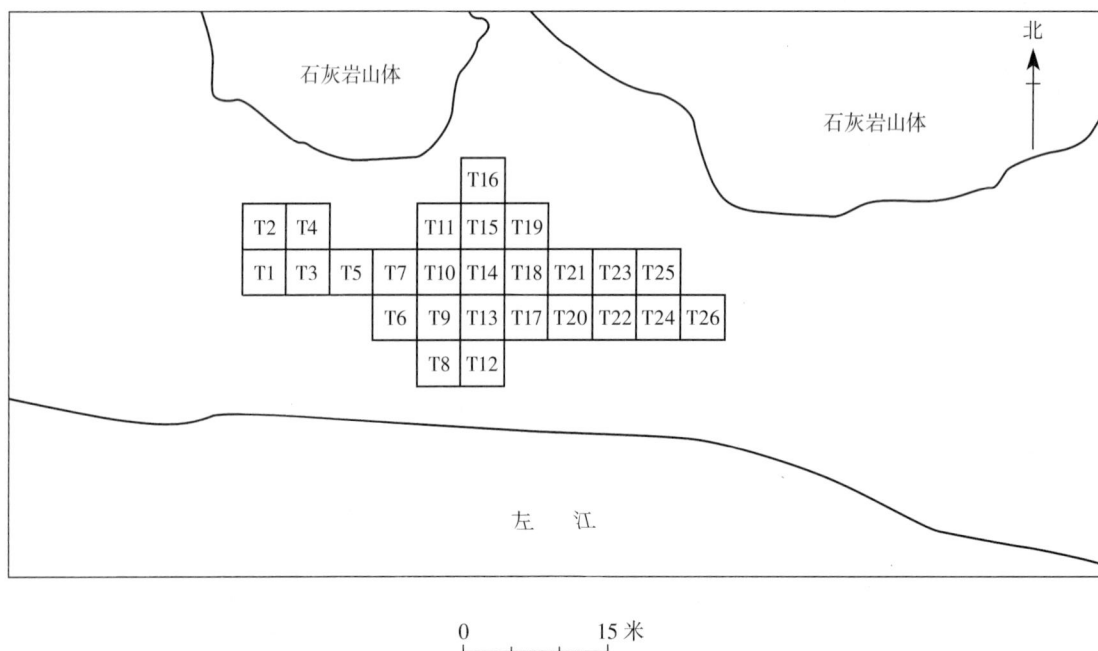

图二　何村遗址探方分布图

[1] 杨清平：《广西左江流域发现新石器时代贝丘遗址新的文化类型——崇左市江州区何村遗址发掘成果》，《中国文物报》2008 年 6 月 6 日。

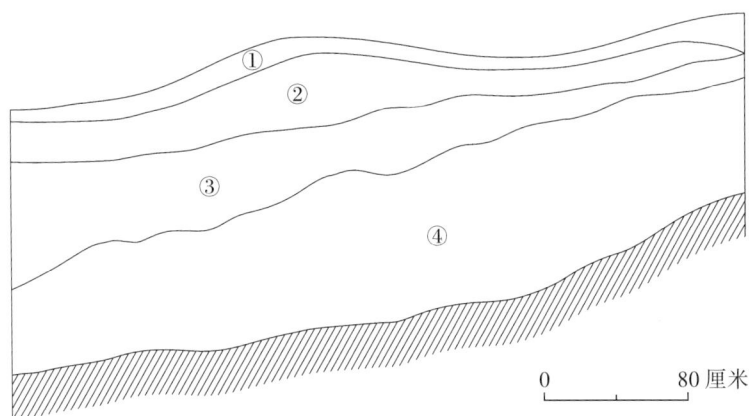

图三　何村遗址 T7 北壁剖面图

物序号。

　　遗址堆积较厚，地层关系清楚，可分 4 层（图三；彩版三，2）。现以 T7 为例，说明如下。

　　T7 地层堆积共分为 4 层。

　　第①层：表土层，大致呈灰黑色，为沙性土层，土质结构松软，细腻，含有大量植物根系等。出土少量石制品，主要有石片、砍砸器、刮削器、尖状器等。厚 5 ~ 25 厘米。

　　第②层：灰黄色沙土层，土质松散，沙粒细而均匀，除含有大量植物根系外，较为纯净，未出土遗物。主要分布于探方的西部。厚 0 ~ 40 厘米。

　　第③层：黄褐色沙土层，土质较硬，含有少量的螺壳碎片及动物骨头。出土少量石制品，主要为砾石、石片、砍砸器等。厚 0 ~ 65 厘米。

　　第④层：灰褐色螺壳层，含有大量的螺壳及少量的蚌壳、红烧土颗粒，少量的炭屑及植物根系，出土较多的石制品及少量的蚌器、骨器、陶片。石制品主要为砾石、砍砸器、刮削器、毛坯、石锤等，其中以打制器为主，主要为砍砸器。厚 15 ~ 95 厘米。

　　第④层以下为生土。

第五节　石制品分类的原则

一、加工工具

1. 石锤

　　根据使用部位的不同，可分为 A（单面）、B（双面）两型。A 型（单面）按照平面形状的不同，可分为 Aa（椭圆形）、Ab（半圆形）、Ac（长条形）、Ad（不规则形）四个亚型。B 型（双面）按照平面形状的不同，可分为 Ba（方形）、Bb（梯形）、Bc（椭圆形）、Bd（长条形）四个亚型。

2. 砺石

　　按照器身形状的不同，可分为 A（三角形）、B（长方形）、C（五边形）、D（椭圆形）、E（不规则形）五型。

二、打制石制品

1. 石核

按使用部位的不同，将之分为 A（单面）、B（多面）两型。

2. 石片

石片的分类按照器身打击台面和背面片疤的不同情况，分为以下三型。

A 型：台面和背面完全保留自然砾面；

B 型：台面保留自然砾面，背面保留部分自然砾面；

C 型：台面保留自然砾面，背面不保留自然砾面。

A 型、B 型、C 型按照器身形状的不同，再分别分为 a（三角形）、b（四边形）、c（方形）、d（梯形）、e（椭圆形）、f（不规则形）六个亚型。

3. 砍砸器

砍砸器分类按照刃部数量分为 A（单刃）、B（双刃）两型。

A 型（单刃）按照刃部形状的不同分为 Aa（直刃）、Ab（凸刃）、Ac（凹刃）三个亚型。

Aa 亚型（单直刃）按照器物平面形状的不同分为 Aa Ⅰ（三角形）、Aa Ⅱ（四边形）、Aa Ⅲ（长方形）、Aa Ⅳ（梯形）、Aa Ⅴ（椭圆形）、Aa Ⅵ（半圆形）、Aa Ⅶ（长条形）、Aa Ⅷ（锥形）、Aa Ⅸ（不规则形）九个次亚型。

Ab 亚型（单凸刃）按照器物平面形状的不同分为 Ab Ⅰ（三角形）、Ab Ⅱ（长方形）、Ab Ⅲ（梯形）、Ab Ⅳ（五边形）、Ab Ⅴ（椭圆形）、Ab Ⅵ（半圆形）、Ab Ⅶ（长条形）、Ab Ⅷ（不规则形）八个次亚型。

Ac 亚型（单凹刃）按照器物平面形状的不同分为 Ac Ⅰ（三角形）、Ac Ⅱ（长方形）、Ac Ⅲ（椭圆形）、Ac Ⅳ（长条形）、Ac Ⅴ（不规则形）五个次亚型。

B 型（双刃）按照刃部形状的不同分为 Ba（双直刃）、Bb（双凸刃）、Bc（双复合刃）三个亚型。

Bb 亚型（双凸刃）按照器物平面形状的不同分为 Bb Ⅰ（长方形）、Bb Ⅱ（梯形）、Bb Ⅲ（半圆形）三个次亚型。

Bc 亚型（双复合刃）按照器物平面形状的不同分为 Bc Ⅰ（梯形）、Bc Ⅱ（不规则形）两个次亚型。

4. 刮削器

刮削器的分类按照刃部数量分为 A（单刃）、B（双刃）、C（三刃）三型。

A 型（单刃）按照刃部形状的不同分为 Aa（直刃）、Ab（凸刃）、Ac（凹刃）三个亚型。

Aa 亚型（单直刃）按照器物平面形状的不同分为 Aa Ⅰ（三角形）、Aa Ⅱ（四边形）、Aa Ⅲ（方形）、Aa Ⅳ（长方形）、Aa Ⅴ（梯形）、Aa Ⅵ（五边形）、Aa Ⅶ（椭圆形）、Aa Ⅷ（半圆形）、Aa Ⅸ（长条形）、Aa Ⅹ（不规则形）十个次亚型。

Ab 亚型（单凸刃）按照器物平面形状的不同分为 Ab Ⅰ（三角形）、Ab Ⅱ（四边形）、Ab Ⅲ（方形）、Ab Ⅳ（梯形）、Ab Ⅴ（椭圆形）、Ab Ⅵ（半圆形）、Ab Ⅶ（不规则形）共七个次亚型。

Ac 亚型（单凹刃）按照器物平面形状的不同分为 Ac Ⅰ（三角形）、Ac Ⅱ（方形）、Ac Ⅲ（长方形）、Ac Ⅳ（梯形）、Ac Ⅴ（椭圆形）、Ac Ⅵ（圆形）、Ac Ⅶ（半圆形）、Ac Ⅷ（长条形）、Ac Ⅸ（不规则形）九个次亚型。

B 型（双刃）按照刃部形状的不同分为 Ba（双直刃）、Bb（双凸刃）、Bc（双凹刃）、Bd（双复合刃）四个亚型。

Ba 亚型（双直刃）按照器物平面形状的不同分为 Ba Ⅰ（三角形）和 Ba Ⅱ（椭圆形）两个次亚型。

Bb 亚型（双凸刃）按照器物平面形状的不同分为 Bb Ⅰ（四方形）和 Bb Ⅱ（不规则形）两个次亚型。

Bc 亚型（双凹刃），平面形状不规则，只有一种类型。

Bd 亚型（复合刃）按照器物平面形状的不同分为 Bd Ⅰ（四边形）、Bd Ⅱ（长方形）、Bd Ⅲ（梯形）、Bd Ⅳ（长条形）和 Bd Ⅴ（不规则形）五个次亚型。

C 型（三刃）按照刃部形状的不同分为 Ca（三凸刃）和 Cb（三复合刃）两个亚型。

Ca 亚型（三凸刃）按照器物平面形状的不同分为 Ca Ⅰ（四方形）和 Ca Ⅱ（半圆形）两个次亚型。

Cb 亚型（三复合刃）按照器物平面形状的不同分为 Cb Ⅰ（长方形）和 Cb Ⅱ（不规则形）两个次亚型。

5. 尖状器

按照尖部形状的不同分为 A（舌尖）、B（锐尖）两型。

A 型（舌尖）根据器物平面形状的不同，分为 Aa（椭圆形）、Ab（不规则形）两个亚型。

B 型（锐尖）根据器物平面形状的不同，分为 Ba（三角形）、Bb（不规则形）两个亚型。

6. 间打器

器体较小，两端均有打击疤痕，用于精细加工的加工工具。横截面呈三角形，只有一种类型。

三、磨制石制品

1. 斧锛类毛坯

按照器物平面形状的不同，分为 A（长方形）、B（梯形）两型。

2. 石斧

按照器物平面形状的不同，分为 A（长方形）、B（长条形）、C（不规则形）三型。

3. 石锛

按照器物平面形状的不同，分为 A（梯形）、B（椭圆形）两型。

4. 石凿

按照器物平面形状的不同，分为 A（长方形）、B（长条形）两型。

5. 研磨器

按照器物平面形状的不同，分为 A（葫芦形）、B（喇叭形）两型。

6. 研磨器毛坯

器物呈方柱状，只有一种类型。

第二章　遗　迹

何村遗址发现的遗迹只有墓葬一种类型。这些墓葬中的人骨均和地层中的螺蚌壳混在一起，没有发现墓圹，但为了图示清晰，墓葬分布图上用虚线把人骨框在一个长方形框架内。人骨都分布在第③层和第④层内。在 T8、T9、T13 几个相邻的探方内，人骨分布十分密集，很多人骨无间隙相互叠压，尤其是第④层内，明显可以看出人骨有上下两层堆积。这些相互叠压的人骨，也显示没有墓圹。除了单独分布的墓葬单独编号外，对于 T8、T9、T13 几个相邻的探方内密集分布的人骨，为了便于记录，发掘者将分布相对集中的人骨编入一个墓葬号，因此有的时候一个墓葬编号会包含多个个体，个体与个体之间用虚线隔开。有的墓葬是几个个体混在一起，无法分清每个个体的范围，则把这几个个体用虚线画在一起。这种含多个个体的墓葬编号，并不代表其是一座合葬墓。

据初步统计，何村遗址墓葬的人骨至少属于 101 个个体。人骨大部分保存不佳，仅少量保存较完整。有的人骨十分残碎，只剩余部分骨骼，有的人骨呈粉状或者泥状，此类人骨往往与土混在一起，无法提取。因此室内整理时某些墓葬的骨骼数量与发掘现场所见骨骼数量并不完全一致。葬式以屈肢葬为主，还有肢解葬和蹲踞葬等其他葬式，有的人骨因保存较少，难辨葬式。屈肢葬有仰身屈肢、侧身屈肢、俯身屈肢等形式。肢解葬多为头部肢解，但也有多处肢解者。少量人骨旁边有一两件石制品，但难以确定是否为随葬品。

第一节　第③层墓葬（人骨）

第③层墓葬（人骨）包括 M1、M2、M3、M4、M8、M17、M19、M22，共发现至少 28 个个体（图四）。

（一）M1

位于 T9 的中部偏南，分布于第③层，部分压住 M9、M32。整体骨骼保存极差，仅存头骨部分残片及部分残断的肢骨。属于同一个个体（图五；彩版四，1）。

头骨置于墓葬的东部，仅存几块接近粉碎的残片，头向及面向不明。一上肢的尺骨、桡骨与肱骨大致呈 90° 曲向左下肢，并被左右股骨压住，另一上肢仅存部分残断肱骨；两下肢股骨呈"×"形叠压，部分被压的下肢呈屈状。从整体骨骼的分布位置来看，应为侧身屈肢葬。

室内整理显示，该个体提取的肢骨包括了左侧肱骨部分骨体，右侧肱骨、左侧尺骨和左侧桡

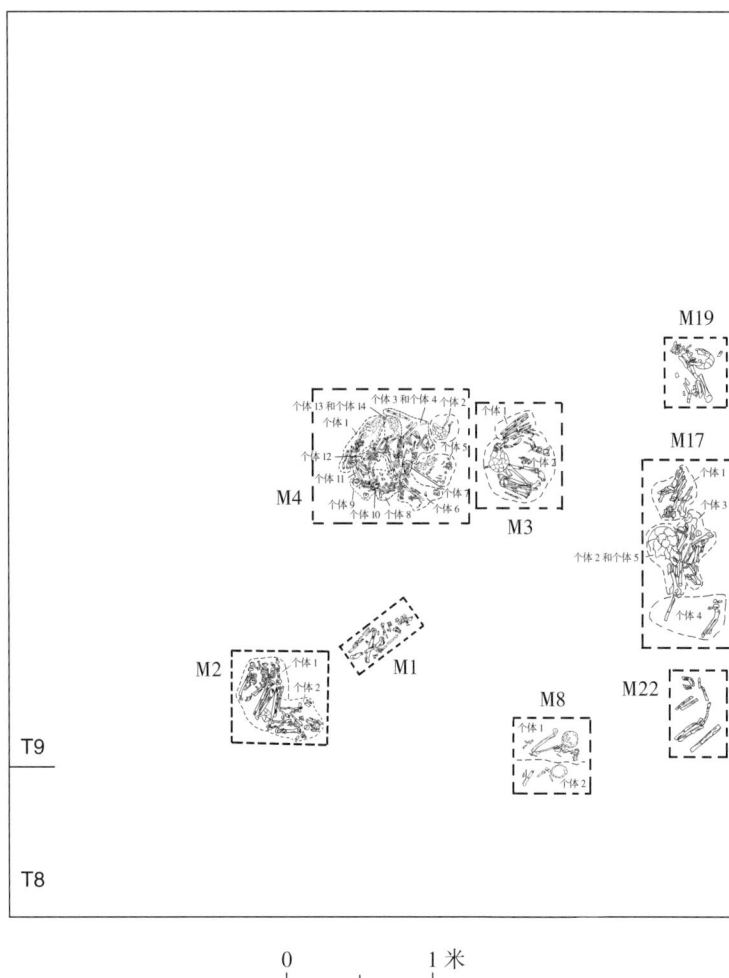

图四 第③层墓葬（人骨）分布图

骨等骨体的局部，右侧桡骨下半部和右侧尺骨骨体远端局部，双侧股骨和右侧腓骨等骨体大部等。该个体肢骨较为细小，骨骺均已愈合，推测年龄介于 18 ~ 20 岁之间，性别不详。

（二）M2

该墓位于 T9 的西南部，分布于第③层，部分骨骼压住 M32、M10。整体骨骼保存较差，仅存部分头骨、盆骨残片及部分残断的肢骨、椎骨、肋骨、锁骨等。现场判断，包括 2 个个体（图六）。

个体 1 位于墓葬的西北部，南部、东部分别与个体 2、M9 紧紧相挨，部分骨骼与个体 2 互相叠压。整体骨骼保存较差，仅存部分头骨、盆骨残片及部分残断的肢骨、椎骨、肋骨、锁骨等。头骨置于身体的北部，仅存下颌骨及几块头盖骨残片，下颌骨置于左胸肋骨与左肱骨之间，头向、面向不明。椎体正面朝上，肋骨分布两侧，应为仰身。右肱骨自然下垂压在右肋骨上，右尺骨、桡骨与肱骨大致呈 45° 曲向胸部；左肱骨自然下垂，与尺骨、桡骨一起被压在左股骨与胫骨、腓骨之下，左尺骨、桡骨微曲向盆骨。下肢并拢曲向胸部，胫骨正面朝向东南，髌骨朝向东北。从整体骨骼的分布位置来看，应为仰身屈肢葬。推测为一成年个体，但性别不明。现场就保存稍好

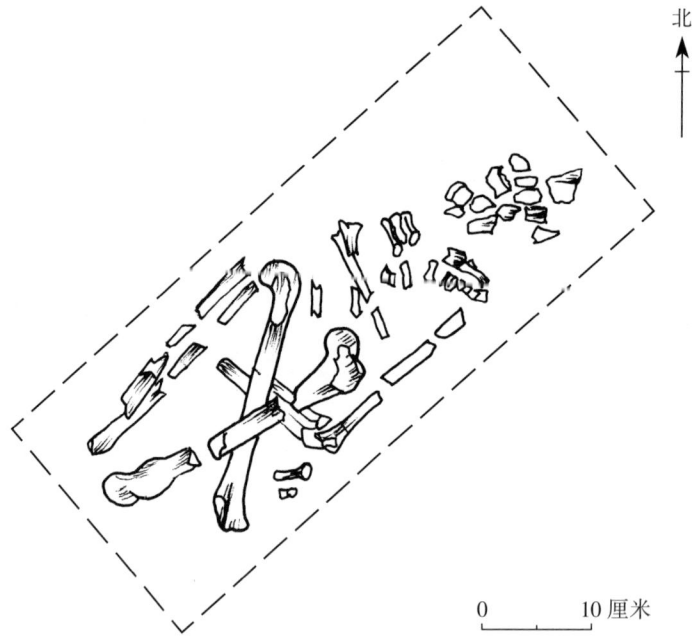

北

0　　　10 厘米

图五　M1 平面图

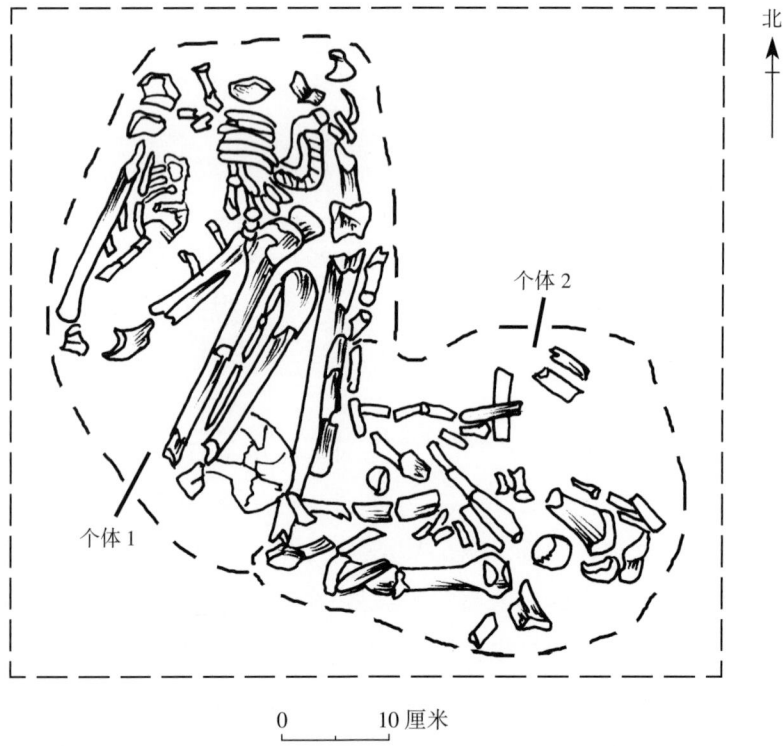

北

个体 2

个体 1

0　　　10 厘米

图六　M2 平面图

的头骨和部分肢骨进行了提取。

室内整理显示，所提取的个体 1 颅骨可见部分下颌骨和少量脑颅骨片；肢骨包括左侧肱骨骨体大部和远端、右侧肱骨和左侧尺骨等骨体大部，右侧尺骨近端和骨体中部，两侧股骨骨体中部，左侧胫骨骨体大部，右侧胫骨和两侧腓骨等骨体小部等。

个体 2 位于墓葬的东南部，北部与个体 1 及 M9 紧紧相挨，部分骨骼与个体 1 互相叠压，部分骨骼压在 M10 肢骨上。整体骨骼保存极差，仅存部分残断的肢骨、肋骨等。肢骨残碎严重，且互相错乱叠压。葬式不明。推测该个体为一成年个体，性别不明。

室内整理显示，所提取的个体 2 肢骨包括两侧肱骨骨体远端，左侧桡骨近端小部，右侧尺骨和右侧桡骨近端，左侧股骨、右侧腓骨的大部，右侧股骨近端等。

（三）M3

该墓位于 T9 的东南，分布于第③层，部分骨骼压住 M36。整体骨骼保存较差，仅存头骨、盆骨部分残片及部分残断的肢骨、椎骨、肋骨、锁骨等。包括 2 个个体（图七；彩版四，2）。

个体 1 位于墓葬的北部，南部与个体 2 紧紧相挨。整体骨骼保存极差，仅存部分下肢骨。下肢骨并拢大致平行相贴，胫骨正面朝向东南，应为屈肢葬，其他不明。肢骨整体观较小，现场判断倾向于该个体为成年女性，年龄不详。现场就保存稍好的部分骨骼进行了提取。

室内整理显示，所提取的个体 1 肢骨包括左侧股骨、胫骨和腓骨的骨干，以及右侧股骨、腓

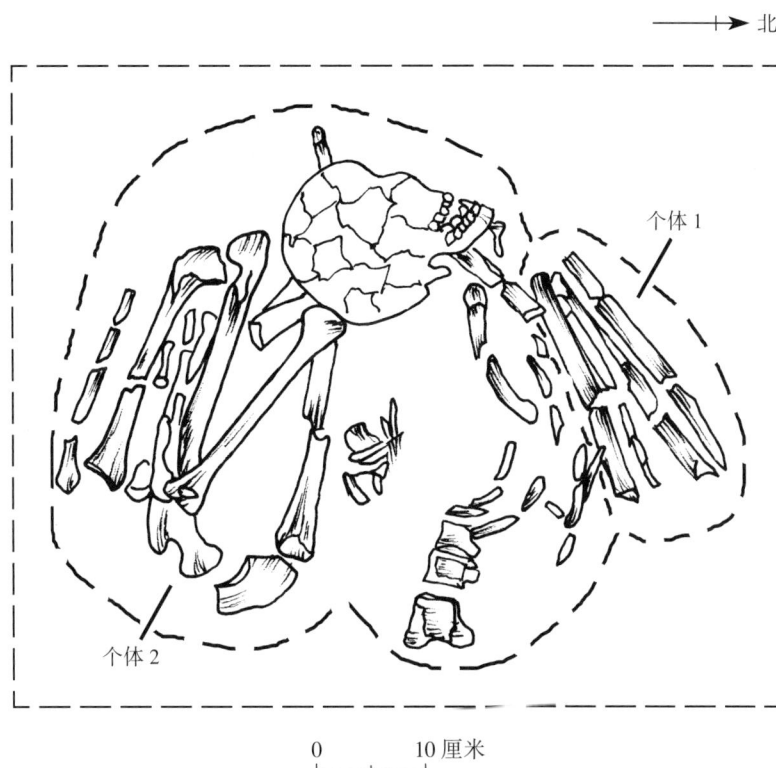

图七　M3 平面图

骨的骨干等。

个体 2 位于墓葬的南部，北部与个体 1 紧紧相挨。整体骨骼保存较差，仅存部分头骨、盆骨残片及部分残断的肢骨、椎骨、肋骨、锁骨等。头骨置于身体的西北部，上下颌骨保存较好，没有移位，头朝西南，面向西北，并压在右上肢的肘部关节、左肱骨头及右下肢的膝盖部位上。锁骨、椎体紧挨个体 1，锁骨压在椎骨上，椎体正面朝向西南，应为右侧身。尾椎骨往南约 20 厘米处为残盆骨。右肱骨位于头部的北侧，与右尺骨、桡骨相连的部位被头骨压住，同时，右尺骨、桡骨压在左肱骨及右股骨、胫骨上，微曲向下肢骨；左肱骨压在左右股骨上，左尺骨、桡骨与肱骨大致呈 45° 曲向左下肢膝盖部位，并压在左胫骨、腓骨上。下肢并拢大致呈平行排列，胫骨正面朝向西面，髌骨朝向西北。从整体骨骼的分布位置来看，应为右侧身屈肢葬。现场呈现的头骨、椎骨分布的位置，应为移位所致。推测该个体为一年龄介于 18 ～ 20 岁之间的男性。现场就保存稍好的部分骨骼进行了提取。

室内整理显示，个体 2 提取头骨包括颌骨、额骨、颧骨、顶骨、颞骨、蝶骨、枢椎、锁骨等部位的局部。上肢骨包括左侧肱骨和桡骨骨干、左侧尺骨近端、右侧肱骨下半部、右侧尺骨上半部、右桡骨中部等，下肢骨包括左侧股骨和左侧胫骨大部、左侧腓骨骨干中上部、右侧股骨局部、右侧胫骨、右侧腓骨骨干局部、右侧距骨等。

（四）M4

该墓位于 T9 的中部偏南，分布于第③层，北部、东部、南部分别紧邻 M5、M3、M1，北部、东部、南部、西部的部分骨骼分别压住 M5、M29、M32、M35。整体骨骼保存极差，大部分呈粉状而无法提取，现场就保存稍好的部分骨骼进行了提取。从残存的 11 个头骨及整体骨骼的分布叠压位置判断，至少有 14 个个体，除个体 1、个体 6 能辨别出为屈肢葬外，其余 12 个个体均葬式不明（图八；彩版四，3）。

个体 1 位于墓葬的西北部，东部与其他个体肢骨紧紧相挨，部分骨骼直接压在 M35 之上。整体骨骼保存极差，仅存部分头骨、盆骨残片及部分残断的肢骨、肋骨等。头骨置于墓葬西北部，头朝北，面向西南。上肢的尺骨、桡骨与肱骨大致呈 90° 曲向胸部；下肢残存的股骨与胫骨、腓骨并拢大致呈平行排列曲向腹部，并压在尺骨、桡骨上，胫骨正面朝向西，髌骨朝北。从整体骨骼的分布位置来看，应为右侧身屈肢葬。推测该个体为一年龄介于 18 ～ 20 岁之间的女性。

室内整理显示，所提取的个体 1 头骨包括额骨、顶骨、颞骨等部位局部及部分牙齿。提取的肢骨包括右侧肱骨、右侧尺骨、右侧股骨、右侧胫骨等四个部位的局部，右侧桡骨大部，左侧股骨骨干中段等。

个体 2 位于墓葬的东北部，西南部与个体 3、个体 4 肢骨紧紧相挨，东部紧邻 M3。整体骨骼保存极差，仅存部分残碎的头骨及肢骨。头骨置于身体的西南部，且压在残股骨上，头朝西南，面向西北。葬式不明。初步判断，该个体为一年龄介于 30 ～ 35 岁之间的男性。

室内整理显示，所提取的个体 2 头骨包括两侧顶骨、右侧颞骨等部位的局部及部分其他位置的颅顶骨片等。

北 ←——

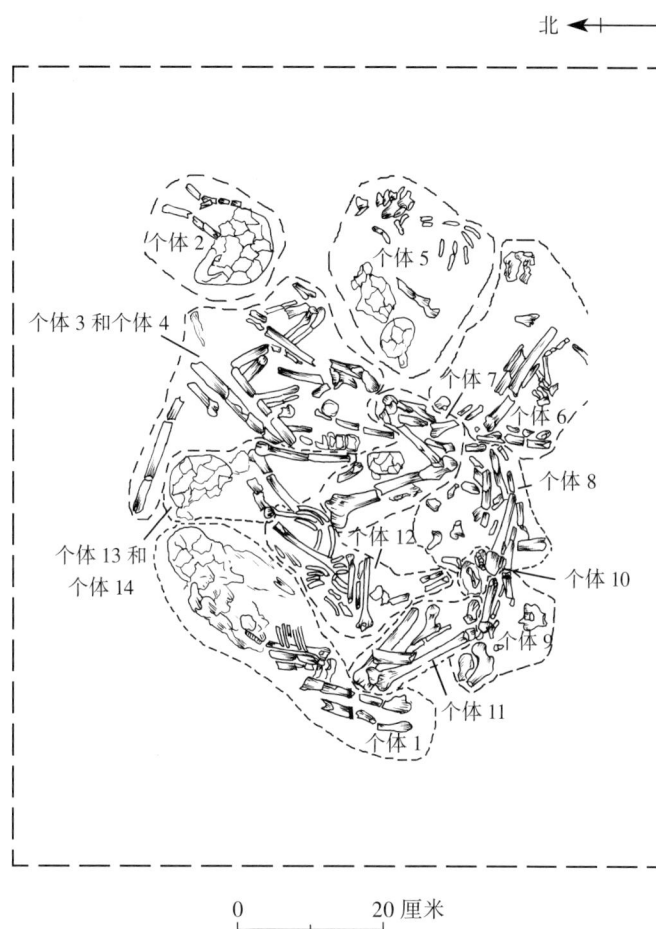

0 ┊ 20 厘米

图八 M4 平面图

个体 3 和个体 4 位于墓葬的中部偏东北，东北部、东南部、西部分别与个体 2、个体 5、其他个体杂乱肢骨紧紧相挨。整体骨骼保存极差，大部分呈粉状，且互相错乱叠压。包括 2 个个体。葬式不明。两个个体均为成年个体，性别不明。

室内整理显示，个体 3 提取到部分上、下颌骨（含部分上颌骨和牙齿）。所提取的个体 4 肢骨包括左侧股骨骨干的中部、右侧胫骨骨干的上半部等。

个体 5 位于墓葬的东部，南部、西部分别与个体 6 及其他个体肢骨紧紧相挨。整体骨骼保存极差，仅存部分头骨残片及部分残断的肢骨、椎骨、肋骨等，均呈粉状。头骨置于身体的西部，头向、面向不明。椎骨正面朝向西北，部分肋骨压在椎骨上，应为右侧身，肢骨仅存几小节。葬式不明。现在头骨分布的位置，与正常的解剖位置不符，应为移位所致。初步判定该个体为一年龄介于18 ~ 20 岁之间的女性。

室内整理显示，现场提取的个体 5 头骨包括自眉间和左侧眶上缘至右侧冠状缝中部的部分额骨、左侧顶骨顶颞缝附近的小部分顶骨、枕骨人字缝星点附近的小块骨片、部分牙齿等。另外可见部分右侧关节盂。

个体 6 位于墓葬的东部，北部、西部分别与个体 5 及其他个体肢骨紧紧相挨。整体骨骼保存极差，仅存部分头骨残片及部分残断的肢骨，均呈粉状，大部分无法提取。头骨置于身体的东部，头向、面向不明。一肱骨被一股骨与胫骨、腓骨压住，尺骨、桡骨曲向胸部，股骨与胫骨、腓骨平行排列，疑为右侧身屈肢葬。初步判定该个体为一不明性别的成年人。

室内整理显示，所提取的个体 6 骨骼包括左侧股骨骨干中段部分。

个体 7 位于墓葬的中部，周边与个体 3、个体 4、个体 6、个体 8、个体 12、个体 13、个体 14 相邻。整体骨骼保存极差，有的已呈粉状。仅剩部分头骨、肢骨等，有的骨骼之间互相错乱叠压。葬式不明。初步判断该个体为 年龄介于 20 ~ 25 岁之间的女性。

室内整理显示，所提取的个体 7 头骨包括部分枕骨、颌骨以及臼齿、门齿、犬齿等，肢骨包括左侧肱骨骨干近端、右侧肱骨骨干远端、左侧尺骨骨干、左侧股骨除股骨头和外上髁以外的部分等。

个体 8 位于墓葬的南部，周边与个体 6、个体 7、个体 10、个体 12 相邻。整体骨骼保存极差，有的已呈粉状或泥状。仅剩部分残断的肢骨，有的骨骼之间互相错乱叠压。葬式不明。推测该个体为一年龄 18 岁左右的女性。

室内整理显示，所提取的个体 8 肢骨包括部分两侧股骨的近端。

个体 9 位于墓葬的西南部，周边与个体 8、个体 10、个体 11 相邻。整体骨骼保存极差，有的呈泥状。仅剩部分残断的肢骨，有的骨骼之间互相错乱叠压。葬式不明。初步判断该个体为一成年人，性别不详。

室内整理显示，个体 9 提取的肢骨包括左侧肱骨骨干中段、左侧股骨骨干的近端以及远端的髁间窝部、胫骨近端关节面部、胫骨骨干的中段、左侧腓骨除腓骨头外的部分等。

个体 10 位于墓葬的西南部，周边与个体 8、个体 9、个体 11 相邻。仅见少量头骨。保存较差。葬式不明。推测该个体为一年龄介于 18 ~ 20 岁之间的成年人，性别不详。

室内整理显示，个体 10 可见少量的牙齿和碎骨，碎骨包括右脚中节趾骨、左侧上颌骨眶下孔的小部分骨块和一块眶边缘的骨块以及少量暂不可辨的碎骨片，牙齿包括上颌右侧第二、第三臼齿以及上右侧门齿至第二前臼齿等。

个体 11 位于墓葬的西南部，周边与个体 1、个体 8、个体 9、个体 10、个体 12 相邻。整体骨骼保存差，有的呈泥状。仅剩部分残断的肢骨，有的骨骼之间互相错乱叠压。葬式不明，也无法辨别其年龄和性别。

室内整理显示，所提取的个体 11 下肢骨包括右侧股骨近端和骨干、左侧股骨骨干、右侧胫骨和腓骨的骨干部分等。

个体 12 位于墓葬的西部，周边与个体 1、个体 8、个体 10、个体 11、个体 13、个体 14 相邻。整体骨骼保存差，有的呈泥状。仅剩部分散乱分布的残断肢骨，有的骨骼之间互相错乱叠压。葬式不明。推测该个体为一大于 15 岁的女性。

室内整理显示，个体 12 肢骨可见左侧的上肢骨，包括左侧肱骨、左侧桡骨、左侧尺骨骨干等骨体的大部等。

个体 13 和个体 14 处于墓葬中部偏西北部位置。周边与个体 1、个体 3、个体 4、个体 7、个体 12 相邻。整体骨骼保存差，有的呈泥状。仅剩部分头骨及残断肢骨等，有的骨骼之间互相错乱叠压。大致包括两个个体，但无法将所有骨骼与个体一一对应。葬式不明。

室内整理显示，个体 13 可见两侧肱骨、右侧尺骨、左侧桡骨等骨体的中段，可能为一成年女性。个体 14 可见左侧肱骨骨干中段的部分，推测为一成年人，性别不详。

（五）M8

该墓位于 T9 南部与 T8 交界处，分布于第③层，部分骨骼压住 M13 和 M32。整体骨骼保存较差，仅存两个头骨的部分残片及部分残断的肢骨、椎骨、肋骨等。从残存的两个头骨及整体骨骼的分布位置来看，包括 2 个个体（图九；彩版四，4）。

个体 1 位于墓葬的北部，南部与个体 2 紧紧相挨。整体骨骼保存极差。头骨置于身体的东北部，头朝东北，面向西南，头骨西南侧约 2 厘米处为下颌骨，未见牙齿。残断椎骨置于头骨的南部，椎骨正面朝向东南。残存的一下肢骨置于头骨的西侧，胫骨、腓骨曲向头部，且压在脚掌骨上。从头骨、椎骨、下肢骨的分布位置来看，与正常的解剖位置不符，应为肢解所致。该个体年龄约 15 岁，性别无法判断。

室内整理显示，所提取的个体 1 头骨可见部分额骨、顶骨、蝶骨、颞骨、下颌骨、枕骨等。肢骨可见右侧锁骨的局部、左侧尺骨的远端、左侧股骨的骨干、左侧腓骨全部、右侧腓骨骨干的远端、股骨头的关节面等。

个体 2 位于墓葬的南部，北部紧邻个体 1。整体骨骼保存极差，仅存部分头骨残片及部分残断的肢骨。头骨置于身体的东部，头朝东北，面向不明。头骨西侧为几节残碎肢骨。葬式不明。初步判断，该个体有可能为一成年女性，年龄不详。仅提取头骨。

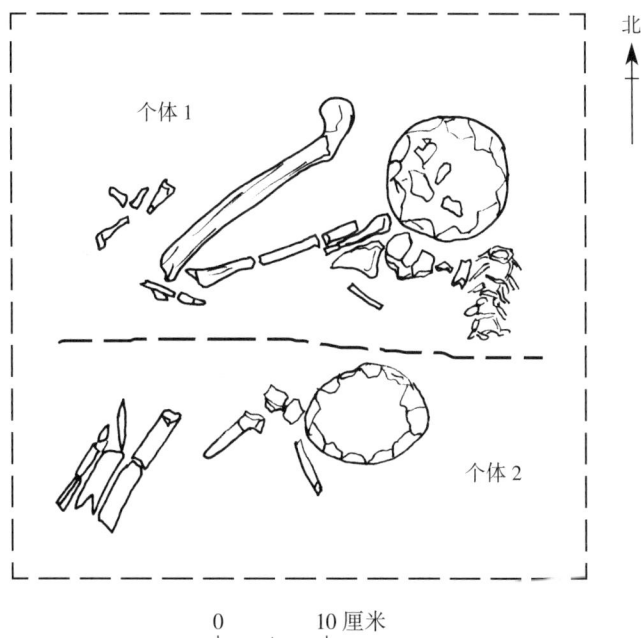

图九　M8 平面图

室内整理显示，所提取的个体 2 头骨可见少量的颅顶骨、额骨的前囟点处骨片、两侧顶骨颅顶的大部分以及少量枕骨等。

（六）M17

该墓大部分位于 T9 东隔梁的南部，分布于第③层，部分骨骼压住 M7。整体骨骼保存较差，从整体骨骼的分布位置来看，包括 5 个个体。除个体 4 和个体 5 葬式不明外，个体 1、个体 2、个体 3 均为屈肢葬（图一〇；彩版四，5）。

个体 1 位于墓葬的北部，东南部紧邻个体 3，西南部与个体 2 相连。仅存部分下肢骨曲折分布，当为屈肢葬。初步判断为一成年个体，性别不详。

室内整理显示，从个体 1 提取的下肢骨可见部分左侧股骨、两侧胫骨骨干的远端、部分两侧腓骨以及部分足骨等。

个体 2 和个体 5 位于墓葬的中部偏西，北部与个体 1 相连，东部紧邻个体 3，南部紧邻个体 4，部分骨骼叠压于个体 3 的部分骨骼上。仅存部分头骨残片及部分残断的肢骨、椎骨。头骨位于墓葬西部，头朝北，面向东。身躯侧向东部，尺骨、桡骨曲向面部，下肢仅存一小节肢骨。从头骨来看，属于两个个体，与其他骨骼无法一一对应。从整体骨骼的分布位置来看，其中一个体应为屈肢葬，另一个体葬式不明。

室内整理显示，所提取的个体 2 头骨仅存少量碎骨片，包括部分额骨、顶骨、颞骨、颧骨、上下颌骨等；肢骨可见右侧肱骨的下半部、两侧尺骨大部、两侧桡骨的上半部等，推测该个体为一未满 18 岁的青少年女性。所提取的个体 5 骨骼可见下颌骨及其上大部分牙齿，推测应为一年

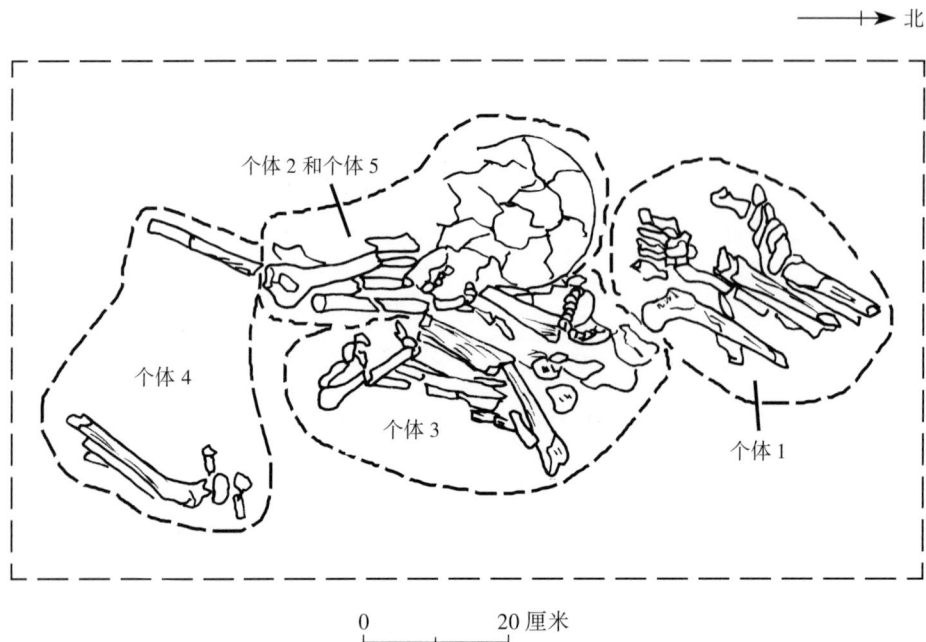

图一〇　M17 平面图

龄介于 40 ～ 45 岁之间的男性。

个体 3 位于墓葬的中部偏东，北部、东部分别与个体 1、个体 2、个体 5 紧紧相挨，且部分骨骸直接被个体 2 或个体 5 压住。仅存部分头骨残片及部分残断的肢骨。头骨仅存部分下颌骨残块，置于身体北部，并压在一肢骨上。肢骨残断比较严重，大致呈曲折状，应为屈肢葬。初步判断该个体为一大于 40 岁的中年女性。

室内整理显示，所提取的个体 3 颅骨可见下颌体及其上的部分牙齿；肢骨可见右侧桡骨骨干下半段，右侧尺骨骨干大部，左侧桡骨骨干局部，两侧股骨、右侧胫骨等三个骨体的中部，两侧腓骨骨干下部等。

个体 4 位于 M17 的南部。整体骨骼保存极差，仅存部分肢骨。葬式不明。初步判断该个体为一不明性别的成年人。

室内整理显示，所提取的个体 4 肢骨可见右侧肱骨骨干的远端、右侧桡骨骨干中部的一小节、两侧股骨骨干的上半部分等。

（七）M19

该墓位于 T9 东隔梁的北部，分布于第③层。整体骨骼保存较差，仅存部分头骨残片及部分残断的肢骨、椎骨等。属于一个个体（图一一；彩版四，6）。

头骨位于身体的东北部，腰椎骨的右侧，头颅朝东，面向北，上、下颌骨压在一股骨上。椎骨正面朝上，当为仰身；下肢骨曲向胸前，并压在椎骨上，部分指骨散落于髋骨上端。从骨骼的分布位置看，身体大部分应为仰身屈肢。但头骨分布的位置与正常的解剖位置相差甚远，应为肢解所致。推测该个体为一年龄介于 35 ～ 40 岁之间的女性。

室内整理显示，从 M19 提取的头骨可见两侧顶骨、额骨、枕骨、颞骨、蝶骨、上颌骨、下颌

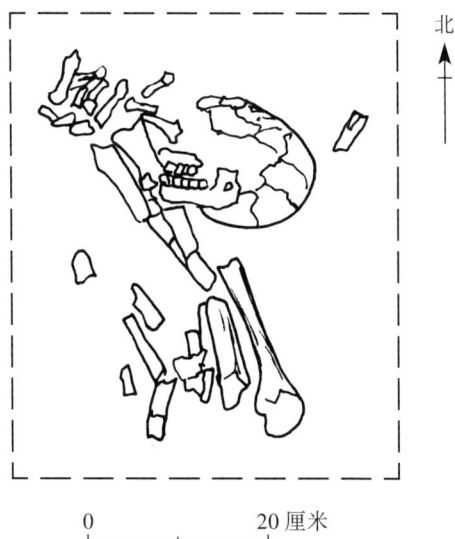

图一一　M19 平面图

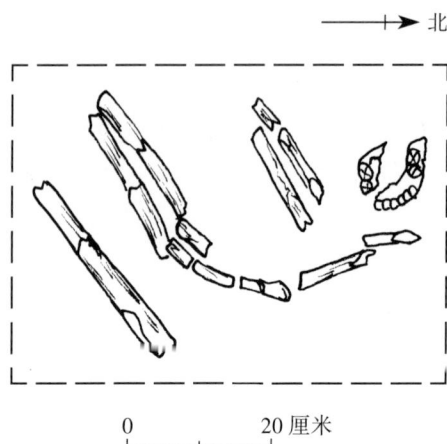

图一二　M22 平面图

骨等位置的全部或部分；上肢骨可见右侧肱骨骨干的远端、部分左侧桡骨骨干和尺骨骨干、部分掌骨和指骨等；下肢骨可见大部分右侧股骨的骨干、左侧股骨骨干近端局部，右侧胫骨骨干大部、右侧腓骨骨干远端局部等；另外还有部分肋骨和肩胛骨。

（八）M22

该墓位于 T9 东隔梁的南部，分布于第③层。整体骨骼保存极差，仅存部分头骨残片及部分残断的肢骨，且大部分骨骼已呈粉碎状无法提取。属于同一个个体（图一二）。

头骨仅存下颌骨，位于墓葬的西北部，头向、面向不明。头骨东侧约 3 厘米处为一肱骨，大致呈南北向分布，尺骨、桡骨微曲向下肢；另一下肢仅存两节残断的尺骨、桡骨。几节残断的下肢骨大致呈平行排列。从骨骼的分布位置看，应为右侧身屈肢葬。推测该个体年龄为 30 ～ 35 岁，性别不详。

室内整理显示，从 M22 提取的骨骼可见下颌联合部及少量散落的牙齿等。

第二节　第④层上部墓葬（人骨）

第④层上部墓葬（人骨）包括 M5、M6、M7、M9、M10、M11、M12、M13、M14、M15、M18、M21、M23、M25、M26、M27、M28、M29、M30、M35，共发现至少 44 个个体（图一三）。

（一）M5

该墓位于 T9 的中部偏西北，分布于第④层上部，部分骨骼叠压在 M34 上，部分骨骼被 M4 叠压。整体骨骼保存极差，仅存两个头骨、部分盆骨残片及部分残断的肢骨、椎骨、肋骨、锁骨等。从残存的两个头骨及整体骨骼的分布位置判断，至少有 7 个个体，除个体 1、个体 3 能看出为屈肢葬外，其余 5 个个体葬式不明（图一四；彩版五，1）。

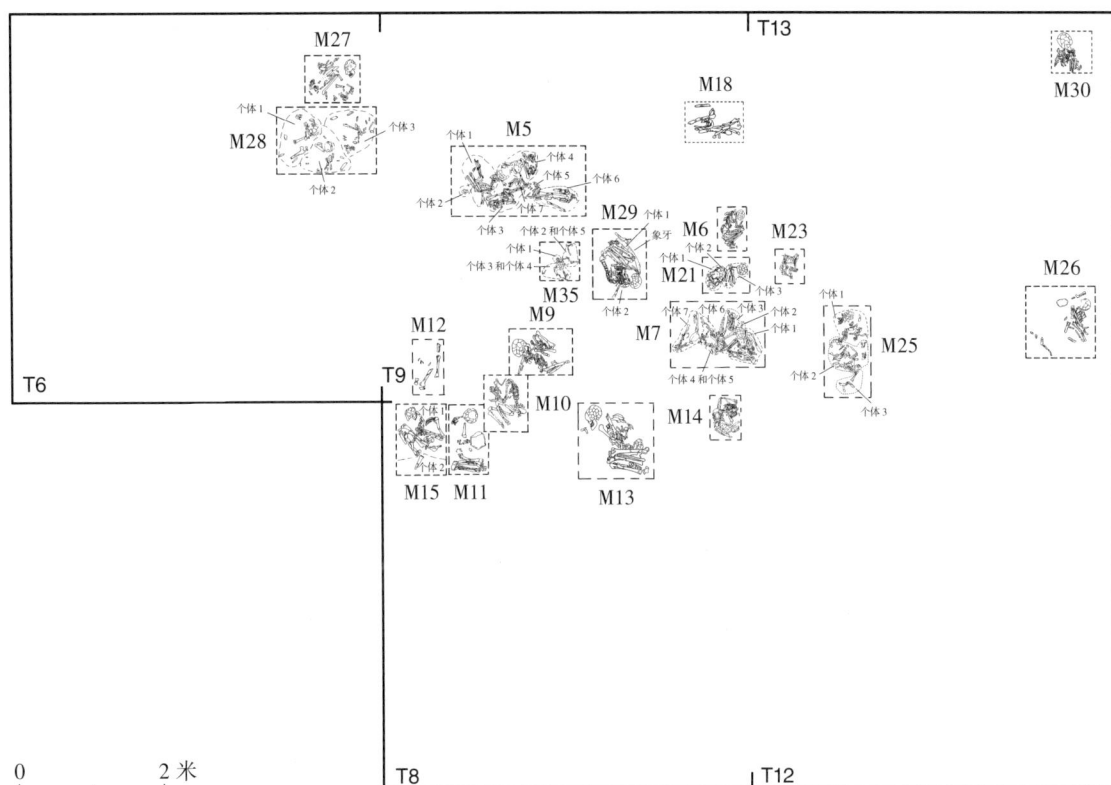

图一三 第④层上部墓葬（人骨）分布图

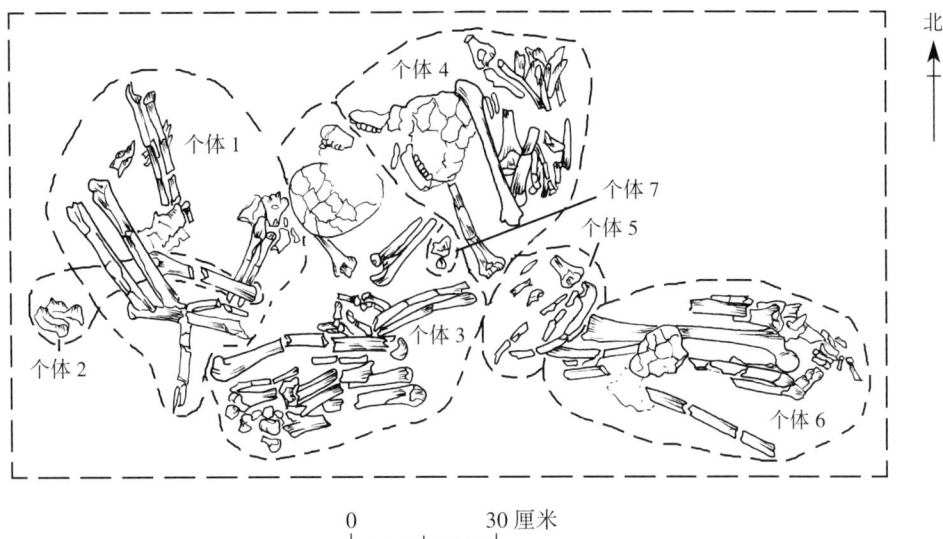

图一四 M5 平面图

个体 1 位于墓葬的西部，周边紧邻个体 3 和个体 4，部分骨骼叠压个体 2。整体骨骼保存极差，仅存部分牙齿、部分盆骨残片及部分残断的肢骨等。左上肢位于身体的东部，仅存肱骨头与二节尺骨、桡骨，且尺骨、桡骨被左股骨压住；右尺骨、桡骨位于个体 1 的北部，且压在盆骨上。左股骨与胫骨、腓骨大致呈平行排列，曲向腹部，胫骨正面朝南，髌骨朝东；右股骨与胫骨、腓骨也大致呈平行排列，曲向左胫骨，右股骨压在左股骨头上，右胫骨压在左胫骨上，右胫骨正面朝西南，髌骨朝东南。从整体骨骼的分布位置来看，应为屈肢葬。右下肢骨分布的位置，应为移位所致。

室内整理显示，从个体1提取的牙齿包括上颌右侧犬齿和第三臼齿齿冠两颗牙齿，肢骨包括左右两侧尺骨、桡骨、左侧肱骨等骨体的下半部分，左侧股骨大部分骨干，左侧腓骨骨干中段，右侧腓骨骨干局部、右侧胫骨骨干中段，部分未能识别具体位置的胫骨或腓骨的骨干残片等。该个体年龄应大于30岁，性别不明。

个体2位于墓葬的西南部，部分被个体1叠压。仅存一节股骨和左距骨，其中股骨粉碎。葬式不明。该个体为一成年人，性别不详。

室内整理显示，个体2仅提取一件完整的左侧距骨。

个体3位于墓葬的中部，周边紧邻个体1、个体2、个体4、个体5、个体7。现场可见人骨较多，包括部分头骨、肢骨等，但保存状况不佳，头骨大部分呈粉状，头朝西，面向东北。从人骨分布的位置来看，应该为屈肢葬。初步判断该个体为一年龄介于35～40岁之间的男性。

室内整理显示，所提取的个体3头骨包括额骨、两侧颞骨、顶骨、下颌骨等部位的局部及部分牙齿等，上肢骨可见两侧大部分的肱骨、两侧尺骨、桡骨骨干大部等，下肢骨可见左右两侧股骨局部、左侧髌骨、左侧胫骨局部、左侧腓骨大部、右侧胫骨骨干中部、右侧腓骨骨干等。

个体4位于墓葬的东北部，周边与个体5、个体7相邻。现场可见人骨较多，包括部分头骨、肢骨等，但保存状况不佳，头骨大部分呈粉状，头朝北，面向西南。葬式不明。推测该个体年龄介于20～25岁之间，性别不详。

室内整理显示，所提取的个体4头骨包括左侧额骨、颧骨、左侧颞骨、枕骨、颌骨等部位局部及部分牙齿；上肢骨包括左侧锁骨骨干的胸骨端、部分肩胛骨、左侧尺骨骨干近端局部、桡骨骨干上半段、右侧肱骨远端、尺骨大部；下肢骨包括左侧股骨骨干上半段、左侧胫骨上半段、右侧股骨骨干远端局部等。

个体5位于墓葬的东南部，周边与个体4、个体6相邻。保存的人骨不多，仅见少量残碎的肢骨，保存不佳，部分呈粉状。葬式不明。推测所提取的骨骼属于一成年人，性别不详。

室内初步整理显示，所提取的个体5骨骼仅见右侧肱骨的远端。

个体6位于墓葬的东南部，周边与个体5及M4紧紧相邻。整体骨骼保存极差，仅存部分残断的肢骨。下肢的股骨与胫骨、腓骨并拢大致呈平行排列，应为屈肢所致。初步判断所提取的骨骼属于一成年男性。

室内整理显示，所提取的个体6骨骼包括大部分左侧肱骨、左侧尺骨和左侧桡骨的骨干、左侧股骨骨干近端、右侧股骨骨干、左侧胫骨和腓骨的下半部分、右侧胫骨和腓骨骨干中部、部分两侧距骨等。

个体7位于墓葬的中部，仅见几块小的上下颌骨，保存不佳。葬式不明。初步判定该个体年龄约20～25岁，性别不详。

室内整理显示，所提取的个体 7 骨骼仅见少量颌骨及牙齿，包括下颌左侧门齿至第二前臼齿部分的下颌齿槽、上颌右侧臼齿部分的齿槽骨、上颌左侧的第一、第三臼齿等。

（二）M6

该墓位于 T9 的东部，分布于第④层。除头骨为残片外，整体骨骼保存较完整。属于同一个个体（图一五；彩版五，2）。

头骨位于身体的东北部，头朝东，面向不明。右锁骨压在胸椎骨及右肋骨上，左锁骨位于头骨的西侧，且部分被头骨及左肱骨压住；右肩胛骨位于正常位置；椎体正面朝向东南，当为左侧身。右肱骨自然下垂，尺骨、桡骨与肱骨大致呈 90° 曲向胸部，并压在部分右肋骨上，左肱骨也自然下垂，尺骨、桡骨与肱骨大致呈 45° 曲向头部；下肢并拢大致呈平行排列曲向胸部，右股骨及胫、腓骨压在左股骨及胫骨、腓骨上，胫骨正面朝向东南，足骨朝向西南。从整体骨骼的分布位置来看，应为左侧身屈肢葬。初步判定该个体年龄 18 岁左右，性别不详。

室内整理显示，从该个体提取的头骨十分破碎，包括部分左侧颅骨、两侧下颌骨的下颌支、上颌部分牙齿等。除头骨外，还可见部分锁骨、肋骨、寰椎等部位的骨体。肢骨可见两侧的大部分肱骨、尺骨和桡骨，两侧大部分股骨、胫骨和腓骨，部分足骨等。

（三）M7

该墓位于 T9 的东部，分布于第④层，部分骨骼被 M17 叠压。整体骨骼保存极差，可辨认出七个头骨、部分盆骨残片及部分残断的肢骨、椎骨、肋骨、锁骨、肩胛骨等。结合整体骨骼的分布位置判断，至少有 7 个个体，除个体 1、个体 2、个体 3、个体 7 能看出为屈肢蹲葬、屈肢葬外，其余 3 个个体均葬式不明。东北部有一基岩，个体 1、个体 2 的部分骨骼置于其上，西部有一块

北 ←

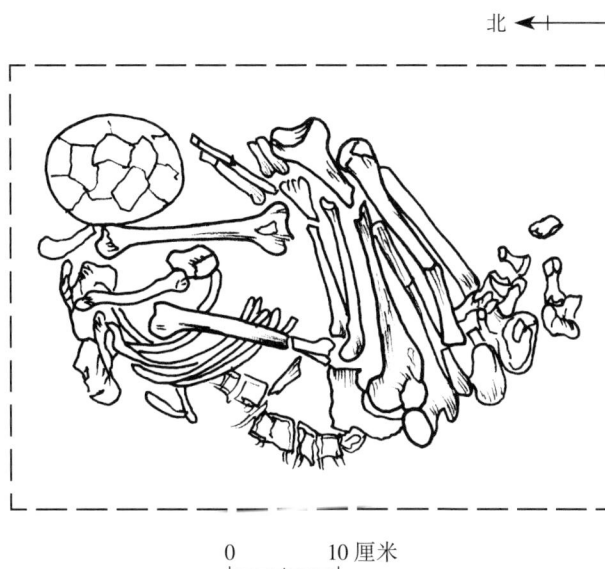

0　　　　10 厘米

图一五　M6 平面图

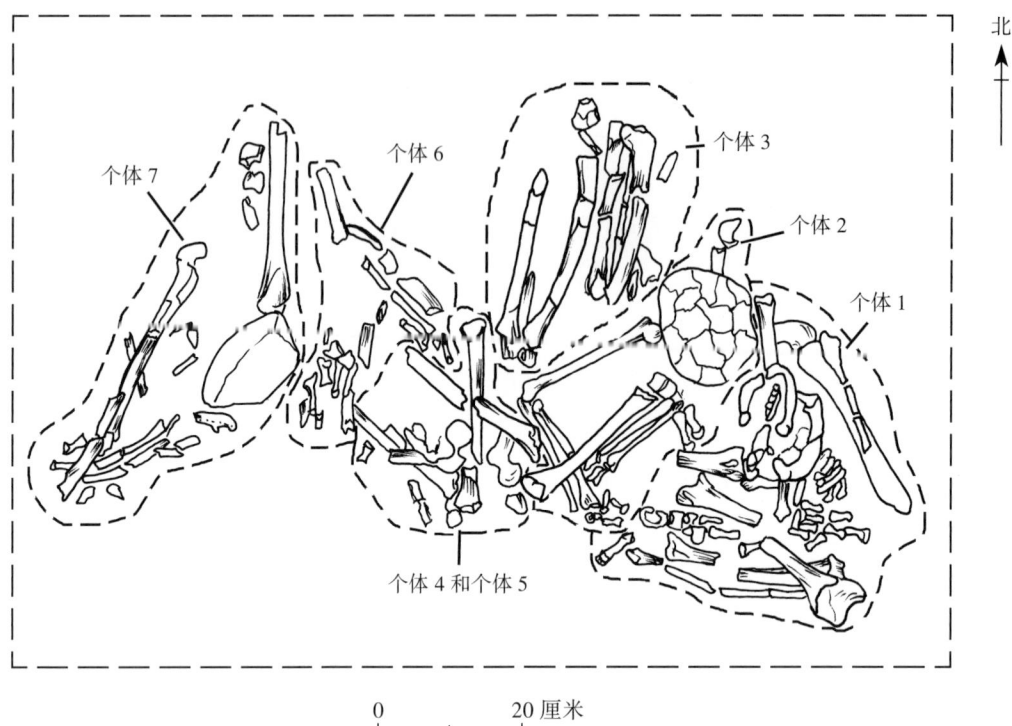

图一六　M7平面图

石灰岩，置于个体 4、个体 6 与个体 7 之间，该石块不规则，最大长度 25 厘米，最大宽度 15 厘米（图一六；彩版五，3）。

个体 1 位于墓葬的东南部，西部、西北部分别与个体 4、个体 2 紧紧相邻。整体骨骼保存一般。头骨置于双腿之间，头朝东南，面向东北，压在左肱骨、尺骨、桡骨、股骨与右尺骨、桡骨及部分肋骨、盆骨之上。左、右肱骨与下肢骨均呈斜竖状，左、右肱骨分别压在左、右股骨头上；左尺骨、桡骨压在右尺骨、桡骨上，双手指骨散落于两腿之间，并压在部分肋骨上，同时，部分指骨被右尺骨压住，当为双手呈抱状交叉于胸前所致；左右股骨分别压在左右胫骨、腓骨之上。从整体骨骼的分布位置来看，应为屈肢蹲葬。头骨分布的位置与人体解剖位置不符，是由于蹲葬后肌肉腐烂造成头骨塌落所致，身躯应朝向东南。现场观察推测该个体为一年龄 65 岁左右的老年人，性别不详。

室内整理显示，从个体 1 提取的头骨可见基本完整的额骨和两侧顶骨，以及枕骨、颞骨、寰椎、蝶骨和筛骨等部位的全部或局部；上颌骨可见上下颌骨的局部；上肢骨可见左侧肱骨的骨干，右侧肱骨的下半段，两侧尺骨、左侧桡骨等三个骨体的大部，右侧桡骨等；下肢骨可见左侧股骨骨干的近端部分，右侧股骨、右侧胫骨、右侧腓骨、左侧胫骨骨干的大部，左侧腓骨下半部等。

个体 2 位于墓葬的中部偏东，东部、西北部、西南部分别紧邻个体 1、个体 3、个体 4、个体 5。整体骨骼保存极差，仅存部分头骨残片及部分残断的上肢骨、肋骨、椎骨、锁骨等。头骨置于身体的东北部，且压在左肱骨、一锁骨及部分肋骨上，头朝上，面向下。椎骨成斜竖状，椎骨正面朝向东南部。右尺骨、桡骨与肱骨大致呈 90° 曲向东南，并压在左指骨上，左尺、桡骨与肱骨大致呈 120° 曲向西南，与个体 4 胫骨呈平行排列。从头骨、椎骨的分布位置来看，应为蹲葬。头骨分布的位置与人体解剖位置不符，是由于蹲葬后肌肉腐烂造成头骨塌落所致，身躯应朝向西南。推测该个体为一年龄介于 35 ~ 40 岁之间的男性。

室内整理显示，从个体 2 提取的头骨包括基本完整的上颌骨，两侧的颧骨，额骨、颞骨、顶骨和枕骨等部位的局部；上肢骨可见两侧肱骨大部分、两侧尺骨和桡骨等。

个体 3 位于 M7 的北部，周边紧邻个体 2、个体 4、个体 5、个体 6。整体骨骼保存极差，仅存部分头骨残片及部分残断的肢骨，均呈粉状，大部分无法提取。尺骨、桡骨被压在股骨与胫骨、腓骨下，下肢并拢大致呈平行排列，应为屈肢所致。推测该个体年龄 16 ~ 18 岁，性别不详。

室内整理显示，从个体 3 提取的肢骨包括左侧桡骨、两侧尺骨骨干的上半段，左侧股骨和左侧腓骨两个部位的远端，右侧胫骨骨干局部，右侧腓骨骨干大部等。

个体 4 和个体 5 位于墓葬的南部，周边紧邻个体 2、个体 3、个体 6。整体骨骼保存极差，仅存部分残断肢骨，且大多呈粉状。肢骨之间互相叠压，分属两个个体。葬式、性别和年龄均无法判断。

室内整理显示，现场提取的个体 4 下肢骨包括两侧胫骨，左侧股骨的远端、左侧腓骨的近端，右侧股骨骨干的中部等。个体 5 的肢骨可见左侧股骨的上半部分和右侧胫骨骨干的大部分等。

个体 6 位于墓葬的北部偏西，周边与个体 4、个体 5、个体 7 及 M29 紧紧相邻。整体骨骼保存极差，仅存部分残断的股骨、桡骨及肱骨，大多呈粉状。葬式不明。该个体性别和年龄均无法判断。

室内整理显示，从个体 6 提取的肢骨可见左侧肱骨、左侧桡骨、右侧尺骨、右侧股骨等骨体的大部或局部。

个体 7 位于墓葬的西部，东部紧邻个体 6。整体骨骼保存极差，仅存部分头骨残片及残断的肢骨、肋骨。下颌骨置于身体的东南部，头向、面向不明。部分肢骨呈斜竖状，部分肢骨大致呈平行排列。从整体骨骼的分布位置来看，有可能为屈肢蹲葬。推测该个体年龄介于 35 ~ 40 岁之间，性别不详。

室内整理显示，从个体 7 提取的头骨可见枕骨局部及颅骨骨缝附近的小片骨片；下颌骨可见两侧下颌角及左侧下颌支下颌切迹；肢骨可见左侧桡骨、两侧尺骨、两侧股骨等骨体的局部。

（四）M9

该墓位于 T9 的南部，分布于第④层，叠压 M32，东北部分肢骨被 M1 叠压，南部紧邻 M10。整体骨骼保存较差，仅存部分头骨、盆骨残片及部分残断的肢骨、椎骨、肋骨、锁骨、肩胛骨等，很多骨骼因太粉碎而无法提取。属于同一个个体（图一七）。

头骨位于身体的西北部，颈椎骨的右侧，下颌骨压在右锁骨及右肩胛骨上，头颅朝西南，面向东南。椎体正面朝上，微侧向西南，肋骨分列于椎骨两侧，锁骨也置于椎骨两侧，并压住肩胛骨及胸肋骨，应为仰身。右肱骨头被压在头骨下，与面骨及右尺骨、桡骨连成一线伸向西南，右尺骨、桡骨只存两小节，曲向不明；左肱骨自然下垂与椎体平行，左尺骨、桡骨与肱骨大致呈 45° 曲向胸部，并压在椎骨及部分肋骨上；下肢仅存的一股骨与胫骨、腓骨并拢曲向腹部，胫骨、

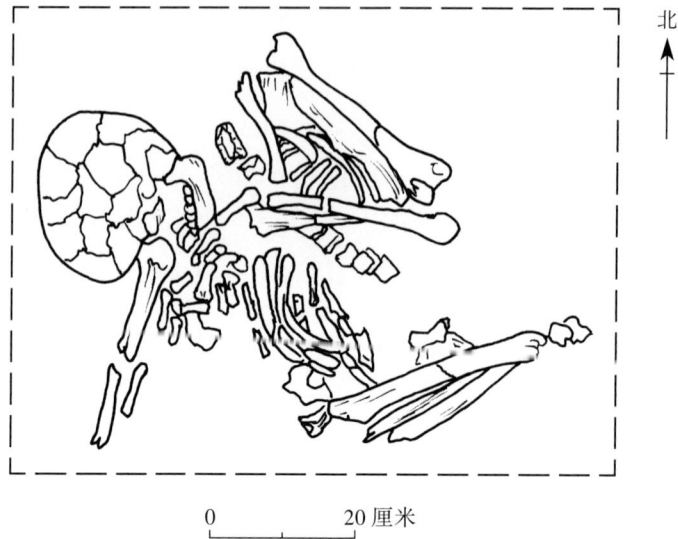

0 ———————— 20 厘米

图一七　M9 平面图

腓骨压在股骨上，胫骨正面朝向东南，足骨朝向东北。从整体骨骼的分布位置来看，应为仰身屈肢葬。头骨分布的位置与解剖学位置不符，应为移位所致。初步判断该个体为成年人，性别不详。

室内整理显示，从该个体提取的上肢骨可见两侧肱骨、左侧桡骨、左侧尺骨等骨体的部分，下肢骨可见右侧股骨、右侧胫骨、右侧腓骨等骨体骨干的局部，其他骨骼还见有枢椎、肩胛盂等部位。

（五）M10

该墓位于 T9 的南部，分布于第④层，部分伸入 T8 内，东北部紧邻 M9，西北部肢骨被 M2 叠压。不见头骨，整体骨骼形态保存基本完整，但很多部位十分残碎。属于同一个个体（图一八；彩版五，4）。

左锁骨压在颈椎上，右锁骨与左锁骨呈"八"字形置于右肱骨内侧；椎体正面朝向西面，左肋骨压在椎体上，应为右侧身。左、右肱骨自然下垂，左尺骨、桡骨与肱骨大致呈 90° 曲向胸部，并压住右肱骨；右尺骨、桡骨与肱骨大致呈 110° 曲向西面。股骨与胫骨、腓骨大致呈 45° 夹角曲向腹部，左胫骨、腓骨压在右股骨上，胫骨正面朝向西南，足骨朝向西北。从整体骨骼的分布位置来看，应为右侧身屈肢葬。推测该个体为一年龄介于 22 ~ 25 岁之间的女性。

室内整理显示，从该个体提取的上肢骨可见两侧锁骨、两侧肱骨、左侧尺骨、双侧桡骨、右侧的尺骨近端、右侧部分掌骨，下肢骨可见部分左侧股骨、部分右侧股骨、右侧腓骨骨干远端等。另外，还可见部分残破的髋骨。

（六）M11

该墓位于 T8 的西北部，分布于第④层，部分压住 M33。整体骨骼保存极差，仅存部分头骨、盆骨残片及部分残断的肢骨、锁骨、肩胛骨、肋骨等。许多部位因太碎而无法提取。属于同一个

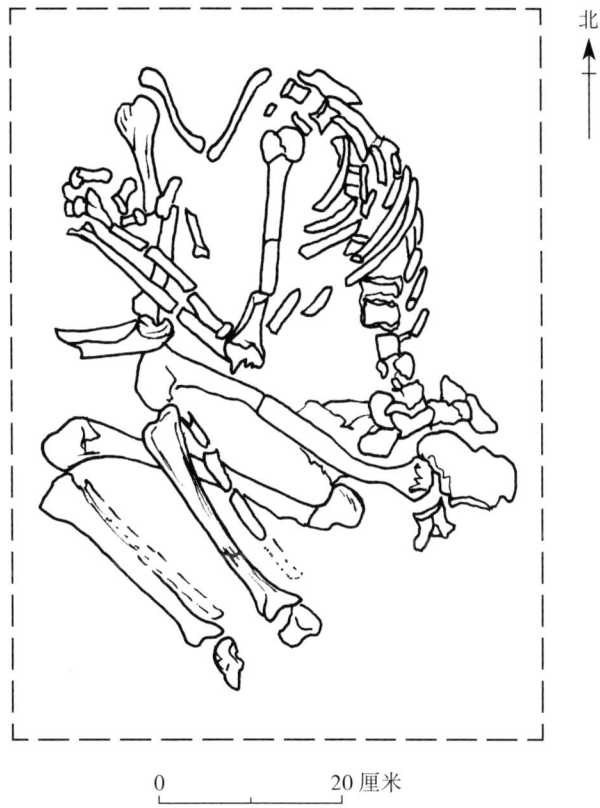

图一八　M10 平面图

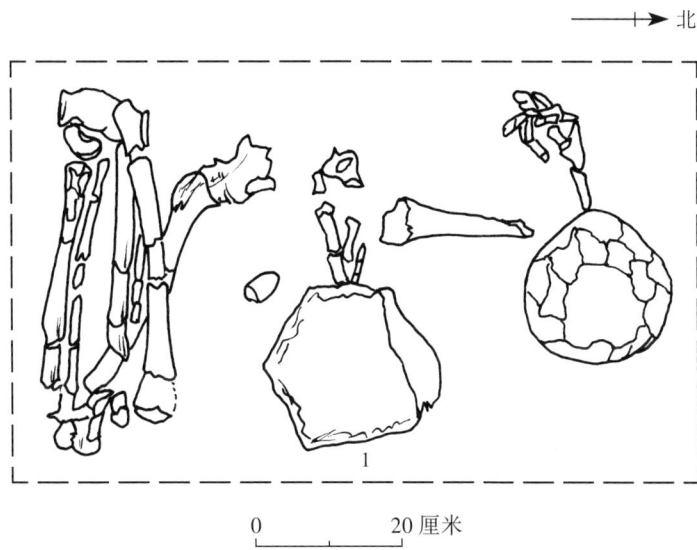

图一九　M11 平面图

1. 砺石

个体（图一九；彩版五，5）。

　　身躯大致呈南北向摆放。头骨位于身体的北部，头向、面向不明。头骨西侧一锁骨压在肩胛骨之上，肩胛骨西侧为一些残碎的肋骨；头骨西南约2厘米处为一南北向分布的肱骨，肱骨头在北，尺骨、桡骨与肱骨大致呈 90° 曲向胸前。股骨与胫骨、腓骨并拢大致呈平行排列，并与身体大致呈 90° 屈肢，胫骨正面朝南，髌骨朝东。从整体骨骼的分布位置来看，应为左侧身屈肢葬。初步判断该个体为一成年女性。墓葬中部靠胸部的位置发现两块石块，其中一件为砺石。

室内整理显示，从 M11 个体提取的上肢可见左侧肱骨骨干局部，下肢可见两侧股骨、两侧胫骨、左侧腓骨等骨体的局部。

（七）M12

该墓位于 T9 的西南角，分布于第④层。整体骨骼保存极差，仅存半边下颌骨及部分残断的肢骨、肋骨等，大部分骨骼呈粉状，和泥土混合在一起无法提取。头向、面向不明。葬式不明。初步判断为一成年个体，性别不详（图二○）。

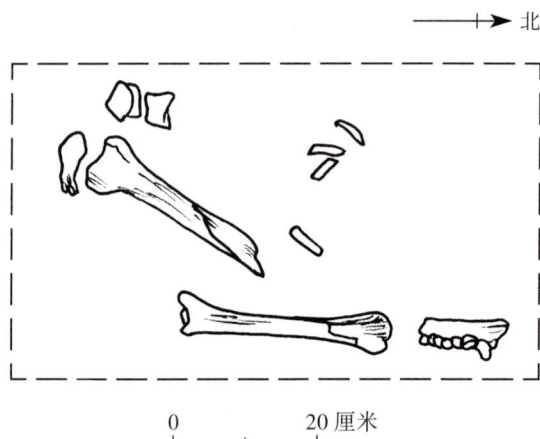

图二○　M12 平面图

（八）M13

该墓位于 T8 的北部，分布于第④层，部分骨骼叠压在 M33 之上。整体骨骼保存较差，仅存部分头骨、盆骨残片及部分残断的肢骨、锁骨、肩胛骨、肋骨、椎骨等，属于同一个个体（图二一；彩版五，6）。

身躯呈西北—东南向摆放，躯干略弯曲。头骨位于身体的西北部，头向西北，面向西南。右锁骨及右肩胛骨散落于下颌骨往西约 3 厘米处；左锁骨则位于胸腔位置，被压在左肱骨及胸肋骨之间，左肱骨在上，胸肋骨在下；左肩胛骨置于椎骨外侧；椎骨正面朝向西南，部分左肋骨压在右肋骨上；左肱骨自然下垂大致与躯干平行，并压在颈椎及肋骨之上；尺骨、桡骨微曲向下肢，压在右上肢肘部之上，并被左下肢的股骨与胫骨、腓骨压住；右肱骨也自然下垂与躯干平行，右尺骨、桡骨曲向胸部，指骨散落于胸部之上。下肢并拢大致呈平行排列，左胫骨、腓骨压在右股骨之上，大致东西向分布，曲向腹部；胫骨正面朝南，脚掌骨朝东。左足骨散落于右股骨与胫、腓骨中间。从整体骨骼的分布位置来看，应为右侧身屈肢葬。两侧锁骨、右肩胛骨及左脚掌骨分

0   20 厘米

图二一 M13 平面图

布的位置，与正常的屈肢体位有别，应为移位所致。初步判断该个体为一男性青壮年。头骨过于粉碎，无法现场提取。

室内整理显示，从 M13 提取的肢骨包括两侧肱骨、两侧尺骨、两侧桡骨、两侧股骨、两侧腓骨、两侧胫骨等骨体的大部或局部，另外还有部分距骨和部分跟骨等。

（九）M14

该墓位于 T8 的东北部，分布于第④层。整体骨骼保存较完整。属于同一个个体（图二二；彩版六，1）。

身躯俯身向下，呈东西向摆放，颈椎在东，尾椎在西，背棘突朝上。头颅从颈部截断，置放于躯干的南侧，下颌与颅盖分离，下颌骨置于颅盖的西部，并压在部分盆骨上，头向、面向不明。右锁骨仅剩一小节置于颈椎的南侧，左锁骨则被压在左胸肋骨下。肋骨保存较好，整齐排列于椎骨两侧，并与椎体相连。左肱骨自然下垂与躯干平行，尺骨、桡骨与肱骨大致呈 90° 曲向盆骨，并压于盆骨之下。右肱骨大致与椎体平行，略外撇，尺骨、桡骨与肱骨大致呈 90° 曲向盆骨，并压于头骨、股骨之下，指骨散落于盆骨下。下肢骨置放于躯干南部。一下肢骨从与盆骨相连的关节处截断，股骨头朝南；另一下肢骨与盆骨相连，股骨头朝西，两股骨置于躯干与头骨之间；胫、腓骨与股骨分离，两胫骨置于头骨的西南部，两腓骨置于头骨的东部。从整体骨骼的分布位置来

北 ←

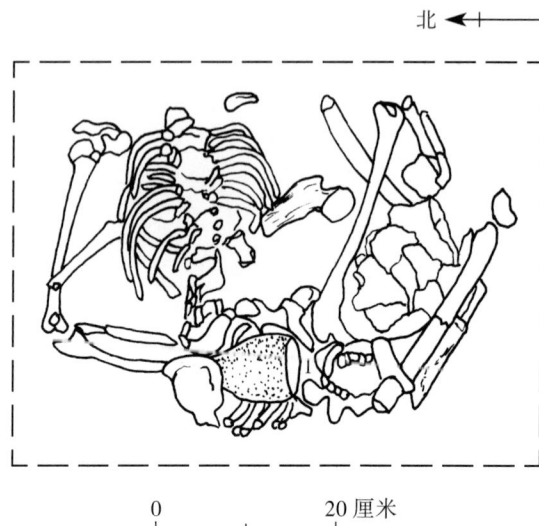

0　　　　　　　20 厘米

图二二　M14 平面图

1. 研磨器

看，应为肢解葬。M14 的西部盆骨处置有研磨器 1 件，呈葫芦形，南北向放置，小头朝北，斜插于部分盆骨之下，大头朝南，压住部分盆骨。初步判断该个体为一女性，年龄约 35 岁。

室内整理显示，从 M14 提取的头骨包括额骨、顶骨、枕骨、颞骨等部位；肢骨包括左侧完整的锁骨，右侧锁骨局部，两侧肱骨、两侧尺骨、两侧桡骨等骨体的大部，指骨，两侧股骨大部，左侧胫骨、左侧腓骨两个骨体的中部等。

（一〇）M15

该墓位于 T8 的西北部，分布于第④层。有两个个体（图二三；彩版六，2）。

个体 1 整体骨骼保存基本完整。头骨位于 M15 的西北部，右肱骨的西侧，头颅朝北，面向东，下颌骨则落于右肱骨处。右肱骨置于头骨之上，上半部与下半部大致呈 90° 折断，上半部大致与椎体平行，下半部则与右侧尺骨、桡骨连成一线往西南伸于两腿之间，右侧尺骨、桡骨被压在左指骨及左股骨与胫骨、腓骨下；左侧肱骨大致与椎体平行，略外撇，并压在椎骨上，左侧尺骨、桡骨与肱骨大致呈 45° 曲向胸腹部，并压在部分盆骨之上，指骨似握在右侧尺骨、桡骨上。肋骨置于左、右肱骨之间，椎骨正面朝西南，应为右侧身。下肢并拢曲向胸部，左股骨与胫骨、腓骨压在右股骨与胫骨、腓骨上，胫骨正面朝南，髌骨朝向西北。上、下肢关节没有移位。从整体骨骼的分布位置来看，应为右侧身屈肢葬。头骨、下颌骨及折断的左、右肱骨分布的位置与正常的解剖关系不符，应为移位所致。现场初步判断该个体为一成年人，但性别不详。很多骨骼较为残碎，无法提取。

室内整理显示，从个体 1 提取的肢骨包括左侧肱骨的骨干，两侧尺骨、两侧桡骨及右侧肱骨等四个骨体的大部，部分掌骨和指骨，右侧股骨和右侧腓骨两个骨体的大部，右侧胫骨粗隆以下的部分，左侧股骨骨干及内侧髁，左侧胫骨骨干，左侧腓骨局部等。

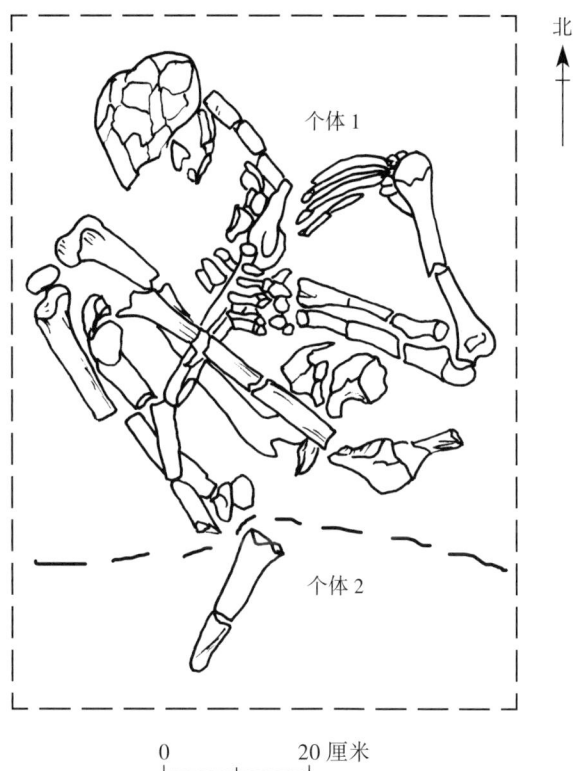

0   20 厘米

图二三　M15 平面图

个体 2 仅见一段股骨，位于个体 1 右脚掌骨南约 5 厘米处。该个体葬式不明，性别和年龄不详。室内整理显示，个体 2 提取股骨为左侧股骨骨干的远端。

（一一）M18

该墓位于 T9 东北部，分布于第④层。整体骨骼保存极差。仅存部分头骨残片及部分残断的肢骨。属于同一个个体（图二四）。

头骨仅存下颌骨，位于胸腔位置，且压在右尺骨、桡骨及右股骨上。右上肢曲向胸前，尺骨、

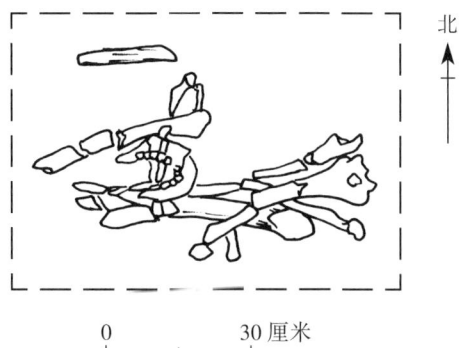

0   30 厘米

图二四　M18 平面图

桡骨压在右股骨上；左肱骨背面朝上，尺骨、桡骨曲向身体上部，并压在左下肢骨上；下肢骨曲向胸前，但左胫骨、腓骨被左股骨压住。从头骨的分布位置来看，与正常的解剖位置相差甚远，应为肢解所致。从左上肢骨及左胫骨、腓骨的分布位置来看，应为俯身屈肢。初步判断该个体为一年龄介于 22 ~ 24 岁之间的男性。

室内整理显示，所提取的 M18 个体右侧下颌骨仅髁突和下颌角处缺失，左侧下颌骨可见第二、第三臼齿及附着其上的部分下颌骨；上肢骨可见右侧肱骨骨干的中部、部分左侧肱骨、大部分两侧桡骨、大部分右侧尺骨骨干、左侧尺骨上半部分，两侧部分掌骨；下肢骨可见两侧股骨骨干的大部分，右侧的股骨头和股骨颈，两侧胫骨和两侧腓骨等四个骨体的局部，部分距骨、跗骨和趾骨等。

（一二） M21

该墓大部分位于 T9 东部，少部分位于 T13 的西部，分布于第④层。整体骨骼保存极差，从残存的三个头骨数量判断，至少有 3 个个体，除个体 3 能看出为屈肢葬外，其余 2 个个体均葬式不明。在 M21 的西南部发现有 1 件研磨器、1 件石锛。这些器物是否为随葬品，无法肯定（图二五）。

个体 1 位于墓葬的西部，东部紧邻个体 2，部分骨骼压住个体 2 的头骨。头骨仅存部分下颌骨残片及牙齿，从牙齿来看，正处于换牙阶段，应为小孩；少量肢骨压在个体 2 的头骨上，部分肢骨被下颌骨压住。葬式不明。推测该个体的年龄应为 7 ~ 8 岁，性别不详。

室内整理显示，从个体 1 提取的骨骼可见基本完整的右侧下颌体、左侧下颌支局部、下颌体中的部分牙齿；肢骨可见左侧肱骨骨干的远端和中部、右侧尺骨的近端、两侧桡骨骨干中部的小部分、右侧股骨骨干和左侧胫骨骨干中部等。

个体 2 位于墓葬的中部，东、西部分别紧邻个体 3、个体 1。仅存部分头骨残片和少量椎骨，被个体 1 的部分骨骼压住，同时压在个体 3 的椎骨上。葬式不明。推测该个体的年龄约 7 岁，性别不详。

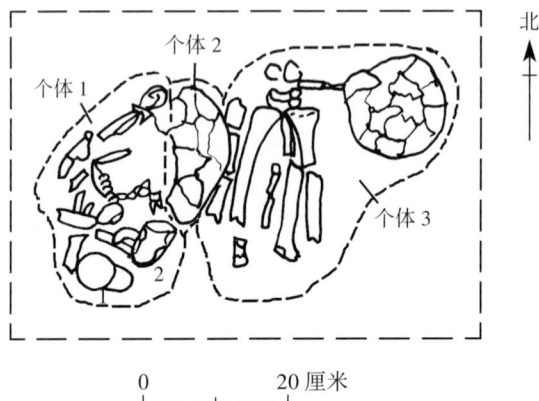

图二五　M21 平面图

1. 研磨器　2. 石锛

室内整理显示，从个体 2 提取的头骨包括两侧颞骨、额骨、顶骨、枕骨等部位的部分骨片。另外还可见完整的枢椎和部分牙齿。

个体 3 位于墓葬的东部，西部紧邻个体 2。仅存部分头骨残片及残断的肢骨、椎骨等。头骨置于身体的东部，头朝东南，面向不明。椎骨正面侧向东南，并被个体 2 的头骨压住。上肢骨不见，下肢骨曲向胸前。从整体骨骼的分布位置来看，应为左侧身屈肢葬。头骨分布的位置，应为移位所致。推测该个体应为一年龄 9 岁左右的孩子。

室内整理显示，从个体 3 提取的头骨可见顶骨、两侧颧骨、两侧鼻骨、两侧额骨、下颌骨、蝶骨、颞骨、枕骨、枢椎等部位的局部；上肢可见右侧肱骨骨干的中段和右侧桡骨除桡骨头外的上半部分；下肢可见部分右侧股骨骨干、左侧股骨骨干和远端、右侧胫骨大部、右侧腓骨骨干局部、左侧胫骨骨干大部、左侧腓骨骨干等。

（一三）M23

该墓位于 T13 的西部，分布于第④层。部分叠压 M24。整体骨骼保存较差，仅存部分头骨、盆骨残片及部分残断的肢骨、锁骨、肩胛骨、肋骨、椎骨等。属于一个个体（图二六；彩版六，3）。

头骨位于墓葬的北部偏中、两侧上肢骨之间，并压在左股骨上，头颅朝东，面向下，下颌骨落于头骨的西侧约 2 厘米处。残存的尾椎骨位于头骨的西北侧，呈斜竖状，尾椎骨的外侧为残断的锁骨、肩胛骨；上肢骨曲向胸部，大致呈抱状，右上肢压在盆骨上，左尺骨、桡骨被压在左股

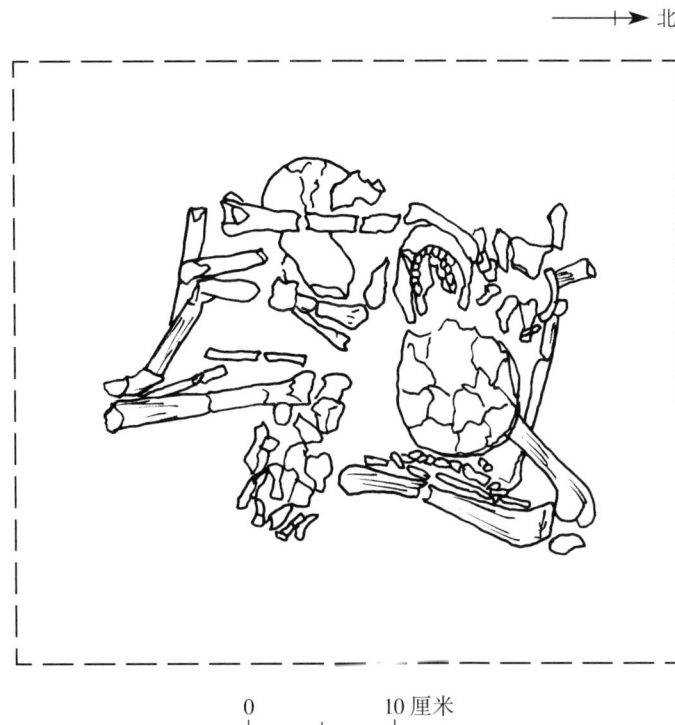

图二六　M23 平面图

骨下；下肢骨呈曲状，且两侧股骨与胫骨、腓骨均呈竖状，股骨外撇，胫骨、腓骨内曲，左、右足骨大致相抵。从整体骨骼的分布位置来看，应为屈肢蹲葬。头骨分布的位置与人体解剖位置不符，是由于蹲葬后肌肉腐烂造成头骨塌落所致，身躯应面向东北。推测该个体为女性，年龄约 16～18 岁。

室内整理显示，从 M23 个体提取了相对完整的头骨和肢骨。头骨大致完整，包括额骨、鼻骨、顶骨、枕骨、颞骨、蝶骨、颧骨、颌骨等部位。肢骨包括两侧锁骨骨干、左侧肱骨、右侧肱骨、左侧尺骨、左侧桡骨、右侧尺骨和桡骨、两侧股骨、两侧胫骨、两侧腓骨、跟骨、距骨、趾骨等部位的全部或部分。另外还见相对完整的两侧髋骨及少部分椎骨。

（一四）M25

该墓位于 T13 西南部，分布于第④层。整体骨骼保存极差，仅存部分头骨、盆骨残片及部分残断的肢骨、椎骨、肋骨等。从骨骼的分布位置来看，应包括 3 个个体（图二七；彩版六，4）。

个体 1 位于 M25 的北部，南部紧邻个体 2。仅存部分头骨、盆骨残片及部分残断的肢骨、椎骨、肋骨等。头骨位于墓葬的北部，头颅朝西北，面向西南，下颌骨落于头骨的东南侧约 4 厘米处。上肢仅存部分残断的肱骨与尺骨、桡骨、指骨，两手屈肢至面部，下肢仅存的一小节股骨及腓骨压在胸椎上面，胸椎的正面朝向西南，应为右侧身。从整体骨骼的分布位置来看，应为右侧身屈肢葬。推测该个体为一年龄 40 岁左右的男性。大部分骨骼呈粉状，无法提取。

室内整理显示，从个体 1 提取的下颌体包括部分颌骨、部分牙齿及其所在的牙槽骨。上肢骨可见双侧肱骨头、右侧锁骨骨干近端、右侧尺骨骨干远端、右侧桡骨骨干大部、左侧锁骨大部、左侧尺骨骨干局部、左侧桡骨骨干近端、左侧肱骨头残片等。

个体 2 位于墓葬的中部，紧邻个体 1、个体 3。仅存部分头骨、盆骨残片及残断的肢骨、椎骨、

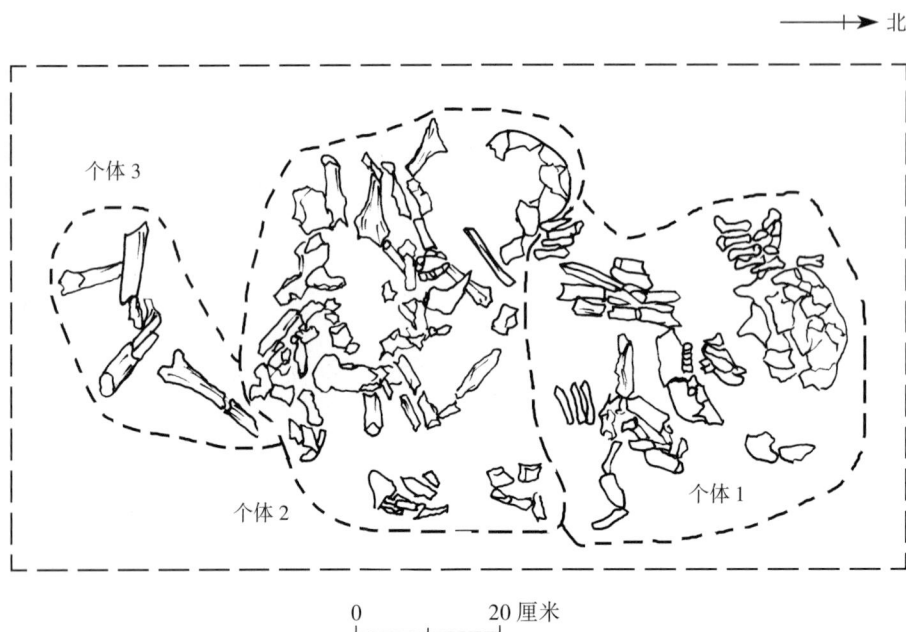

图二七　M25 平面图

肋骨等。头骨位于身体的西北部，头颅朝西北，面向下，下颌骨落于头骨的东南侧约 5 厘米处，并压在肱骨及部分肋骨上。盆骨位于个体 2 的西南部，头骨与盆骨之间为椎骨；肢骨、肋骨、部分下肢骨大致呈竖状。从骨骼的分布位置来看，应为屈肢蹲葬。头骨分布的位置与人体解剖位置不符，是由于蹲葬后肌肉腐烂造成头骨塌落所致，身躯应面向西北。推测该个体为年龄 25 岁左右的女性。

室内整理显示，从个体 2 提取的头骨可见下颌骨、上颌骨、额骨、颧骨、颞骨、顶骨和枕骨的局部及大部分牙齿。肢骨可见两侧肱骨骨干，两侧尺骨和两侧桡骨等骨体的局部，右侧部分掌骨和指骨，两侧股骨、两侧胫骨和两侧腓骨等骨体的部分，左侧部分趾骨和跗骨等。

个体 3 位于 M25 南部，北部紧邻个体 2。整体骨骼保存极差，仅存六节残断的肢骨。葬式不明。初步判断该个体为一成年个体，性别不详。

室内整理显示，从个体 3 提取的肢骨可见右侧肱骨骨干的大部和两侧胫骨骨干的远端。

（一五）M26

该墓位于 T13 的东南部，分布于第④层。整体骨骼保存极差，仅存部分头骨残片及部分残断的肢骨、椎骨、肋骨等。属于同一个个体（图二八；彩版六，5）。

头骨位于墓葬的东北部，并压在胸椎骨上，头颅朝东南，面向西北，下颌骨位于头骨的西北

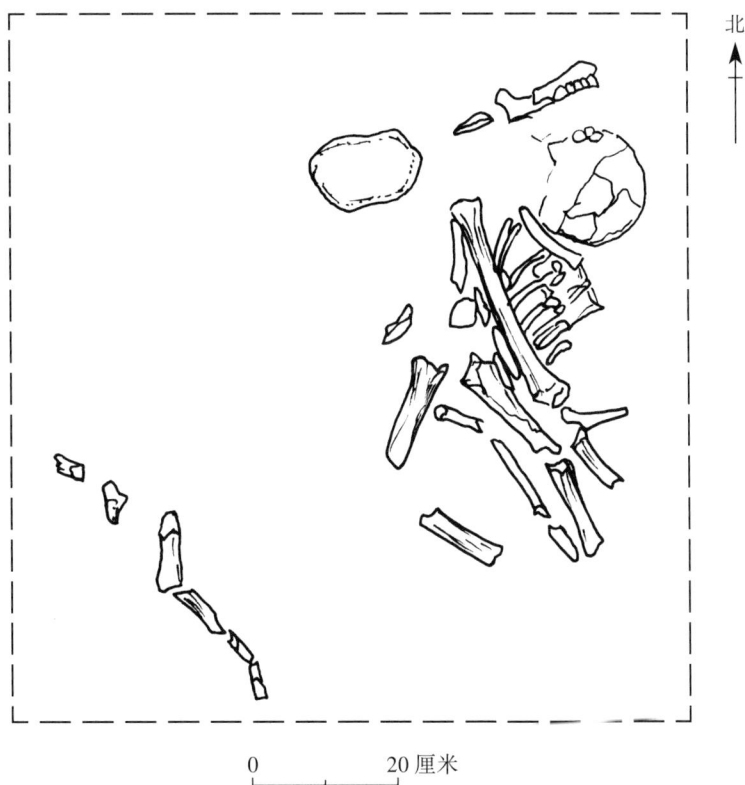

图二八　M26 平面图

侧约4厘米处。椎骨正面朝向西南，应为右侧身。右上肢略呈弯曲状压在右肋骨上，上肢曲向胸部，左肱骨压在椎骨上。下肢曲向胸部，但胫骨、腓骨位于股骨与胸肋骨之间，与正常的屈肢体位有别。从整体骨骼的分布位置来看，应为右侧身屈肢葬。头骨及胫骨、腓骨分布的位置与正常的解剖位置不符，应为移位所致。推测该个体为年龄40～45岁左右的男性。

室内整理显示，从该个体提取的头骨仅见颌骨。右侧下颌骨保存相对较好，左侧下颌骨仅存少部分和少量牙齿。上颌骨仅存左侧局部。所提取的肢骨仅见右侧部分，包括右侧肱骨、尺骨、桡骨、股骨、胫骨、腓骨等部位的大部或局部。另外还见部分残断的指骨和肋骨等。

（一六）M27

该墓位于T6东北部近东北角处，分布于第④层。整体骨骼保存极差。仅存部分头骨、盆骨残片及部分残断的肢骨、锁骨、肩胛骨、肋骨等。属于同一个个体（图二九；彩版六，6）。

身躯大致呈东西向摆放。头骨置于躯干的东北部，颅顶朝北，面向西。一残断肱骨与面部大致平行并与另一肱骨大致相交。双脚并拢大致平行排列曲向头部，髌骨在东北，脚掌骨在西南。一锁骨置于下颌骨的南部约10厘米处，锁骨往西南为一些残碎的肋骨。从整体骨骼的分布位置来看，应为屈肢葬。头骨、肱骨分布的位置，应为移位所致。推测该个体为一年龄20～25岁的男性。

室内整理显示，从该个体提取的头骨可见上颌骨大部、硬腭骨大部、颞骨局部、下颌骨局部，牙齿等。肢骨可见左侧肱骨、左侧桡骨、左侧股骨、右侧股骨等部位的一部分。

（一七）M28

该墓位于T6的东北部。分布于第④层。整体骨骼保存极差，仅存两个残碎头骨残片及部分残断的肢骨、锁骨、肩胛骨、肋骨、椎骨等。从整体骨骼的分布位置来看，至少有3个个体（图

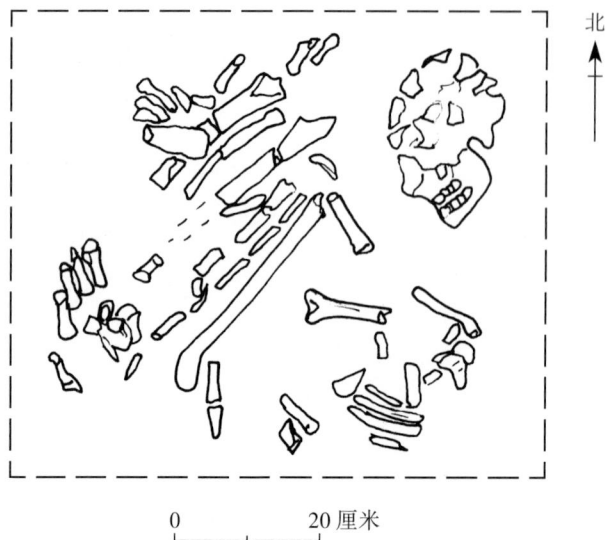

图二九　M27平面图

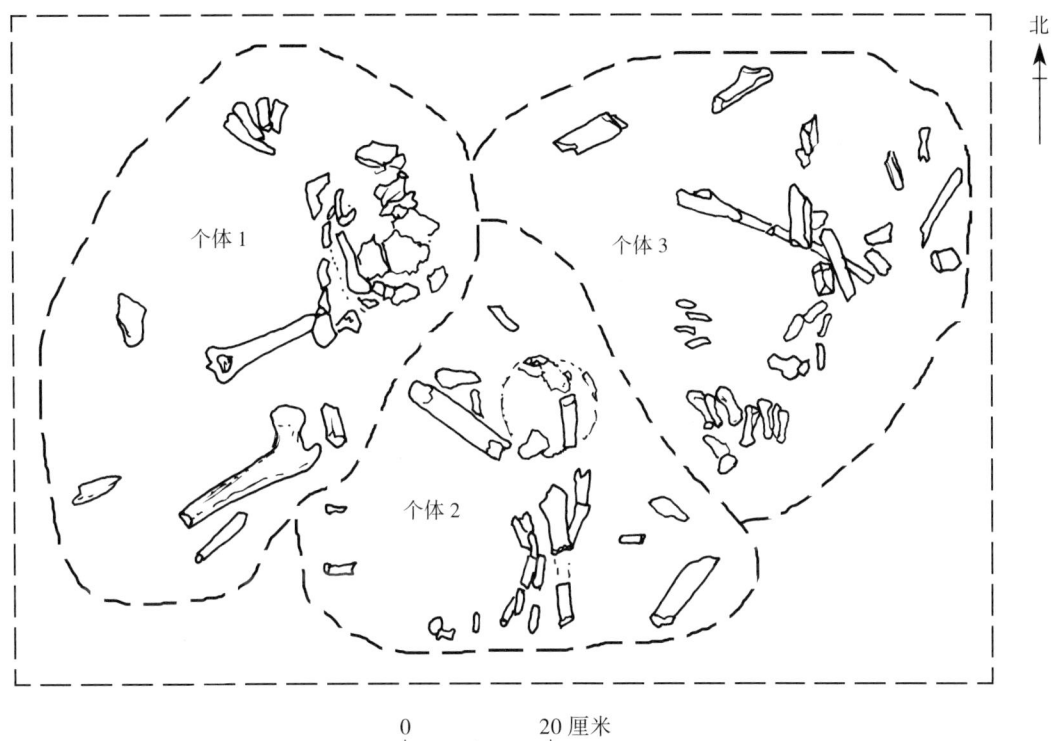

图三〇 M28 平面图

三〇）。

个体 1 位于墓葬的西部，西南部紧邻个体 2，头骨呈粉状，整个身躯大致呈倒立状，头向、面向不明。残碎椎骨和锁骨位于头骨的北部，并压在其上。头骨往西南为几节残断的肢骨，股骨呈斜立状，肱骨平放。葬式不明。

室内整理显示，从个体 1 提取的肢骨可见右侧肱骨、右侧尺骨、左侧桡骨等骨体的大部，右侧股骨的上半部分、右侧腓骨骨干的远端以及左侧胫骨的下半部分等。初步判断该个体为成年人，性别不明。

个体 2 位于墓葬的南部，西北部、东部分别紧邻个体 1、个体 3。仅存部分头骨残片及残断的肢骨。头骨呈粉状，位于墓葬的中部，并被一节肢骨压住，头骨往南为一些互相错乱叠压的肢骨，葬式不明。

室内整理显示，从个体 2 提取的肢骨可见右侧的肱骨远端，右侧桡骨近端，两侧尺骨骨干和右侧股骨骨干等三个部位的近端，右侧腓骨和左侧胫骨两个部位的远端等。初步判断该个体为成年人，性别不详。

个体 3 位于墓葬的东部，西南部紧邻个体 2，仅存部分残断的肢骨、肋骨等，互相叠压，大部分无法提取。葬式不明。该个体性别和年龄不详。

（一八）M29

该墓位于 T9 的中部，分布于第④层。北部、西部部分被 M3、M4 叠压。至少有 2 个个体，

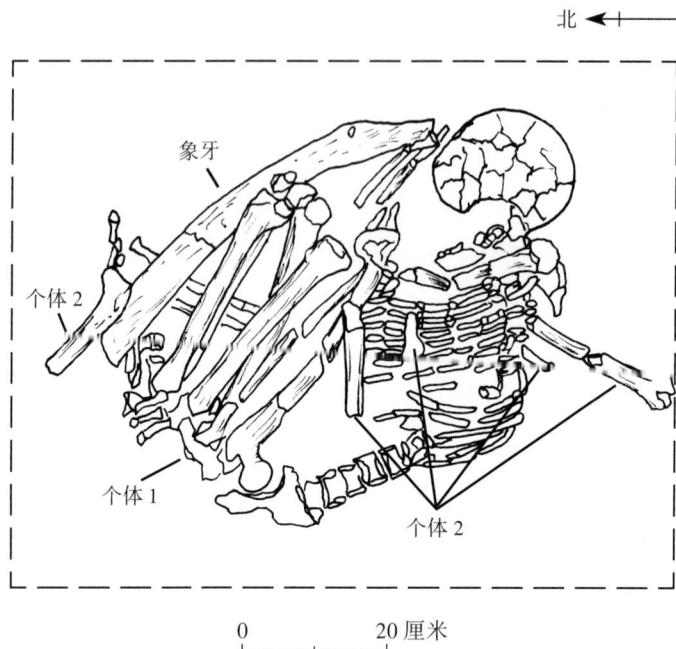

图三一　M29 平面图

包括 1 个完整个体及另一个体的 5 根肢骨（图三一；彩版七，1）。

个体 1 整体骨骼保存较完整。身躯大致呈东南—西北向摆放，身躯略弯曲。头骨位于墓葬的东南部，下颌骨没有移位，头朝东南，面向北。左肱骨置于颈椎之上向北斜伸至胸部，左尺骨、桡骨与肱骨大致呈 60° 曲向额前，左上肢肘部关节被压在左侧股骨的髌骨下。右肱骨自然下垂，压于右肋骨、左股骨之下，右尺骨、桡骨与肱骨大致呈 120° 曲向下肢骨，并压于右下肢骨之下；椎体略弯曲正面朝向东北，肋骨保存完整，左肋骨压在椎骨和右肋骨上。下肢并拢曲向胸前，左胫骨、腓骨压在右股骨上。从整体骨骼的分布位置来看，应为右侧身屈肢葬。推测该个体为一 35 岁左右的女性。东北部随葬 1 根象牙，大致与个体 1 躯干平行，上端近额部，左尺骨、桡骨近手掌处压在象牙的上端尖部上，下端紧贴右脚掌骨，下端往上约 10 厘米处压住右尺骨、桡骨及手掌骨，指骨似呈握象牙之态。

室内整理显示，从个体 1 提取的头骨保存相对较好，包括额骨、顶骨、枕骨、颞骨、颧骨、眶面、颞突、蝶骨、颌骨等部分。其他部位可见寰椎和枢椎的大部、两侧盆骨的一部分、较完整的肢骨等。该个体肢骨长而粗壮，推测身高应高于许多个体。

个体 2 仅见残碎的 5 根肢骨，一肱骨及一桡骨呈东北—西南向分布于身躯的外侧，一腓骨插在个体 1 的胸腔内，另外二肢骨分别压在象牙及个体 1 的左股骨上。该个体年龄和性别不详。骨骼过于残碎，无法提取。

（一九）M30

该墓位于 T13 的西北部，分布于第④层，南部被小路破坏。整体骨骼保存较差，仅存部分头骨、

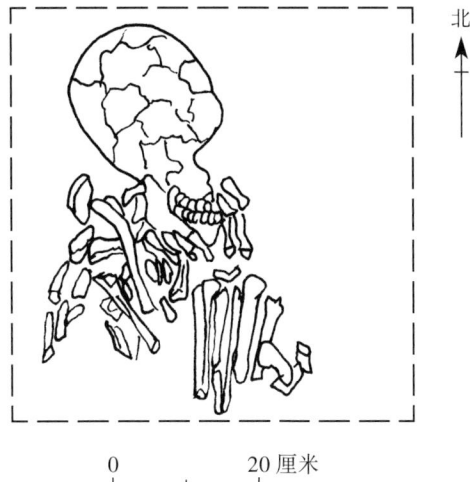

北

0　　　　　20 厘米

图三二　M30 平面图

盆骨残片及部分残断的上肢骨、椎骨、锁骨、肩胛骨、肋骨等。属于同一个个体（图三二）。

头骨位于墓葬的北部，头颅朝西北，面向东南，上、下颌骨保存较好，没有移位。椎骨正面朝向东南，应为左侧身。一锁骨压在肩胛骨及椎骨上，右肱骨略斜向胸部，尺骨、桡骨曲向颈部；左肱骨自然下垂，尺骨、桡骨曲向面部。从骨骼的分布位置来看，应为左侧身屈肢葬。现场初步判断该个体有可能是一位成年的女性。

室内整理显示，该个体提取的骨骼包括基本完整的右侧锁骨、左侧锁骨局部、两侧肱骨骨干的近端、两侧桡骨和尺骨的远端等。

（二〇）M35

该墓位于 T9 的中部，分布于第④层。部分人骨被 M4 叠压。整体骨骼保存极差，仅存三个头骨的部分残片及几根残断的肢骨。初步判断有 5 个个体，均葬式不明（图三三）。

个体 1 位于墓葬的西北方向，东部、南部分别与个体 2（或个体 5）、个体 3（或个体 4）相邻。残碎严重，仅辨出下颌骨残块及几片头盖骨，头向、面向及葬式不明。

个体 2 和个体 5 位于 M35 的东部偏北，西部、西南部分别邻近个体 1、个体 3（或个体 4）。仅存下颌骨残块及几节残断的肢骨、锁骨等。两个头骨与其他骨骼无法一一对应。头向和面向不明，葬式不明。推测其中一个个体为一 30 岁左右的女性，另外一个个体为一成年男性。

室内整理显示，从个体 2 和个体 5 提取的骨骼中，个体 2 头骨可见左侧下颌骨的大部分、左侧下颌骨颏部和第二、第三臼齿的齿槽部及部分牙齿。个体 5 头骨下颌骨保存基本完整。在两个头骨外的其他骨骼中，上肢骨可见右侧肱骨、右侧桡骨、左侧肱骨、左侧尺骨等部位的局部或大部，下肢骨可见右侧股骨的远端、胫骨骨干远端的一段。

个体 3 位于 M35 的西南部。个体 3 头骨紧邻个体 1 头骨，头朝东北、面向东南。个体 3 头骨往南为一小堆细小肢骨，其中下肢的股骨与胫骨、腓骨大致呈平行排列，且压在上肢的尺骨、桡

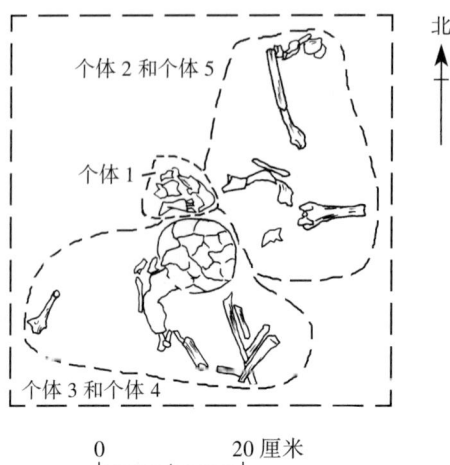

图三三　M35 平面图

骨上。葬式不明。

室内整理显示，以个体 3 提取的肢骨极小，可见右侧股骨的近端，整体观之年龄不到 10 周岁甚至更小。

个体 4 仅存少量肢骨残片，年龄及性别不明。

第三节　第④层下部墓葬（人骨）

第④层下部墓葬（人骨）包括 M16、M20、M24、M31、M32、M33、M34、M36、M37、M38，包括至少 29 个个体（图三四；彩版七，2）。

（一）M16

该墓位于 T8 的东北部。分布于第④层，部分被 M14 叠压。整体骨骼保存较差，仅存两个头骨、部分盆骨残片及残断的肢骨、锁骨、肩胛骨、肋骨、椎骨等。从残存的 7 根尺骨判断，至少有 4 个个体，除个体 1 和个体 2 能看出为屈肢葬外，其余 2 个个体均葬式不明（图三五）。

个体 1 位于墓葬的东南部，西北部紧邻个体 2，部分骨骼被个体 2 的上肢骨压住。头骨位于 M16 的东部，仅存部分头骨残片，头朝东，面向西南。右肱骨头与个体 2 的肱骨头相交，肱骨伸向西南，并被部分肋骨压住，右尺骨、桡骨与肱骨大致呈 90° 曲向胸部，并被左肱骨及个体 2 的肱骨压住，左尺骨、桡骨与肱骨大致呈 90° 曲向右股骨头，并压在右股骨上。下肢并拢曲向胸部，左股骨与胫骨、腓骨压在右股骨与胫骨、腓骨之上，胫骨正面朝西南，髌骨朝西北。从整体骨骼的分布位置来看，应为右侧身屈肢葬。头骨分布的位置与正常的屈肢体位有别，应为移位所致。推测该个体为一年龄 38 ~ 45 岁的男性。

室内整理显示，从个体 1 提取的头骨十分破碎，包括部分上下颌骨、颧骨、额骨、颞骨、颅骨碎片等。肢骨包括左侧锁骨骨干近端、部分左侧肱骨骨干、右侧肱骨远端、两侧桡骨骨干上部、

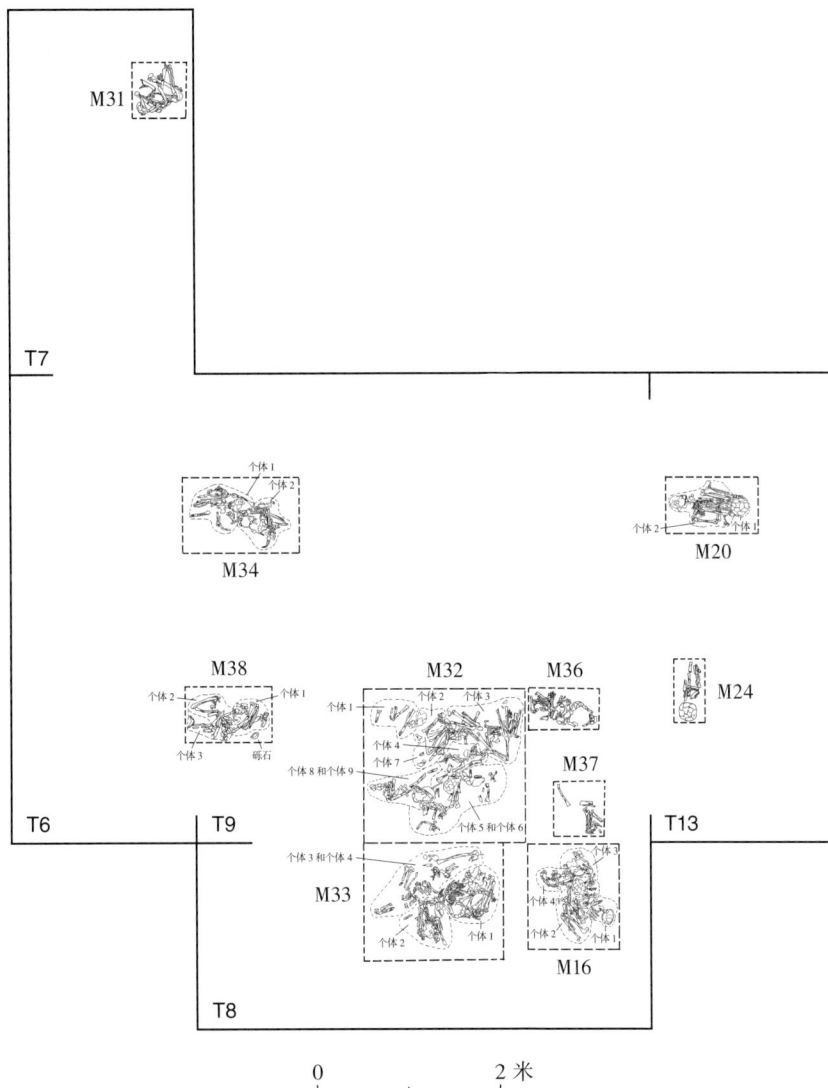

图三四 第④层下部墓葬（人骨）分布图

左侧尺骨大部、大部分股骨和胫骨、两侧腓骨骨干等。

个体 2 东南部紧邻个体 1，上肢骨压住个体 1 的部分骨骼。头骨位于墓葬的中部，并压在一肱骨上，头朝西南，面向南，上下颌骨保存较好。上下肢骨残缺不全，分布比较杂乱，但隐约可以看出为屈肢葬。

室内整理显示，从个体 2 提取的头骨骨片破碎，包括额骨、顶骨、颞骨、枕骨、颧骨、上下颌骨等部位的局部。肢骨包括右侧肱骨的大部，左侧肱骨骨干的近端，两侧桡骨下半部，右侧尺骨大部，左侧尺骨上半部，右侧股骨、右侧胫骨和右侧腓骨等骨体的骨干部分。推测该个体为一年龄 25 岁左右的男性。

个体 3 位于墓葬的东北部。仅存杂乱分布的肢骨，残缺不全，部分呈竖状，部分平放，部分互相叠压。看不出葬式。

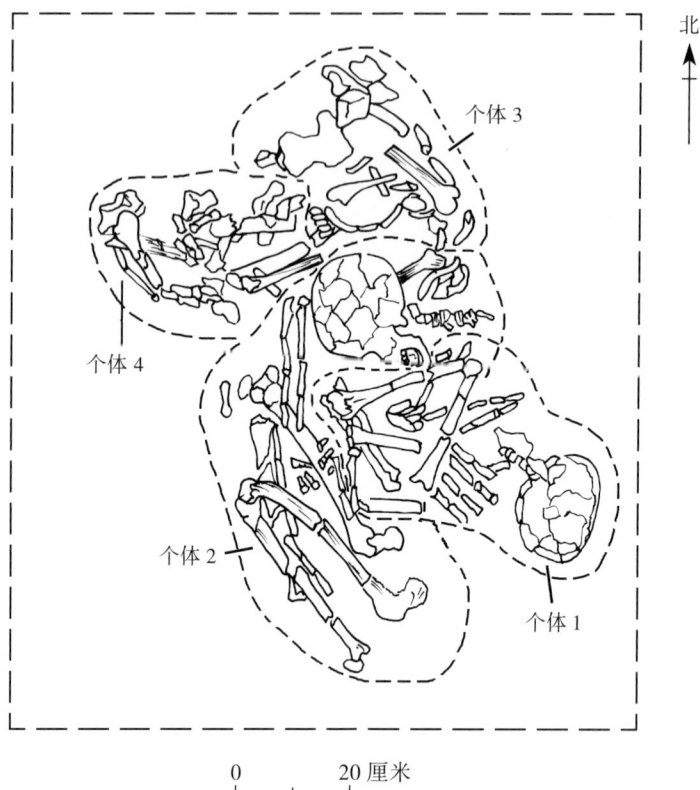

图三五　M16 平面图

　　室内整理显示，从个体 3 提取的肢骨包括右侧肱骨，左侧肱骨骨干大部、左侧尺骨、右侧尺骨大部、左侧桡骨大部、右侧桡骨大部、左侧股骨大部、右侧股骨部分、右侧胫骨大部、左侧胫骨大部、两侧腓骨骨干等。推测该个体年龄 16 ~ 18 岁，性别不详。

　　个体 4 位于墓葬的西北部。残存一些杂乱分布的肢骨，部分呈竖状，部分平放，部分互相叠压。葬式不明。

　　室内整理显示，从个体 4 提取的肢骨包括左侧肱骨骨干的大部、尺骨的上半部分和桡骨的近端、右侧腓骨骨干的下半部分等。初步判断该个体为一成年人，性别不详。

　　（二）M20

　　该墓位于 T13 西北部，靠近西壁，分布于第④层，包含 2 个个体（图三六；彩版七，3）。

　　个体 1 位于墓葬的东部，仅存头骨，并压在个体 2 的盆骨和足骨之上。葬式不明。初步判断该个体为一年龄小于 35 岁的女性。

　　室内整理显示，从个体 1 提取的头骨颅骨保存相对较好，包括基本完整的额骨、基本完整的颞骨、完整的右颧骨、顶骨大部、枕骨大部等。

　　个体 2 位于墓葬的西部，身体的上半部分在 T9 的东隔梁内。整体骨骼保存基本完整。头骨置于身体的西部，颅顶朝西，面朝东北，下颌骨保存较好，没有移位。两侧锁骨对称分布颈部两

北 ←

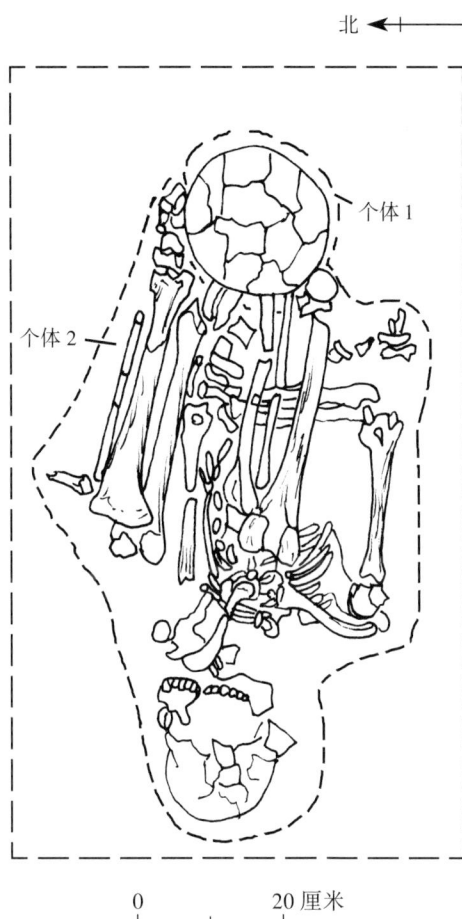

0　　　　　20 厘米

图三六　M20 平面图

侧，并压在肩胛骨及胸肋骨上；椎体正面朝上，当为仰身；左肱骨自然下垂与椎体平行，尺骨、桡骨与肱骨大致呈 90° 折向身躯右侧，并置于腰椎之上，且被右股骨、胫骨、腓骨压住；右肱骨自然下垂与椎体平行，尺骨、桡骨与肱骨大致呈 90° 折向身躯左侧，置于胸椎骨及左尺骨、桡骨之上，并被右下肢压住；下肢并拢曲向胸部，并与椎体平行，左、右胫骨分别压在左、右股骨上，且右下肢骨压在椎骨上，下肢屈折厉害，疑为绑肢所致。从整体骨骼的分布位置来看，应为仰身屈肢葬。

　　室内整理显示，从个体 2 提取的头骨保存相对完整，包括额骨、两侧顶骨、枕骨、颞骨、鼻骨、蝶骨、上颌骨、下颌骨等部位的全部或者部分。肢骨保存相对较好，包括锁骨大部、两侧肩胛骨局部、右侧肱骨大部、左侧肱骨局部、两侧尺骨和桡骨大部、两侧股骨大部、两侧胫骨和腓骨大部等。初步判断该个体为一年龄 45 岁左右的男性。

（三）M24

　　该墓位于 T13 的西部，部分被 M23 叠压，分布于第④层。整体骨骼保存极差，仅存部分头骨残片及部分残断的肢骨、椎骨等。属于同一个个体（图三七；彩版七，4）。

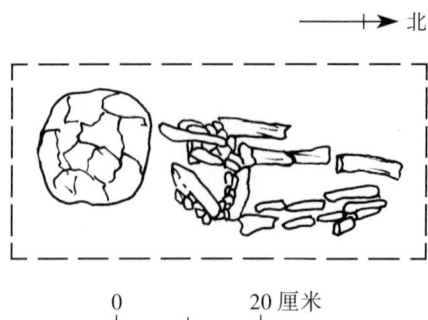

图三七　M24 平面图

　　头骨位于身体的南部，头颅朝西南，面向东南，下颌骨落于头骨的北侧约 3 厘米处，并压在两侧肱骨上。左锁骨压在椎骨上，上肢曲向胸部，左肱骨压在椎骨上，椎体正面侧向东南。从整体骨骼的分布位置来看，应为右侧身屈肢葬。

　　室内整理显示，从该个体提取的头骨可见部分颞骨、枕骨、下颌骨及部分牙齿；上肢骨可见两侧锁骨的骨干、右侧肱骨骨干的近端、右侧尺骨骨干的大部、右侧桡骨骨干的近端、左侧肱骨骨干的大部、左侧尺骨骨干的远端、左侧桡骨的大部等。推测该个体为一女性，年龄约 35 岁。

（四）M31

　　该墓位于 T7 东北部，靠近东壁，分布于第④层，整体骨骼保存较差。仅存部分头骨、盆骨残片及部分残断的肢骨、锁骨、肩胛骨、肋骨、椎骨等。属于同一个个体（图三八；彩版七，5）。

　　头骨置于身体的西南部，颅顶朝南，面向不明，头骨往西北约 10 厘米处为下颌骨，下颌骨压在胸椎骨、左胫骨、右腓骨及一上肢的尺骨、桡骨上；椎骨置于墓葬的西北部，微侧向东南，

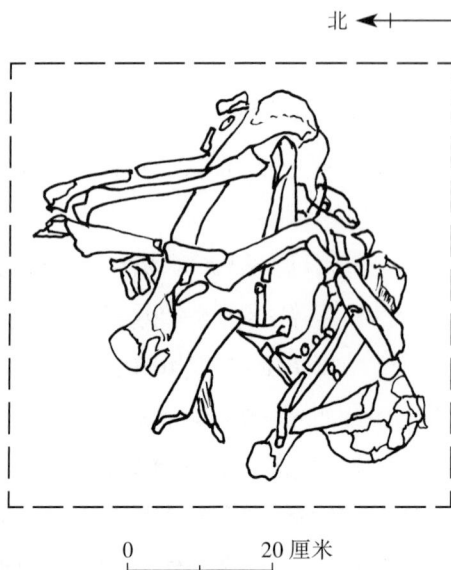

图三八　M31 平面图

被一残断肱骨、右股骨与胫骨、腓骨、下颌骨及一锁骨压住；两侧锁骨残断，一侧压在胸椎骨上，另一侧则被右股骨压住；一肱骨置于墓葬的南部，紧邻头骨、右胫骨和腓骨、颈椎骨，并压在右胫、腓骨及颈椎骨上，肱骨头与掌骨及尺骨、桡骨关节处大致相交，与尺骨、桡骨大致呈90°曲折，指骨散落于头骨上，另一肱骨置于墓葬的东北部，并压在两侧股骨及部分盆骨、肋骨上，肱骨与尺骨、桡骨大致呈30°曲向左下肢的髌骨，并压在左胫骨、腓骨上，指骨散落于胫骨的外侧；盆骨置于墓葬的北部，只余残片；下肢曲向东部，髌骨朝向东南，左侧胫骨正面朝南，右侧胫骨朝向东南，左胫骨、腓骨被右股骨压住，左股骨被右胫骨、腓骨及下颌骨压住。头骨、椎骨、上下肢骨及锁骨的分布位置与正常的解剖位置不符，应为肢解所致。被肢解的部位有三处：一是从腰椎处肢解，二是从肩部肢解，三是从一上肢的肘部肢解。

室内整理显示，从该个体提取的头骨可见颅顶骨、下颌骨的下颌体部分、部分牙齿等，肢骨可见两侧锁骨局部、右侧肱骨骨干的下半部、左侧肱骨骨干大部、两侧尺骨局部、两侧桡骨大部、两侧股骨骨干、两侧胫骨下半部、两侧腓骨骨干局部、部分趾骨等。推测该个体为一年龄大于45岁的女性。

（五）M32

该墓位于T9中部偏南，分布于第④层，地势由东北向西南倾斜，骨骼依势分布其上。北部、东部、南部、中部、西部分别被M4、M8、M10、M1、M9、M2叠压，东部、南部分别与M26、M33相邻。整体骨骼保存极差，仅存9个头骨、部分盆骨的残片及部分残断的肢骨、肋骨、椎骨、锁骨、肩胛骨等，且部分呈粉状而无法提取。从现场残存的9个头骨判断，至少有9个个体，均葬式不明（图三九；彩版七，6）。

个体1位于墓葬的北部偏西，头盖骨仅存几片残片，往东紧挨头骨2，头向、面向不明。头骨往西为残存的几节错乱分布的肢骨。

室内整理显示，从个体1提取的上肢骨可见左侧肱骨骨干的上半部分，下肢骨可见两侧股骨骨干的上半部分以及两侧胫骨和腓骨骨干的中部等。初步判断该个体为一性别不明的成年。

个体2位于墓葬的北部偏西，头骨仅存残碎片，西侧紧邻个体1头骨，头向、面向不明。头骨往东为一小堆杂乱的肢骨。

室内整理显示，从个体2提取的肢骨可见左侧桡骨、部分左侧尺骨，左侧股骨大部，左侧胫骨、左侧腓骨下半部分等。初步判断，该个体为一成年男性。

个体3位于M32的北部偏中，头向、面向不明。头骨东侧为一堆杂乱的肢骨、盆骨、肋骨等，有的骨骼呈斜竖状，有的平行分布，还有的相互叠压或交叉。

室内整理显示，从个体3提取的下颌骨只有下颌体及其部分牙齿；上肢骨可见部分左侧肱骨骨干、左侧尺骨和桡骨的骨干、右侧桡骨、部分右侧尺骨、部分两侧股骨、右侧胫骨和腓骨骨干的下半部分、左侧胫骨大部分、少量腓骨等。推测该个体为一男性，年龄为25～30岁。

个体4位于M32的中部偏东，头向、面向不明。头骨南侧错乱分布几根股骨及部分盆骨、肋骨残片等，南侧约25厘米处为个体5和个体6的头骨。

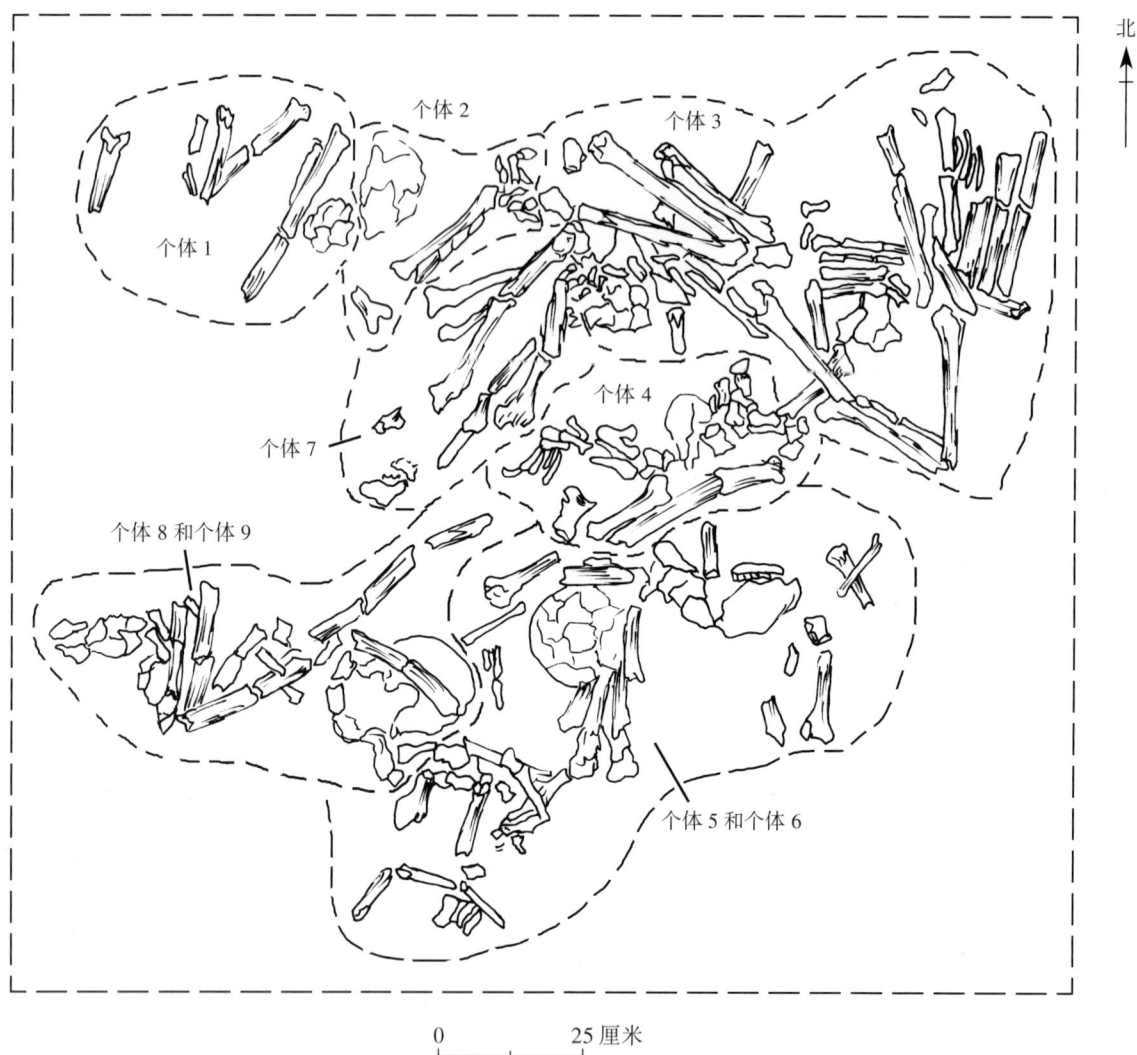

0　　　　　　25 厘米

图三九　M32 平面图

室内整理显示，从个体 4 提取的上颌骨保存了梨状孔下缘以下的部分，下颌骨保存基本完整，上肢骨可见右侧肱骨的骨干及部分左侧肱骨等；下肢骨包括两侧股骨的骨干、部分左侧胫骨、腓骨骨干远端等。推测该个体为一年龄 22 岁左右的男性。

个体 5 和个体 6 位于墓葬的东南部。个体 5 头骨西侧紧邻个体 6 头骨，并压住一堆呈南北向并拢分布的肢骨。个体 5 头顶向西南，面向北，个体 6 头向及面向不明。个体 5 头骨东侧为几节散乱分布的肢骨，个体 6 头骨南、北、西侧均有少量肢骨散乱分布。这些肢骨与头骨之间无法一一对应。

室内整理显示，从个体 5 提取的肢骨包括大部分肱骨、右侧尺骨上半部、右侧桡骨骨干远端、部分左侧桡骨、左侧股骨骨干、部分胫骨、左侧腓骨骨干近端等。从个体 6 提取的肢骨包括左侧肱骨的骨干以及右侧肱骨、右侧桡骨、左侧尺骨、两侧股骨、左侧胫骨等部位的大部或局部。两个体均为成年男性。

个体 7 位于 M32 的中部偏西，头向和面向不明。头骨北侧约 40 厘米处为个体 2 头骨，东北侧约 40 厘米处为个体 3 头骨，东南侧约 40 厘米处为个体 6 头骨，西南约 30 厘米处为个体 9（或个体 8）头骨，头骨周边为一些散乱的肢骨。

室内整理显示，从个体 7 提取的头骨可见部分上下颌骨及部分牙齿，上肢骨可见左侧肱骨骨干，下肢骨可见两侧股骨骨干的上半部、两侧胫骨骨干的下半部、右侧腓骨除近端外的其余部位、左侧腓骨骨干中部等。推测该个体年龄约 20 ~ 25 岁，性别不明。

个体 8 和个体 9 位于 M32 的西南部，均头向、面向不明。两头骨附近为一堆错乱分布的肢骨、盆骨、肋骨等，部分骨骼呈斜竖状，部分骨骼平行分布，部分骨骼错乱叠压或交叉曲折分布。两个头骨与其他骨骼无法一一对应。两个个体均葬式不明。

室内整理显示，从个体 8 提取的肢骨可见右侧肱骨的下半部、左侧肱骨骨干的中部、右侧尺骨骨干、左侧尺骨骨干的上半部、左侧股骨骨干的中段、两侧胫骨和腓骨骨干的中段等。从个体 9 提取的肢骨可见左侧肱骨骨干中段、左侧尺骨骨干中部、左侧股骨骨干、右侧股骨骨干近端、两侧胫骨骨干下部、左侧腓骨骨干的下半部。前一个个体为成年人，性别不明，后一个个体的肢骨整体观察较为细小，可能为一个未成年人。

另外，除了上述 9 个个体骨骼之外，还发现部分散乱的肢骨，现场无法确定属于哪一个个体。经室内整理发现，至少属于两个个体。其中一个个体可见部分左侧肱骨骨干中段、两侧股骨骨干近端、两侧胫骨骨干远端，另外一个个体可见右侧肱骨骨干中段、左侧股骨骨干大部、左侧胫骨骨干自粗隆至远端开始扩大处的部分、右侧的股骨和胫骨等。这些骨骼有可能是上述 9 个个体中某两个个体的一部分，或者是另外两个个体。

（六）M33

该墓位于 T8 北部，分布于第④层。南部、西部及北部部分骨骼分别被 M13、M10、M8 叠压。整体骨骼保存较差，仅存三个头骨及三个盆骨的部分残片以及部分残断的肢骨、椎骨、肋骨、锁骨、肩胛骨等。从残存的 8 根股骨判断，至少有 4 个个体。个体 1、个体 2 能看出是俯身屈肢葬和蹲葬，个体 3、个体 4 葬式不明。墓葬西南部出土有两个石头断块，其中一件被个体 2 的右侧胫骨与尺骨及桡骨压住（图四〇；彩版八，1）。

个体 1 位于墓葬的东部，西南、西北部分别紧邻个体 2、个体 3、个体 4，整体骨骼保存一般。身躯呈西南—东北向摆放，胸椎骨在西南，盆骨在东北，俯身向下，椎骨及肋骨正面朝下，背棘突朝上，盆骨压在尾椎骨及右股骨头上，胸椎骨微向左弯，颈椎骨与胸椎骨错开约 2 厘米，与头骨紧紧相连，位于胸椎骨的左侧，并压在下颌骨之下。头朝东南，面向下，头骨压在右肱骨、尺骨、桡骨、锁骨、肩胛骨上，右尺骨、桡骨微曲向髋骨，指骨散落于髋骨上；左肱骨压在右股骨上，左尺骨、桡骨微曲向左下肢，并压在左股骨及胫骨、腓骨上，指骨散落于左胫骨、腓骨外侧。下肢并拢曲向头部，左股骨与胫骨、腓骨压在右胫骨、腓骨上，右胫骨正面朝向东南，左胫骨正面朝向东，髌骨均朝向南。从整体骨骼的分布位置来看，应为俯身屈肢葬。颈椎骨分布的位置应为头骨移位时折断所致。

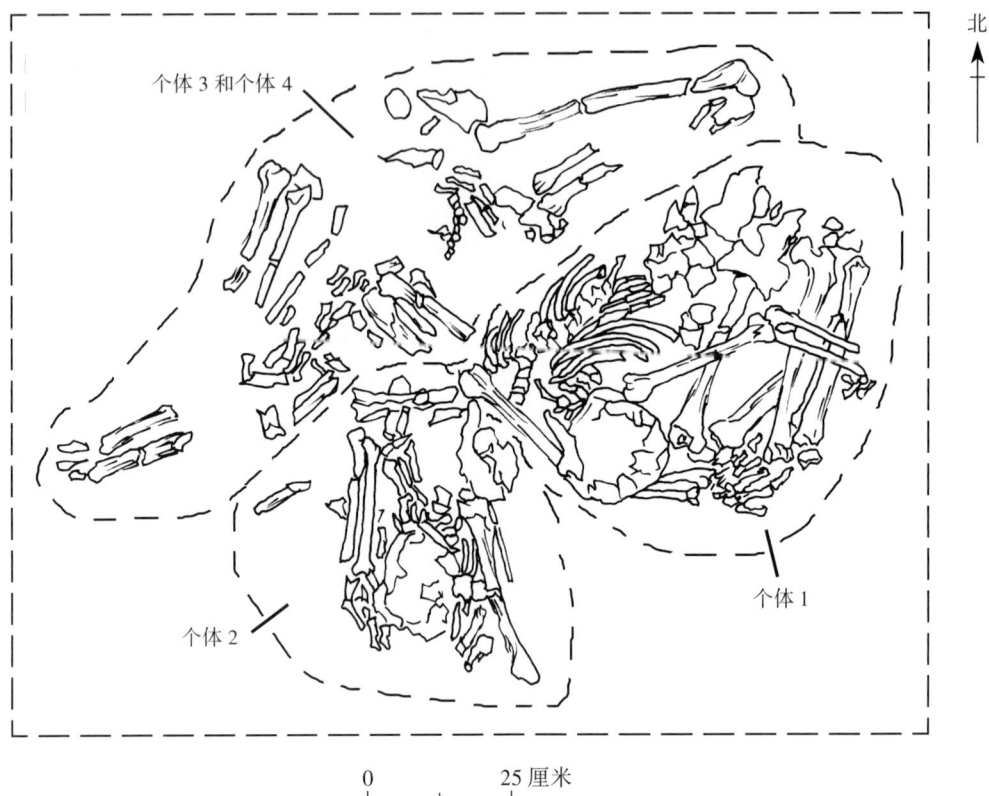

图四〇　M33 平面图

　　室内整理显示，从个体 1 提取的头骨保存相对完整，包括额骨大部、右侧顶骨大部、左侧顶骨、枕骨枕平面的左半部、左侧颞骨大部等，肢骨保存也相对完整，包括两侧肱骨、右侧尺骨、右侧桡骨的大部、左侧尺骨局部、左侧桡骨大部、两侧股骨的大部、两侧胫骨和腓骨的大部等。推测该个体为一年龄 18 ~ 20 岁的女性。

　　个体 2 位于墓葬的南部，东北、西北部与个体 1、个体 4 紧紧相临，整体骨骼保存较差，头骨置于两股骨之间，压在部分肋骨、趾骨、指骨及左尺骨、桡骨上，头向、面向不明，半块下颌骨落于左胫骨外侧。右肱骨与尺骨、桡骨大致呈平行排列，右尺骨、桡骨曲向头部，部分指骨被头骨压住；左肱骨呈竖状，左尺骨、桡骨与肱骨大致呈 90° 曲向右上肢骨，并被部分肋骨及头骨压住。下肢骨均呈斜竖状，右股骨压在右胫骨、腓骨上；左股骨与胫骨、腓骨大致呈平行排列，左胫骨、腓骨压在左股骨上。从整体骨骼的分布位置来看，应为屈肢蹲葬。头骨分布的位置与人体解剖位置不符，应是蹲葬后肌肉腐烂造成头骨塌落所致，身躯应朝向南部。初步判断该个体为一年龄 35 岁左右的男性。

　　室内整理显示，从个体 2 提取的头骨极为破碎，可见右侧顶骨局部，右侧颞骨、左侧蝶骨和枕骨等部位小部，左侧下颌支和下颌体局部等。提取的肢骨可见右侧肱骨骨干大部、右侧尺骨和右侧桡骨大部、左侧肱骨下半部、左侧尺骨大部、左侧桡骨骨干大部、右侧股骨骨干局部、右侧胫骨大部、左侧胫骨骨干局部、左侧腓骨下半部等。

个体 3 和个体 4 位于 M33 的西北部，东南部分别与个体 1、个体 2 紧紧相邻，整体骨骼保存极差。头骨仅存部分残片，包括上下颌骨的部分残块。其他肢骨部分呈竖状，部分平放，部分互相错乱叠压。从残存的 4 根股骨判断，至少有 2 个个体。但头骨无法与其他骨骼一一对应。

室内整理显示，从个体 3 提取的上肢骨可见左侧尺骨骨干中段的一小节，下肢骨保存了右侧股骨的大部分、右侧胫骨下半部分、右侧腓骨、左侧股骨骨干中段部分等。从个体 4 提取的肢骨包括右侧肱骨和右侧桡骨两个部位的局部、右侧尺骨骨干的上半部分、左侧股骨和左侧胫骨骨干两个部位的远端部分等。两个个体均为性别不明的成年人。

（七）M34

该墓位于 T9 西北部，部分在 T6 东隔梁内，分布于第④层，部分被 M5 叠压。整体骨骼保存较差，仅存头骨、盆骨的部分残片及部分残断的肢骨、椎骨、肋骨、锁骨等。从整体骨骼的分布位置来看，包括 2 个个体（图四一）。

个体 1 位于墓葬的西部，下肢骨膝盖部位伸入 T6 的东隔梁，东部与个体 2 紧紧相邻。整体骨骼保存一般。头骨置于腹部并贴近骨盆，且压在部分肋骨及椎骨上，头朝北，面向西，上下颌骨保存较好，没有移位。椎骨呈弯曲状置于头骨的左侧，正面朝向东北，应为右侧身。右肱骨自然下垂，尺骨、桡骨微曲向右下肢，并被右胫骨、腓骨及脚掌骨压住；右肱骨也自然下垂，尺骨、桡骨与肱骨大致呈 90° 曲向盆骨。下肢并拢曲向西方，肢骨均呈斜竖状，髌骨部位高于肱骨头、脚掌骨部位；下肢略向西南倾斜，右股骨压在左胫骨、腓骨上。从整体骨骼的分布位置来看，应

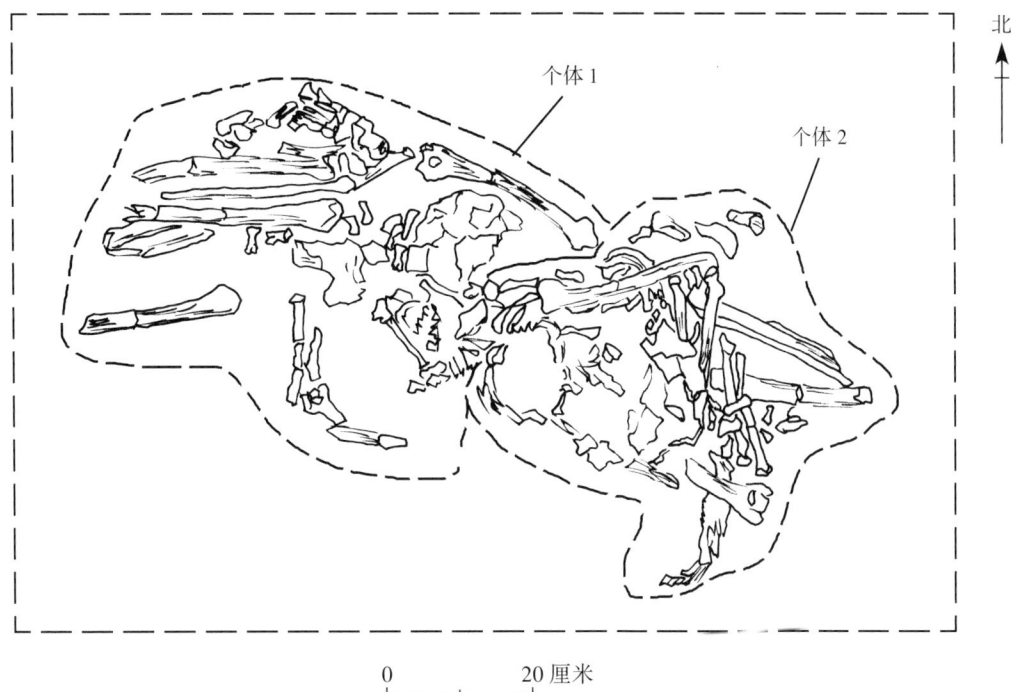

图四一　M34 平面图

为右侧身屈肢葬。头骨分布的位置与正常的解剖位置不符，应为肢解所致。

室内整理显示，从个体1提取的头骨可见上颌骨右侧牙槽骨和下颌骨，及上下颌骨上的部分牙齿。提取的肢骨可见右侧肱骨、右侧尺骨、右侧桡骨等部位的大部，左侧肱骨、左侧尺骨和左侧桡骨局部，右侧股骨大部、右侧胫骨和右侧腓骨半部、左侧股骨骨干上半部、左侧胫骨骨干下半部、左侧腓骨骨干部分等。推测该个体为女性，年龄在18岁左右。

个体2位于M34的东部，西部与个体1紧紧相邻。整体骨骼保存较差，仅存部分头骨残片及部分残断的肢骨、椎骨、肋骨、锁骨等。头骨置于腹部与两肱骨之间，并压在左尺骨、桡骨及股骨上，头朝东、面向北。椎骨位于个体2的西部，呈斜竖状，肋骨叠压于椎骨两侧，左锁骨压在椎骨及部分左侧肋骨上，同时被左肱骨头压住。左肱骨自然下垂，左尺骨、桡骨与肱骨大致呈90°曲向头部，并压在左胫骨、腓骨上；右肱骨自然下垂，并压在部分盆骨上，右尺骨、桡骨与肱骨大致呈45°曲向头部，并压在一股骨上，两侧尺骨、桡骨大致平行，双手呈抱状。左下肢骨并拢呈斜竖状侧向东南，髌骨部位高于肱骨头、足骨部位；右下肢骨不见。从整体骨骼的分布位置来看，应为屈肢蹲葬。头骨分布的位置与人体解剖位置不符，是由于蹲葬后肌肉腐烂造成头骨塌落所致，身躯应朝向东南。

室内整理显示，从个体2提取的骨骼可见右侧肱骨下半部、右侧桡骨、左侧肱骨大部、左侧尺骨局部、左侧桡骨骨干、左侧股骨骨干、左侧胫骨的大部以及左侧腓骨骨干的远端等。推测该个体为一性别不明的成年人。

（八）M36

M36位于T9的北部，分布于第④层，东部部分被M3叠压，西部与M32相邻。整体骨骼保存极差，仅存部分头骨、盆骨残片及部分残断的肢骨、肋骨、锁骨、肩胛骨等，大部分已呈粉状，未提取。属于同一个个体（图四二；彩版八，2）。

头骨位于墓葬的东部，下颌骨压在上颌骨之上，一锁骨压在下颌骨右侧上，上、下颌骨西侧约10厘米处为头骨残片，头向、面向不明。头骨西侧分布杂乱叠压的肢骨、肋骨、盆骨、趾骨、

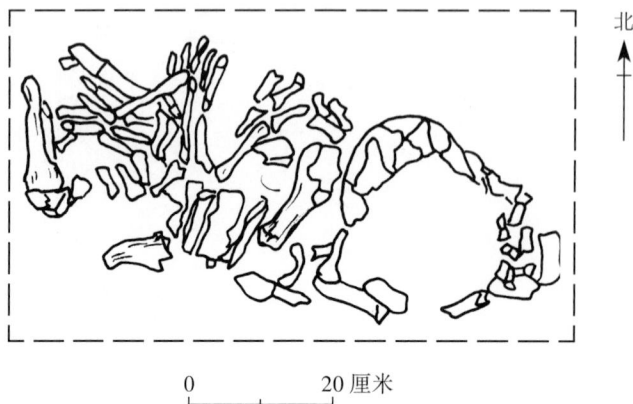

0　　　　　　20厘米

图四二　M36平面图

指骨等。一下肢置于头骨与另一下肢之间，股骨与胫骨、腓骨大致呈平行排列，并压在部分指骨上，另一下肢置于墓葬的西部，与一上肢的尺骨、桡骨大致呈平行排列，并被部分肋骨指骨压住。葬式不明。初步判断该个体为一年龄 50 岁以上的男性。

（九）M37

M37 位于 T9 的东南部，分布于第④层。整体骨骼保存极差，仅存部分残断的肢骨。从骨骼的大小判断，应该有 2 个个体（图四三；彩版八，3）。

肢骨分布比较杂乱，一侧肱骨置于墓葬西北部；另一侧肱骨置于墓葬东南部，肱骨与尺骨、桡骨大致呈平行排列，并压在一股骨上；下肢的股骨与胫骨、腓骨呈斜竖状。均葬式不明。

室内整理显示，从个体 1 提取的骨骼可见右侧肱骨骨干局部、右侧桡骨粗隆部、左侧肱骨骨干的大部、右侧股骨和右侧腓骨骨干远端各一小节等。该个体年龄和性别不详。个体 2 肢骨细小，为一未成年个体，但性别不详，可见左侧肱骨大部、左侧桡骨近端局部、右侧尺骨上半部、右侧桡骨大部、左侧股骨近端和左侧腓骨远端等。

（一○）M38

该墓位于 T9 西南部，部分在 T6 东隔梁内，分布于第④层。整体骨骼保存极差，仅存三个头骨的部分残片及部分残断的肢骨、肋骨等。从残存的三个头骨数量判断，至少有 3 个个体，均葬式不明。东南部有砾石一件，椭圆形，长 12 厘米，宽 6 厘米（图四四；彩版八，4）。

个体 1 位于墓葬东部偏北，头骨仅存几块碎片，半块下颌骨残片及牙齿朝下，头向、面向不明。头骨东侧分布一小堆肢骨，其中一上肢骨压在一下肢骨上。西南侧一股骨及一胫骨呈斜竖状分布。

室内整理显示，从个体 1 提取的头骨可见右侧顶骨矢状缘和冠状缘的前半部分、右侧额骨冠

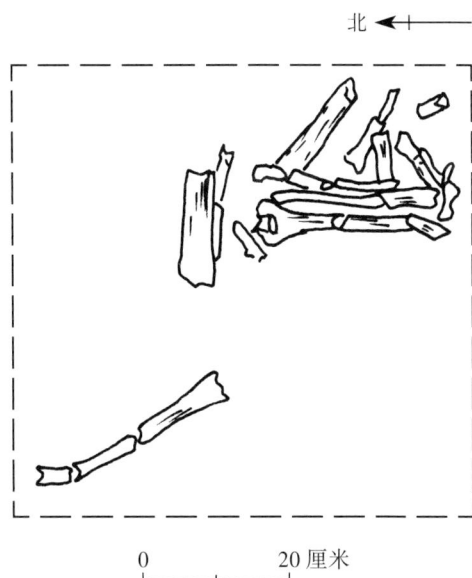

图四三 M37 平面图

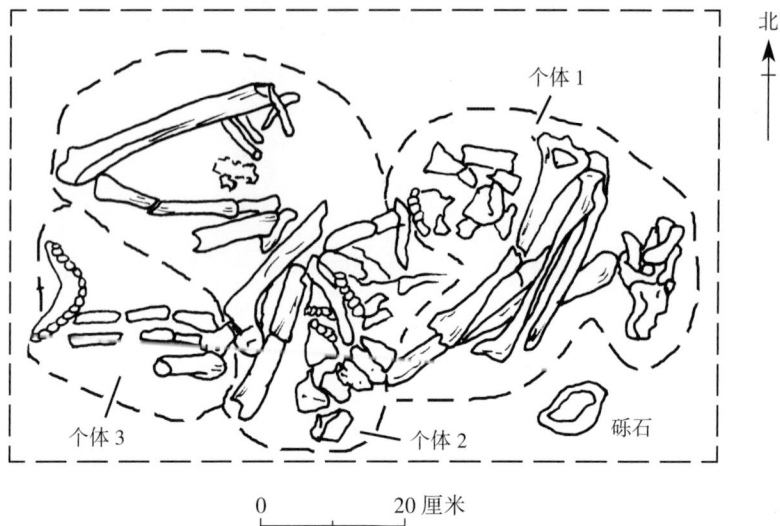

图四四　M38 平面图

状缘翼区的部分、右侧下颌骨下颌支后缘的部分、左侧上颌骨眶下缘以下的大部分，及其上的侧门齿至第二臼齿等。推测该个体为女性，年龄约 18 岁。

个体 2 位于墓葬中部，西侧约 30 厘米处为个体 3 头骨。头骨仅存几块碎片，下颌骨压在上颌骨之上，头顶朝下，面向西北，头骨压在部分下肢骨之上。

室内整理显示，从个体 2 提取的头骨可见基本完整的左侧颞骨、右侧眶上缘局部、鼻骨大部及两侧的颌骨额突、左侧颧骨的大部、双侧上颌骨局部、右侧下颌骨大部、左侧下颌骨局部等。提取的上肢骨可见左侧肱骨、左侧尺骨和左侧桡骨等部位的大部；提取的下肢骨可见双侧股骨、右侧胫骨、右侧腓骨、左侧股骨、左侧胫骨等骨体的大部或局部等。推测该个本为女性，年龄为 20 ～ 25 岁。

个体 3 位于墓葬西部，头骨残碎，仅存下颌骨，周围散乱分布肢骨。

室内整理显示，从个体 3 提取的下颌骨可见大部分的下颌体及其上的部分牙齿，肢骨可见两侧股骨骨干部、右侧胫骨骨干远端、右侧腓骨大部等。推测该个体为女性，年龄 25 ～ 30 岁。

第三章　文化遗物

　　何村遗址发现的文化遗物包括石制品、陶器、蚌器和骨器四大类。为了更全面地介绍遗址的文化面貌，我们按照遗址地层堆积的不同，对每一层发现的文化遗物分别加以介绍。除第②层没有器物发现外，第①层、第③层、第④层均有器物发现，分别归入第一、第三、第四文化层。另外，我们还在遗址地表采集到一些文化遗物，这些采集的文化遗物多是村民生产时从遗址表层翻出来的，因此我们将其与第①层的文化遗物放在一起，一并加以介绍。

第一节　第一文化层遗物

　　第一文化层发现的遗物只有石制品一种，共22件，均为打制石制品，包括石片、砍砸器、刮削器、尖状器四大类。其中石片1件，砍砸器5件，刮削器13件，尖状器3件，分别占第一文化层打制石制品总数的4.55%、22.73%、59.09%、13.64%。

石片

1件。属于A型中的Ae亚型。

标本2007GJH采：20，原料为红褐色硅质岩砾石。平面近椭圆，器体扁薄。自然台面，打击点不明显，放射线不清楚，破裂面较平整，两侧及远端缘锋利。背面保留光滑砾面。长5.45、宽6.00、厚1.25厘米，重51克（图四五，1）。

砍砸器

　　共5件。原料均为砾石。岩性有辉绿岩和细砂岩两种，其中辉绿岩4件，细砂岩1件。加工方法仅见锤击法一种，单面加工，背面为砾石面。加工较为简单，加工面多由一层或两层片疤组成。刃面较陡。把端不加修理，保留自然砾面。大部分标本的刃缘有不同程度的修整，有的有使用痕迹。器身形状有三角形、梯形、半圆形和不规则形四种。其中三角形、梯形、半圆形各1件，不规则形2件。分别属于A型和B型。

　　A型　3件。分别属于Aa和Ab亚型。

　　Aa型　1件。属AaⅠ次亚型。

标本2007GJH采：15，原料为灰色辉绿岩砾石。平面近三角形。器体较厚重，器身两面较平。加工简单，沿砾石的一侧单面打片，形成一道直刃。加工简单，片疤浅平，片疤面较光滑，刃面较陡。刃缘较直且锋利，有宽大的锯齿状崩口。器身大部分保留砾石面。长10.13、宽8.25、厚3.00厘米，

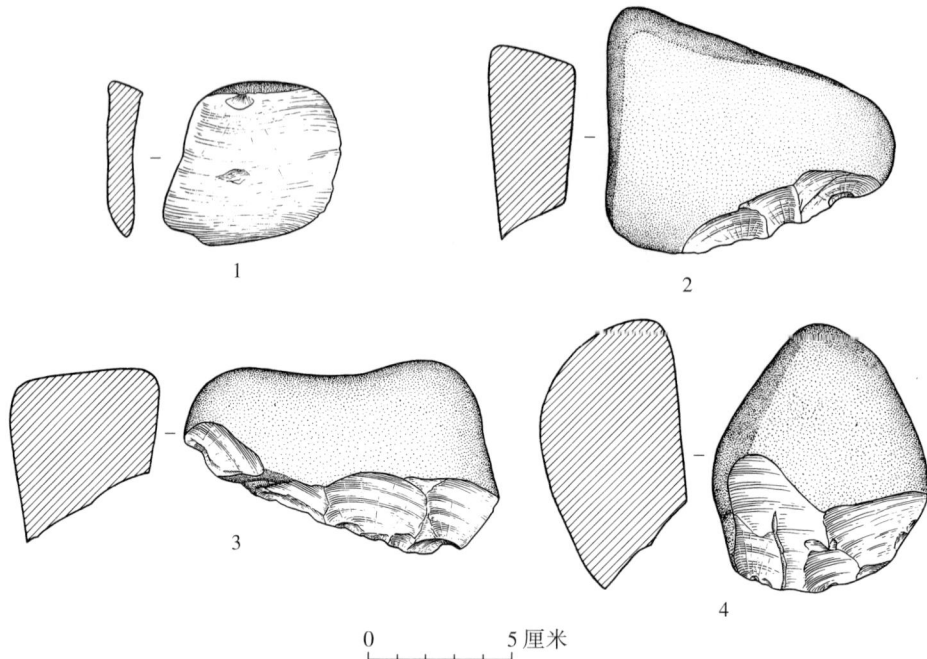

图四五　第一文化层石制品（一）

1. Ae 型石片（2007GJH 采：20）　　2. Aa Ⅰ型砍砸器（2007GJH 采：15）　　3、4. Ab Ⅷ型砍砸器（2007GJH 采：1、2007GJH 采：9）

重 400 克（图四五，2；彩版九，1）。

Ab 型　2 件。均属于 Ab Ⅷ次亚型。

标本 2007GJH 采：1，原料为紫红色辉绿岩砾石。平面形状不规则。一面微凸，另一面较平，一侧稍厚，另一侧稍薄。加工简单，沿砾石的一侧单面打片，形成一道弧凸刃。部分片疤较宽大，刃面较陡，刃缘较直且钝厚。器身大部分保留砾石面。长 11.15、宽 6.63、厚 5.25 厘米，重 399 克（图四五，3；彩版九，2）。

标本 2007GJH 采：9，原料为灰色细砂岩。平面形状不规则。器体厚重。一面较平，另一面弧凸。加工简单，沿砾石的一端单面打片，形成一道凸刃。片疤浅平，刃面陡，刃缘弧凸且锋利。器身大部分保留砾石面。长 9.25、宽 7.63、厚 5.00 厘米，重 307 克（图四五，4）。

B 型　2 件。分别属于 Bb 亚型中的 Bb Ⅱ 和 Bb Ⅲ次亚型。

Bb Ⅱ型　1 件。

标本 2007GJH 采：2，原料为浅灰色辉绿岩砾石。平面近梯形，器体较厚重。背面较平，正面微凸。一侧稍厚，另一侧稍薄。沿砾石的一端及一侧单面打片，形成两道弧凸刃。两刃均经过多次打击或修整，片疤层层叠叠。端刃片疤深凹，刃面较宽，刃缘部分因片疤打击点较深而形成一个凹坑，整个刃缘微凸钝厚。侧刃片疤较深，刃面较陡，刃缘弧凸且锋利。器身大部分保留砾石面。长 11.11、宽 5.89、厚 4.78 厘米，重 419 克（图四六，1；彩版九，3）。

Bb Ⅲ型　1 件。

标本 2007GJHT20 ①：1，原料为灰色辉绿岩砾石。平面近半圆形。器体厚重。两面均较平，

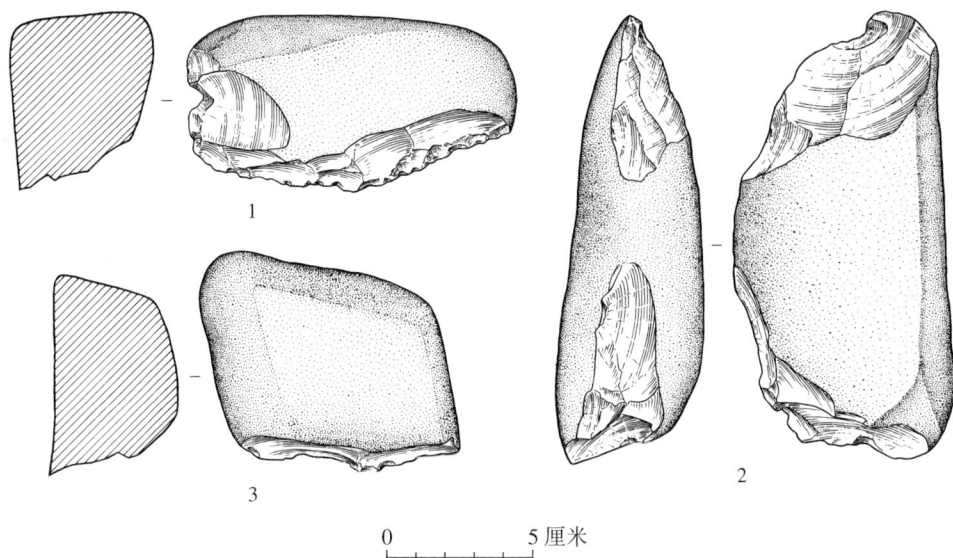

图四六 第一文化层石制品（二）

1. Bb Ⅱ型砍砸器（2007GJH 采：2） 2. Bb Ⅲ型砍砸器（2007GJHT20 ①：1） 3. Aa Ⅱ型刮削器（2007GJH 采：6）

一侧厚，另一侧薄。加工简单，从砾石两端往稍薄侧连续剥片，形成两道弧凸刃，两刃没有交汇。片疤较多。一刃片疤宽大，刃面较平缓，刃缘锋利。另一刃片疤稍小，刃面陡峭，刃缘锋利。器身大部分保留砾石面。长 15.00、宽 7.33、厚 5.00 厘米，重 691 克（图四六，2；彩版九，4）。

刮削器

共 13 件。原料均为砾石。岩性有辉绿岩和硅质岩两种，其中辉绿岩 9 件，硅质岩 4 件。加工方法仅见锤击法一种。绝大多数为单面加工，背面通常为自然砾面。加工时通常由较平面向凸起面进行打击。加工部位集中于器身一侧、一端或两侧，其中以一侧加工居多。加工较为简单，多数标本的加工仅限于边缘部分。片疤多浅平。加工面多由一层或两层片疤组成，刃面多较陡。把端大多不加修理，保留自然砾面。大部分标本的刃缘有简单的修整，有的可见使用痕迹。器身形状有三角形、四边形、方形、长方形、梯形和不规则形六种。其中三角形和长方形各 1 件，四边形 3 件，梯形 3 件，不规则形 5 件。分别属于 A、B 两型。

A 型 12 件。分别属于 Aa、Ab 和 Ac 亚型。

Aa 型 4 件。分别属于 Aa Ⅱ、Aa Ⅳ、Aa Ⅹ次亚型。

Aa Ⅱ型 1 件。

标本 2007GJH 采：6，原料为灰色辉绿岩砾石。平面呈四边形，器身较厚重。一面较平，另一面弧凸。一侧稍薄，另一侧稍厚。加工简单，沿砾石的一侧单面打片，形成一道近直刃。剥片少，片疤浅，刃面较陡直，刃缘钝厚。器身大部分保留砾石面。长 8.00、宽 6.78、厚 4.11 厘米，重 388 克（图四六，3；彩版九，5）。

Aa Ⅳ型 1 件。

标本 2007GJH 采：11，原料为灰色辉绿岩砾石。平面近长方形。两面均微弧。加工简单，直接于砾石的一侧单面打出一大块片疤，形成一道直刃。片疤面较平，未进行二次修整。刃面宽且陡直，刃缘较直且锋利。器身大部分保留砾石面。长7.60、宽5.20、厚4.90厘米，重301克（图四七，1；彩版九，6）。

Aa X型　2件。

标本2007GJH采：4，原料为灰褐色硅质岩砾石。平面形状不规则。两面均微弧凸。加工简单，沿砾石的一侧单面打片，形成一道近直刃。片疤少且浅小，刃面窄而陡，刃缘短窄且锋利。器身大部分保留砾石面，砾面光滑。长9.11、宽5.89、厚2.22厘米，重188克（图四七，2；彩版九，8）。

标本2007GJH采：7，原料为灰色辉绿岩砾石。平面形状不规则。器身较薄，一面较平，另一面微弧。一侧稍薄，另一侧稍厚。加工简单，沿砾石的一侧单面打片，形成一道直刃。片疤细小，刃面狭长，刃缘较直且锋利。一侧是一较平整的截断面。器身大部分保留砾石面。长9.44、宽5.44、厚2.56厘米，重153克（图四七，3）。

Ab型　5件。分别属于Ab II、Ab IV、Ab VII次亚型。

Ab II型　1件。

标本2007GJH采：19，原料为灰色辉绿岩砾石。平面近四边形。一侧稍厚，另一侧稍薄。加工简单，沿砾石的一侧单面打片，形成一道微凸刃。片疤较小，刃面较陡且窄，刃缘微凸且锋利。右侧为一微内凹的截断面。器身大部分保留砾石面。长6.86、宽5.86、厚3.14厘米，重173克（图四八，1；彩版一〇，1）。

Ab IV型　2件。

标本2007GJH采：3，原料为灰色辉绿岩砾石。平面近梯形。两面均较弧，一面中心位置有

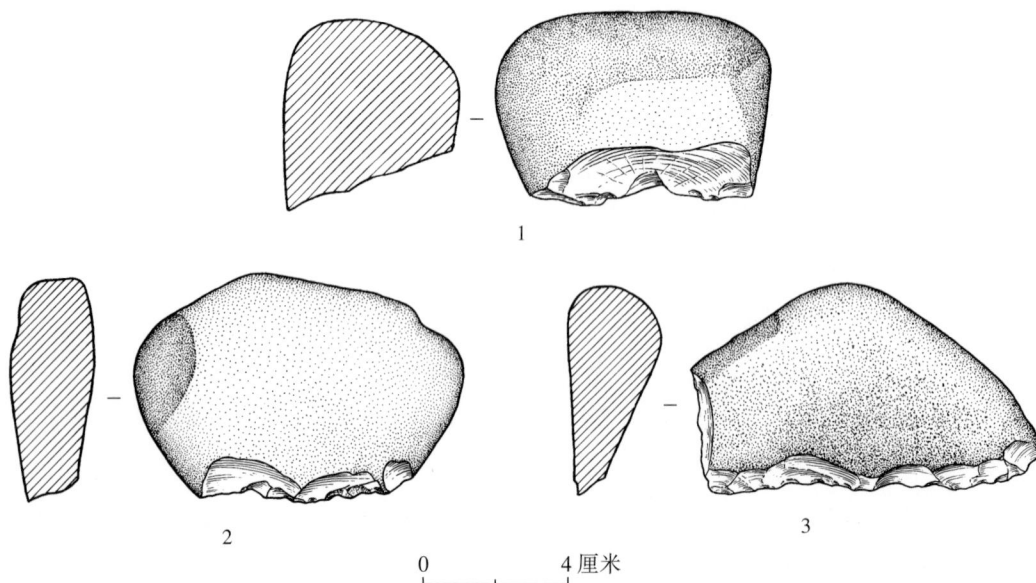

图四七　第一文化层石制品（三）

1. Aa IV型刮削器（2007GJH采：11）　　2、3. Aa X型刮削器（2007GJH采：4、2007GJH采：7）

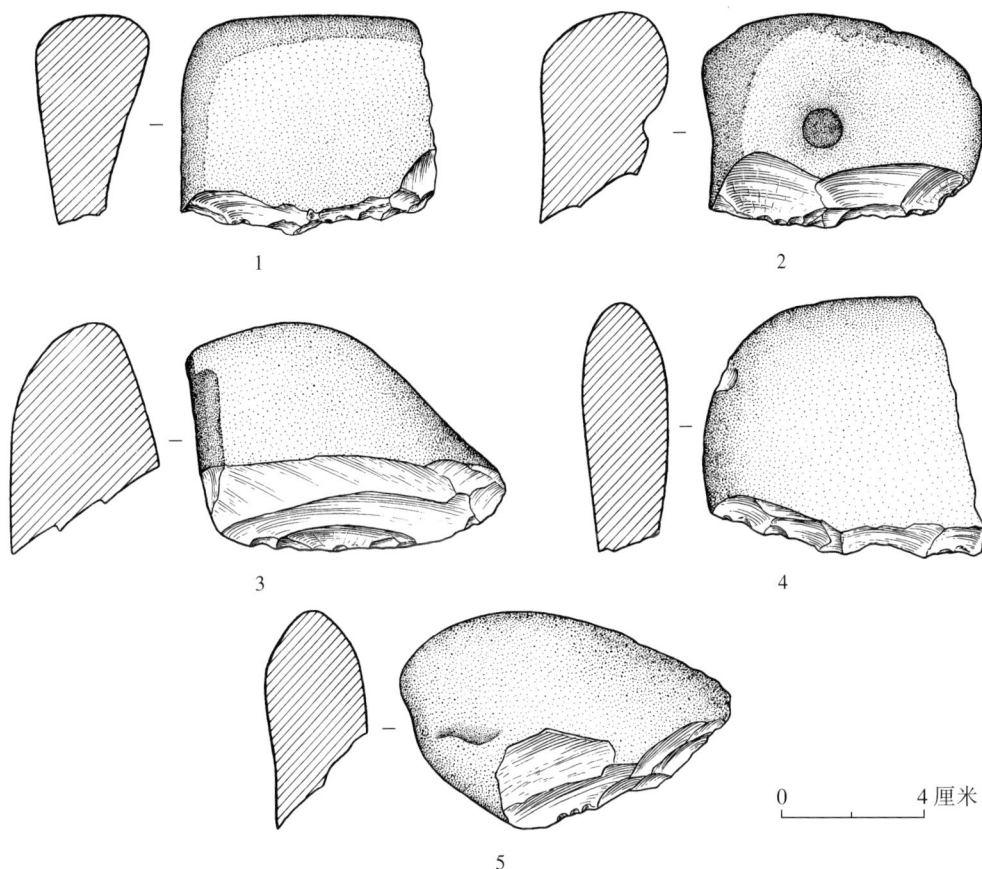

图四八　第一文化层石制品（四）

1. Ab Ⅱ型刮削器（2007GJH 采：19）　2、3. Ab Ⅳ型刮削器（2007GJH 采：3、2007GJH 采：18）

4、5. Ab Ⅶ型刮削器（2007GJH 采：5、2007GJH 采：14）

一个自然形成的圆圈状凹坑。一侧稍厚，另一侧稍薄。加工简单，沿砾石的一侧单面打片，形成一道微凸刃。剥片少，片疤浅宽，刃面较宽较陡，刃缘微凸且锋利。器身大部分保留砾石面。长7.71、宽5.57、厚3.57厘米，重227克（图四八，2；彩版一〇，2）。

标本 2007GJH 采：18，原料为深灰色硅质岩砾石。平面近梯形。一侧稍薄，另一侧稍厚。加工简单，沿砾石的一端单面打片，形成一道微凸刃。先打出一个较平整的截断面，然后进行二次打片，片疤浅宽，尾部折断，形成三级浅浅的台阶。右侧有几个小片疤，刃缘微凸且锋利。器身大部分保留砾石面。长8.43、宽6.14、厚4.14厘米，重322克（图四八，3）。

Ab Ⅶ型　2件。

标本 2007GJH 采：5，原料为灰色辉绿岩砾石。平面形状不规则，器体扁平。加工简单，沿砾石的一侧单面打片，形成一道弧凸刃。片疤小，刃面陡，刃缘微凸。右侧为一较平整的截断面。器身大部分保留砾石面。长7.86、宽6.86、厚2.29厘米，重177克（图四八，4；彩版一〇，3）。

标本 2007GJH 采：14，原料为灰褐色硅质岩砾石。平面形状不规则。两面均微弧。加工简单，沿砾石的一侧单面打片，形成一道凸刃。片疤大多沿节理线剥落，刃面一半较宽缓，另一半较陡。

刃缘微凸且锋利。背面一侧震落一大块崩疤。器身大部分保留砾石面。长 9.14、宽 5.71、厚 2.75 厘米，重 140 克（图四八，5；彩版一〇，4）。

Ac 型　3 件。分别属于 Ac Ⅰ、Ac Ⅳ、Ac Ⅸ次亚型。

Ac Ⅰ型　1 件。

标本 2007GJH 采：12，原料为灰褐色辉绿岩砾石。平面近三角形。一侧稍薄，另一侧稍厚。加工简单，沿砾石的一侧单面打片，形成一道凹刃。打击点深凹，片疤较大，片疤面较平，刃缘微凹且锋利。器身一侧为断裂面。器身大部分保留砾石面。长 9.14、宽 4.57、厚 4.43 厘米，重 210 克（图四九，1；彩版一〇，5）。

Ac Ⅳ型　1 件。

标本 2007GJH 采：10，原料为灰色辉绿岩砾石。平面近梯形。两面较平。一侧稍薄，另一侧稍厚。加工简单，沿砾石的一侧单面打片，形成一道凸刃。片疤浅平，刃面较陡。刃缘厚且微凸，较钝。器身大部分保留砾石面。长 9.22、宽 5.78、厚 3.67 厘米，重 285 克（图四九，2；彩版九，7）。

Ac Ⅸ型　1 件。

标本 2007GJH 采：16，原料为灰褐色辉绿岩砾石。平面形状不规则，器体扁薄。加工简单，沿砾石的一端进行双面剥片，形成一道凹刃。两面均有片疤，一面片疤浅宽，另一面片疤较小，刃面较宽缓，刃缘不甚锋利。器身大部分保留砾石面。长 8.43、宽 6.43、厚 1.71 厘米，重 155 克（图四九，3；彩版一〇，6）。

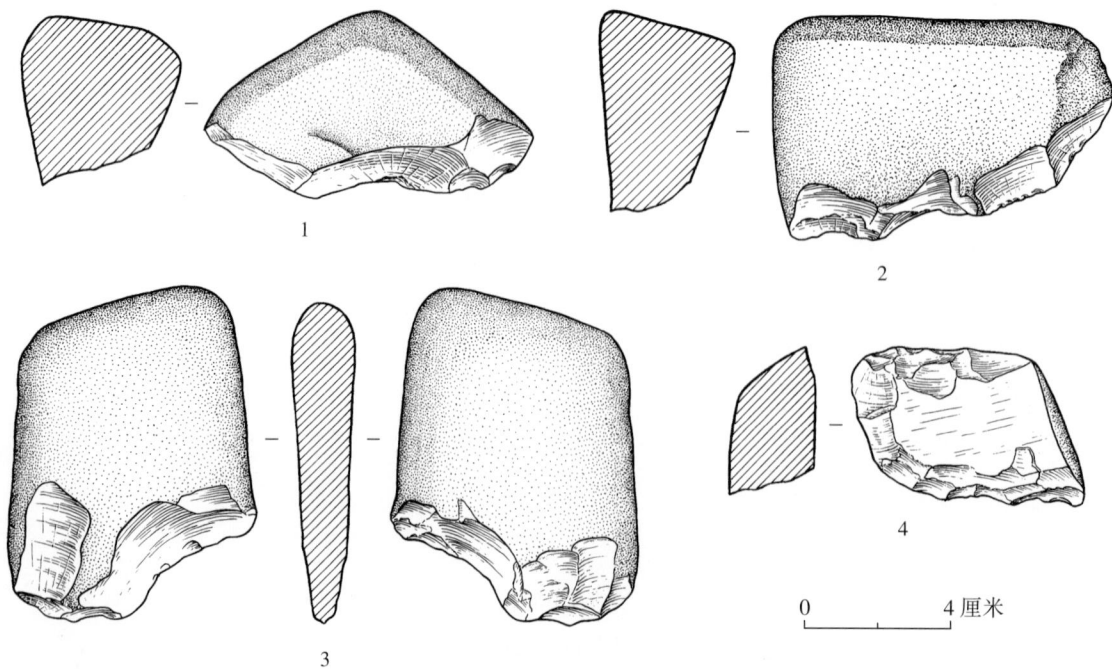

图四九　第一文化层石制品（五）

1. Ac Ⅰ型刮削器（2007GJH 采：12）　2. Ac Ⅳ型刮削器（2007GJH 采：10）　3. Ac Ⅸ型刮削器（2007GJH 采：16）

4. Bd Ⅰ型刮削器（2007GJH 采：17）

B 型　1 件。属于 Bd 亚型中的 Bd Ⅰ 次亚型。

标本 2007GJH 采：17，原料为黄褐色硅质岩砾石。平面呈四边形。一端保留砾面，另一端为破裂面。一面是光滑的节理面，在节理面的两侧分别单面打片，形成一直一凸两道刃。一侧片疤浅小，刃面较窄、陡，刃缘锋利；另一侧经过多次打击，片疤层层叠叠，片疤面陡直，刃缘锋利。器身仅背面保留砾石面，砾面光滑。长 6.20、宽 4.20、厚 2.20 厘米，重 89 克（图四九，4；彩版一〇，7）。

尖状器

共 3 件。原料均为砾石，岩性仅辉绿岩一种。加工方法均为锤击法，单面加工，背面通常为砾石面。加工部位位于器身一端和两侧部位。加工较为简单，加工仅限于边缘部分。片疤大多较宽大且浅平。把端不加修理，保留自然砾面。侧边都有不同程度的修整。形状有三角形、椭圆形和不规则形三种，每种形状各 1 件。分别属于 A、B 两型。

A 型　1 件，属于 Aa 亚型。

标本 2007GJH 采：8，原料为红褐色辉绿岩砾石。平面近椭圆形。器体厚重。两面微弧。一侧稍薄，另一侧稍厚。加工简单，沿砾石的两侧单面打片，向一端修理出一舌状尖。右侧打片一直接近把端，加工简单，片疤较宽大且浅平，刃部钝厚；左侧及端刃锋利。背面及把端大部分保留砾石面。长 10.86、宽 6.93、厚 4.71 厘米，重 425 克（图五〇，1；彩版一一，1）。

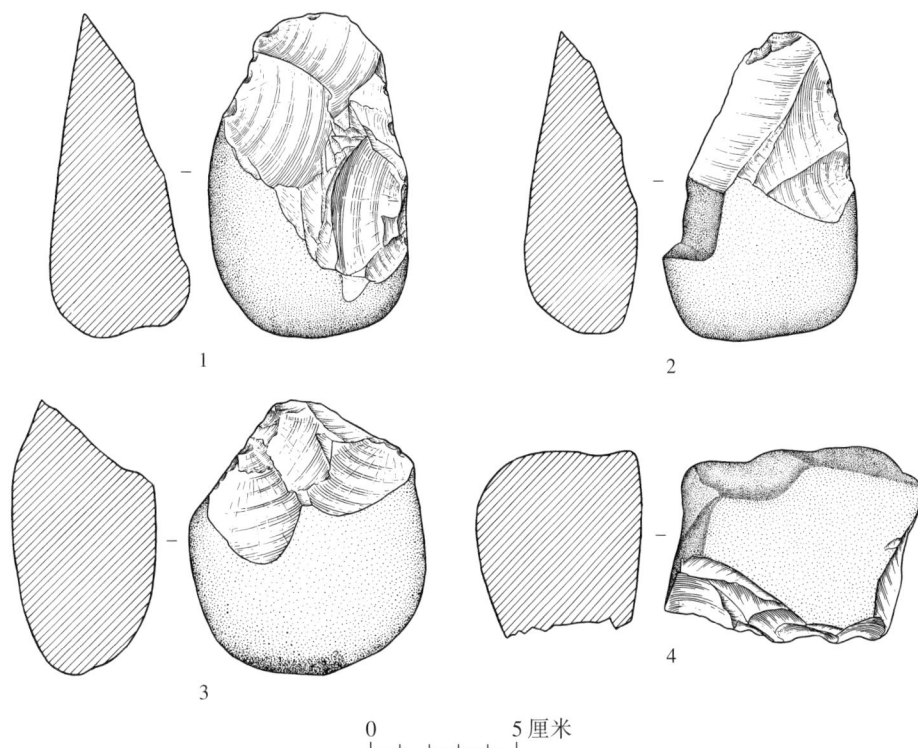

图五〇　第一、第三文化层石制品

1. Aa 型尖状器（2007GJH 采：8）　2. Ba 型尖状器（2007GJHT21①：1）　3. Bb 型尖状器（2007GJH 采：13）
4. Ad 型石锤（2007GJHT18③：2）

B 型　2 件，分别属于 Ba、Bb 亚型。

Ba 型　1 件。

标本 2007GJHT21 ①：1，原料为浅灰色辉绿岩。平面近三角形。一端稍厚，另一端稍薄。两面均微弧。加工简单。沿砾石的两侧单面打片，于一端交汇形成一个锐尖。两侧片疤均较浅平，两侧缘及尖端锋利。背面及把端保留砾石面。长 10.28、宽 6.14、厚 3.86 厘米，重 265 克（图五〇，2；彩版一一，2）。

Bb 型　1 件。

标本 2007GJH 采：13，原料为浅灰色辉绿岩砾石。平面形状不规则。器体较厚重。两面均微弧。加工简单，沿砾石的两侧单面打片，两侧刃向一端交汇形成一个锐尖。片疤较宽大，两侧刃钝厚。背面及把端大部分保留砾石面。长 9.14、宽 8.00、厚 4.86 厘米，重 383 克（图五〇，3；彩版一一，3）。

第二节　第三文化层遗物

第三文化层发现的文化遗物只有石制品和骨器两种。共 95 件，其中石制品 94 件，骨器只见 1 件残件。

一、石制品

共 94 件，包括加工工具、打制石制品和磨制石制品三大类。其中加工工具 6 件，打制石制品 77 件，磨制石制品 11 件，分别占第三文化层出土石制品总数的 6.38%、81.91%、11.70%。

（一）加工工具

共 6 件，包括石锤、砺石、间打器三种类型。其中石锤 4 件，砺石和间打器各 1 件。

石锤

共 4 件。原料均为砾石。岩性有辉绿岩、砂岩、硅质岩三种，其中辉绿岩 2 件，砂岩、硅质岩各 1 件。一般是利用砾石一端或者两端进行锤击，在端面形成片疤。平面形状有梯形、椭圆形、长条形和不规则形，每种形状各 1 件。分别属于 A、B 型。

A 型　1 件。属于 Ad 亚型。

标本 2007GJHT18 ③：2，原料为深灰色硅质岩砾石。平面形状不规则，器体厚重，石质较硬。使用砾石的一端直接砸击，经过多次使用，形成层层叠叠的片疤，片疤面陡峭。一侧是一内凹的断裂面。长 9.06、宽 6.67、厚 5.87 厘米，重 465 克（图五〇，4）。

B 型　3 件。分别属于 Bb、Bc、Bd 亚型。

Bb 型　1 件。

标本 2007GJHT18 ③：7，原料为灰色辉绿岩砾石。平面近梯形。将砾石直接使用，在砾石的两端留下使用后形成的片疤。一端片疤单面脱落，宽大而浅平；另一端片疤从多个方向脱落，片疤层叠交错。器身大部分保留砾石面。长 7.00、宽 5.33、厚 4.67 厘米，重 227 克（图五一，1；彩版一一，4）。

Bc 型　1 件。

标本 2007GJHT12 ③：1，原料为灰黄色砂岩砾石。平面近椭圆形。主要使用砾石的两端砸击，形成浅平的片疤，片疤沿四周散开。下端片疤较多，片疤较长、较陡直，打击面宽。器身其他面也可见少量浅平的片疤。器身大部分保留砾石面。长 9.50、宽 5.00、厚 4.33 厘米，重 333 克（图五一，2；彩版一一，5）。

Bd 型　1 件。

标本 2007GJHT18 ③：8，原料为青灰色辉绿岩砾石。平面呈长条形，石质坚硬。砾石的两端有使用后形成的片疤，上端仅有一块浅平的片疤；下端片疤较破碎，片疤面窄。器身大部分保留砾石面。长 8.83、宽 6.00、厚 4.83 厘米，重 404 克（图五一，3；彩版一一，6）。

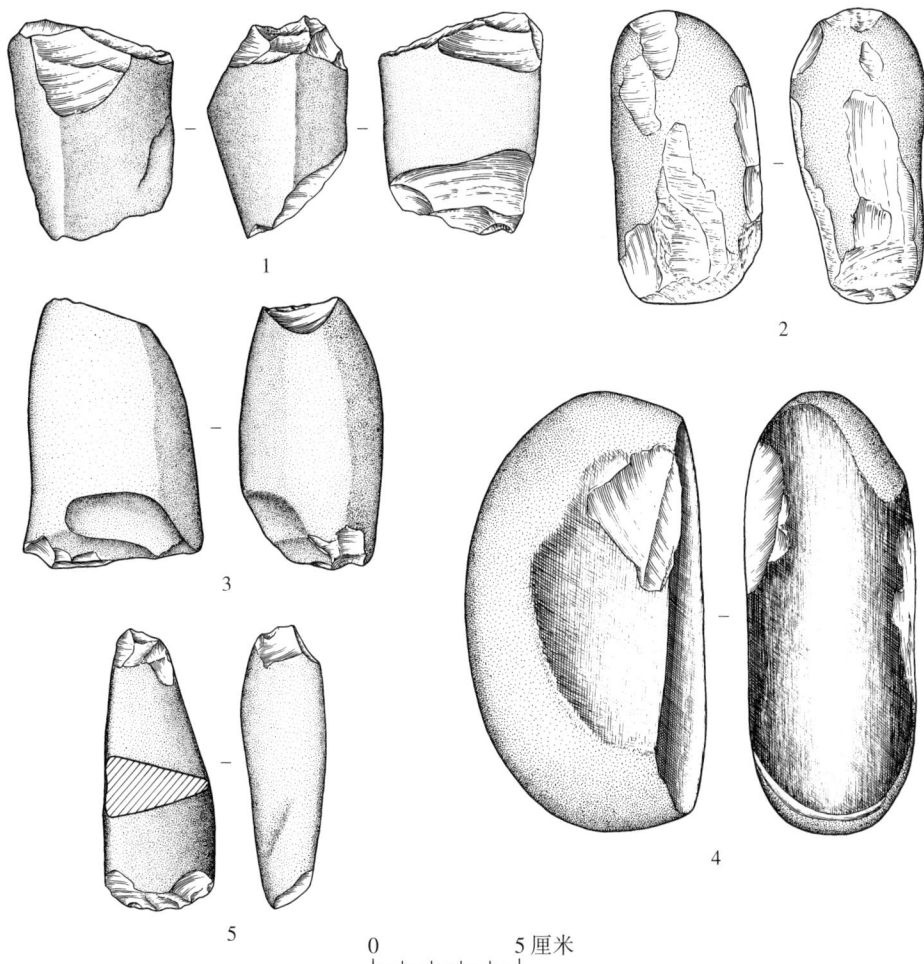

图五一　第三文化层石制品（一）

1. Bb 型石锤（2007GJHT18 ③：7）　2. Bc 型石锤（2007GJHT12 ③：1）　3. Bd 型石锤（2007GJHT18 ③：8）
4. D 型砺石（2007GJHT18 ③：10）　5. 间打器（2007GJHT15 ③：4）

砺石

1件，属于 D 型。

标本 2007GJHT18 ③：10，原料为灰色砂岩砾石。平面近椭圆形。一面浅磨，右上角有一浅宽的崩疤。一侧磨出宽带状光滑磨面。器身大部分保留砾石面。长 14.30、宽 8.17、厚 5.83 厘米，重 1181 克（图五一，4；彩版一一，7）。

间打器

1件。

标本 2007GJHT15 ③：4，原料为灰色辉绿岩砾石。长条形，横截面呈三角形。两端均有打击的崩疤，崩疤较小且陡峭。器身大部分保留砾面。长 9.14、宽 3.67、厚 2.83 厘米，重 126 克（图五一，5）。

（二）打制石制品

共 77 件。包括石核、石片、砍砸器、刮削器、尖状器五大类。其中石核 2 件，石片 13 件，砍砸器 21 件，刮削器 40 件，尖状器 1 件，分别占第三文化层打制石制品总数的 2.60%、16.88%、27.27%、51.95%、1.30%。

石核

共 2 件。原料均为砾石。岩性分别为辉绿岩和硅质岩。形状均为不规则形。分别属于 A、B 型。

A 型　1 件。

标本 2007GJHT15 ③：21，原料为灰色辉绿岩砾石。平面形状不规则，一面较平，另一面微凸。自然台面，由较平面向凸起面多次剥片，形成几块较大的片疤。片疤面凹凸不平，没有细小崩疤。器身大部分保留砾石面。长 10.53、宽 7.20、厚 6.20 厘米，重 628 克（图五二，1）。

B 型　1 件。

标本 2007GJHT8 ③：6，原料为灰色硅质岩砾石。平面形状不规则。自然台面，砾石三面被分别剥片，一面保留自然面。长 7.47、宽 5.50、厚 5.00 厘米，重 238 克（图五二，2）。

石片

共 13 件。原料均为砾石，岩性有辉绿岩、硅质岩、石灰岩、石英四种，其中辉绿岩 8 件，硅质岩 2 件，石灰岩 1 件，石英 2 件。打片为硬锤打击，剥片方法为直接锤击法。打击台面均为自然台面。6 件打击点明显，7 件不明显。绝大部分放射线清楚。大部分的半锥体不凸出。石片角均在 90° 以上。宽大于长者 9 件。多数石片的背面或多或少保留有自然砾面，背面片疤的剥片方向与石片同向同源。多数边缘和棱角锋利，未见使用痕迹，也无明显的冲磨痕迹。形状有三角形、四边形、梯形和不规则形四种，其中三角形、梯形各 2 件，四边形 1 件，不规则形 8 件。分别属于 B 型中的 Ba、Bb、Bd 和 Bf 亚型。

Ba 型　2 件。

标本 2007GJHT8 ③：9，原料为灰色辉绿岩砾石。平面近三角形。自然台面，打击点明显，放射线清楚，半锥体发育较好，左侧及远端折断。背面以相同台面剥片，片疤宽深。台面及背面

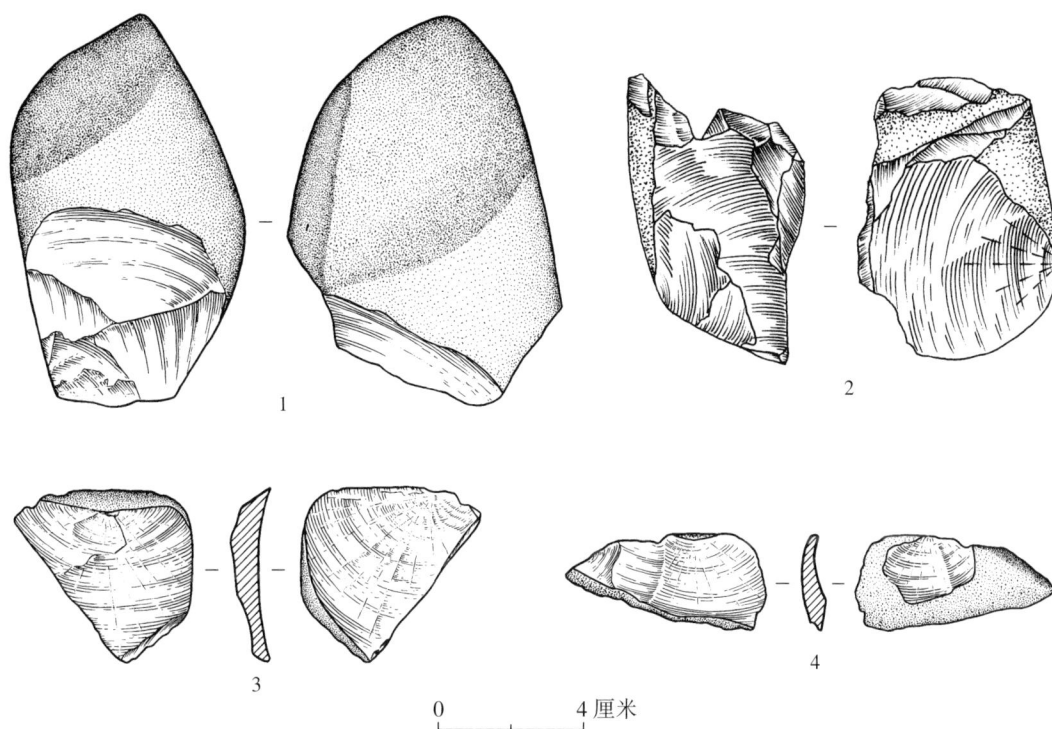

图五二　第三文化层石制品（二）

1. A 型石核（2007GJHT15 ③：21）　　2. B 型石核（2007GJHT8 ③：6）　　3、4. Ba 型石片（2007GJHT8 ③：9、2007GJHT9 ③：11）

左侧保留砾面。长 4.67、宽 4.93、厚 0.80 厘米，重 22 克（图五二，3；彩版一二，1）。

标本 2007GJHT9 ③：11，原料为青灰色辉绿岩砾石。平面近三角形。自然台面，打击点明显，放射线清楚，破裂面外凸，左侧有两块浅凹的片疤，右侧及远端缘锋利。背面以相同台面剥片，于中上部打出一大块深凹的片疤，其余保留砾面。长 2.40、宽 5.33、厚 0.67 厘米，重 9 克（图五二，4）

Bb 型　1 件。

标本 2007GJHT8 ③：7，原料为灰色辉绿岩砾石。平面略呈四边形。自然台面，打击点不明显，放射线清楚，半锥体发育较好，远端缘圆弧。背面以相同台面剥片，打出三片长宽的片疤，片疤深凹，放射线清楚。台面及背面左下端保留砾面。长 9.29、宽 5.57、厚 2.43 厘米，重 131 克（图五三，3；彩版一二，2）。

Bd 型　2 件。

标本 2007GJHT9 ③：10，原料为青灰色辉绿岩砾石。平面近梯形。自然台面，打击点明显，放射线清楚，破裂面微内凹，远端缘锋利。背面以相同台面剥片，近端片疤细小，远端片疤宽大。两侧及台面保留部分砾面。长 3.86、宽 4.29、厚 0.71 厘米，重 23 克（图五三，1）。

标本 2007GJHT8 ③：11，原料为灰色辉绿岩砾石。平面近梯形。自然台面，打击点不明显，放射线清楚，半锥体不发育。正面右侧有一长条形片疤，远端缘较直且锋利。背面以长条形片疤为台面剥片，打出一大块平缓的片疤和几个小的崩疤。台面、背面右侧及下端保留砾面。长 4.00、

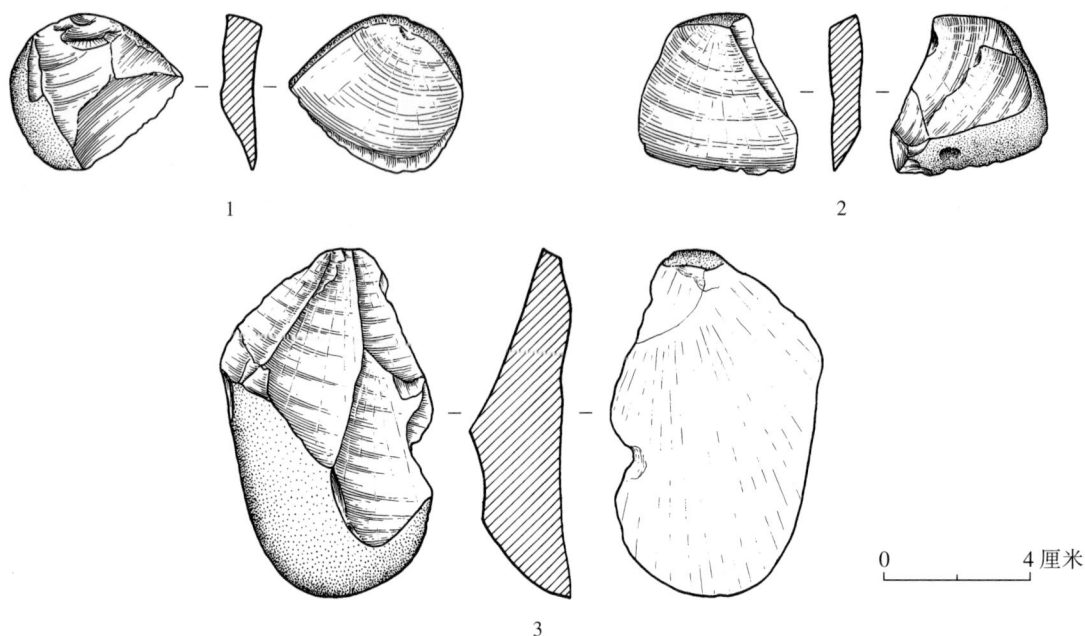

图五三　第三文化层石制品（三）

1、2. Bd 型石片（2007GJHT9 ③：10、2007GJHT8 ③：11）　 3. Bb 型石片（2007GJHT8 ③：7）

宽 4.57、厚 0.86 厘米，重 21 克（图五三，2；彩版一二，3）。

Bf 型　8 件。

标本 2007GJHT8 ③：8，原料为灰色辉绿岩砾石。平面形状不规则。自然台面，打击点明显，放射线清楚，半锥体发育较好，远端缘尖圆。背面以相同台面剥片，片疤层层叠叠，左侧片疤较大。台面及背面下端保留砾面。长 5.33、宽 5.33、厚 2.17 厘米，重 49 克（图五四，1；彩版一二，4）。

标本 2007GJHT8 ③：10，原料为灰色石灰岩石块。平面形状不规则。自然台面，打击点不明显，放射线不清楚，破裂面内凹。背面四周剥片，片疤浅小，右上部剥片较多，左下端保留砾面。长 4.67、宽 4.67、厚 0.83 厘米，重 17 克（图五四，2）。

标本 2007GJHT8 ③：15，原料为灰色石英砾石。平面形状不规则。自然台面，打击点明显，放射线清楚，破裂面微凹，远端缘锋利。背面以相同台面多次剥片，片疤较宽深。台面及左下端保留少部分砾面。长 4.17、宽 4.50、厚 2.17 厘米，重 47 克（图五四，3；彩版一二，5）。

标本 2007GJHT8 ③：17，原料为灰色石英砾石。平面形状不规则。自然台面，打击点不明显，放射线清楚，破裂面微凸。远端经过二次加工，打出几个较小的片疤，远端缘锋利。背面以相同台面剥片，片疤位于左上侧。台面及右下部分保留砾面。长 3.67、宽 3.17、厚 1.67 厘米，重 18 克（图五四，4）。

标本 2007GJHT9 ③：12，原料为青灰色辉绿岩砾石。平面形状不规则。自然台面，打击点不明显，放射线清楚，破裂面较平，两侧及远端缘锋利。背面以相同台面剥片，片疤呈长条形，左右两侧均有先前打下的阴疤。远端保留少部分砾面。长 4.43、宽 4.71、厚 0.80 厘米，重 9 克（图五四，5；彩版一二，6）。

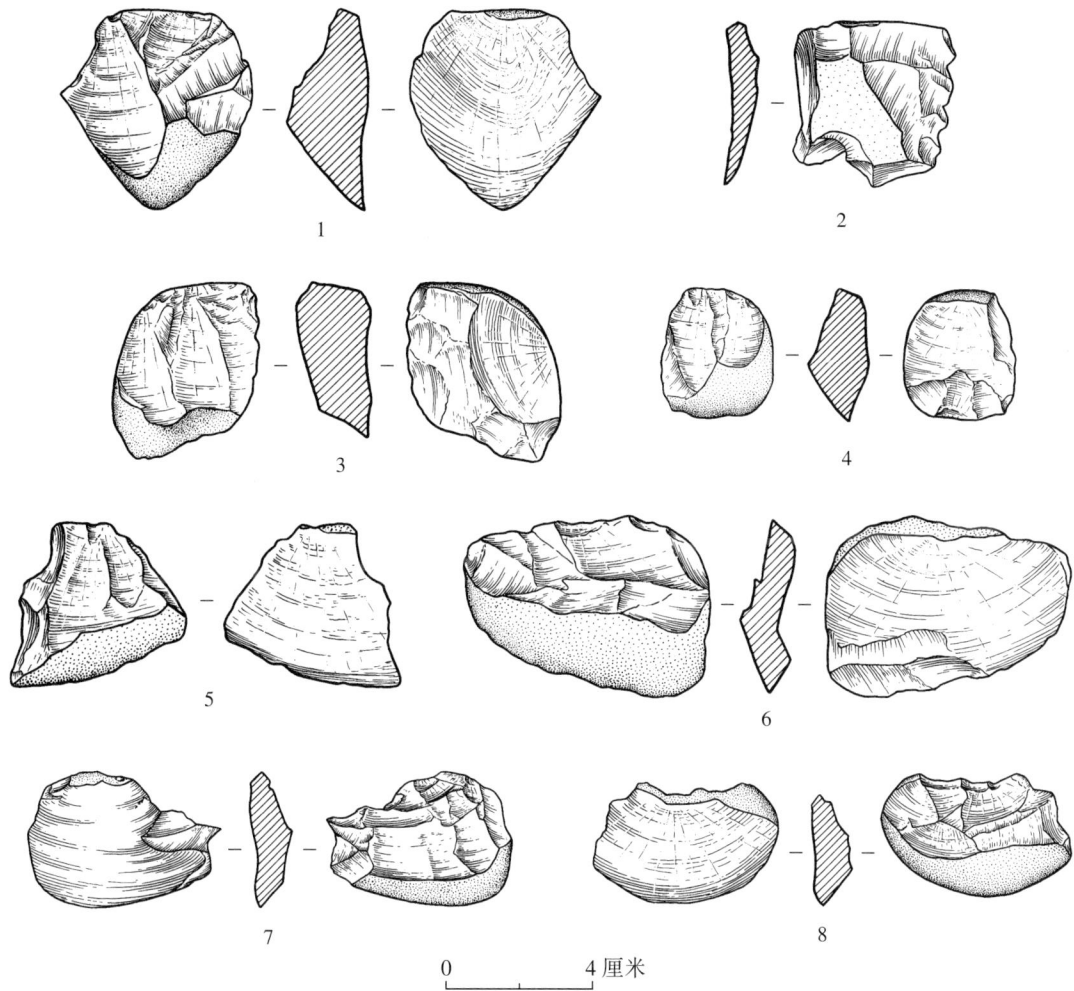

图五四　第三文化层石制品（四）

1～8. Bf 型石片（2007GJHT8 ③：8、2007GJHT8 ③：10. 2007GJHT8 ③：15、2007GJHT8 ③：17、2007GJHT9 ③：12、
2007GJHT9 ③：13、2007GJHT12 ③：3、2007GJHT13 ③：11）

标本 2007GJHT9 ③：13，原料为红褐色硅质岩砾石。平面形状不规则。自然台面，打击点明显，放射线清楚，破裂面凹凸不平，远端缘锋利。背面以相同台面剥片，片疤较小，仅下端及台面保留部分砾面。长 4.67、宽 7.00、厚 1.00 厘米，重 51 克（图五四，6）。

标本 2007GJHT12 ③：3，原料为青灰色硅质岩砾石。平面形状不规则。自然台面，打击点不明显，双锥体发育较好，破裂面略内凹，远端缘锋利。背面以相同台面剥片，片疤层层叠叠，左侧片疤较大，台面及背面下端保留少部分砾面。长 3.50、宽 5.00、厚 1.00 厘米，重 21 克（图五四，7）。

标本 2007GJHT13 ③：11，原料为青灰色辉绿岩砾石。平面形状不规则。自然台面，打击点不明显，放射线清楚，半锥体不发育，破裂面略凸，远端缘锋利。背面以相同台面剥片，片疤层层叠叠，片疤大小较均匀。台面及背面下端保留少部分砾面。长 3.17、宽 5.00、厚 1.00 厘米，重 18 克（图五四，8；彩版一二，7）。

砍砸器

共 21 件。原料均为砾石。岩性有辉绿岩和细砂岩两种。其中辉绿岩 18 件，细砂岩 3 件。加工方法均为锤击法，单面加工，背面为砾石面。加工时大多是由较平一面向凸起一面进行打击。加工较为简单，加工面多由一层或两层片疤组成，片疤多较小较浅。刃面较陡。把端不加修理，保留自然砾面。大部分标本的刃缘有不同程度的修整，大部分不见使用痕迹。单刃者 20 件，双刃者 1 件。器身形状有三角形、四边形、长方形、梯形、半圆形、长条形和不规则形七种，其中三角形 5 件，四边形、半圆形、长条形各 1 件，长方形 4 件，梯形 3 件，不规则形 6 件。分别属于 A、B 两型。

A 型　20 件。分别属于 Aa、Ab、Ac 亚型。

Aa 型　7 件。分别属于 Aa Ⅰ、Aa Ⅱ、Aa Ⅳ、Aa Ⅶ、Aa Ⅸ次亚型。

Aa Ⅰ 型　2 件。

标本 2007GJHT15 ③：1，原料为灰色细砂岩砾石。平面呈三角形。器体厚重，背面较平，正面凸起。加工简单，沿砾石的一侧单面打片，形成一道直刃。打击点深凹，片疤较小，片疤面光滑。刃面较窄较陡，刃缘较直且锋利。器身大部分保留砾石面。长 11.28、宽 6.57、厚 5.29 厘米，重 434 克（图五五，1）。

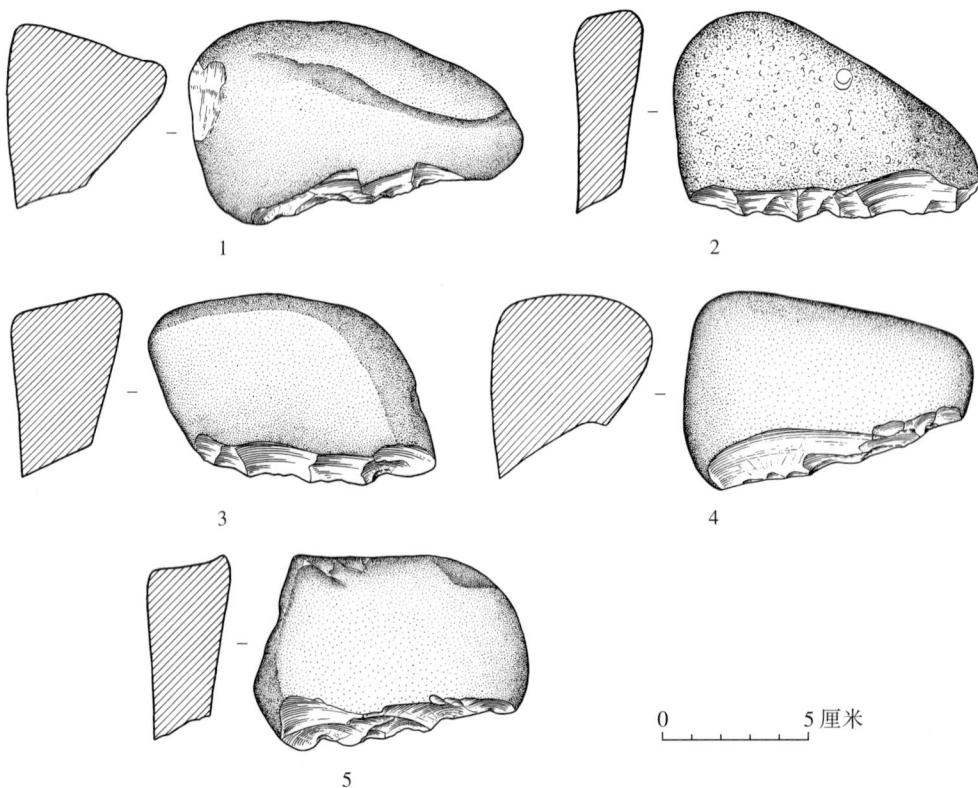

图五五　第三文化层石制品（五）

1、2. Aa Ⅰ型砍砸器（2007GJHT15 ③：1、2007GJHT15 ③：12）　3. Aa Ⅱ型砍砸器（2007GJHT13 ③：1）

4、5. Aa Ⅳ型砍砸器（2007GJHT7 ③：1、2007GJHT18 ③：11）

标本 2007GJHT15③：12，原料为灰色辉绿岩砾石。平面近三角形，器体扁平。加工简单，沿砾石的一侧单面打片，形成一道直刃。片疤小，刃面较窄较陡。刃缘较直，有锯齿状崩口。器身大部分保留砾石面，砾面粗糙。长 10.71、宽 7.00、厚 2.29 厘米，重 226 克（图五五，2；彩版一三，1）。

AaⅡ型 1件。

标本 2007GJHT13③：1，原料为灰黄色辉绿岩砾石。平面呈四边形。一侧稍厚，另一侧稍薄。加工简单，沿砾石的一侧单面打片，形成一道直刃。片疤小且较陡直，刃面较窄，刃缘较直且锋利。器身大部分保留砾面。长 10.00、宽 6.43、厚 3.86 厘米，重 303 克（图五五，3；彩版一三，2）。

AaⅣ型 2件。

标本 2007GJHT7③：1，原料为青灰色辉绿岩砾石。器身厚重。平面近梯形。一侧稍厚，另一侧稍薄。加工简单，沿砾石稍薄侧单面剥片，形成一道近直刃。刃面一侧片疤宽大且深凹，另一侧片疤浅平。刃面平缓，刃缘较钝。器身大部分保留砾石面。长 9.57、宽 6.29、厚 5.00 厘米，重 443 克（图五五，4）。

标本 2007GJHT18③：11，原料为浅灰色辉绿岩砾石。平面近梯形。器身较扁平。加工简单，沿砾石的一侧单面打片，形成一道直刃。最初仅打出两大块片疤，经过二次加工。片疤小，刃面窄。刃缘较直且锋利，有细小的锯齿状崩口。器身大部分保留砾石面。长 9.29、宽 6.29、厚 2.71 厘米，重 246 克（图五五，5；彩版一三，3）。

AaⅦ型 1件。

标本 2007GJHT15③：23，原料为灰色辉绿岩砾石。平面呈长条形。一侧稍厚，另一侧较薄。加工简单，沿砾石的一侧单面打片，形成一道直刃。片疤均较小，较陡。刃面较窄，较陡。刃缘较平直，锋利，有锯齿状崩口。器身大部分保留砾石面。长 12.00、宽 6.36、厚 3.09 厘米，重 352 克（图五六，1；彩版一三，4）。

AaⅨ型 1件。

标本 2007GJHT18③：1，原料为灰黄色辉绿岩砾石。平面形状不规则，器体厚重。一侧较平，另一侧稍弧。一端较厚，另一端稍薄。加工简单，沿砾石的一侧单面打片，形成一道直刃。片疤宽大，刃面陡直，刃缘较直且锋利。刃缘一侧有一个近乎垂直的断裂面。器身大部分保留砾石面。长 12.36、宽 8.18、厚 6.90 厘米，重 840 克（图五六，3；彩版一三，5）。

Ab型 12件。分别属于 AbⅠ、AbⅡ、AbⅢ、AbⅥ、AbⅧ次亚型。

AbⅠ型 3件。

标本 2007GJHT8③：3，原料为青灰色辉绿岩砾石。平面呈三角形。一侧较厚，另一侧稍薄。加工简单，沿砾石的一侧单面打片，形成一道弧凸刃。打击点深凹，大部分片疤较大较深，个别片疤浅平。刃面较陡。刃缘略凸出，有锯齿状崩口。器身大部分保留砾石面。长 11.27、宽 6.36、厚 4.55 厘米，重 365 克（图五六，2；彩版一三，6）。

标本 2007GJHT15③：5，原料为灰色辉绿岩砾石。平面近三角形。两面均较平。加工简单，沿砾石的一端及一侧单面打片，形成一道弧凸刃。片疤和刃面较陡，刃缘钝厚。器身大部分保留

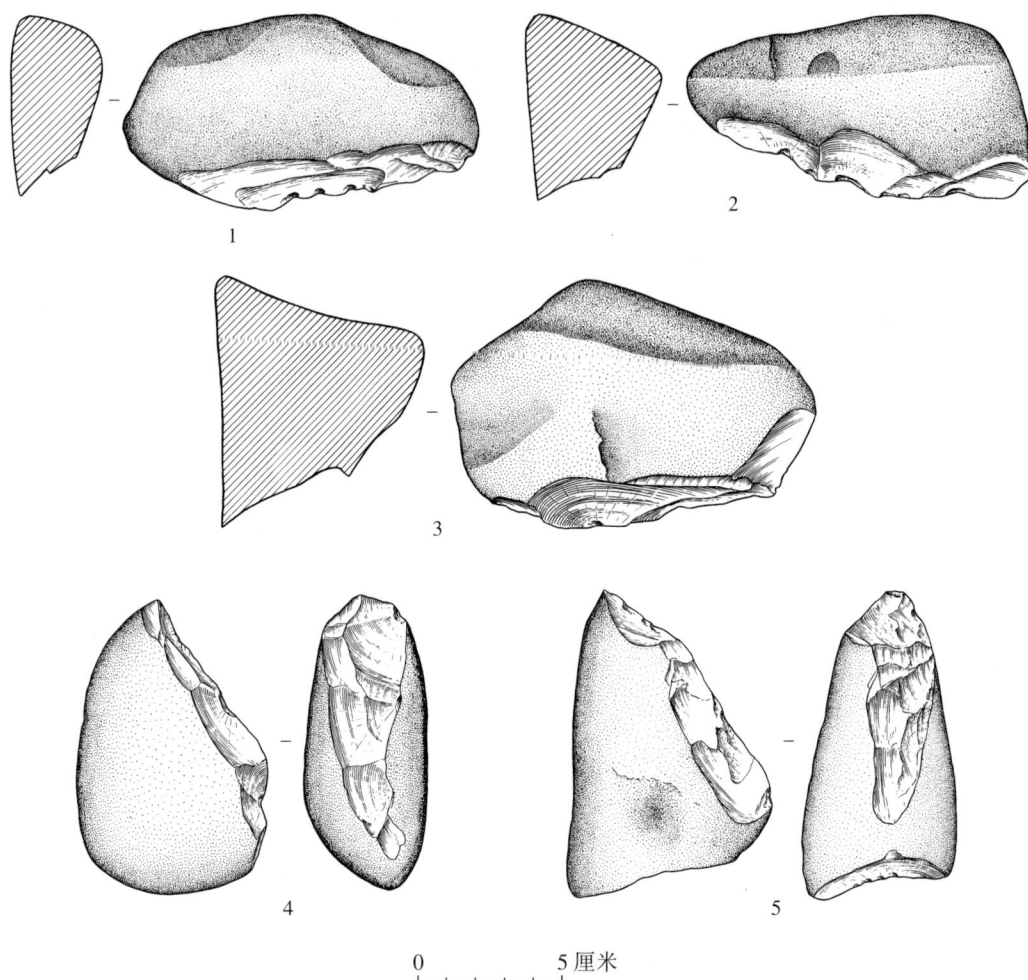

0　　　　　　5厘米

图五六　第三文化层石制品（六）

1. Aa Ⅶ型砍砸器（2007GJHT15③：23）　　2、4、5. Ab Ⅰ型砍砸器（2007GJHT8③：3、2007GJHT15③：5、2007GJHT15③：13）

3. Aa Ⅸ型砍砸器（2007GJHT18③：1）

砾石面，砾面光滑。长9.63、宽6.36、厚4.18厘米，重323克（图五六，4）。

标本2007GJHT15③：13，原料为灰色辉绿岩砾石。器体较厚重。平面呈三角形。加工简单，沿砾石的一侧单面打片，形成一道弧凸刃。片疤破碎，刃面稍平缓，刃缘略外弧。另一侧有一个不平整的破裂面。器身大部分保留砾石面。长10.00、宽6.72、厚5.09厘米，重337克（图五六，5；彩版一三，7）。

Ab Ⅱ型　3件。

标本2007GJHT6③：4，原料为青灰色辉绿岩砾石。平面近长方形，背面平整。加工简单，沿砾石的一侧单面连续打片，形成一道微凸的弧刃。片疤宽深，部分片疤尾部折断，形成陡坎。整个刃面深凹，较陡。刃缘锋利，有锯齿状崩口。器身大部分保留砾面。长11.07、宽4.15、厚4.30厘米，重323克（图五七，1；彩版一三，8）。

标本2007GJHT15③：11，原料为灰色辉绿岩砾石。平面近长方形。器体厚重。两面均略凸起。

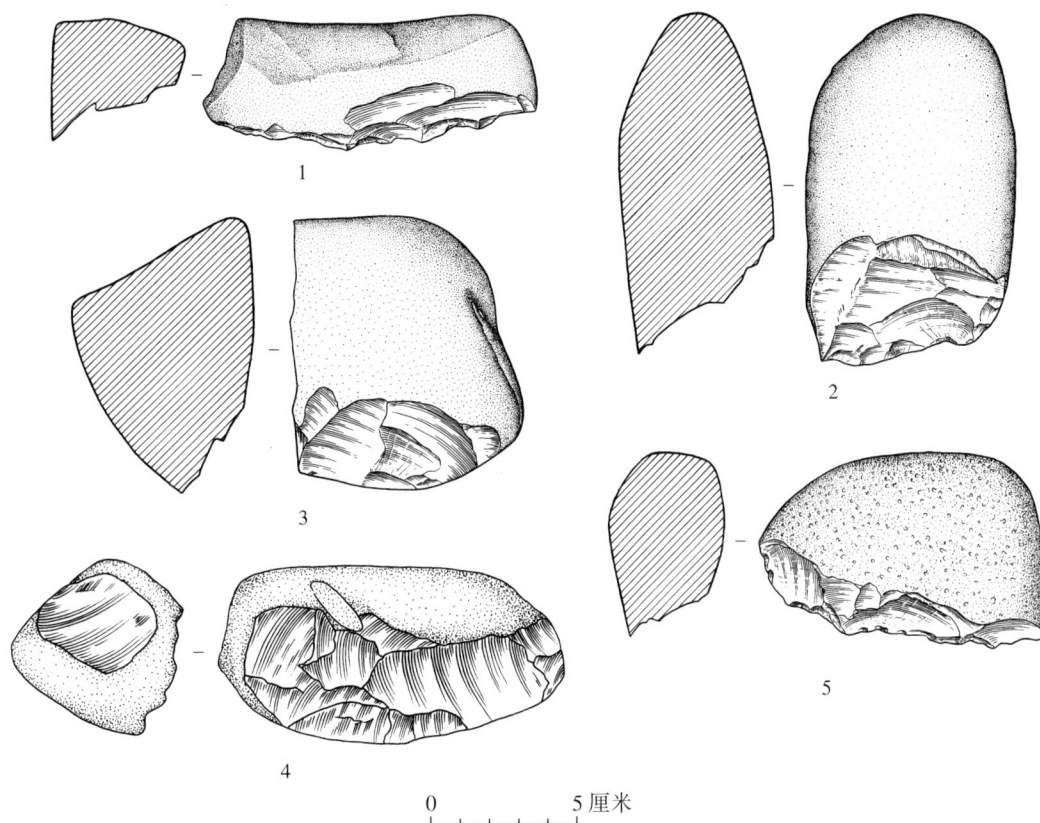

图五七 第三文化层石制品（七）

1～3. Ab Ⅱ型砍砸器（2007GJHT6 ③：4、2007GJHT15 ③：11、2007GJHT18 ③：6） 4. Ab Ⅲ型砍砸器（2007GJHT15 ③：14）
5. Ab Ⅵ型砍砸器（2007GJHT18 ③：9）

加工简单，沿砾石的一端单面打片，形成一道微弧刃。加工两次，第一次加工打出一大块片疤，第二次仅在刃部略作修整。刃面较宽，较平缓。刃缘较锋利，可见较多的细小崩疤。器身大部分保留砾石面。长 11.06、宽 7.38、厚 5.38 厘米，重 612 克（图五七，2；彩版一四，1）。

标本 2007GJHT18 ③：6，原料为浅灰色辉绿岩砾石。平面近长方形，器体厚重。两面均弧凸。加工简单，沿砾石的一端单面打片，形成一道弧凸刃。片疤较少，宽大浅平。刃面较宽且较陡，刃缘弧凸且锋利。器身一侧是平整的断裂面。器身大部分保留砾石面。长 9.38、宽 8.00、厚 6.30厘米，重 490 克（图五七，3）。

Ab Ⅲ型 1 件。

标本 2007GJHT15 ③：14，原料为灰色辉绿岩砾石。器体较厚重。平面近梯形，一面较平，另一面微凸。加工简单，沿砾石的一侧由凸起一面向较平面单面打片，形成一道弧凸刃。片疤面较陡，刃缘微凸，有锯齿状崩口。一端有一片疤。器身大部分保留砾石面。长 11.54、宽 5.69、厚 5.38厘米，重 484 克（图五七，4；彩版一四，2）。

Ab Ⅵ型 1 件。

标本 2007GJHT18 ③：9，原料为浅灰色辉绿岩砾石。平面近半圆形，器体厚重。一侧稍厚，另一侧稍薄。两面均微凸。加工简单，沿砾石的一侧单面打片，形成一道弧凸刃。个别片疤较宽深，刃面较陡，刃缘微凸且锋利，有浅宽的锯齿状崩口。器身大部分保留砾石面，砾面粗糙。长9.54、宽6.15、厚3.85厘米，重332克（图五七，5；彩版一四，3）。

Ab Ⅷ型　4件。

标本2007GJHT6③：9，原料为青灰色辉绿岩砾石。平面形状不规则。加工简单，沿砾石的一侧单面打片，形成一道弧凸刃。片疤浅平，刃面窄狭，刃缘微凸且较锋利。器身两端均有剥片形成的崩疤。器身大部分保留砾面。长9.29、宽7.14、厚3.14厘米，重363克（图五八，1；彩版一四，4）。

标本2007GJHT7③：2，原料为浅灰色辉绿岩砾石。器身厚重。平面形状不规则。一侧稍厚，另一侧稍薄。加工简单，沿砾石稍薄侧单面打片，形成一道弧凸刃。片疤浅平宽大，刃面平缓，刃缘凸出且锋利。器身大部分保留砾石面。长9.57、宽8.57、厚4.71厘米，重447克（图五八，4）。

标本2007GJHT8③：5，原料为灰色辉绿岩砾石。平面形状不规则，器体厚重。加工简单，沿砾石一侧单面多次打片，形成一道弧凸刃。片疤较大，刃面较宽，刃缘凸出且锋利。器身大部分保留砾石面。长14.14、宽7.14、厚6.14厘米，重716克（图五八，3；彩版一四，5）。

标本2007GJHT15③：2，原料为灰色细砂岩砾石。平面形状不规则。器体厚重。一面较平，另一面不平。加工简单，沿砾石的一侧单面打片，形成一道弧凸刃。片疤宽大，刃面较宽且较陡，刃缘弧凸且钝厚。器身大部分保留砾石面。长11.14、宽9.29、厚8.00米，重973克（图五八，2）。

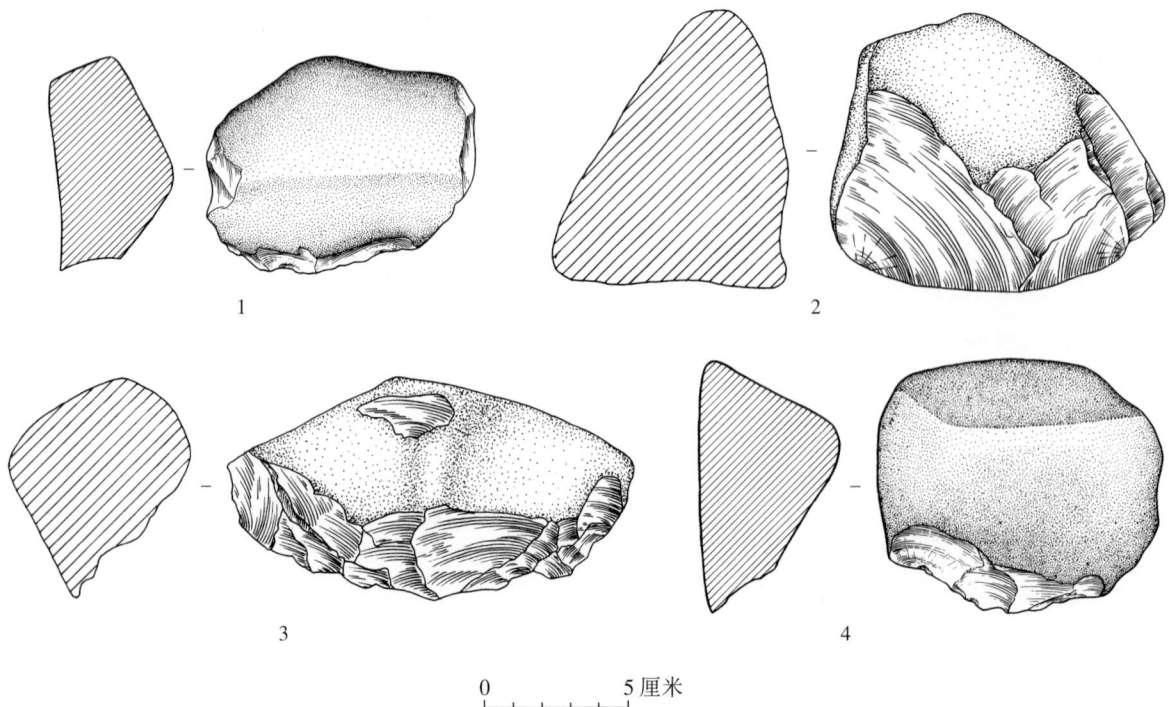

0　　　　　5厘米

图五八　第三文化层石制品（八）

1～4. Ab Ⅷ型砍砸器（2007GJHT6③：9、2007GJHT15③：2、2007GJHT8③：5、2007GJHT7③：2）

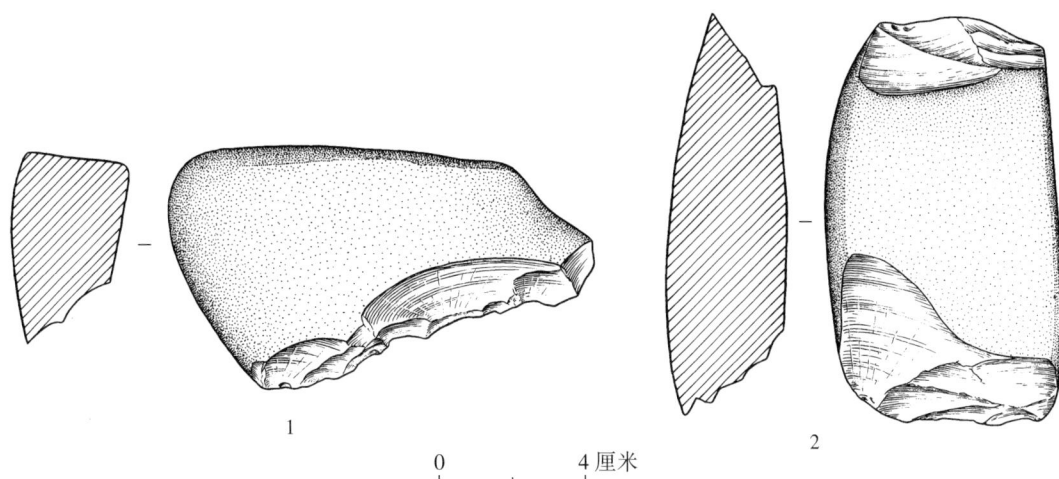

图五九　第三文化层石制品（九）

1. Ac Ⅴ型砍砸器（2007GJHT6③：8）　2. Bb Ⅰ型砍砸器（2007GJHT15③：22）

Ac 型　1件，属于 Ac Ⅴ次亚型。

标本 2007GJHT6③：8，原料为浅灰色辉绿岩砾石。平面形状不规则。一侧较厚，另一侧稍薄。加工简单，沿砾石的一侧单面打片，形成一道凹刃。刃面中部片疤宽大且深凹，两侧片疤浅小。刃缘微内凹且锋利，有锯齿状崩口。器身大部分保留砾面。长 11.44、宽 6.44、厚 3.00 厘米，重 300 克（图五九，1；彩版一四，6）。

B 型　1件。属于 Bb 亚型中的 Bb Ⅰ次亚型。

标本 2007GJHT15③：22，原料为灰黄色砂岩砾石。平面呈长方形。一面较平，另一面微凸起。加工简单，沿砾石的两端单面打片，形成两道弧凸刃。片疤较少，单个片疤较大。刃面较宽，较缓，刃缘微弧且锋利。器身大部分保留砾石面。长 10.67、宽 6.33、厚 3.33 厘米，重 387 克（图五九，2；彩版一四，7）。

刮削器

共 40 件。原料包括砾石和石块两种类型。其中砾石 39 件，石块 1 件。岩性有辉绿岩、石英、砂岩、石灰岩和硅质岩五种，其中辉绿岩 31 件，石英 6 件，石灰岩、砂岩和硅质岩各 1 件。加工方法仅见锤击法一种。单面加工，背面通常为自然砾面。加工时通常由较平面向凸起面进行打击。加工部位集中于器身一端、一侧、两侧或三边，其中以在一端或一侧加工居多。加工较为简单，多数标本的加工仅限于边缘部分。片疤大小不均，多浅平。加工面多由一层或两层片疤组成。把端多不加修理，保留自然砾面。大部分标本的刃缘有不同程度的修整，多不见使用痕迹。刃部数量不同，有单刃、双刃、三刃三种，其中单刃 31 件，双刃 4 件，三刃 5 件。大多刃面较陡。器身形状有三角形、四边形、方形、梯形、椭圆形、半圆形、长条形和不规则形八种，其中三角形 6 件，四边形 1 件，半圆形 3 件，四方形和方形各 2 件，梯形 7 件，椭圆形和长条形各 1 件，不规则形 17 件。分别属于 A、B、C 型。

A 型　31 件。分别属于 Aa、Ab、Ac 亚型。

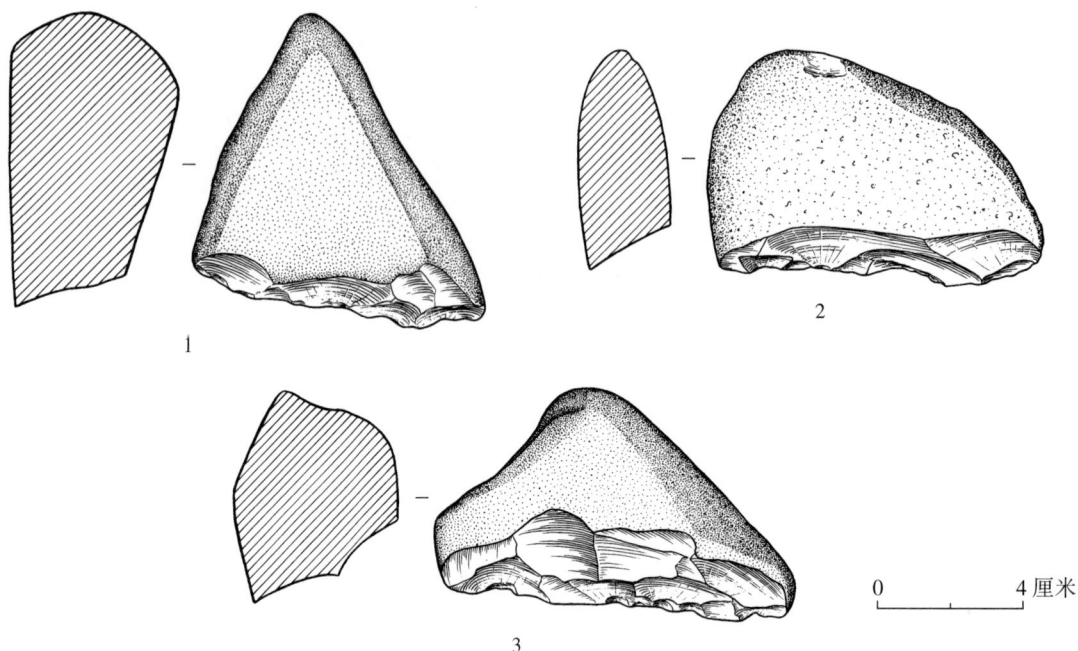

图六〇　第三文化层石制品（十）

1～3. Aa Ⅰ型刮削器（2007GJHT6 ③：10、2007GJHT13 ③：3、2007GJHT18 ③：3）

Aa型　16件。分别属于 Aa Ⅰ、Aa Ⅲ、Aa Ⅴ、Aa Ⅸ次亚型。

Aa Ⅰ型　3件。

标本 2007GJHT6 ③：10，原料为灰黄色辉绿岩砾石。平面呈三角形，双面平整。一端较厚，另一端稍薄。加工简单，沿砾石稍薄端单面打片，形成一道近直刃。片疤不大。刃面较陡，刃缘钝厚。器身大部分保留砾面。长 8.14、宽 7.86、厚 4.57 厘米，重 285 克（图六〇，1；彩版一四，8）。

标本 2007GJHT13 ③：3，原料为灰色辉绿岩砾石。平面近三角形，器体总体扁薄，一侧稍厚，另一侧稍薄。加工简单，沿砾石的稍厚侧单面打片，形成一道直刃。片疤少且宽大，局部有二次加工痕迹。刃缘较直，一面右下角有几个细小的崩疤。器身大部分保留砾面，砾面粗糙。长 9.00、宽 6.00、厚 2.43 厘米，重 184 克（图六〇，2）。

标本 2007GJHT18 ③：3，原料为青灰色辉绿岩砾石。平面近三角形。两面均弧凸。加工简单，沿砾石的一边单面连续打片，形成一道直刃。片疤深凹，经过二次修整。刃面较宽，较陡。刃缘较直且锋利，有锯齿状的崩口。器身大部分保留砾石面。长 9.86、宽 5.71、厚 4.43 厘米，重 239 克（图六〇，3）。

Aa Ⅲ型　2件。

标本 2007GJHT13 ③：7，原料为青灰色辉绿岩砾石。平面近方形，器体扁薄小巧。加工简单，沿砾石的一侧单面打片，形成一道直刃。片疤细小，刃面较窄，有二次修整痕迹，二次修整的片疤尾部折断形成陡坎。刃缘较直且锋利。器身一侧是一个垂直的平整截断面。器身大部分保留砾面。长 4.87、宽 4.52、厚 1.65 厘米，重 52 克（图六一，1；彩版一五，1）。

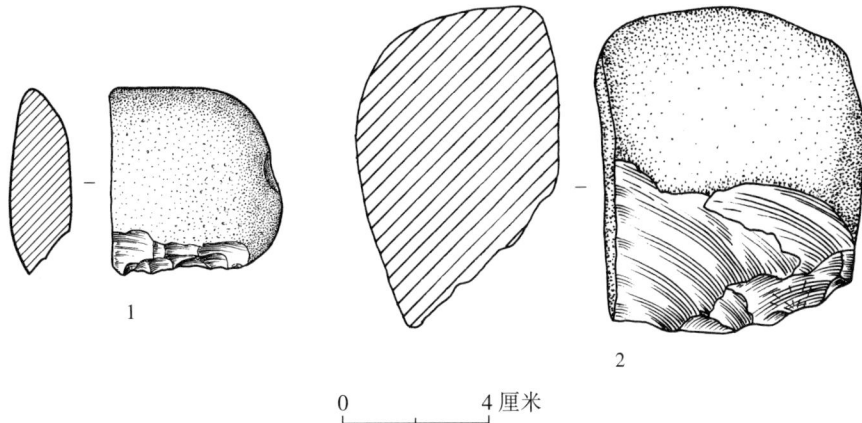

图六一　第三文化层石制品（十一）

1、2. Aa Ⅲ型刮削器（2007GJHT13③：7、2007GJHT15③：19）

标本 2007GJHT15③：19，原料为灰黄色砂岩砾石。平面近方形，器体较厚重。加工简单，沿砾石的一侧单面打片，形成一道直刃。片疤较大。刃面较宽，较平缓。刃缘锋利。器身大部分保留砾石面。长 8.52、宽 7.13、厚 5.49 厘米，重 397 克（图六一，2）。

Aa Ⅴ型　4 件。

标本 2007GJHT15③：3，原料为青灰色辉绿岩砾石。平面近梯形。一侧稍厚，另一侧稍薄，纵截面近三角形。两面均较平。加工简单，沿砾石的一侧单面连续打片，形成一道锯齿状的直刃。片疤较凹深，刃面较陡峭，刃缘锋利。一侧面残断，形成近乎垂直的破裂面。背面及把端保留砾面。长 9.20、宽 6.00、厚 4.13 厘米，重 292 克（图六二，1；彩版一五。2）。

标本 2007GJHT15③：6，原料为灰色辉绿岩砾石。平面近梯形。两面均较平。加工简单，沿砾石的一侧单面打片，形成一道直刃。先打出两大块较平的片疤，形成刃面，然后再在刃缘处修整。刃面较陡。刃缘较直且锋利，有多个细小的崩疤。器身大部分保留砾石面，砾面光滑。长 8.27、宽 7.06、厚 3.60 厘米，重 218 克（图六二，2）。

标本 2007GJHT15③：8，原料为灰色辉绿岩砾石。平面呈梯形，两面均较平。加工简单，沿砾石的一侧单面打片，形成一道直刃。片疤较小，片疤面较陡，刃缘不甚锋利，刃缘背面震落两个小片疤。器身大部分保留砾石面。长 9.11、宽 5.44、厚 2.12 厘米，重 234 克（图六二，3）。

标本 2007GJHT18③：12，原料为青灰色辉绿岩砾石。平面近梯形，器体扁薄。加工简单，沿砾石的一侧单面连续打片，形成一道直刃。片疤小，刃面较陡。刃缘微凹且锋利。器身大部分保留砾面。长 8.44、宽 5.56、厚 2.22 厘米，重 138 克（图六二，4；彩版一五，3）。

Aa Ⅹ型　7 件。

标本 2007GJHT6③：7，原料为灰黄色辉绿岩砾石。平面形状不规则，器身较厚。加工简单，沿砾石的一侧单面打片，形成一道直刃。片疤少，较浅。刃缘钝厚，左侧背面有一较大的崩疤。器身大部分保留砾面。长 6.29、宽 6.00、厚 4.86 厘米，重 222 克（图六三，1）。

标本 2007GJHT8③：13，原料为灰色石英砾石。平面形状不规则，器体小巧。加工简单，

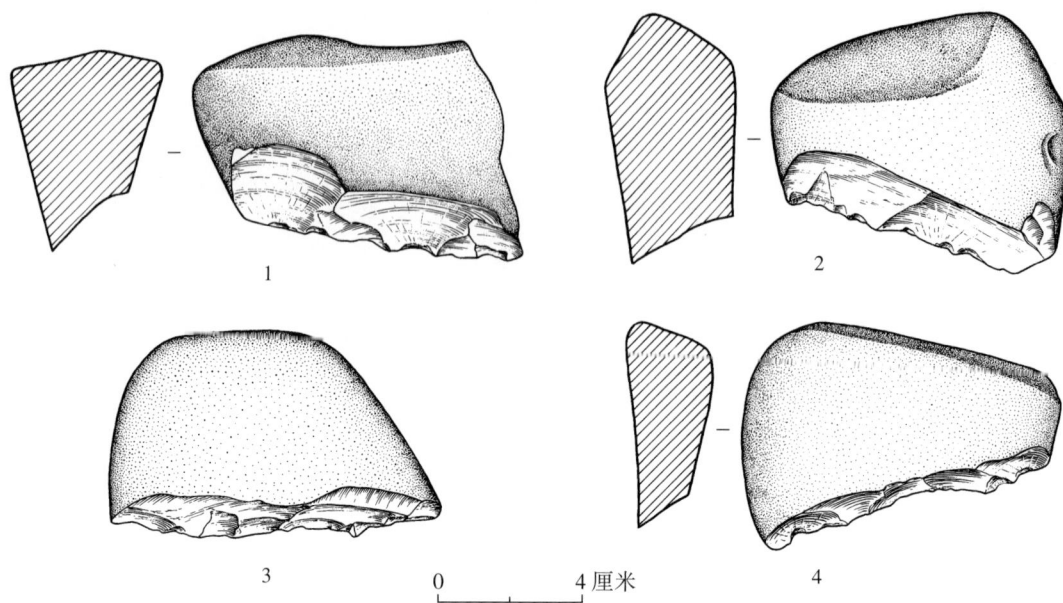

图六二　第三文化层石制品（十二）

1～4. Aa V型刮削器（2007GJHT15③：3、2007GJHT15③：6、2007GJHT15③：8、2007GJHT18③：12）

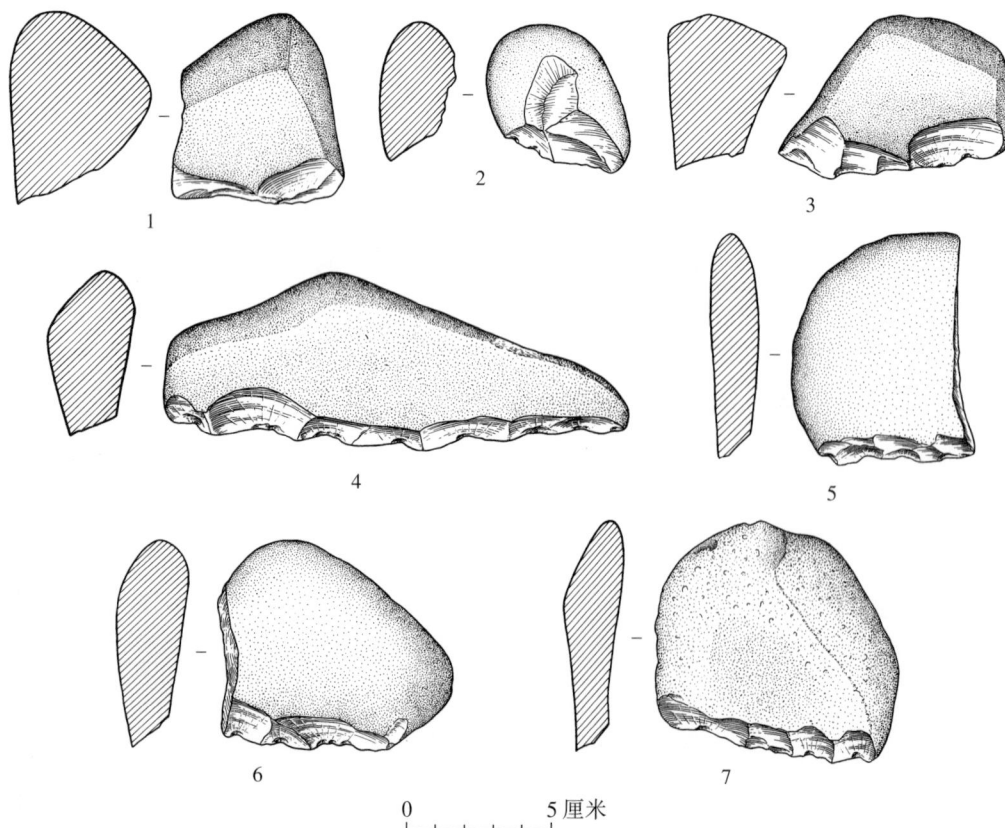

图六三　第三文化层石制品（十三）

1～7. Aa X型刮削器（2007GJHT6③：7、2007GJHT8③：13、2007GJHT13③：5、2007GJHT9③：8、2007GJHT18③：5、
2007GJHT12③：2、2007GJHT13③：2）

沿砾石的一侧单面打片，形成一道近直刃。打片少，片疤浅平，刃面不宽，刃缘不是很锋利。器身背面及正面大部分保留砾石面。长 5.08、宽 4.92、厚 2.62 厘米，重 72 克（图六三，2；彩版一五，4）。

标本 2007GJHT9 ③：8，原料为青灰色辉绿岩砾石。平面形状不规则。器体较长，一侧稍厚，另一侧稍薄。加工简单，沿砾石的稍薄侧单面连续打片，形成一道直刃。打击点宽大，深凹，片疤和刃面均较陡。刃缘较直，呈锯齿状。器身大部分保留砾面。长 16.00、宽 5.43、厚 2.86 厘米，重 314 克（图六三，4）。

标本 2007GJHT12 ③：2，原料为灰黄色辉绿岩砾石。平面形状不规则，器体扁平。加工简单，沿砾石的一侧单面打片，形成一道直刃。片疤小，片疤面窄，打击点深凹。刃缘较直且锋利，有锯齿状崩口。器身一侧破裂，形成较陡的破裂面。器身大部分保留砾面。长 8.14、宽 6.86、厚 2.29 厘米，重 165 克（图六三，6；彩版一五，5）。

标本 2007GJHT13 ③：2，原料为青灰色辉绿岩砾石。平面形状不规则，器体扁薄。加工简单，沿砾石的一侧单面打片，形成一道直刃。片疤小，片疤面窄，较陡。刃缘较直且锋利，有锯齿状崩口。器身大部分保留砾面。长 8.29、宽 7.57、厚 1.86 厘米，重 182 克（图六三，7）。

标本 2007GJHT13 ③：5，原料为浅灰黄色辉绿岩砾石。平面形状不规则。一侧稍厚，另一侧稍薄。加工简单，沿砾石的稍薄侧单面打片，形成一道直刃。片疤宽大浅平，刃面较陡。刃缘较直，较钝。器身大部分保留砾面。长 8.00、宽 5.23、厚 4.00 厘米，重 220 克（图六三，3）。

标本 2007GJHT18 ③：5，原料为灰白色辉绿岩砾石。平面形状不规则。器体扁薄。加工简单，沿砾石的一侧单面打片，形成一道直刃。片疤细小，刃面较窄，刃缘较直且锋利。器身一侧是一平整的截断面。器身大部分保留砾石面。长 7.57、宽 5.71、厚 1.57 厘米，重 106 克（图六三，5）。

Ab 型　9 件。分别属于 Ab Ⅰ、Ab Ⅱ、Ab Ⅳ、Ab Ⅵ、Ab Ⅶ次亚型。

Ab Ⅰ型　3 件。

标本 2007GJHT8 ③：4，原料为青灰色辉绿岩砾石。平面近长三角形，器体轻巧。一端宽，另一端窄。加工简单，沿宽的一端单面打片，形成一道弧凸刃。片疤平缓，片疤面窄。刃缘锋利。器身大部分保留砾石面。长 10.67、宽 4.43、厚 2.67 厘米，重 146 克（图六四，1）。

标本 2007GJHT15 ③：18，原料为青灰色辉绿岩砾石。平面近三角形，器体扁薄。加工简单，沿砾石的一侧单面打片，形成一道弧凸刃。片疤较小，刃面较陡直，刃缘锋利。器身另一面靠近刃缘处有一块崩疤。器身大部分保留砾石面。长 10.10、宽 6.71、厚 2.00 厘米，重 134 克（图六四，2）。

标本 2007GJHT15 ③：20，原料为灰色辉绿岩砾石。平面近三角形。两面较平，一侧稍厚，另一侧稍薄。加工简单，沿砾石的一侧单面打片，形成一道弧刃。刃面左侧打击点较深，片疤深凹，刃面右侧片疤较宽。左侧刃面较缓，右侧刃面陡直。刃缘凸出。背面靠近刃缘一角有两个小片疤。器身大部分保留砾石面。长 9.00、宽 6.29、厚 3.57 厘米，重 256 克（图六四，3；彩版一五，6）。

Ab Ⅱ型　1 件。

标本 2007GJHT15 ③：9，原料为灰色辉绿岩砾石。平面近四边形，两面均较平。加工简单，

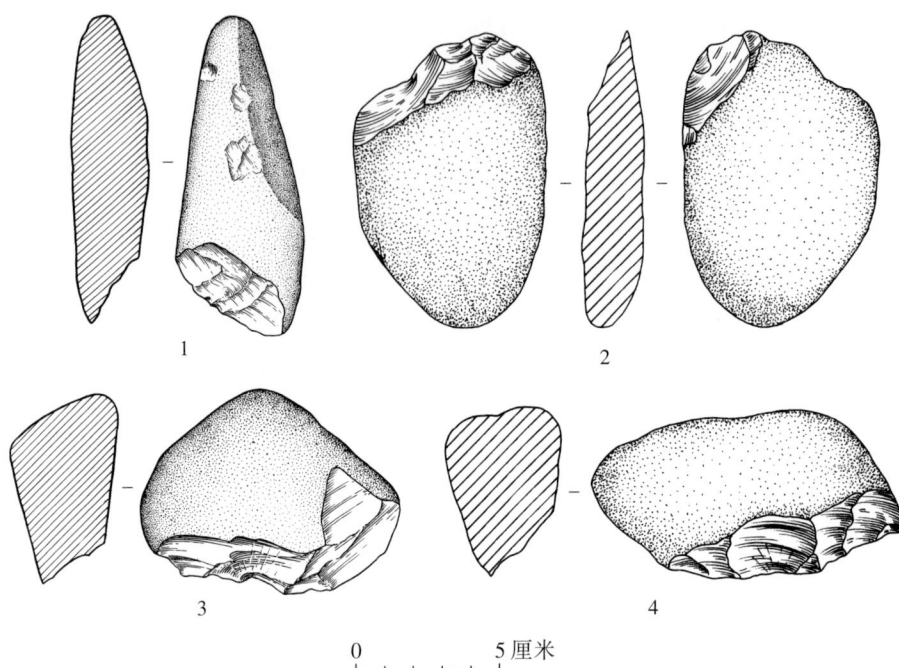

图六四　第三文化层石制品（十四）

1~3. Ab I 型刮削器（2007GJHT8 ③：4、2007GJHT15 ③：18、2007GJHT15 ③：20）　4. Ab II 型刮削器（2007GJHT15 ③：9）

沿砾石的一侧单面打片，形成一道微弧刃。片疤较大，片疤面较平缓，刃缘不甚锋利。器身大部分保留砾石面。长 10.93、宽 5.60、厚 4.00 厘米，重 278 克（图六四，4；彩版一五，7）。

Ab IV 型　2 件。

标本 2007GJHT6 ③：3，原料为灰黄色辉绿岩砾石，平面近梯形。一端稍窄、较厚，另一端稍宽、稍薄。加工简单，沿砾石稍宽稍薄端的一侧单面打片，形成一道微弧凸弧刃。片疤浅平，但打击点深凹，刃面较缓。刃缘锋利，有锯齿状崩口。器身大部分保留砾面。长 8.00、宽 6.67、厚 3.20 厘米，重 184 克（图六五，1；彩版一五，8）。

标本 2007GJHT15 ③：10，原料为灰色辉绿岩砾石。平面近梯形。一面较平，另一面微凸起。加工简单，沿砾石的一侧及一端单面打片，形成一道弧凸刃。长边片疤较大，片疤面较平缓，短边片疤较小，片疤面较陡。刃缘略外弧。器身大部分保留砾石面。长 9.29、宽 4.86、厚 3.14 厘米，重 197 克（图六五，2）。

Ab VI 型　2 件。

标本 2007GJHT18 ③：4，原料为浅灰色辉绿岩砾石。平面近半圆形。器体扁薄。加工简单，沿砾石的一侧单面打片，形成一道凸刃。片疤较大，较少，部分片疤经过二次修整，留下一些小崩疤。刃面较陡直。刃缘凸起，钝厚。器身大部分保留砾石面，砾面粗糙。长 9.29、宽 5.86、厚 2.57 厘米，重 155 克（图六五，3；彩版一六，1）。

标本 2007GJHT18 ③：13，原料为浅灰色辉绿岩砾石。平面近半圆形。器体较扁平。加工简单，沿砾石的一侧单面连续打片，形成一道弧凸刃。片疤浅宽，刃面较陡。刃缘微凸且锋利，有锯齿

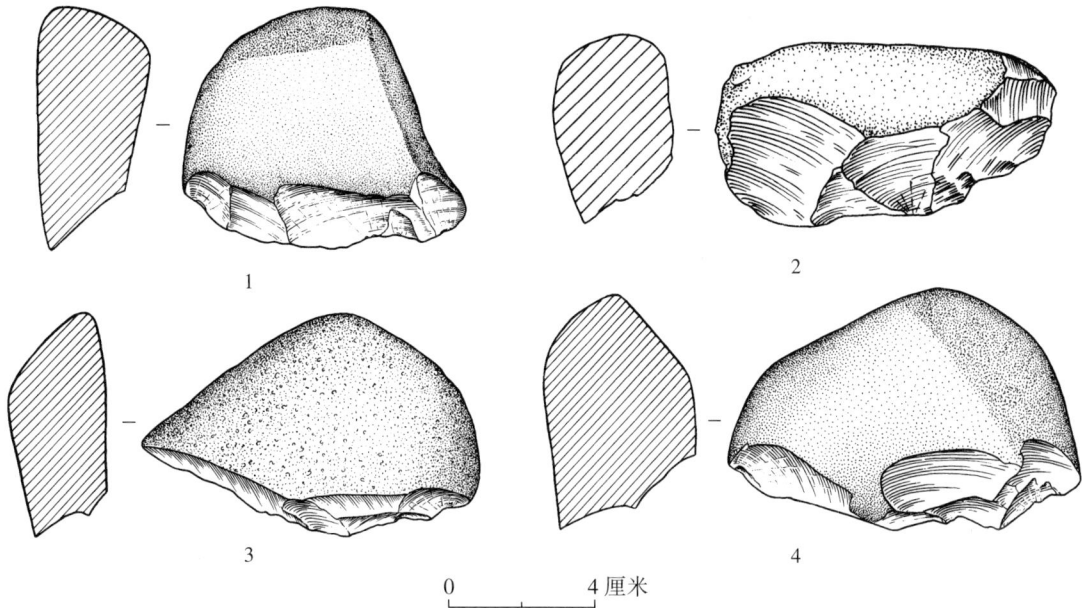

图六五　第三文化层石制品（十五）

1、2. Ab Ⅳ型刮削器（2007GJHT6 ③：3、2007GJHT15 ③：10）　　3、4. Ab Ⅵ型刮削器（2007GJHT18 ③：4、2007GJHT18 ③：13）

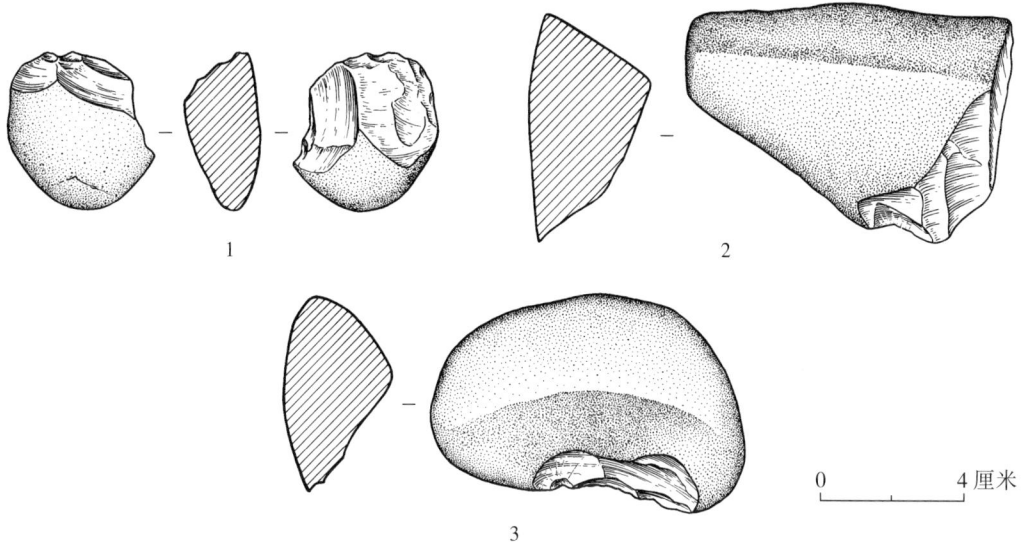

图六六　第三文化层石制品（十六）

1. Ab Ⅶ型刮削器（2007GJHT8 ③：16）　　2. Ac Ⅳ型刮削器（2007GJHT6 ③：1）　　3. Ac Ⅴ型刮削器（2007GJHT13 ③：8）

状的崩口。器身大部分保留砾石面。长 9.71、宽 6.29、厚 4.00 厘米，重 339 克（图六五，4）。

Ab Ⅶ型　1件。

标本 2007GJHT8 ③：16，原料为灰色石英砾石。平面形状不规则。加工简单，沿砾石的一端双面打片，形成一道弧凸刃。一面片疤浅平，另一面片疤较陡。正面及背面均保留部分砾面。长 4.14、宽 3.71、厚 2.00 厘米，重 39 克（图六六，1；彩版一六，2）。

Ac 型　6 件。分别属于 Ac Ⅳ、Ac Ⅴ、Ac Ⅸ次亚型。

Ac Ⅳ型　1 件。

标本 2007GJHT6 ③：1，原料为灰白色石灰岩石块。平面近梯形，横截面近三角形。一端稍宽，另一端稍窄，一侧较厚，另一侧稍薄。加工简单，于石块的稍宽端一角单面剥片，形成一道锋利的短凹刃。片疤少，但较大较深。稍宽端另一侧是一平整的截断面。器身大部分保留砾石面。长 9.00、宽 6.00、厚 3.26 厘米，重 192 克（图六六，2；彩版一六，3）。

Ac Ⅴ型　1 件。

标本 2007GJHT13 ③：8，原料为浅灰色辉绿岩砾石。平面近椭圆形。一侧稍厚，另一侧稍薄。加工简单，沿砾石的稍薄侧单面打片，形成一道凹刃。片疤小而浅平，片疤面窄，刃缘内凹。器身大部分保留砾面。长 8.57、宽 5.14、厚 3.00 厘米，重 175 克（图六六，3；彩版一六，4）。

Ac Ⅸ型　4 件。

标本 2007GJHT6 ③：6，原料为灰黄色辉绿岩砾石。平面形状不规则。一侧较厚，另一侧稍薄。加工简单，沿砾石的一侧单面打片，形成一道凹刃。片疤少，但较大。刃缘锋利。器身大部分保留砾面。长 8.67、宽 4.33、厚 3.00 厘米，重 179 克（图六七，1）。

标本 2007GJHT8 ③：12，原料为灰色石英砾石。平面形状不规则，器体小巧。加工简单，沿砾石的一侧单面打片，形成一道凹刃。片疤破碎，刃面较陡，刃缘内凹。器身大部分保留砾石面。长 7.00、宽 4.33、厚 2.78 厘米，重 10 克（图六七，2；彩版一六，5）。

标本 2007GJHT13 ③：4，原料为青灰色辉绿岩砾石。平面形状不规则，器体总体扁薄。加工简单，沿砾石的一侧单面打片，形成一道凹刃。仅打出一块浅宽的片疤，刃缘窄且锋利。器身一角有一截断面。器身大部分保留砾面。长 7.78、宽 4.89、厚 1.89 厘米，重 99 克（图六七，3）。

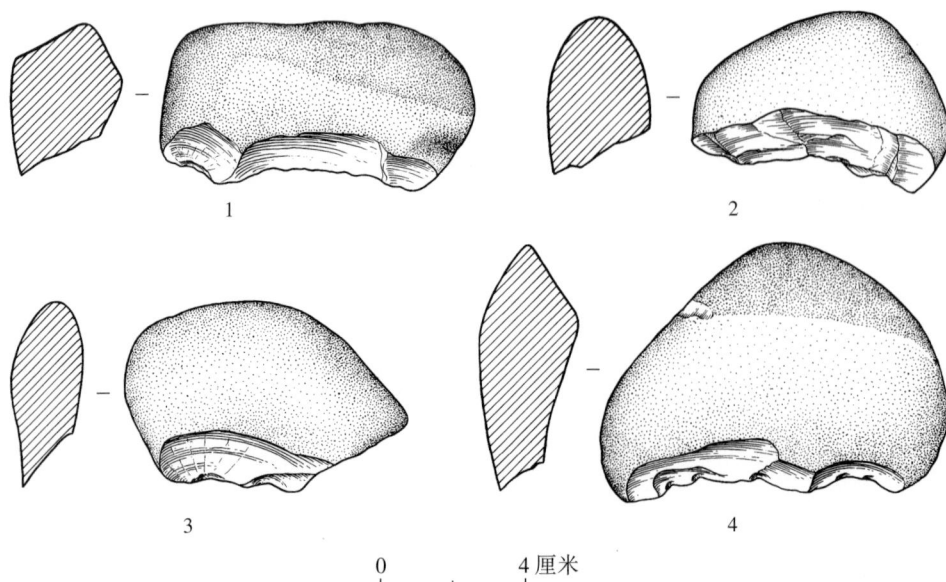

图六七　第三文化层石制品（十七）

1～4. Ac Ⅸ型刮削器（2007GJHT6 ③：6、2007GJHT8 ③：12、2007GJHT13 ③：4、2007GJHT13 ③：6）

标本 2007GJHT13③：6，原料为浅灰黄色辉绿岩砾石。平面形状不规则。器体扁平。加工简单，沿砾石的一侧单面打片，形成一道凹刃。片疤狭长，打击点深凹。刃面较陡。刃缘内凹锋利，有锯齿状崩口。器身大部分保留砾面。长 9.22、宽 6.56、厚 2.67 厘米，重 202 克（图六七，4）。

B 型　5 件。分别属于 Bb、Bc、Bd 亚型。

Bb 型　1 件。属于 Bb Ⅰ 次亚型。

标本 2007GJHT15③：16，原料为灰色辉绿岩砾石。平面近四方形，一面较平，另一面微凸起，一侧稍厚，另一侧稍薄。加工简单，沿砾石的三侧及一端单面打片，形成两道弧凸刃。片疤不大，刃面较陡，刃缘凸出且锋利。器身大部分保留砾石面。长 5.86、宽 3.11、厚 1.44 厘米，重 90 克（图六八，1；彩版一六，6）。

Bc 型　1 件。

标本 2007GJHT8③：14，原料为灰色石英砾石。平面形状不规则，器体小巧。加工简单，沿砾石的两端剥片，形成两道凹刃。一端打击点宽而深凹。两端片疤在器身一面中部交汇。片疤较浅宽。器身背面及正面两侧保留砾石面。长 6.43、宽 4.86、厚 3.14 厘米，重 114 克（图六八，2；彩版一六，7）。

Bd 型　3 件。分别属于 Bd Ⅳ、Bd Ⅴ 次亚型。

Bd Ⅳ 型　1 件。

标本 2007GJHT15③：7，原料为红褐色辉绿岩砾石。平面呈长条形，器体扁薄。一端大，另一端小，一侧稍厚，另一侧稍薄。加工简单，沿砾石的一侧及大的一端打片，形成一凹一凸两道刃。侧面为单面打片，片疤较小，刃面较窄较陡，刃缘微凹且锋利。一端为双面打片，片疤较少，单个片疤较大，片疤面较陡，刃面较宽，刃缘弧凸。器身大部分保留砾石面，砾面粗糙。长

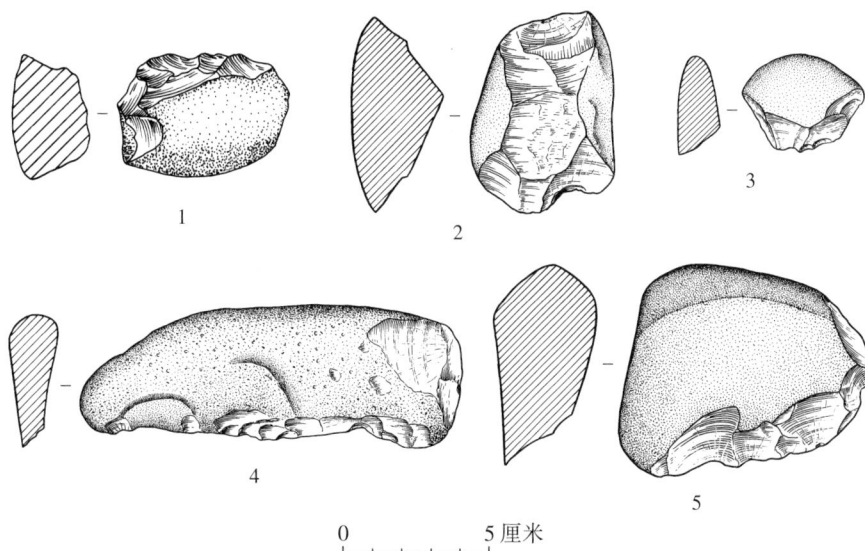

图六八　第三文化层石制品（十八）

1. Bb Ⅰ 型刮削器（2007GJHT15③：16）　2. Bc 型刮削器（2007GJHT8③：14）　3、5. Bd Ⅴ 型刮削器（2007GJHT13③：10、2007GJHT6③：2）　4. Bd Ⅳ 型刮削器（2007GJHT15③：7）

13.00、宽 4.43、厚 1.57 厘米，重 137 克（图六八，4；彩版一六，8）。

Bd Ⅴ型　2 件。

标本 2007GJHT6③：2，原料为灰色辉绿岩砾石。平面形状不规则，一面较平，另一面略凸起。两侧较厚，另两侧稍薄。加工简单，于稍薄两侧由较平面向凸起面单面连续打片，形成两道相连的刃面。片疤较大，片疤面较陡。其中一刃刃缘近平，另一刃刃缘外弧，两刃均较锋利。背面及把端保留砾面。长 8.80、宽 7.20、厚 3.60 厘米，重 248 克（图六八，5；彩版一七，1）。

标本 2007GJHT13③：10，原料为灰色石英砾石。平面形状不规则，器体扁平，砾面光滑。加工简单，沿砾石的半周单面打片，形成一直一凸两道刃。片疤小，片疤面窄，刃钝。器身大部分保留砾面。长 4.29、宽 3.29、厚 1.43 厘米，重 25 克（图六八，3）。

C 型　4 件，分别属于 Ca、Cb 亚型。

Ca 型　2 件，分别属于 Ca Ⅰ、Ca Ⅱ次亚型。

Ca Ⅰ型　1 件。

标本 2007GJHT15③：15，原料为灰色辉绿岩砾石。平面近四方形，一面较平，另一面微凸起，一侧稍厚，另一侧稍薄。加工简单，沿砾石的三个侧面单面打片，形成三道弧凸刃。一侧片疤浅平，另外两侧片疤较陡直。三个刃缘均凸出。器身背面及正面的中部保留砾石面。长 8.67、宽 5.56、厚 3.78厘米，重 247 克（图六九，1；彩版一七，2）。

Ca Ⅱ型　1 件。

标本 2007GJHT15③：17，原料为灰色辉绿岩砾石。平面近半圆形，两面较平，一侧稍厚，

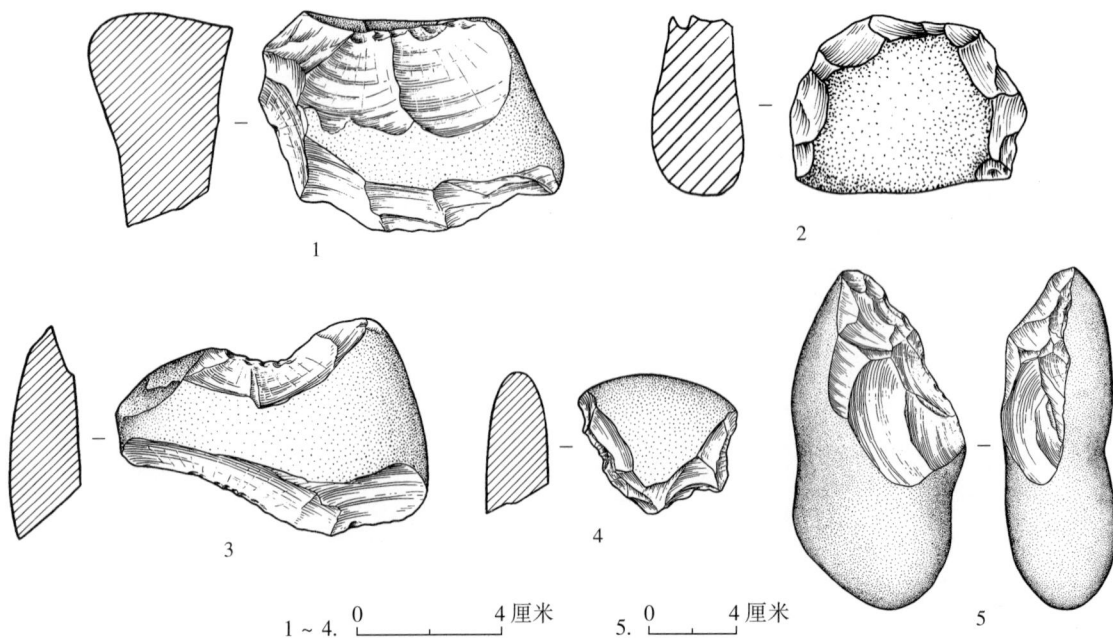

图六九　第三文化层石制品（十九）

1. Ca Ⅰ型刮削器（2007GJHT15③：15）　2. Ca Ⅱ型刮削器（2007GJHT15③：17）　3、4. Cb Ⅱ型刮削器（2007GJHT9③：9、
2007GJHT13③：9）　5. Ab 型尖状器（2007GJHT7③：3）

另一侧稍薄。加工简单，沿砾石的三个侧面单面打片，形成三道弧凸刃。片疤较小，刃面较陡直，刃缘锋利。器身大部分保留砾石面。长 6.44、宽 4.67、厚 2.56 厘米，重 134 克（图六九，2；彩版一七，3）。

Cb 型　2 件。均属于 Cb Ⅱ 次亚型。

标本 2007GJHT9 ③：9，原料为红褐色硅质岩砾石。平面形状不规则。一侧稍厚，另一侧稍薄。加工简单，沿砾石的两侧单面打片，形成两凹一直三道刃。一侧仅打出一大块片疤，片疤平缓，刃缘内凹。另一侧也仅打出两大块片疤，但两个片疤相交形成两道刃，片疤面较陡。三刃缘均锋利。器身大部分保留砾面。长 8.44、宽 5.78、厚 1.89 厘米，重 106 克（图六九，3；彩版一七，4）。

标本 2007GJHT13 ③：9，原料为灰色石英砾石。平面形状不规则。器体扁平，砾面光滑。加工简单，沿砾石的三边单面打片，形成一直两凹共三条宽窄不一的工作刃。片疤小，破碎。片疤面窄，有二次修整痕迹，刃缘锋利。器身大部分保留砾面。长 4.33、宽 3.67、厚 1.67 厘米，重 34 克（图六九，4）。

尖状器

1 件。属于 A 型中的 Ab 亚型。

标本 2007GJHT7 ③：3，原料为灰色辉绿岩砾石。器体厚重。平面形状不规则。加工简单，沿砾石一侧的中部往一端双面打片，在一端形成一个舌尖。一面剥片较多，另一面剥片稍少。片疤较宽大，经过多次修整，刃缘及尖部锋利。把端及背面保留砾石面。长 15.16、宽 7.67、厚 5.00 厘米，重 620 克（图六九，5；彩版一七，5）。

（三）磨制石制品

共 11 件。原料均为砾石。岩性均为辉绿岩。器类包括斧锛类毛坯、石锛、研磨器三种。其中斧锛类毛坯和石锛各 2 件，研磨器 7 件。

斧锛类毛坯

2 件。原料均为辉绿岩砾石。分别属于 A、B 型。

A 型　1 件。

标本 2007GJHT6 ③：12，原料为青灰色辉绿岩砾石。平面近长方形，器体扁薄。加工简单，沿砾石的一端两面打片，形成一个刃面，刃缘弧凸。两面片疤均细小，层层叠叠。刃缘凸出且锋利，未经磨制。器身大部分保留砾面。长 6.25、宽 3.50、厚 1.25 厘米，重 46 克（图七〇，2）。

B 型　1 件。

标本 2007GJHT9 ③：7，原料为青灰色辉绿岩砾石。平面近梯形，器体扁薄，两面内凹。于宽的一端单面剥片，形成一道弧凸刃。片疤平缓，刃面较宽。弧刃锋利，未经磨制。器身大部分保留砾面。长 10.63、宽 5.63、厚 1.63 厘米，重 104 克（图七〇，1；彩版一八，1）。

石锛

2 件。原料均为辉绿岩砾石。均属于 A 型。

标本 2007GJHT6 ③：5，原料为青灰色辉绿岩砾石。平面近梯形，器体扁薄。于稍宽端单面磨刃，

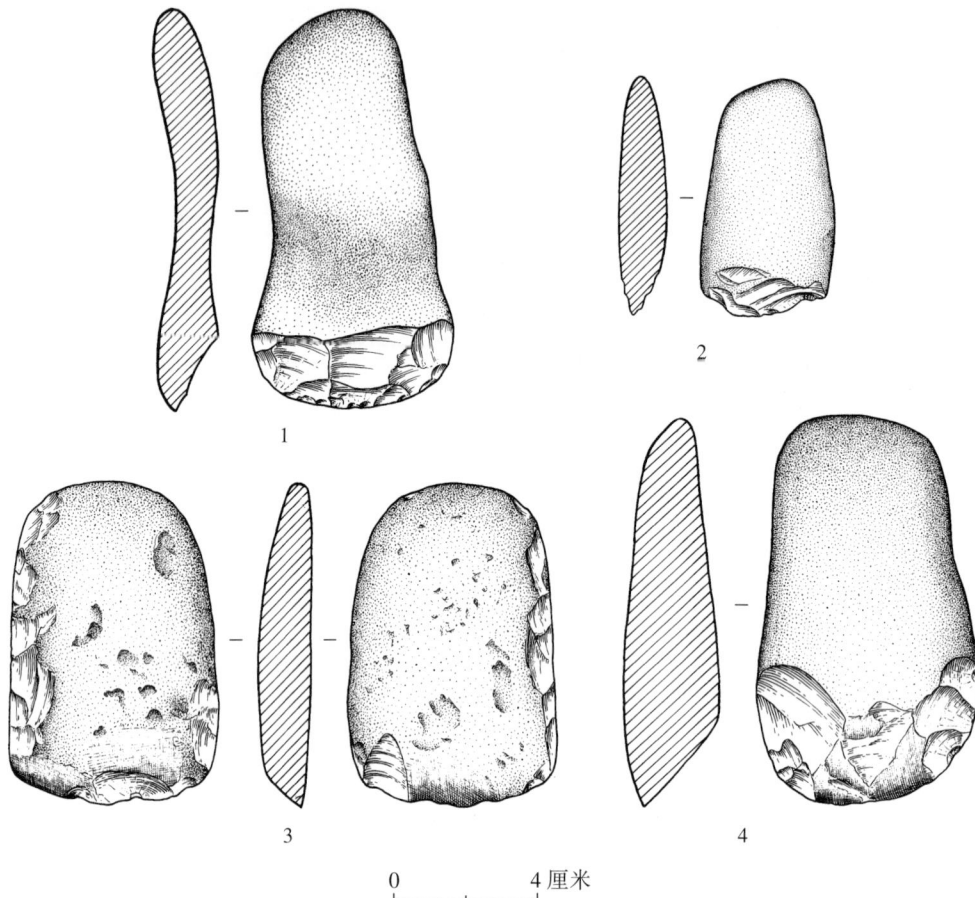

图七〇　第三文化层石制品（二十）

1. B 型斧锛类毛坯（2007GJHT9 ③：7）　2. A 型斧锛类毛坯（2007GJHT6 ③：12）　3、4. A 型石锛（2007GJHT6 ③：5、
2007GJHT8 ③：2）

仅在刃部略加磨制，刃面较陡。刃部正背面均有打制或使用时留下的片疤。器身一侧正背面有打制时留下的片疤，片疤较小。器身大部分保留砾面。长 8.63、宽 5.75、厚 1.50 厘米，重 140 克（图七〇，3；彩版一八，2）。

标本 2007GJHT8 ③：2，原料为灰色辉绿岩砾石。平面近梯形，一端宽厚，另一端稍窄薄。加工简单，于宽厚的一端单面打片，形成一圆弧刃。刃的一面较陡，在中部略加打磨，其余部分是打制时留下的片疤；刃的另一面较平，也略加磨制，刃缘处有细小的崩疤。器身大部分保留砾面。长 10.38、宽 6.00、厚 2.50 厘米，重 205 克（图七〇，4）。

研磨器

7 件。原料均为辉绿岩砾石。均属于 A 型。

标本 2007GJHT8 ③：1，原料为青灰色辉绿岩砾石。平面呈葫芦形，通体磨制，线型流畅。圆凸顶，束颈，溜肩，喇身下端内收，平底略外弧。通高 18.86、最大腹径 11.42 厘米，重 2950 克（图七一，1）。

标本 2007GJHT9 ③：1，原料为青灰色辉绿岩砾石。平面呈葫芦形，通体磨制，线型流畅。

图七一　第三文化层石制品（二十一）

1～7. A 型研磨器（2007GJHT8 ③：1、2007GJHT9 ③：1、2007GJHT9 ③：2、2007GJHT9 ③：3、2007GJHT9 ③：4、
2007GJHT9 ③：5、2007GJHT9 ③：6）

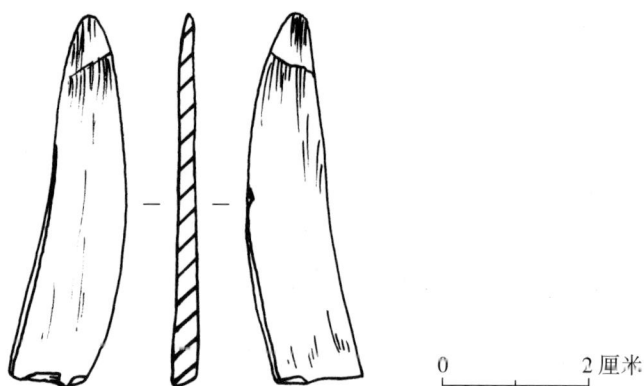

图七二　第三文化层骨器
骨器残件（2007GJHT8 ③：18）

平顶，束颈，溜肩，喇身，平底略外弧，顶部有琢痕。通高 11.43、最大腹径 9.14 厘米，重 1151 克（图七一，2；彩版一八，3）。

标本 2007GJHT9 ③：2，原料为青灰色辉绿岩砾石。平面呈葫芦形，通体磨制，线型流畅。圆凸顶，束颈，溜肩，喇身，平底略外弧。通高 6.57、最大腹径 5.43 厘米，重 278 克（图七一，3）。

标本 2007GJHT9 ③：3，原料为青灰色辉绿岩砾石。平面呈葫芦形，通体磨制，线型流畅。平顶，束颈，溜肩，喇身下端内收，平底略外弧，顶部有琢打的疤痕。通高 6.14、最大腹径 5.43 厘米，重 219 克（图七一，4；彩版一八，4）。

标本 2007GJHT9 ③：4，原料为青灰色辉绿岩砾石。平面呈葫芦形，通体磨制，线型流畅。圆凸顶，束颈，溜肩，喇身下端微内收，平底略外弧。通高 7.14、最大腹径 6.43 厘米，重 377 克（图七一，5；彩版一八，5）。

标本 2007GJHT9 ③：5，原料为青灰色辉绿岩砾石。平面呈葫芦形，通体磨制，线型流畅。平顶，束颈，溜肩，喇身，平底略外弧。通高 8.86、最大腹径 7.71 厘米，重 580.3 克（图七一，6）。

标本 2007GJHT9 ③：6，原料为青灰色辉绿岩砾石。平面呈葫芦形，通体磨制，线型流畅。圆凸顶，束颈，溜肩，喇身，平底略外弧。通高 6.86、最大腹径 5.14 厘米，重 215 克（图七一，7）。

二、骨器

仅 1 件。标本 2007GJHT8 ③：18，为一残件。用动物骨骼的骨片制成，磨制较精。器身扁平，略呈三角形，较薄，上端残缺，下端略呈一弧刃。看不出原器形。长 4.93、宽 1.29、厚 0.38 厘米（图七二）。

第三节　第四文化层遗物

第四文化层发现的文化遗物包括石制品、蚌器、骨器、陶片四大类。共 251 件（片），其中石制品 213 件，蚌器 13 件，骨器 9 件，陶片 16 片。

一、石制品

共 213 件。包括加工工具、打制石制品和磨制石制品三大类。其中加工工具 9 件，打制石制品 191 件，磨制石制品 13 件，分别占该文化层出土石制品总数的 4.23%、89.67%、6.10%。

（一）加工工具

共 9 件。包括石锤和砺石两种类型。其中石锤 4 件，砺石 5 件。

石锤

共 4 件。原料均为砾石。岩性有辉绿岩和石英两种。其中辉绿岩 3 件，石英 1 件。一般是利用砾石一端或者两端进行锤击，在端面形成片疤。平面形状有方形、椭圆形、半圆形、长条形，各 1 件。分别属于 A、B 型。

A 型　3 件。分别属于 Aa、Ab 和 Ac 亚型。

Aa 型　1 件。

标本 2007GJHT15 ④：115，原料为灰黄色石英岩砾石。平面近椭圆形。四周均微弧。使用砾石的一端砸击，形成密的片疤面。片疤细小，破碎，片疤面较陡。器身大部分保留砾面。长 8.63、宽 6.63、厚 5.75 厘米，重 423 克（图七三，1；彩版一九，1）。

Ab 型　1 件。

标本 2007GJHT15 ④：25，原料为青灰色辉绿岩砾石。平面呈半圆形。使用砾石的一端砸击，砸击面形成两大块片疤，片疤间棱线凸出，片疤面部光滑。器身大部分保留砾面。长 8.50、宽 7.88、

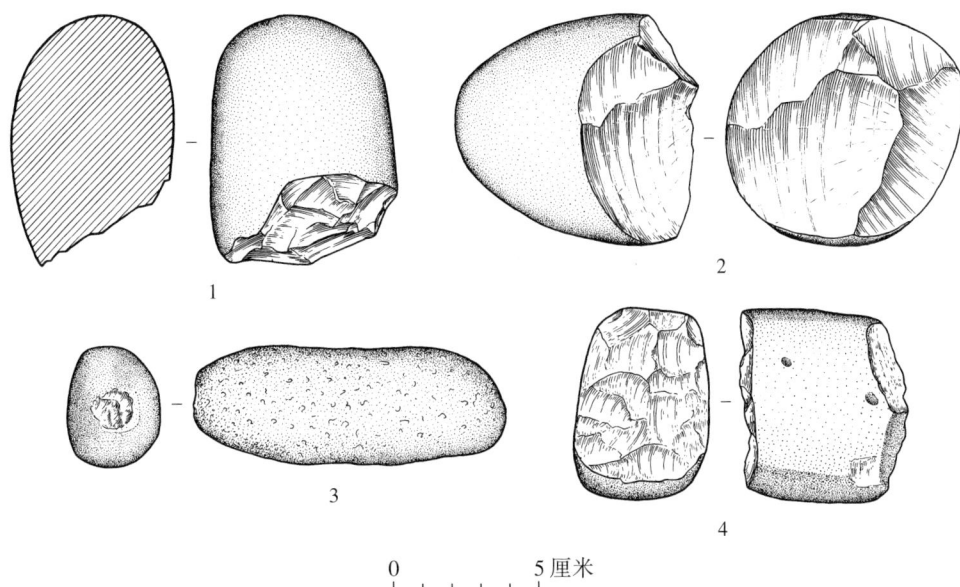

0 　　　　5 厘米

图七三　第四文化层石制品（一）

1. Aa 型石锤（2007GJHT15 ④：115）　2. Ab 型石锤（2007GJHT15 ④：25）　3. Ac 型石锤（2007GJHT15 ④：40）
4. Ba 型石锤（2007GJHT13 ④：1）

厚 8.38 厘米，重 564 克（图七三，2；彩版一九，2）。

Ac 型　1 件。

标本 2007GJHT15 ④：40，原料为浅灰色辉绿岩砾石。平面呈长条形。一端有锤击形成的细小浅疤。器身大部分保留砾面，砾面粗糙。长 10.75、宽 4.12、厚 4.38 厘米，重 240 克（图七三，3；彩版一九，3）。

B 型　1 件，属于 Ba 亚型。

标本 2007GJHT13 ④：1，原料为灰褐色辉绿岩砾石。平面近方形。直接使用砾石的两端砸击，在两端留下较多的片疤。片疤均较陡直，片疤面凹凸不平。器身大部分保留砾面。长 6.63、宽 6.00、厚 4.75 厘米，重 289 克（图七三，4；彩版一九，4）。

砺石

共 5 件。原料均为砂岩砾石。分别属于 A、B、C、E 型。

A 型　1 件。

标本 2007GJHT15 ④：74，原料为紫红色砂岩石块。平面近三角形，一面较平，另一面弧凸。较平面有宽平的磨面。长 7.50、宽 6.00、厚 3.00 厘米，重 160 克（图七四，1）。

B 型　1 件。

标本 2007GJHT15 ④：31，原料为紫色砂岩砾石。平面呈长方形。正面有一浅宽的磨槽，部分地方有打掉或磕碰的疤痕，左右及上部边缘平整。下端残断。背面较平。长 13.50、宽 9.50、厚 4.17 厘米，重 1016 克（图七四，2；彩版一九，5）。

C 型　1 件。

标本 2007GJHM11：1，原料为黄褐色粗砂岩砾石。器体大而厚重，平面呈不规则五边形，横截面呈长方形。一侧边倾斜。器体两面均有较大面积的凹坑状磨砺痕迹，凹坑深度不同，最大的磨砺面为直径 13 厘米的近圆形，凹陷深约 1 厘米。器体最长处为 20.15、最宽处为 19.00、厚 5.33 厘米，重 5300 克（图七四，3）。

E 型　2 件。

标本 2007GJHT7 ④：14，原料为紫红色砂岩砾石。平面形状不规则。一面中部有一条宽深的磨面，另一面有一较深的凹窝。长 9.06、宽 8.53、厚 3.67 厘米，重 341 克（图七四，4）。

标本 2007GJHT7 ④：17，原料为紫红色砂岩砾石。平面形状不规则。两面均有浅浅的磨槽，两面磨槽均近椭圆形，器身下端平整。长 6.33、宽 4.17、厚 1.67 厘米，重 75 克（图七四，5；彩版一九，6）。

（二）打制石制品

共 191 件。包括石片、砍砸器、刮削器、尖状器四种类型。其中石片 15 件，砍砸器 70 件，刮削器 104 件，尖状器 2 件，分别占第四文化层打制石制品总数的 7.85%、36.65%、54.45%、1.05%。

石片

共 15 件。岩性有辉绿岩、石灰岩、砂岩三种。其中辉绿岩 13 件，石灰岩和砂岩各 1 件。打

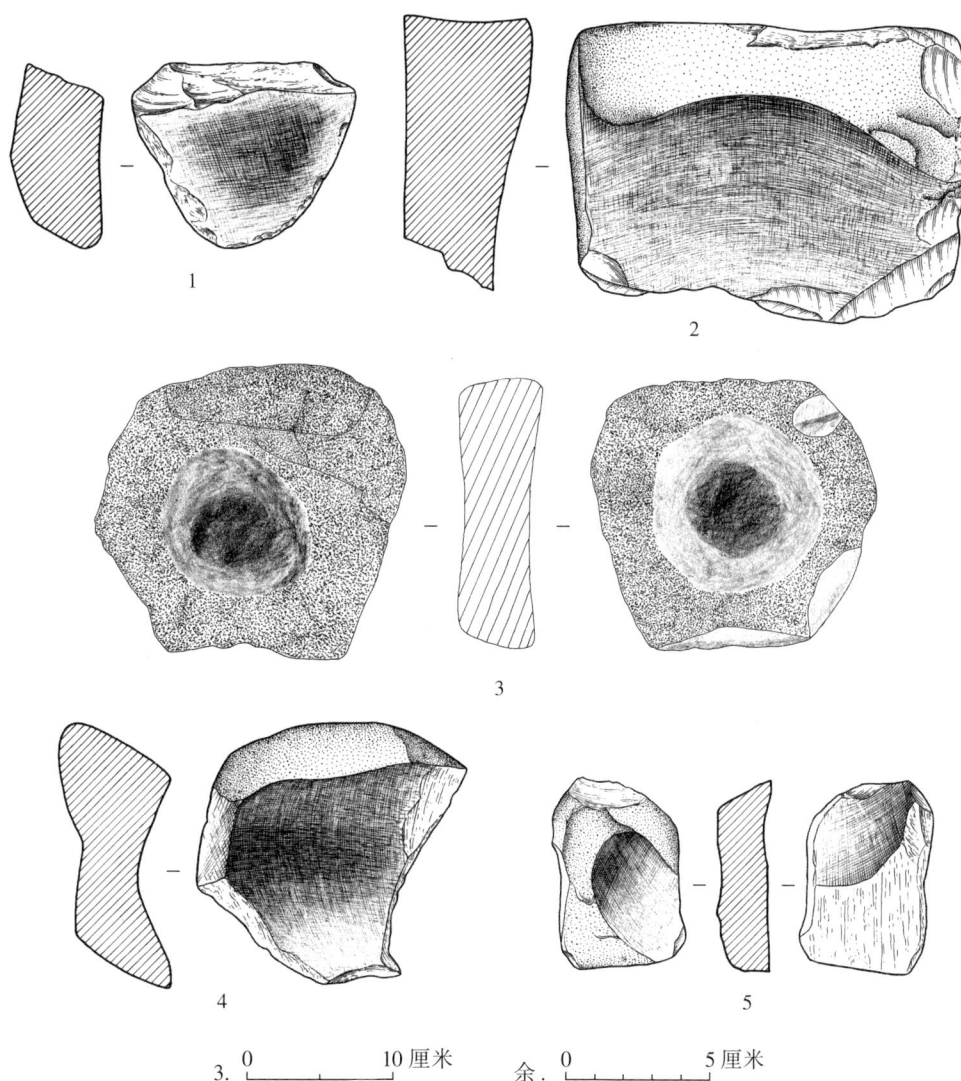

图七四　第四文化层石制品（二）

1. A 型砺石（2007GJHT15 ④：74）　2. B 型砺石（2007GJHT15 ④：31）　3. C 型砺石（2007GJHM11：1）

4、5. E 型砺石（2007GJHT7 ④：14、2007GJHT7 ④：17）

片为硬锤打击，剥片方法为直接锤击法。打击台面全部是自然台面。12 件打击点明显，3 件不明显。绝大部分放射线清楚。绝大部分的半锥体不凸出。石片角多在 90° 以上。多数石片的背面或多或少保留有自然砾面，背面片疤的剥片方向与石片同向同源。多数边缘和棱角锋利，未见使用痕迹，也无明显的冲磨痕迹。形状有椭圆形、方形和不规则形三种，其中椭圆形 3 件，方形 1 件，不规则形 11 件。分别属于 A、B、C 型。

A 型　2 件。均属于 Ae 亚型。

标本 2007GJHT7 ④：36，原料为浅灰色辉绿岩砾石。平面呈长椭圆形，器体扁薄。自然台面，打击点明显，放射线清楚，破裂面微外凸。远端及两侧缘锋利。背面保留砾面。长 6.89、宽 4.33、厚 0.89 厘米，重 39 克（图七五，1；彩版二〇，1）。

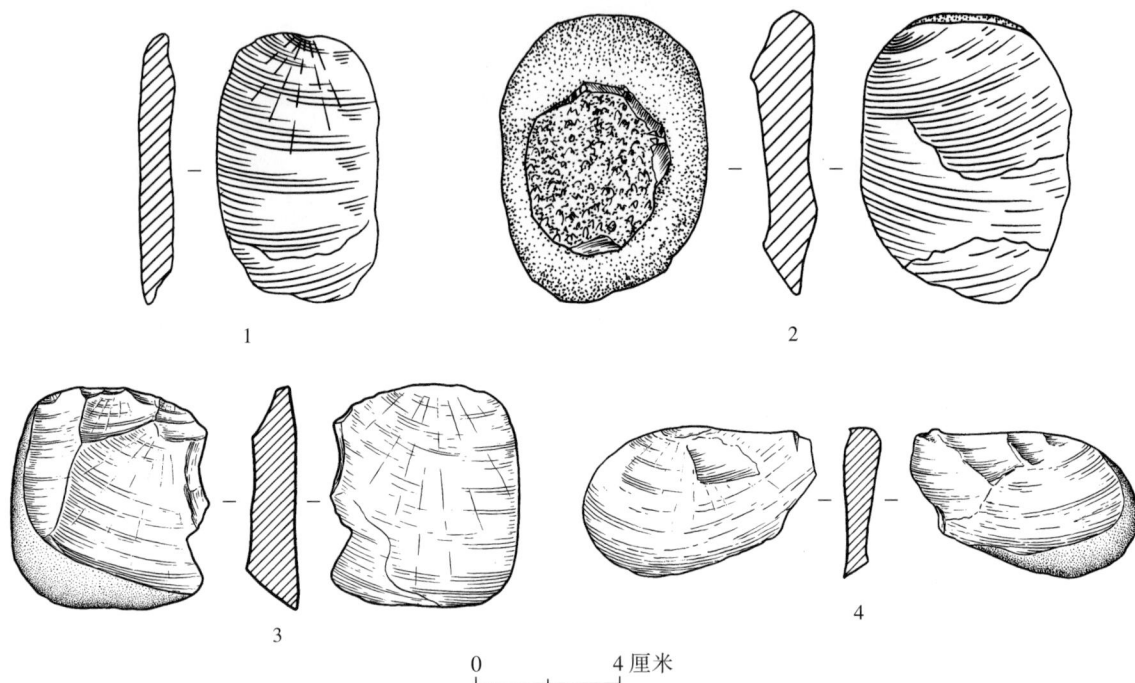

图七五　第四文化层石制品（三）

1、2. Ae 型石片（2007GJHT7④：36、2007GJHT15④：92）　3. Bc 型石片（2007GJHT13④：17）　4. Be 型石片（2007GJHT14④：42）

标本 2007GJHT15④：92，原料为红褐色砂岩砾石。平面呈椭圆形。自然台面，打击点明显，放射线和半锥体不清楚。破裂面不平整，四周缘锋利。背面有一圆形片疤，当是原砾石作为石锤使用留下的痕迹。器身其余部分保留砾面。长 7.40、宽 5.60、厚 1.70 厘米，重 85 克（图七五，2）。

B 型　9 件。分别属于 Bc、Be、Bf 亚型。

Bc 型　1 件。

标本 2007GJHT13④：17，原料为青灰色辉绿岩砾石。平面近方形，器体扁薄。自然台面，打击点不明显，放射线清楚，半锥体不发育，破裂面微凸出，两侧及远端缘锋利。背面以相同台面剥片，片疤较多，宽大。仅台面及背面的左下部保留砾面。长 5.78、宽 5.11、厚 1.44 厘米，重 58 克（图七五，3；彩版二〇，2）。

Be 型　1 件。

标本 2007GJHT14④：42，原料为灰色辉绿岩砾石。平面近椭圆形。自然台面，打击点明显，放射线清楚，破裂面弧凸，有一近似三角形锥疤。背面以相同台面打片，打击点深凹，片疤宽大。台面及背面右下侧保留砾面。长 6.40、宽 4.00、厚 0.89 厘米，重 25 克（图七五，4；彩版二〇，3）。

Bf 型　7 件。

标本 2007GJHT7④：38，原料为青灰色辉绿岩砾石。平面形状不规则。自然台面，打击点明显，放射线清楚，半锥体不发育。远端及侧缘锋利。背面以相同台面剥片，片疤仅集中于右侧，片疤不大，左侧大部分及台面保留砾石面。长 5.44、宽 4.11、厚 1.11 厘米，重 30 克（图七六，1；

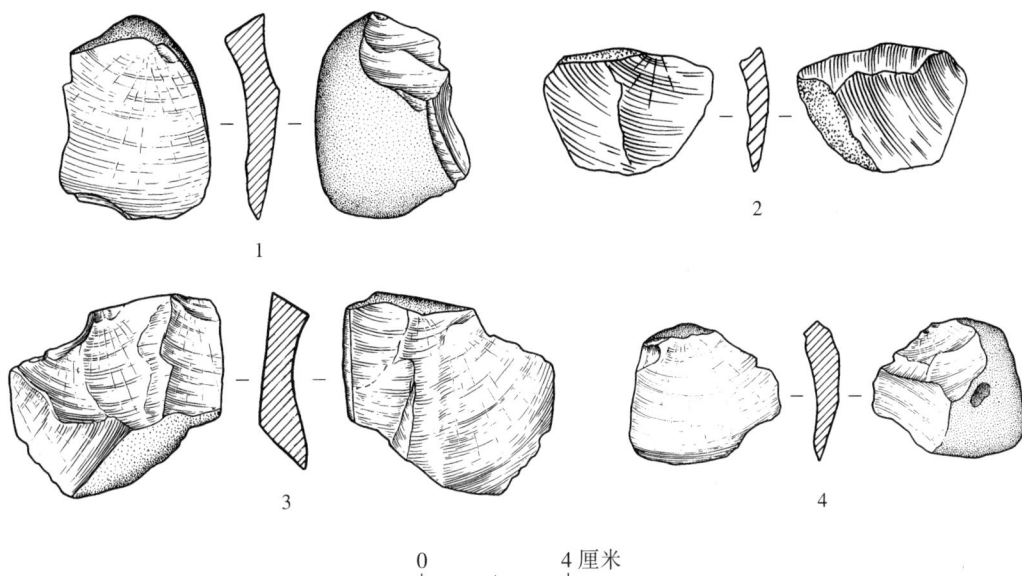

图七六　第四文化层石制品（四）

1～4. Bf 型石片（2007GJHT7 ④：38、2007GJHT7 ④：39、2007GJHT13 ④：20、2007GJHT14 ④：40）

彩版二〇，4）。

标本 2007GJHT7 ④：39，原料为灰色辉绿岩砾石。平面形状不规则。自然台面，打击点明显，放射线清楚，半锥体明显。远端及侧缘锋利。背面以相同台面剥片，片疤内凹。器身大部分为片疤面。长 3.33、宽 4.67、厚 0.88 厘米，重 30 克（图七六，2）。

标本 2007GJHT13 ④：20，原料为灰色辉绿岩砾石。平面形状不规则，器体扁薄。自然台面，打击点不明显，放射线清楚，破裂面微凹，右侧及远端缘锋利。背面以相同台面剥片，片疤较多。仅台面及背面远端保留少部分砾面。长 5.25、宽 5.12、厚 1.25 厘米，重 62 克（图七六，3）。

标本 2007GJHT14 ④：40，原料为灰色辉绿岩砾石。平面形状不规则。自然台面，打击点明显，放射线清楚，破裂面微内凹，周缘锋利。背面左侧以相同台面剥片，片疤浅。台面及背面右侧保留砾面，砾面光滑。长 3.78、宽 4.11、厚 1.00 厘米，重 14 克（图七六，4；彩版二〇，5）。

标本 2007GJHT14 ④：44，原料为青灰色辉绿岩砾石。平面形状不规则。自然台面，打击点微显，放射线清楚，边缘锋利。背面以相同的台面打片，打击形成多个片疤，右边片疤宽大。远端保留少部分砾面。长 4.30、宽 4.50、厚 1.00 厘米，重 19 克（图七七，1）。

标本 2007GJHT13 ④：21，原料为青灰色辉绿岩砾石。平面形状不规则，器体扁薄。自然台面，打击点不明显，放射线清楚，破裂面微凹，右侧及远端边缘锋利。背面以相同台面剥片，片疤较多。仅台面及远端保留少部分砾面。长 4.50、宽 5.20、厚 1.00 厘米，重 24 克（图七七，2；彩版二〇，6）。

标本 2007GJHT15 ④：96，原料为灰色辉绿岩砾石。平面形状不规则。近端较厚，远端较薄。自然台面，打击点不明显，放射线不清楚，半锥体不显。破裂面较平整，边缘锋利。背面右上角有一片疤。器身其余部位保留砾面。长 5.00、宽 4.50、厚 1.80 厘米，重 40 克（图七七，3）。

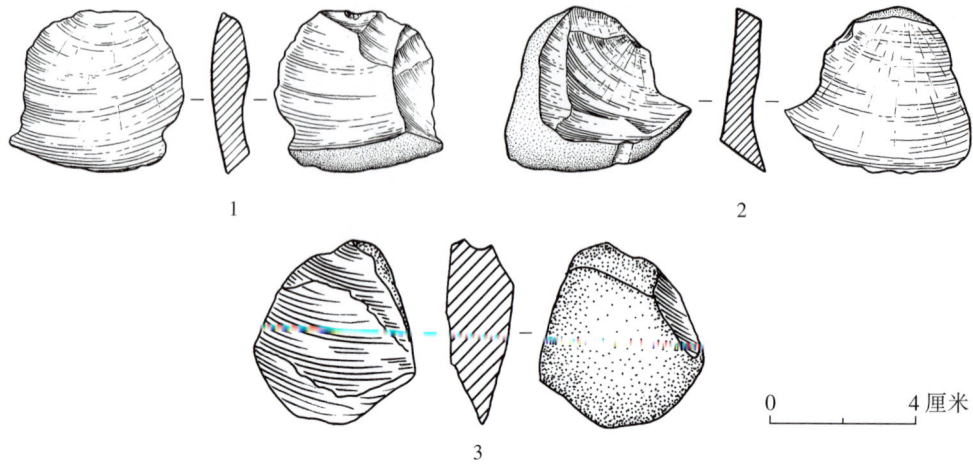

图七七　第四文化层石制品（五）

1 ~ 3. Bf 型石片（2007GJHT14 ④：44、2007GJHT13 ④：21、2007GJHT15 ④：96）

C 型　4 件。均属于 Cf 亚型。

标本 2007GJHT9 ④：3，原料为灰色石灰岩石块。平面形状不规则。自然台面，打击点明显，放射线清楚，破裂面外弧，两侧及远端缘锋利。背面以相同台面剥片，左侧片疤密集，层层叠叠，右侧仅有一大块光滑的片疤。仅台面保留砾面。长 11.30、宽 8.44、厚 3.33 厘米，重 292 克（图七八，1；彩版二〇，7）。

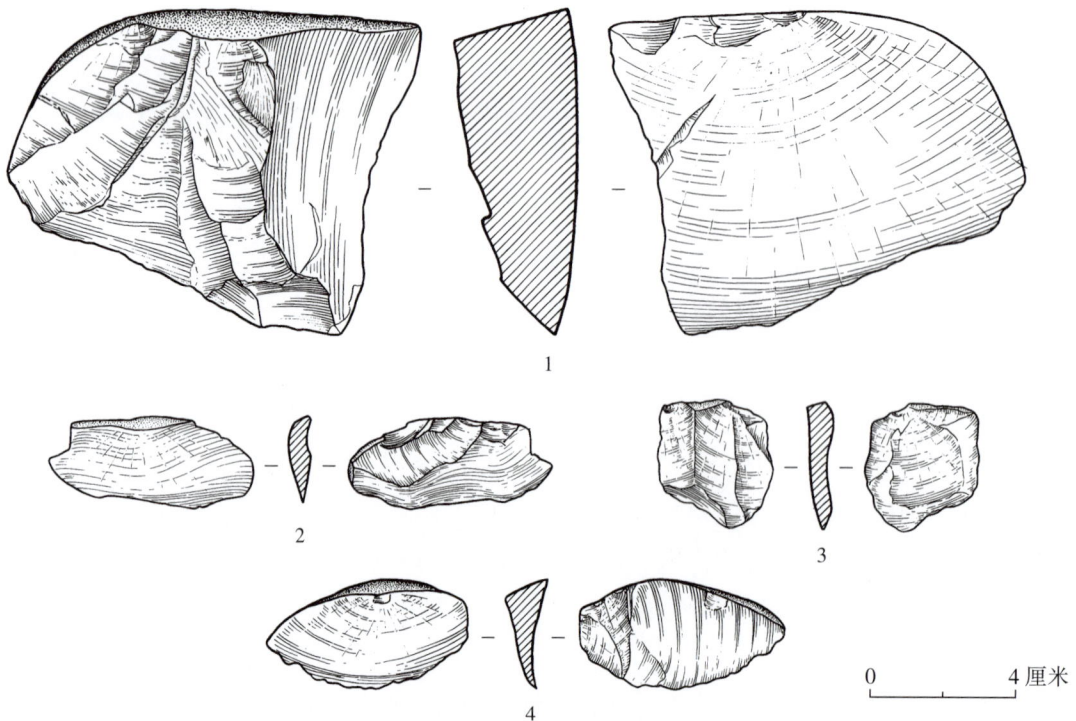

图七八　第四文化层石制品（六）

1 ~ 4. Cf 型石片（2007GJHT9 ④：3、2007GJHT9 ④：7、2007GJHT9 ④：8、2007GJHT15 ④：93）

标本 2007GJHT9④：7，原料为灰色辉绿岩砾石。平面形状不规则。自然台面，打击点明显，放射线清楚，半锥体凸出，两侧及远端边缘锋利。背面以相同台面剥片，下端为一长条形片疤，其余片疤较小。仅台面保留少部分砾面。长 2.22、宽 5.56、厚 0.56 厘米，重 5 克（图七八，2）。

标本 2007GJHT9④：8，原料为灰色辉绿岩砾石。平面形状不规则。自然台面，打击点明显，放射线清楚，破裂面凹凸不平，两侧及远端边缘锋利。背面以相同台面剥片，打击点不同，片疤为长条形。仅台面保留少部分砾面。长 3.33、宽 3.00、厚 0.67 厘米，重 5 克（图七八，3）。

标本 2007GJHT15④：93，原料为灰色辉绿岩砾石。平面形状不规则。近端较厚，远端较薄。自然台面，打击点明显，放射线清楚，半锥体微显。破裂面较平整，边缘锋利。背面以相同台面剥片，片疤深凹。仅台面保留少部分砾面。长 2.89、宽 5.56、厚 1.00 厘米，重 12 克（图七八，4；彩版二〇，8）。

砍砸器

共 70 件。原料有砾石和石块两种，其中砾石 67 件，石块 3 件。岩性有辉绿岩、砂岩、硅质岩和石灰岩四种，其中辉绿岩 56 件，砂岩 4 件，硅质岩 7 件，石灰岩 3 件。加工方法仅见锤击法一种，单面加工，背面为砾石面。加工时大多是由较平一面向凸起一面进行打击。加工较为简单，加工面多由一层或两层片疤组成，片疤多较小较浅。刃面较陡。把端不加修理，保留自然砾面。大部分标本的刃缘有不同程度的修整，大部分不见使用痕迹。单刃者 67 件，双刃者 3 件。器身形状有三角形、长方形、梯形、五边形、椭圆形、半圆形、长条形、锥形和不规则形九种，其中三角形 14 件，长方形和长条形各 7 件，梯形 13 件，五边形和锥形各 1 件，椭圆形 6 件，半圆形 2 件，不规则形 19 件。分别属于 A、B 型。

A 型　67 件。分别属于 Aa、Ab、Ac 亚型。

Aa 型　34 件。分别属于 Aa Ⅰ、Aa Ⅲ、Aa Ⅳ、Aa Ⅴ、Aa Ⅵ、Aa Ⅶ、Aa Ⅷ、Aa Ⅸ次亚型。

Aa Ⅰ型　5 件。

标本 2007GJHT13④：10，原料为灰褐色辉绿岩砾石。平面近三角形，器体厚重，背面较平。一侧稍厚，另一侧稍薄。加工简单，沿砾石的稍薄侧单面打片，形成一道直刃。片疤破碎，刃面较陡。刃缘较直，有锯齿状崩口。器身大部分保留砾面。长 10.83、宽 7.00、厚 4.67 厘米，重 441 克（图七九，1）。

标本 2007GJHT14④：22，原料为紫褐色砂岩砾石。平面呈三角形，器体扁薄。加工简单，沿砾石的一侧单面打片，并经过二次修整，形成一道直刃。片疤较小，刃面较陡，刃缘较直且锋利。刃缘背面有震落的细小崩疤。器身大部分保留砾石面。长 12.67、宽 7.17、厚 2.67 厘米，重 259 克（图七九，2；彩版二一，1）。

标本 2007GJHT15④：20，原料为灰色辉绿岩砾石。平面近三角形。两面均微弧凸。加工简单，沿砾石的一侧单面打片，形成一道直刃。片疤较小且陡，刃面较宽缓。刃缘较直，锋利。右侧为沿结理面震落的片疤。器身大部分保留砾面。长 8.33、宽 8.00、厚 4.50 厘米，重 383 克（图七九，3；彩版二一，2）。

标本 2007GJHT15④：32，原料为灰色辉绿岩砾石。平面近三角形。一侧稍厚，另一侧稍薄。

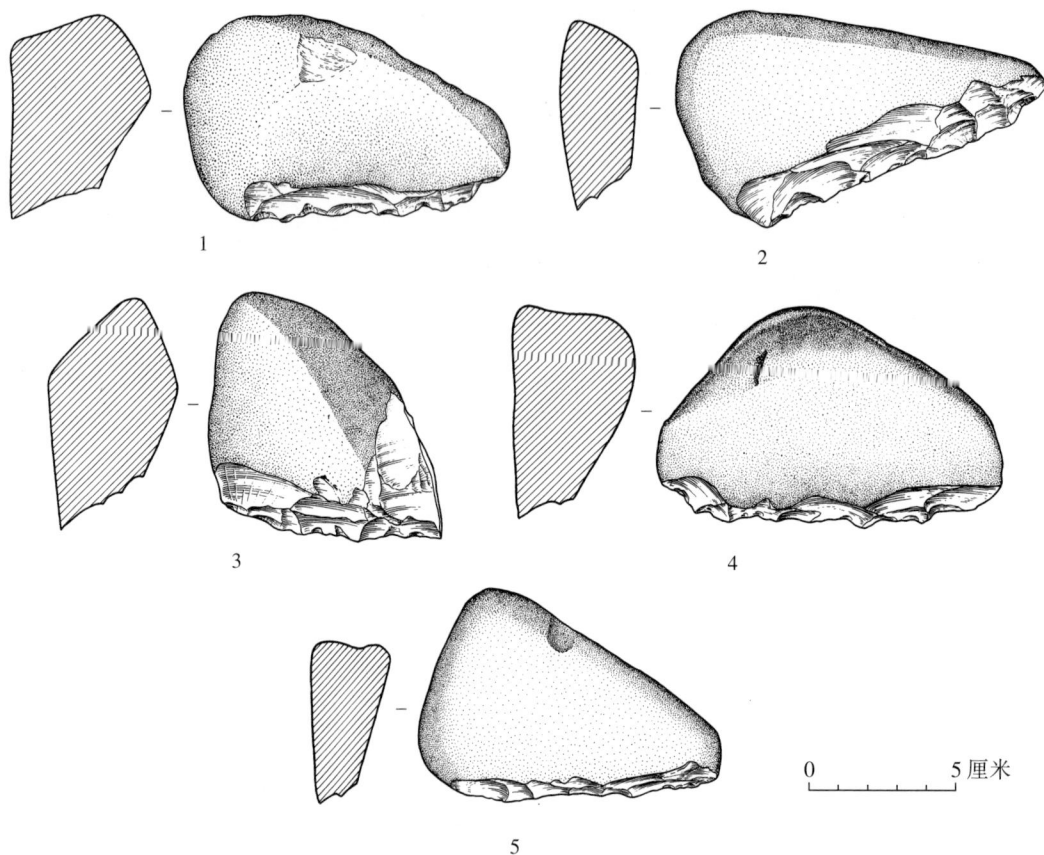

图七九　第四文化层石制品（七）

1～5. AaⅠ型砍砸器（2007GJHT13 ④：10、2007GJHT14 ④：22、2007GJHT15 ④：20、2007GJHT15 ④：32、2007GJHT15 ④：58）

一面较平，一面凸起。加工简单，沿砾石薄的一端单面打片，形成一道直刃。片疤浅，刃面斜缓，刃缘斜直且锋利。器身大部分保留砾面。长 11.83、宽 7.17、厚 4.31 厘米，重 405 克（图七九，4）。

标本 2007GJHT15 ④：58，原料为浅灰色砂岩砾石。平面近三角形。器身较扁平。加工简单，沿砾石的一侧单面打片，形成一道直刃。片疤较小，刃面狭长陡直，刃缘较直钝，刃缘背面有细小的崩疤。器身大部分保留砾面。长 10.33、宽 7.00、厚 2.83 厘米，重 238 克（图七九，5；彩版二一，3）。

AaⅢ型　4 件。

标本 2007GJHT7 ④：7，原料为青灰色辉绿岩砾石。平面近长方形，器体厚重，一侧稍厚，另一侧稍薄。加工简单，沿砾石较薄的一侧单面连续打片，形成一道近直刃。片疤浅宽，片疤面较平，刃面斜缓，刃缘较直且锋利，有锯齿状的崩口。器身大部分保留砾面。长 11.25、宽 8.13、厚 4.75 厘米，重 600 克（图八○，1）。

标本 2007GJHT13 ④：11，原料为灰色辉绿岩砾石。平面近长方形，背面较平，一侧稍厚，另一侧稍薄。加工简单，沿砾石的一侧单面打片，形成一道直刃。片疤不大，浅平，多次打击，片疤层叠，呈台阶状。刃面较陡，刃缘较直。器身大部分保留砾面。长 10.12、宽 5.63、厚 4.63 厘米，

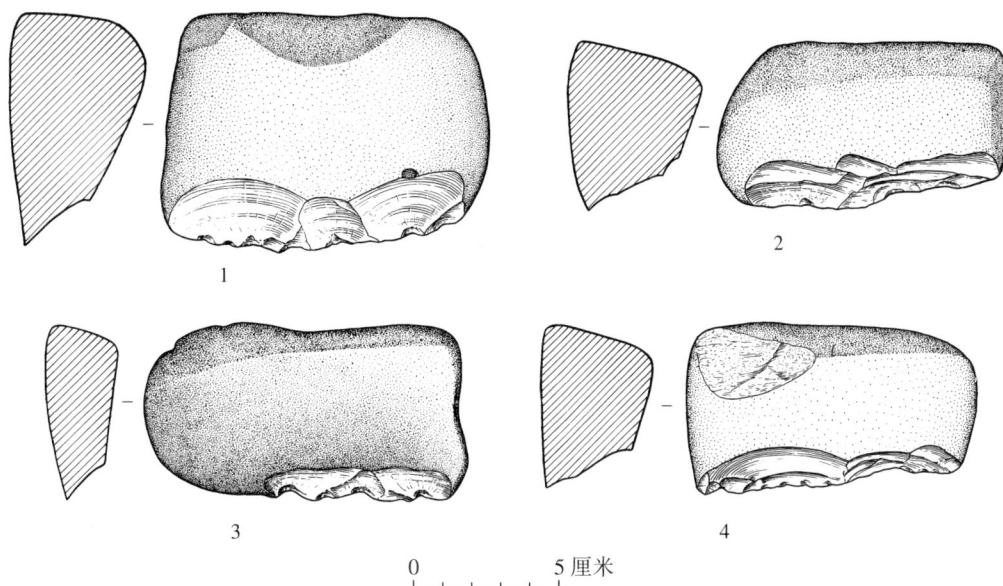

图八〇　第四文化层石制品（八）

1～4. Aa Ⅲ型砍砸器（2007GJHT7 ④：7、2007GJHT13 ④：11、2007GJHT15 ④：18、2007GJHT15 ④：70）

重 370 克（图八〇，2；彩版二一，4）。

标本 2007GJHT15 ④：18，原料为灰色辉绿岩砾石。平面近长方形，器体扁薄，一侧稍厚，另一侧稍薄。一面较平，另一面微弧。加工简单，仅在砾石的一侧单面打片，形成一道直刃。片疤较小，片疤面较窄，打击点较深，刃缘较直且锋利，有锯齿状的崩口。器身大部分保留砾面。长 11.00、宽 6.00、厚 2.50 厘米，重 255 克（图八〇，3）。

标本 2007GJHT15 ④：70，原料为青灰色辉绿岩砾石。平面近长方形。器体扁平。加工简单，沿砾石的一侧单面打片，形成一道直刃。片疤浅平，刃面较陡，刃缘较直且锋利。正面左上角有一阴疤。器身大部分保留砾面。长 10.25、宽 5.75、厚 3.88 厘米，重 339 克（图八〇，4；彩版二一，5）。

Aa Ⅳ型　7 件。

标本 2007GJHT7 ④：20，原料为青灰色辉绿岩砾石。平面呈梯形，一侧稍厚，另一侧稍薄。加工简单，沿砾石的稍薄侧单面连续打片，形成一道直刃。片疤宽大，浅平，部分片疤尾部折断形成陡坎。刃面较宽，较平。刃缘较直，锋利，有锯齿状的崩口。器身大部分保留砾面。长 10.71、宽 5.71、厚 3.67 厘米，重 232 克（图八一，1；彩版二一，6）。

标本 2007GJHT7 ④：37，原料为深灰色辉绿岩砾石。平面呈梯形，一端稍窄厚，另一端稍宽薄。加工简单，沿砾石宽薄的一端单面连续打片，形成一道直刃。片疤较小，刃面较陡。刃缘经过二次修整，较直，锋利，有锯齿状的崩口。器身大部分保留砾面。长 10.00、宽 5.43、厚 3.00 厘米，重 255 克（图八一，2；彩版二一，7）。

标本 2007GJHT14 ④：18，原料为青灰色辉绿岩砾石。平面近梯形，一端大，一端小，器体厚重，双面扁平。加工简单，沿砾石宽的一端单面打片，形成一道直刃。打片少，片疤浅平，片疤面窄

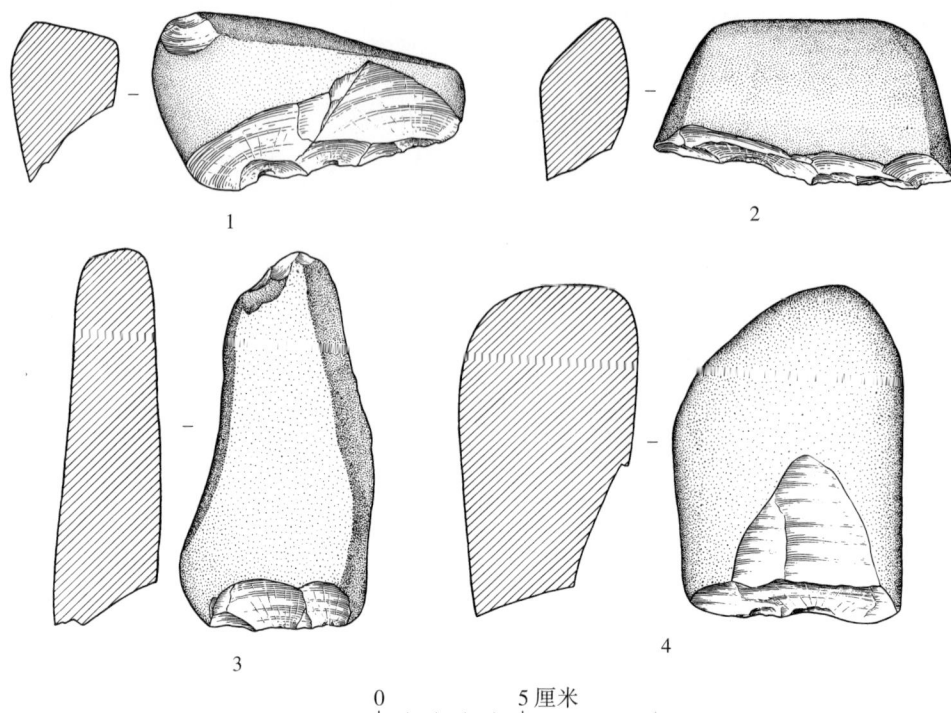

图八一　第四文化层石制品（九）

1～4. Aa Ⅳ型砍砸器（2007GJHT7④：20、2007GJHT7④：37、2007GJHT14④：18、2007GJHT15④：8）

狭。刃面较陡，刃缘钝厚。器身大部分保留砾面。长12.29、宽6.43、厚3.43厘米，重418克（图八一，3）。

标本2007GJHT15④：8，原料为浅灰色辉绿岩砾石。平面近梯形。器体厚重。一侧稍厚，另一侧稍薄。两面均较平。加工简单，沿砾石的较薄侧单面打片，形成一道直刃。片疤较大，刃面较宽，刃缘较直且锋利。器身大部分保留砾面。长11.46、宽8.00、厚6.00厘米，重794克（图八一，4）。

标本2007GJHT15④：52，原料为青灰色辉绿岩砾石。平面近梯形。器体扁平。加工简单，沿砾石的一侧单面打片，形成一道直刃。片疤较小，打击点深凹，中间部分片疤尾部折断形成陡坎。片疤面较陡，刃缘呈锯齿状且较直。器身大部分保留砾面，砾面光滑。长10.29、宽5.86、厚2.75厘米，重258克（图八二，1；彩版二一，8）。

标本2007GJHT15④：59，原料为青灰色辉绿岩砾石。平面近梯形，器体扁薄。加工简单，沿砾石的一侧单面打片，形成一道直刃。片疤较小，刃面较窄平缓。刃缘呈锯齿状，较直，锋利。器身大部分保留砾面。长11.29、宽6.00、厚3.00厘米，重275克（图八二，2）。

标本2007GJHT15④：77，原料为青灰色辉绿岩砾石。平面近梯形，器体扁薄，两侧及正面平整。加工简单，沿砾石的一端单面打片，形成一道直刃。片疤不大且较平，刃面较陡，刃缘较直且锋利。器身大部分保留砾面。长9.00、宽6.71、厚3.14厘米，重267克（图八二，3）。

Aa Ⅴ型　1件。

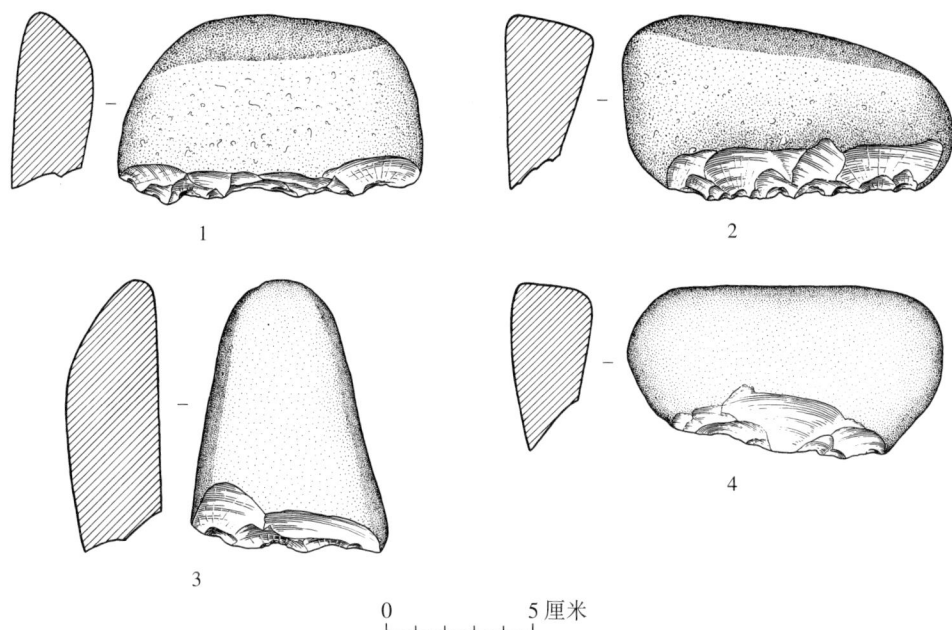

图八二 第四文化层石制品（十）

1~3. Aa Ⅳ型砍砸器（2007GJHT15 ④：52、2007GJHT15 ④：59、2007GJHT15 ④：77） 4. Aa Ⅴ型砍砸器（2007GJHT14 ④：30）

标本 2007GJHT14 ④：30，原料为灰色辉绿岩砾石。平面呈长椭圆形。加工简单，沿砾石的一侧单面打片，形成一道直刃。片疤较少且较小，片疤面狭窄，刃缘较平且锋利。器身大部分保留砾面，砾面光滑。长 10.71、宽 5.71、厚 2.71 厘米，重 260 克（图八二，4；彩版二二，1）。

Aa Ⅵ型 1件。

标本 2007GJHT13 ④：5，原料为青褐色辉绿岩砾石。平面近半圆形，器体扁薄。加工简单，沿砾石的一侧单面打片，形成一道直刃。片疤较小，刃面较窄陡。刃缘较长直且锋利，有锯齿状崩口。器身大部分保留砾面。长 11.57、宽 6.57、厚 2.29 厘米，重 280 克（图八三，1；彩版二二，2）。

Aa Ⅶ型 3件。

标本 2007GJHT7 ④：9，原料为灰色辉绿岩砾石。平面近长条形，一侧稍厚，另一侧稍薄。加工简单，沿砾石的稍薄侧单面打片，形成一道直刃。片疤较少且较宽大。刃缘平直且锋利，有锯齿状崩口。器身大部分保留砾面。长 12.00、宽 6.00、厚 3.57 厘米，重 372 克（图八三，2；彩版二二，3）。

标本 2007GJHT7 ④：18，原料为深灰色辉绿岩砾石。平面呈长条形，一侧稍厚，另一侧稍薄。加工简单，沿砾石的稍薄侧单面连续打片，形成一道直刃。片疤较小，片疤面窄，刃面较陡。刃缘较直且锋利，有锯齿状的崩口。器身大部分保留砾面。长 11.71、宽 5.29、厚 3.14 厘米，重 255 克（图八三，3）。

标本 2007GJHT14 ④：26，原料为灰色辉绿岩砾石。平面呈长条形，横截面呈梯形，一侧稍厚，另一侧稍薄。加工简单，沿砾石的一侧单面打片，形成一道直刃。片疤较宽大，浅平。刃面

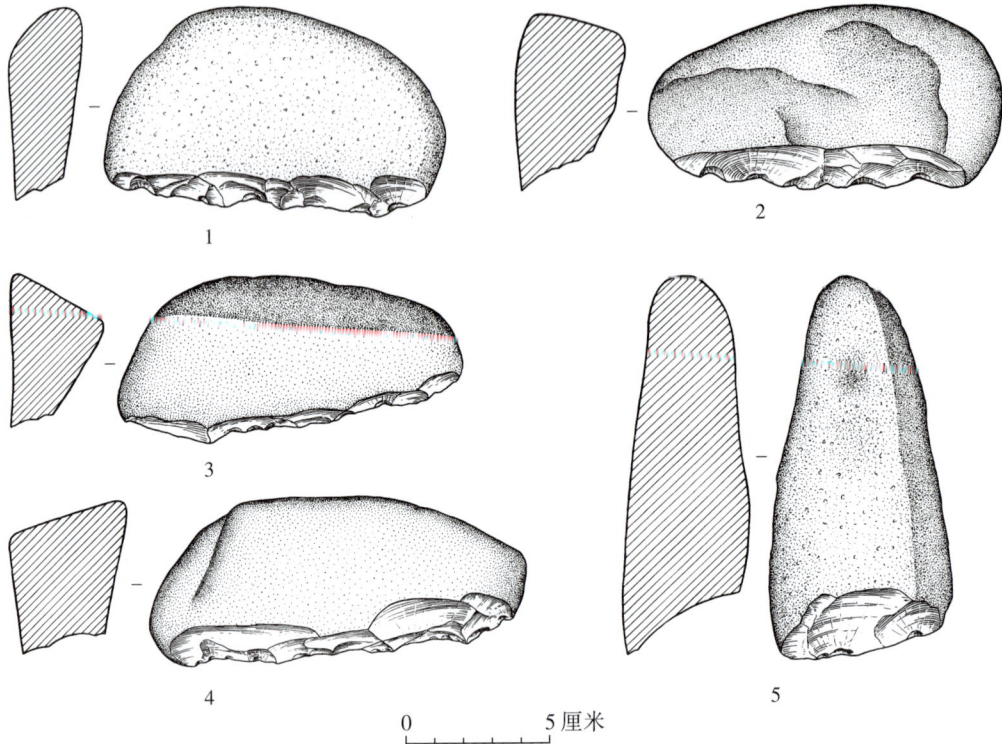

图八三　第四文化层石制品（十一）

1. Aa Ⅵ型砍砸器（2007GJHT13④：5）　　2～4. Aa Ⅶ型砍砸器（2007GJHT7④：9、2007GJHT7④：18、2007GJHT14④：26）

5. Aa Ⅷ型砍砸器（2007GJHT14④：17）

较陡。刃缘较直且锋利，经过二次修整，可见较多的细小崩疤。器身大部分保留砾面，砾面光滑。长 13.00、宽 5.34、厚 3.85 厘米，重 382 克（图八三，4；彩版二二，4）。

Aa Ⅷ型　1件。

标本 2007GJHT14④：17，原料为青灰色辉绿岩砾石。器体呈锥形，厚重，一端大，另一端小，平面呈近三角形。加工简单，沿宽的一端单面打片，形成一道直刃。片疤宽大，刃面较陡，刃缘较直且圆钝。器身大部分保留砾面，砾面光滑。长 12.75、宽 6.00、厚 4.14 厘米，重 440 克（图八三，5；彩版二二，5）。

Aa Ⅸ型　12件。

标本 2007GJHT7④：2，原料为青灰色硅质岩砾石石片。平面形状不规则，器体扁薄。石片的正背面留有原来剥片留下的大量疤痕。加工简单，在石片的一侧略加修整，形成一道较直的刃缘。长 8.71、宽 5.14、厚 1.14 厘米，重 67 克（图八四，1；彩版二二，6）。

标本 2007GJHT7④：11，原料为灰色辉绿岩砾石。平面形状不规则，器体厚重。加工简单，沿砾石的一侧单面打片，形成一道直刃。仅有两块较大的浅宽片疤，打击点深凹，刃缘经多次修整，较直且锋利。左侧背面有加工的片疤面，弃用后磨蚀严重，片疤间的棱线被磨圆。器身大部分保留砾石面。长 11.28、宽 7.86、厚 4.14 厘米，重 502 克（图八四，2）。

标本 2007GJHT13④：8，原料为青灰色辉绿岩砾石。平面形状不规则。加工简单，沿砾石

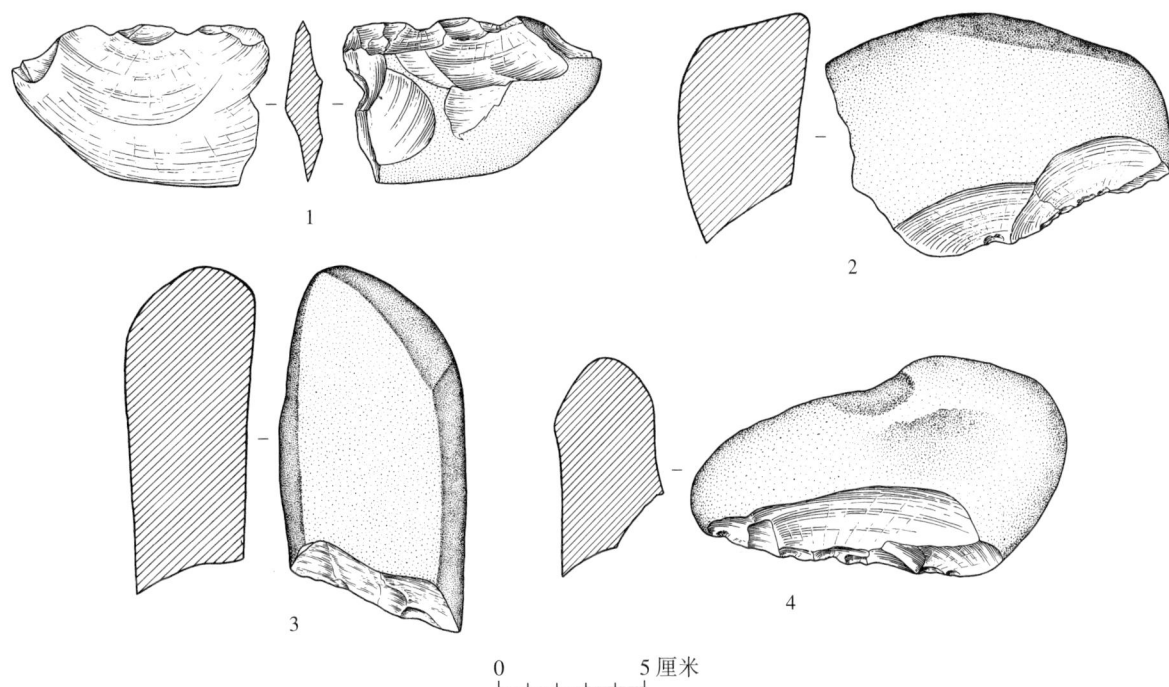

图八四 第四文化层石制品（十二）

1～4. Aa Ⅸ型砍砸器（2007GJHT7④：2、2007GJHT7④：11、2007GJHT13④：8、2007GJHT13④：9）

的一端单面打片，形成一道直刃。片疤较小且浅平，刃面陡直，刃缘较直。器身大部分保留砾面。长12.57、宽6.29、厚4.57厘米，重502克（图八四，3）。

标本2007GJHT13④：9，原料为灰色硅质岩砾石。平面形状不规则，一端大，一端小。沿一侧单面打片，形成一道直刃。片疤较大，刃面较宽且平缓。刃缘经过二次修整，较直，呈锯齿状，可见细小的崩疤。器身大部分保留砾面。长12.86、宽7.14、厚3.43厘米，重392克（图八四，4；彩版二二，7）。

标本2007GJHT14④：12，原料为灰黄色砂岩砾石。平面形状不规则，两面较平。加工简单，沿砾石的一侧单面打片，形成一道直刃。打击点深凹，片疤较宽大，刃面陡直，刃缘较直。刃面右侧为一近乎垂直的破裂面。器身大部分保留砾面，砾面光滑。长12.10、宽6.57、厚3.43厘米，重323克（图八五，1；彩版二二，8）。

标本2007GJHT14④：27，原料为灰色硅质岩砾石。平面形状不规则，器体厚重，两面均较扁平。加工简单，沿砾石的一侧单面打片，形成一道直刃。片疤较小，刃面较陡。刃缘经过二次修整，较直且锋利，呈锯齿状。刃部背面有震落的细小崩疤。器身大部分保留砾面，砾面光滑。长12.00、宽6.57、厚3.29厘米，重432克（图八五，2）。

标本2007GJHT15④：11，原料为灰色辉绿岩砾石。平面形状不规则，一面较平，另一面凸起。加工简单，沿砾石的一侧由凸起面向较平面单面打片，形成一道直刃。仅打出两大块片疤，其中一个片疤较平缓，另外一个片疤较陡。刃缘较直，锋利，有锯齿状崩口。器身大部分保留砾面，砾面粗糙。长12.29、宽8.00、厚2.86厘米，重378.6克（图八五，3）。

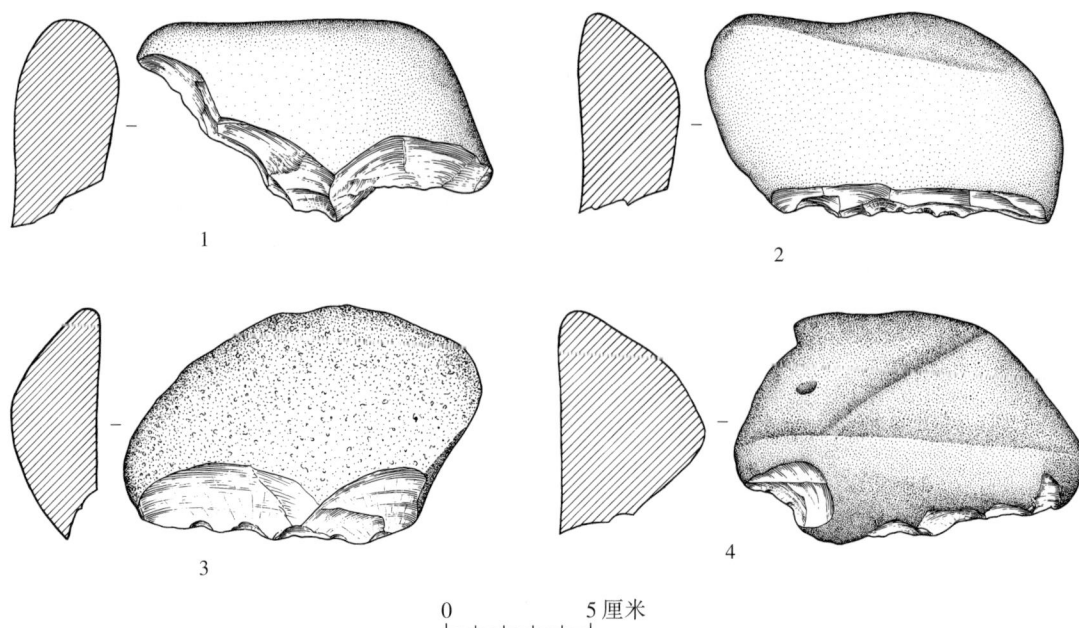

图八五　第四文化层石制品（十三）

1~4. Aa Ⅸ型砍砸器（2007GJHT14 ④：12、2007GJHT14 ④：27、2007GJHT15 ④：11、2007GJHT15 ④：28）

　　标本 2007GJHT15 ④：28，原料为灰色辉绿岩砾石。平面形状不规则。器体厚重，一面较平，另一面凸起。加工简单，沿砾石的一侧由较平的一面向凸起面单面打片，形成一道直刃。打击点深凹，片疤较小，刃面较陡，刃缘较直。左端背面沿节理线震落一大块，形成"V"字形凹面，凹口处进行过细的加工。器身大部分保留砾面。长 11.71、宽 7.57、厚 4.86 厘米，重 567 克（图八五，4）。

　　标本 2007GJHT15 ④：34，原料为青灰色辉绿岩砾石。平面形状不规则，一侧稍厚，另一侧稍薄，一面较平，另一面凸起。加工简单，沿砾石的一侧单面打片，形成一道直刃。片疤浅小，刃面斜缓，刃缘较直且锋利。器身大部分保留砾面。长 10.29、宽 6.29、厚 2.86 厘米，重 258 克（图八六，1）。

　　标本 2007GJHT15 ④：50，原料为深紫红色砂岩砾石。平面形状不规则，一侧稍厚，另一侧稍薄。稍厚侧有一平整的断裂面。加工简单，沿砾石的稍薄侧单面打片，形成一道直刃。片疤深凹，刃面较宽缓。刃缘经过二次修整，较直且锋利，有较多的崩疤。器身大部分保留砾面，砾面光滑。长 11.29、宽 5.57、厚 4.29 厘米，重 257 克（图八六，2）。

　　标本 2007GJHT15 ④：71，原料为灰黄色硅质岩砾石。平面形状不规则，两面均微弧，一侧稍厚，另一侧稍薄。加工简单，沿砾石的一侧角单面打片，形成一道直刃。片疤浅平，刃面较陡，刃缘较直且锋利。器身大部分保留砾面。长 9.29、宽 7.29、厚 3.57 厘米，重 321 克（图八六，3）。

　　标本 2007GJHT15 ④：79，原料为青灰色辉绿岩砾石。平面形状不规则。一面弧凸，另一面较平。加工简单，沿砾石的一端单面打片，形成一道直刃。片疤较小，刃面较陡，刃缘较直且锋利。背面刃部有许多细小而浅的崩疤，应是使用时留下的。器身大部分保留砾面。长 8.71、宽 8.43、厚 2.86 厘米，重 302 克（图八六，4）。

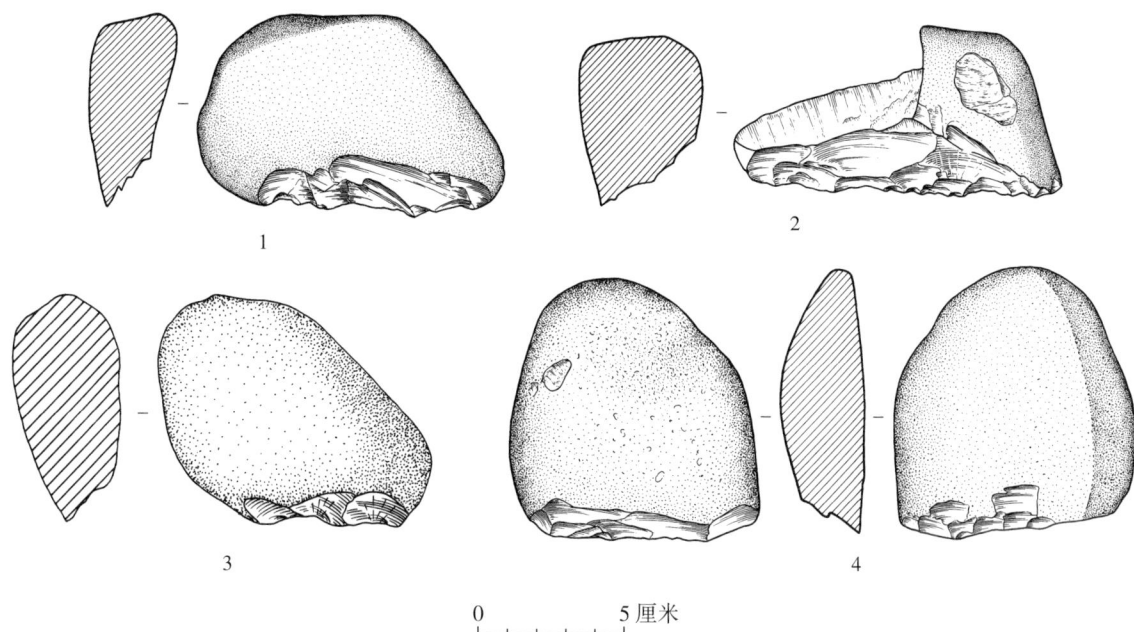

图八六 第四文化层石制品（十四）

1~4. Aa Ⅸ型砍砸器（2007GJHT15④：34、2007GJHT15④：50、2007GJHT15④：71、2007GJHT15④：79）

Ab型 25件。分别属于AbⅠ、AbⅡ、AbⅢ、AbⅣ、AbⅤ、AbⅥ、AbⅦ、AbⅧ次亚型。

AbⅠ型 5件。

标本2007GJHT7④：27，原料为深灰色辉绿岩砾石。平面近三角形，器体厚重。加工简单，沿一侧近角处开始剥片，形成一道弧凸刃。片疤沿砾石的节理线崩落，破裂面较平。刃面较宽缓，刃缘弧凸且锋利，有较小的崩疤。器身大部分保留砾面。长10.42、宽6.57、厚5.43厘米，重407克（图八七，1；彩版二三，1）。

标本2007GJHT14④：49，原料为青灰色辉绿岩砾石。平面近三角形。加工简单，沿砾石一端打片，形成一道凸刃。片疤浅小，刃缘微凸，刃缘的背部有细小的崩疤。器身及把端大部分保留砾面，砾面光滑。长12.73、宽8.36、厚2.36厘米，重289克（图八七，2）。

标本2007GJHT15④：9，原料为浅灰色辉绿岩砾石。平面近三角形，两面均较平。加工简单，沿砾石的一侧单面打片，形成一道弧凸刃。片疤较大，刃面较宽，刃缘外弧且锋利。器身大部分保留砾面。长9.45、宽9.27、厚3.82厘米，重374克（图八七，3；彩版二三，2）。

标本2007GJHT15④：10，原料为青灰色辉绿岩砾石。平面近三角形。一侧稍厚，另一侧稍薄。一面较平，另一面弧凸。加工简单，沿砾石的较薄侧单面打片，形成一道弧刃。片疤小且浅，刃面较宽较陡。刃缘外弧锋利，可见细小的崩疤。器身大部分保留砾面。长10.25、宽6.00、厚3.00厘米，重280克（图八七，4；彩版二三，3）。

标本2007GJHT15④：45，原料为青灰色辉绿岩砾石。平面呈钝角三角形。一面平整，另一面微凸起。一侧稍厚，另一侧稍薄。加工简单，沿砾石一侧单面打片，形成一道弧凸刃。片疤浅小，刃面较陡，刃缘凸出且锋利。器身大部分保留砾面。长9.43、宽5.43、厚2.43厘米，重181克（图

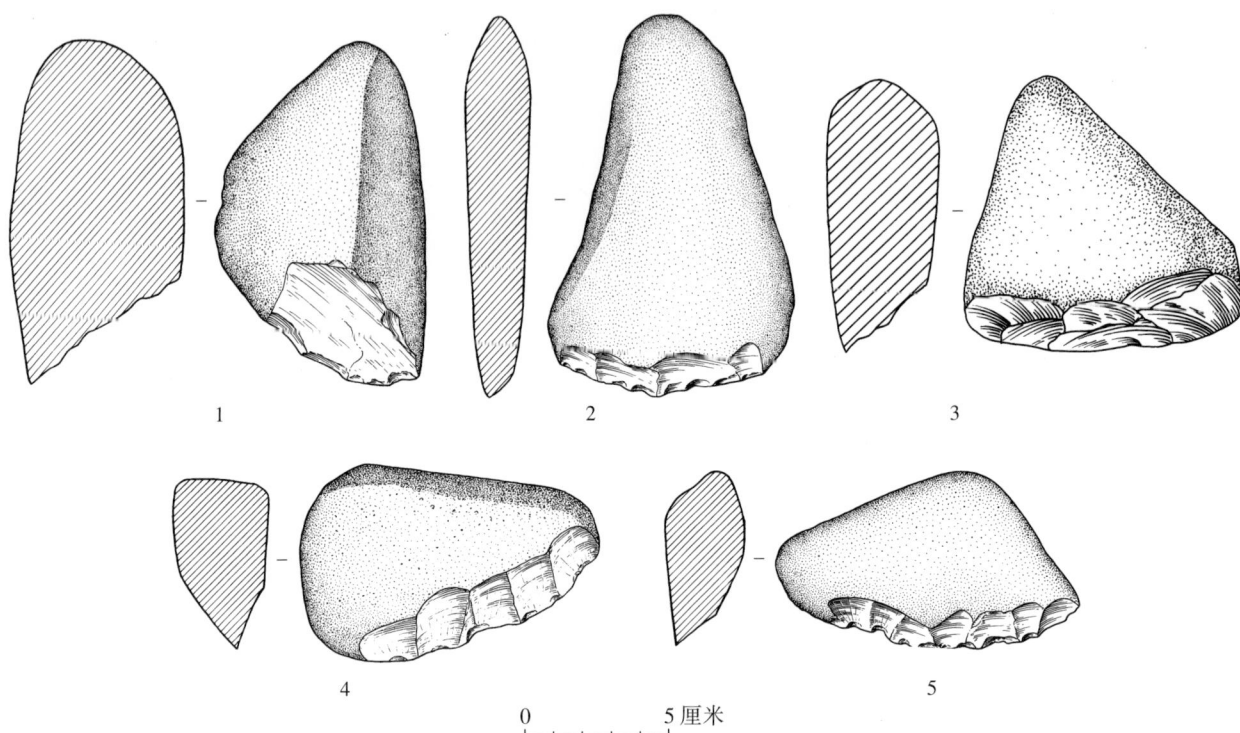

图八七　第四文化层石制品（十五）

1～5. Ab Ⅰ型砍砸器（2007GJHT7④：27、2007GJHT14④：49、2007GJHT15④：9、2007GJHT15④：10、2007GJHT15④：45）

八七，5）。

　　Ab Ⅱ型　2件。

　　标本2007GJHT14④：24，原料为灰褐色辉绿岩砾石。平面近长方形，器体较扁平。加工简单，沿砾石的一侧单面打片，形成一道弧凸刃。片疤浅平，刃面较陡，刃缘凸出且锋利。与刃缘相对的一侧为整齐的截断面。器身大部分保留砾石面。长9.85、宽5.69、厚2.15厘米，重320克（图八八，1）。

　　标本2007GJHT15④：44，原料为青灰色硅质岩砾石，石质坚硬。平面近长方形。两面弧凸。加工简单，沿砾石的一侧单面打片，形成一道凸刃。仅打出两大块片疤，片疤均沿节理线断裂，尾部折断与砾面形成陡坎。刃面较宽，较缓。刃缘微凸且锋利，有细小的崩疤。器身大部分保留砾面，砾面光滑。长9.69、宽6.62、厚4.00厘米，重323克（图八八，2；彩版二三，4）。

　　Ab Ⅲ型　4件，择其中3件介绍。

　　标本2007GJHT14④：8，原料为灰色石灰岩石块。平面呈梯形，器体扁薄。直接将宽的一端作刃使用，没有经过加工，刃部正背两面有使用后留下的崩疤，刃缘微凸锋利。器身大部分保留砾面，砾面光滑。长9.85、宽9.23、厚1.28厘米，重188克（图八八，3）。

　　标本2007GJHT14④：16，原料为青灰色辉绿岩砾石。平面近梯形，器体厚重，一面较平，另一面微凸。加工简单，沿砾石的一侧单面打片，形成一道弧凸刃。打击点深凹，片疤较宽大，刃面陡直。刃缘微凸，呈锯齿状。器身一侧为平整的截断面。器身大部分保留砾石面，砾面光滑。

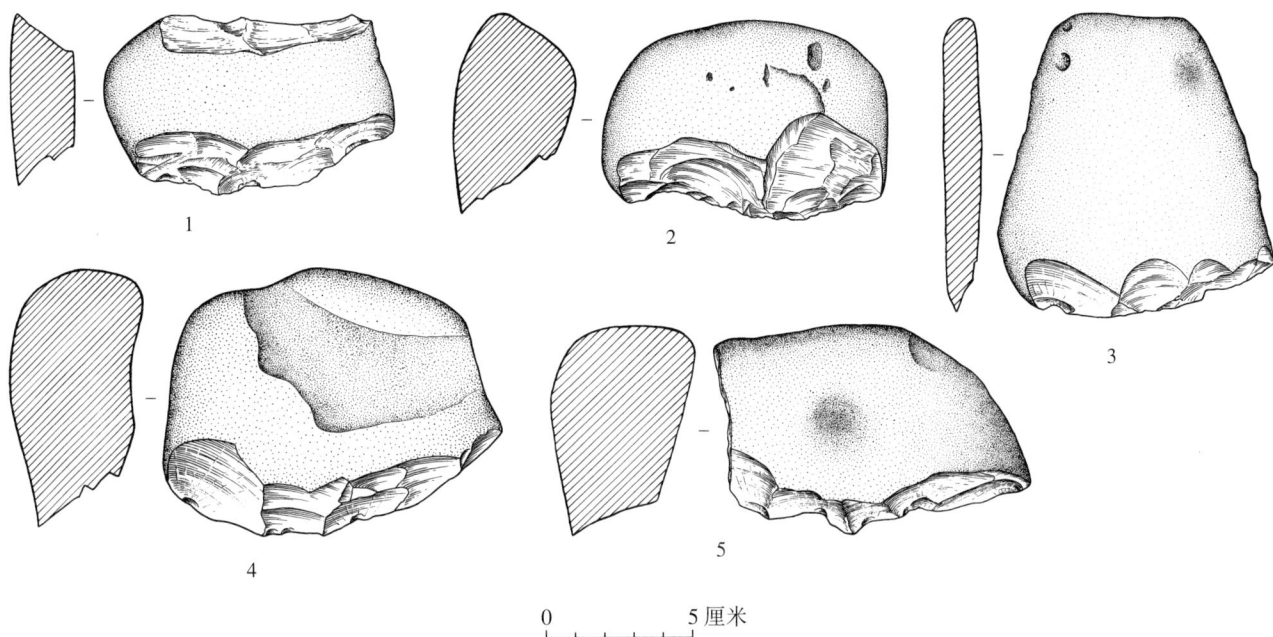

图八八 第四文化层石制品（十六）

1、2. Ab Ⅱ型砍砸器（2007GJHT14 ④：24、2007GJHT15 ④：44） 3 ~ 5. Ab Ⅲ型砍砸器（2007GJHT14 ④：8、
2007GJHT15 ④：39、2007GJHT14 ④：16）

长 10.77、宽 6.92、厚 4.77 厘米，重 499 克（图八八，5；彩版二三，5）。

标本 2007GJHT15 ④：39，原料为灰黄、灰黑相间的硅质岩砾石。平面近梯形，器体厚重，一侧稍厚，另一侧稍薄。一面较平，另一面内凹。加工简单，沿砾石的一侧单面打片，形成一道弧凸刃。片疤大多深凹，单个疤面较光滑，刃面较陡，刃缘微凸且锋利。器身大部分保留砾面，砾面光滑。长 11.38、宽 8.62、厚 4.00 厘米，重 572 克（图八八，4；彩版二三，6）。

Ab Ⅳ型 1件。

标本 2007GJHT14 ④：21，原料为灰色石灰岩石块。平面呈五边形，器体宽大，厚重，器身扁平，一端稍厚，另一端稍薄。将薄的一端直接作刃使用，刃部正背面均有使用后留下的崩疤。刃缘凸出且锋利。使用片疤浅平，刃缘部位崩疤细小。其余周边均为截断面。长 16.00、宽 14.67、厚 2.17 厘米，重 899 克（图八九，1；彩版二三，7）。

Ab Ⅴ型 4件。

标本 2007GJHT13 ④：13，原料为青灰色辉绿岩砾石。平面近椭圆形，器体厚重，一侧稍厚，另一侧稍薄。加工简单，沿砾石的一侧单面打片，形成一道弧凸刃。片疤宽大深凹，片疤面陡直，刃面较宽。刃缘凸出且锋利，可见锯齿状崩口。器身大部分保留砾面。长 11.00、宽 6.50、厚 4.67 厘米，重 445 克（图八九，2；彩版二四，1）。

标本 2007GJHT14 ④：14，原料为青灰色辉绿岩砾石。平面近椭圆形，器体厚重，一面较平，另一面微凸。加工简单，沿砾石的一端单面打片，形成一道弧凸刃。片疤较少，先打出一块宽大近椭圆形的片疤，形成较缓的刃面，然后在刃缘进行二次加工，刃缘弧凸、锋利，可见二次加工

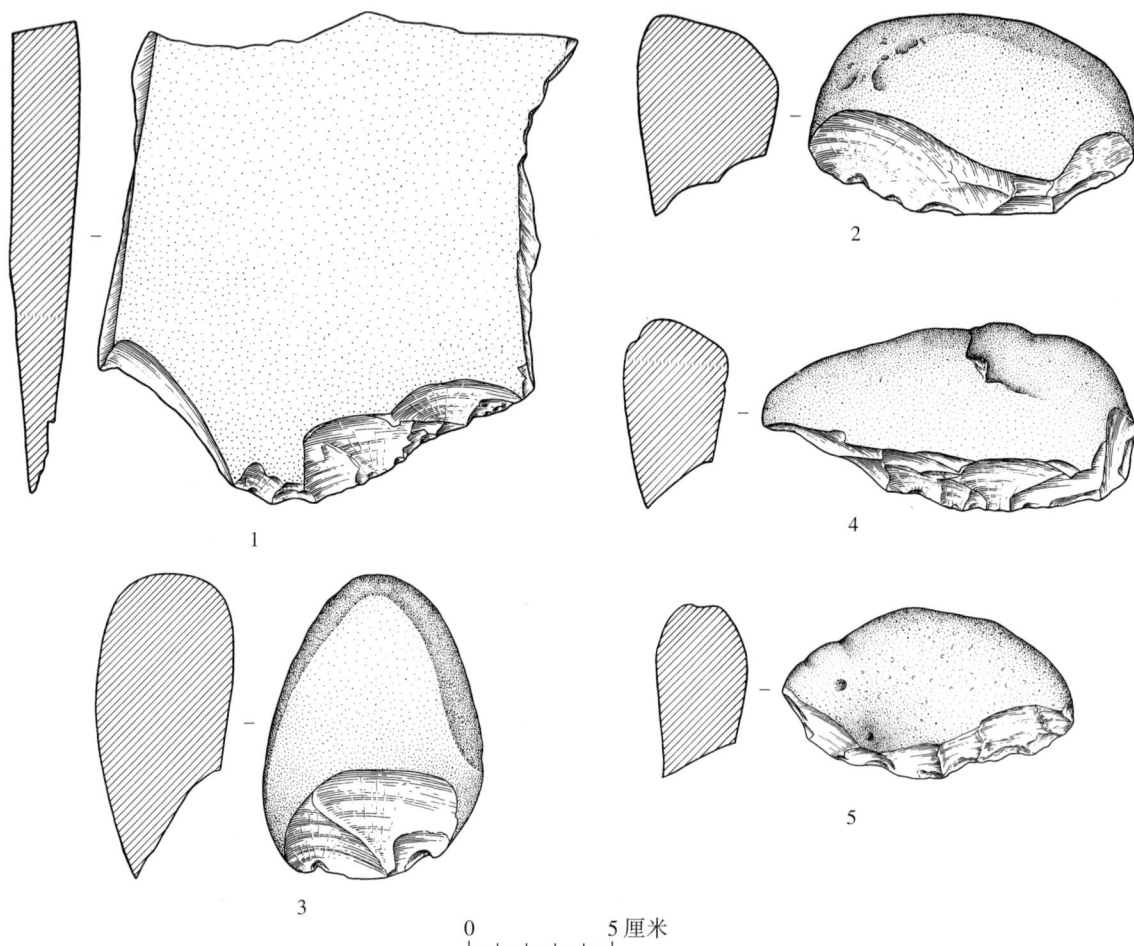

图八九　第四文化层石制品（十七）

1. Ab Ⅳ型砍砸器（2007GJHT14 ④：21）　2～5. Ab Ⅴ型砍砸器（2007GJHT13 ④：13、2007GJHT14 ④：14、
2007GJHT15 ④：19、2007GJHT15 ④：26）

形成的片疤。器身大部分保留砾石面。长10.00、宽7.33、厚4.67厘米，重472克（图八九，3）。

标本2007GJHT15 ④：19，原料为青灰色辉绿岩砾石。平面近椭圆形，一侧稍厚，另一侧稍薄。加工简单，沿砾石的一侧单面打片，形成一道弧凸刃。片疤较浅，刃面较陡，刃面左侧片疤沿节理线断开，形成"V"字形凹口，刃缘外凸。器身大部分保留砾面。长12.67、宽6.17、厚3.50厘米，重364克（图八九，4）。

标本2007GJHT15 ④：26，原料为浅灰色辉绿岩砾石。平面近椭圆形，一面较平，另一面凸起，一侧稍厚，另一侧稍薄。加工简单，沿砾石的一侧单面打片，形成一道弧凸刃。片疤不大，刃面较陡。刃缘凸起，呈锯齿状。器身大部分保留砾面。长9.83、宽5.50、厚3.00厘米，重233克（图八九，5；彩版二四，2）。

Ab Ⅵ型　1件。

标本2007GJHT15 ④：27，原料为灰色辉绿岩砾石。平面近半圆形，一面较平，另一面凸起，一侧稍薄，另一侧稍厚。加工简单，沿砾石薄的一侧单面打片，形成一道凸刃。片疤较宽大，个别片疤深凹，刃面较陡直。刃缘较直且锋利，有锯齿状崩口。器身大部分保留砾面。长 10.29、宽 5.86、厚 4.71 厘米，重 359 克（图九〇，1；彩版二四，3）。

Ab Ⅶ型　3件。

标本 2007GJHT7 ④：10，原料为灰色辉绿岩砾石。平面呈长条形，正面平整，背面呈弓背状，器体厚重。加工简单，沿砾石的一端单面连续打片，形成一道弧凸刃。片疤浅小，片疤面较光滑，刃面斜缓。刃缘凸起且锋利。器身大部分保留砾面。长 11.86、宽 6.71、厚 4.14 厘米，重 410 克（图九〇，4）。

标本 2007GJHT7 ④：31，原料为灰色石灰岩石块。平面呈长条形，一侧稍厚，另一侧稍薄。加工简单，沿砾石的稍薄侧单面连续打片，形成一道凸刃。片疤较小，片疤面窄，打击点深凹，刃面较陡。刃缘较长且略凸起，锋利，有锯齿状的崩口。器身大部分保留石块原面。长 14.43、宽 5.43、厚 3.71 厘米，重 319 克（图九〇，3）。

标本 2007GJHT15 ④：30，青灰色辉绿岩砾石。平面呈长条形，一侧稍厚，另一侧稍薄，一面较平，另一面凸起。加工简单，沿砾石薄的一侧单面打片，形成一道弧凸刃。片疤浅平，刃面较平缓。刃缘较直且锋利。器身大部分保留砾面。长 9.57、宽 5.57、厚 2.86 厘米，重 200 克（图九〇，2；彩版二四，4）。

Ab Ⅷ型　5件。

标本 2007GJHT7 ④：6，原料为青灰色辉绿岩砾石。平面形状不规则，器体厚重，一侧稍厚，另一侧稍薄。加工简单，沿砾石较薄的一侧单面打片，形成一道弧刃。片疤少，刃面较陡直，

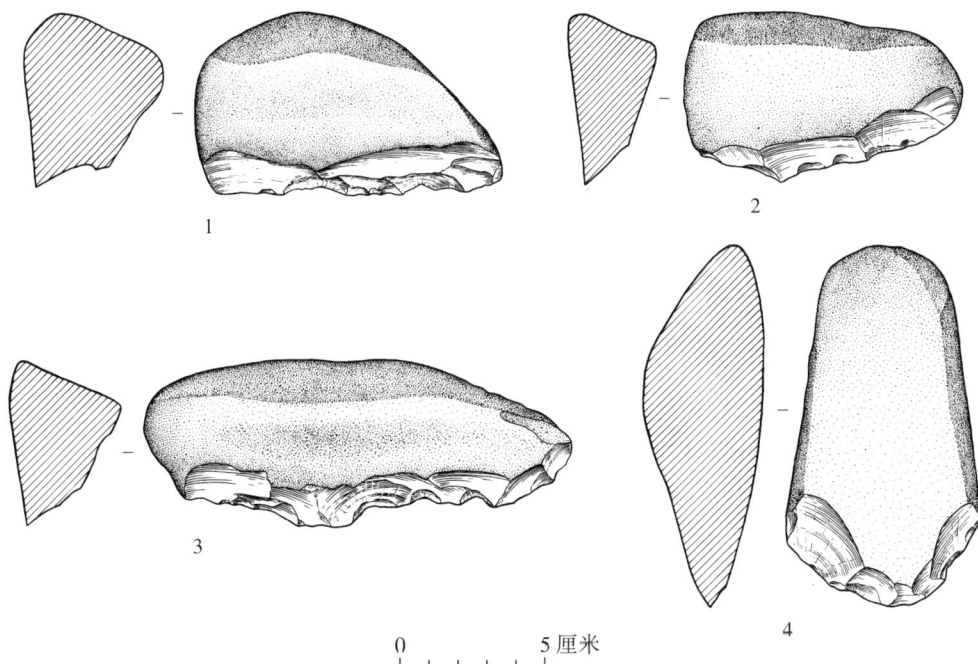

0　　　　5厘米

图九〇　第四文化层石制品（十八）

1. Ab Ⅵ型砍砸器（2007GJHT15 ④：27）　　2～4. Ab Ⅶ型砍砸器（2007GJHT15 ④：30、2007GJHT7 ④：31、2007GJHT7 ④：10）

刃缘凸起。器身大部分保留砾面。长 9.71、宽 7.14、厚 6.36 厘米，重 541 克（图九一，1；彩版二四，5）。

标本 2007GJHT7 ④：15，原料为浅灰色辉绿岩砾石。平面形状不规则，器体厚重，一侧稍厚，另一侧稍薄。加工简单，沿砾石的稍薄侧单面连续打片，形成一道弧刃。片疤浅宽，刃面平缓。刃缘微凸且锋利，有锯齿状的崩口。靠近稍厚侧的一面有一较大的片疤面。器身大部分保留砾面。长 12.57、宽 6.29、厚 3.43 厘米，重 384 克（图九一，3）。

标本 2007GJHT7 ④：21，原料为深灰色辉绿岩砾石。平面形状不规则，一侧稍厚，另一侧稍薄。加工简单，沿砾石的稍薄侧单面连续打片，形成一道弧凸刃。片疤较宽大，刃面较平缓，刃缘微凸且锋利。器身大部分保留砾面。长 10.43、宽 6.00、厚 4.29 厘米，重 373 克（图九一，4；彩版二四，6）。

标本 2007GJHT15 ④：14，原料为青灰色辉绿岩砾石。平面形状不规则。沿砾石的一侧单面打片，形成一道弧凸刃。经过两次或两次以上加工，打击点深凹，最初加工出的片疤较平缓，其后加工的片疤较陡。刃面较宽且陡。刃缘外弧，有锯齿状的崩口。器身大部分保留砾面。长 10.00、宽 5.57、厚 4.29 厘米，重 363 克（图九一，2）。

标本 2007GJHT15 ④：37，原料为浅紫色辉绿岩砾石。平面形状不规则，器体较厚重，一

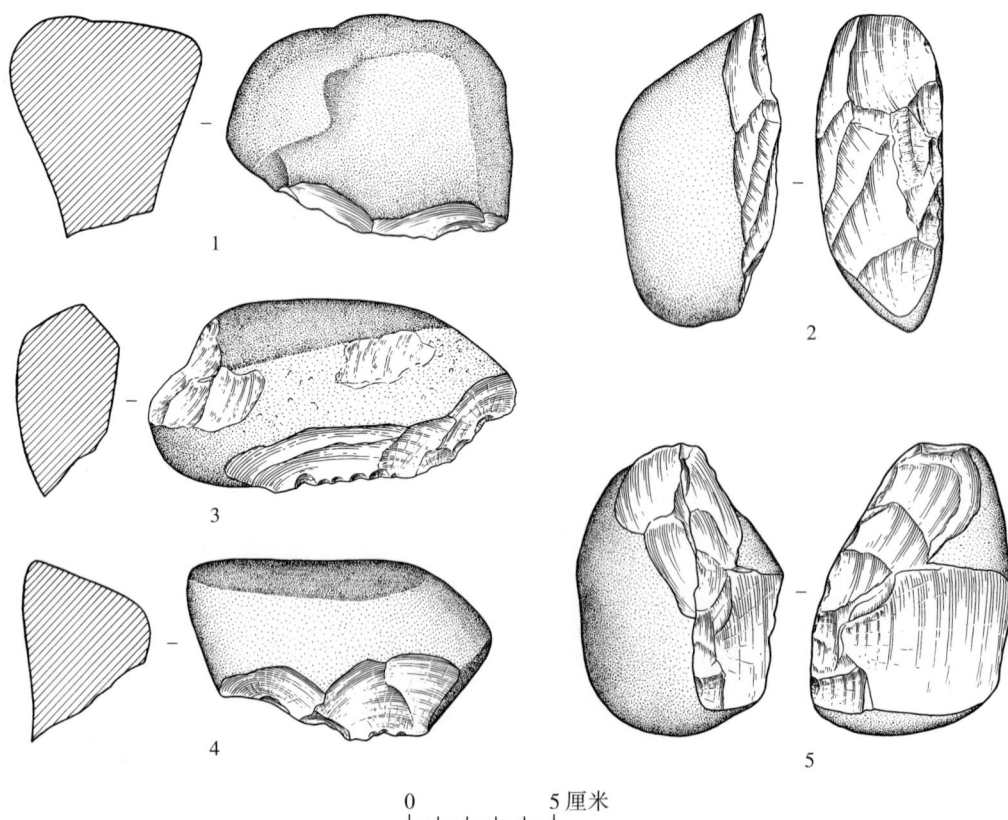

0　　　　　　5 厘米

图九一　第四文化层石制品（十九）

1 ～ 5. Ab Ⅷ型砍砸器（2007GJHT7 ④：6、2007GJHT15 ④：14、2007GJHT7 ④：15、2007GJHT7 ④：21、2007GJHT15 ④：37）

面较平，另一面凸起。加工简单，沿砾石的一侧双面打片，形成一道弧凸刃。一面片疤宽大，另一面片疤浅平，刃面较陡。刃缘凸出且较钝。器身大部分保留砾面。长 9.57、宽 7.00 厘米，重 465 克（图九一，5）。

Ac 型　8 件。分别属于 Ac Ⅰ、Ac Ⅱ、Ac Ⅲ、Ac Ⅳ、Ac Ⅴ次亚型。

Ac Ⅰ型　4 件。

标本 2007GJHT13 ④：4，原料为青灰色辉绿岩砾石。平面近长三角形，一侧稍厚，另一侧稍薄。加工简单，沿三角形长边单面打片，形成一道凹刃。一边片疤较平缓，另一边片疤较陡峭且破碎，刃面较陡。刃缘较长，略内凹，锋利。器身大部分保留砾面。长 14.13、宽 6.00、厚 3.87 厘米，重 419 克（图九二，1；彩版二四，7）。

标本 2007GJHT14 ④：31，原料为红褐色辉绿岩砾石。平面呈三角形。加工简单，沿砾石的一边单面打片，形成一道凹刃。片疤少，中间片疤较宽大，两侧片疤较小，刃缘略凹且锋利。器身大部分保留砾面。长 10.67、宽 6.67、厚 4.13 厘米，重 312 克（图九二，3）。

标本 2007GJHT15 ④：24，原料为浅灰色辉绿岩砾石。平面近三角形，一侧稍厚，另一侧稍薄。加工简单，沿砾石较长的一边单面打片，形成一道凹刃。片疤较小，刃面较窄陡。刃缘内凹，呈锯齿状。器身大部分保留砾面。长 10.53、宽 6.00、厚 4.00 厘米，重 263 克（图九二，2；彩版二四，8）。

标本 2007GJHT15 ④：47，原料为青灰色辉绿岩砾石。平面呈钝角三角形，一面平整，另一面微凸起。加工简单，沿砾石钝角所对的一侧单面打片，形成一道凹刃。片疤较小且破碎，片疤面较陡，刃缘微内凹且锋利。器身大部分保留砾面，砾面光滑。长 10.00、宽 6.27、厚 3.07 厘米，重 262 克（图九二，4）。

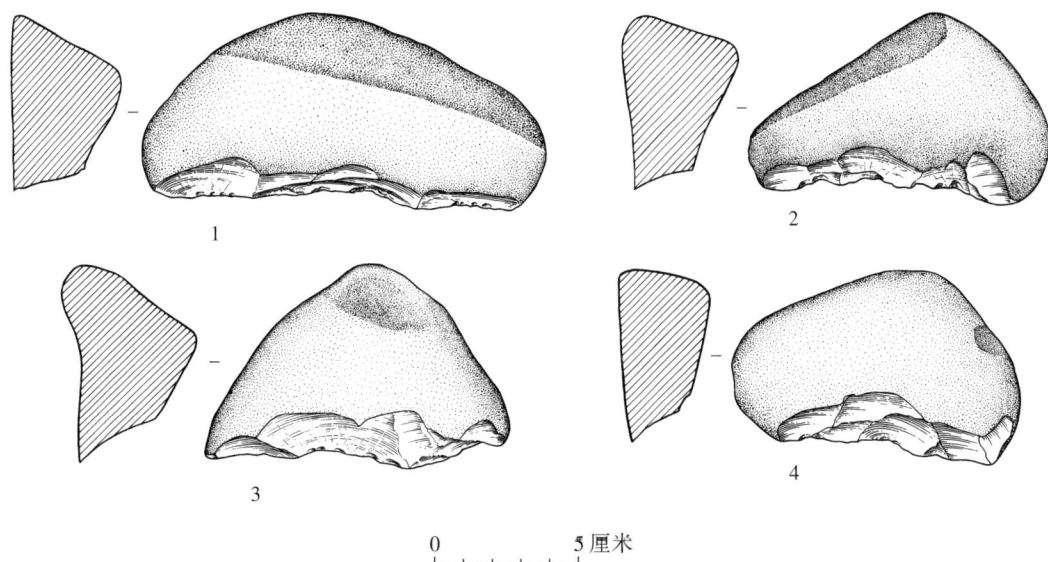

0　　　　　5厘米

图九二　第四文化层石制品（二十）

1～4. Ac Ⅰ型砍砸器（2007GJHT13 ④：4、2007GJHT15 ④：24、2007GJHT14 ④：31、2007GJHT15 ④：47）

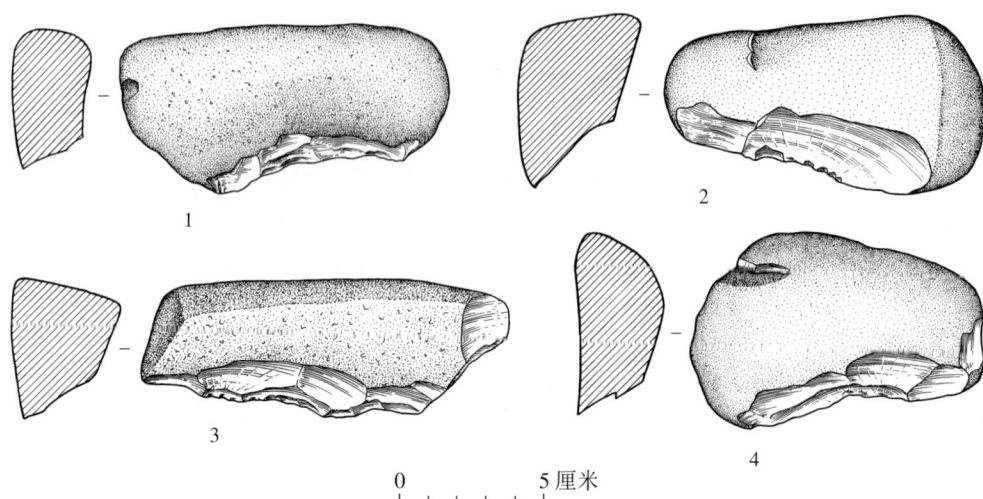

图九三　第四文化层石制品（二十一）

1. Ac Ⅱ型砍砸器（2007GJHT14 ④：29）　　2. Ac Ⅲ型砍砸器（2007GJHT15 ④：69）　　3. Ac Ⅳ型砍砸器（2007GJHT15 ④：81）
4. Ac Ⅴ型砍砸器（2007GJHT15 ④：42）

Ac Ⅱ型　1件。

标本 2007GJHT14 ④：29，原料为灰色辉绿岩砾石。平面近长方形，器体扁薄。加工简单，沿砾石的一侧单面打片，形成一道凹刃。片疤细小，片疤面狭窄，刃面较陡。刃缘微内凹且钝厚，背面有个别震落的小崩疤。器身大部分保留砾面。长 11.53、宽 5.53、厚 3.18 厘米，重 249 克（图九三，1；彩版二五，1）。

Ac Ⅲ型　1件。

标本 2007GJHT15 ④：69，原料为青灰色辉绿岩砾石。平面近椭圆形，一面较弧凸，另一面较直。加工简单，沿砾石的一侧单面打片，形成一道微凹刃。片疤宽大且深凹，刃面较宽陡。刃缘微凹且锋利，有细小的崩疤。器身大部分保留砾面。长 11.41、宽 6.93、厚 4.40 厘米，重 329 克（图九三，2；彩版二五，2）。

Ac Ⅳ型　1件。

标本 2007GJHT15 ④：81，原料为灰色辉绿岩砾石。平面呈长条形，一侧稍厚，另一侧稍薄，一面微弧凸，另一面较平。加工简单，沿砾石的一侧单面打片，形成一道凹刃。片疤较小，打击点宽，刃面较陡。刃缘微凸且较钝，可见较多细小崩疤。器身大部分保留砾面。长 12.94、宽 4.70、厚 3.76 厘米，重 307 克（图九三，3；彩版二五，3）。

Ac Ⅴ型　1件。

标本 2007GJHT15 ④：42，原料为青灰色辉绿岩砾石。平面形状不规则，一侧稍厚，另一侧稍薄，一面较平，另一面稍弧凸。加工简单，沿砾石的一侧单面打片，形成一道凹刃。片疤浅平，刃面较陡直。刃缘微内凹且锋利，刃部背面有使用后留下的细小崩疤。器身大部分保留砾面，砾面光滑。长 10.35、宽 6.59、厚 2.70 厘米，重 246 克（图九三，4；彩版二五，4）。

B型　3件。分别属于 Ba、Bc 亚型。

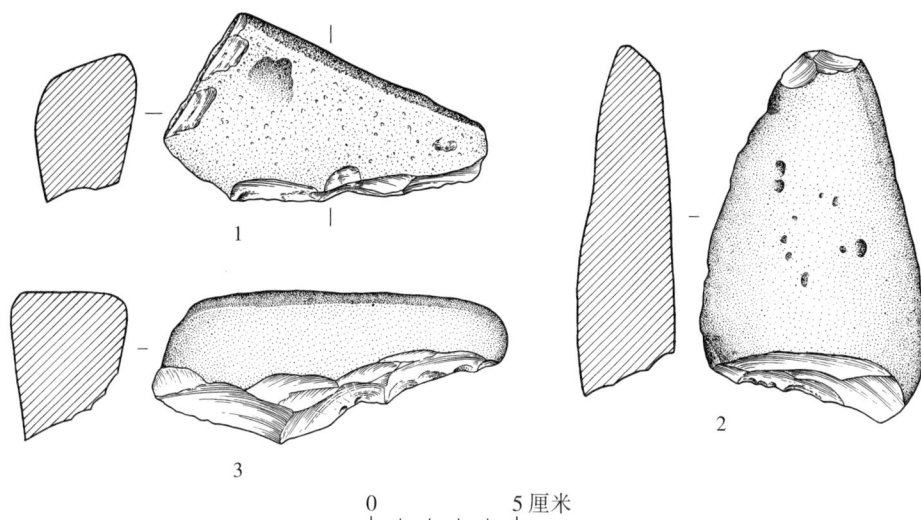

图九四　第四文化层石制品（二十二）

1. Ba 型砍砸器（2007GJHT15④：75）　　2. BcⅠ型砍砸器（2007GJHT7④：28）　　3. BcⅡ型砍砸器（2007GJHT14④：34）

Ba 型　1 件。

标本 2007GJHT15④：75，原料为灰色辉绿岩砾石。平面近梯形。器体扁薄。加工简单，沿砾石的一端及一侧单面打片，形成两道直刃。片疤破碎，刃面较陡，刃缘较直。器身大部分保留砾面，砾面粗糙。长 11.29、宽 6.35、厚 3.29 厘米，重 261 克（图九四，1；彩版二五，5）。

Bc 型　2 件。分别属于 BcⅠ、BcⅡ次亚型。

BcⅠ型　1 件。

标本 2007GJHT7④：28，原料为灰色辉绿岩砾石。平面近梯形，器体扁平，一端稍宽，另一端稍窄。加工简单，沿砾石的两端剥片，形成两道刃。上端为弧凸刃，片疤较小，打击面窄，刃面较窄，刃缘钝厚；下端为凹刃，片疤宽大，刃面较陡，经过二次修整，具有两个层次的片疤面，刃缘微凹且锋利。器身大部分保留砾面。长 12.47、宽 7.89、厚 3.14 厘米，重 365 克（图九四，2；彩版二五，6）。

BcⅡ型　1 件。

标本 2007GJHT14④：34，原料为灰色硅质岩砾石。平面形状不规则，器体两面扁平，一侧稍厚，另一侧稍薄。加工简单，沿砾石的一侧和一端单面打片，形成一凹一直双刃。打击点深凹，片疤宽大，刃面陡峭，一侧刃缘较陡直，另一侧刃缘略内凹且锋利。器身大部分保留砾面，砾面光滑。长 12.35、宽 5.18、厚 4.12 厘米，重 285 克（图九四，3；彩版二五，7）。

刮削器

共 104 件。原料包括砾石和石块。其中砾石 101 件，石块 3 件。岩性有辉绿岩、硅质岩、石英、石灰岩和砂岩五种，其中辉绿岩 72 件，石英 16 件，石灰岩 3 件，硅质岩 8 件，玄武岩 1 件，砂岩 4 件。加工方法仅见锤击法一种。单面加工，背面通常为自然砾面。加工时通常由较平面向凸起面进行打击。加工部位集中于器身一端、一侧、两侧或三边，其中以在一端或一侧加工居多。

加工较为简单，多数标本的加工仅限于边缘部分。片疤大小不均，多浅平。加工面多由一层或两层片疤组成。把端多不加修理，保留自然砾面。大部分标本的刃缘有不同程度的修整，多不见使用痕迹。刃部数量不同，有单刃、双刃、三刃三种，其中单刃90件，双刃12件，三刃2件。大多刃面较陡。器身形状有三角形、四边形、方形、长方形、梯形、五边形、椭圆形、半圆形、长条形和不规则形十种。其中三角形20件，四边形和五边形各1件，梯形24件，方形4件，长方形和椭圆形9件，半圆形5件，长条形2件，不规则形29件。分别属于A、B、C型。

A型　90件。分别属于Aa、Ab、Ac亚型。

Aa型　43件。分别属于Aa I 、Aa IV、Aa V、Aa VI、Aa VII、Aa VIII、Aa IX、Aa X次亚型。

Aa I 型　7件。

标本2007GJHT13④：2，原料为褐色硅质岩砾石。平面近三角形，器体扁薄。加工简单，沿砾石的一侧单面打片，形成一道直刃。刃面大部分片疤宽大，打击点深凹，一小部分片疤破碎。刃缘呈锯齿状，较锋利，有细小的崩疤。器身大部分保留砾面，砾面光滑。长9.43、宽8.14、厚3.29厘米，重287克（图九五，1；彩版二六，1）。

标本2007GJHT13④：16，原料为灰黄色石英砾石。平面近三角形，器体扁薄轻巧。加工简单，沿砾石的一边单面打片，形成一道直刃。片疤较小，片疤面较窄，刃面不宽，刃缘较直

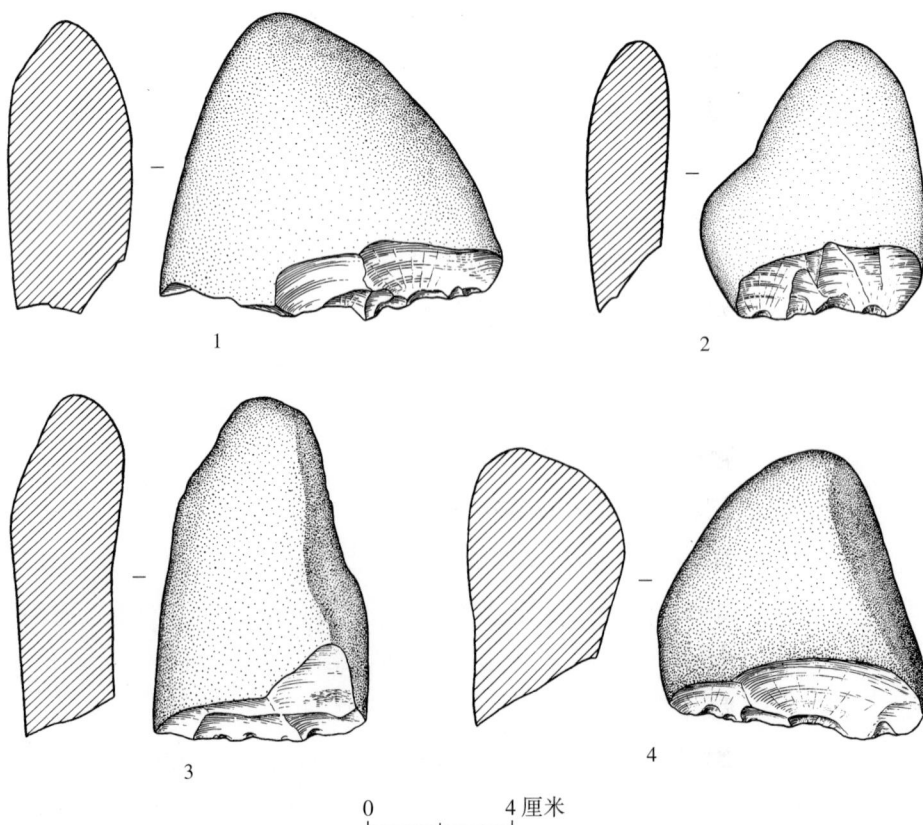

图九五　第四文化层石制品（二十三）

1～4. Aa I 型刮削器（2007GJHT13④：2、2007GJHT13④：16、2007GJHT14④：36、2007GJHT15④：15）

且锋利，刃部有细小的崩疤。器身大部分保留砾面。长 7.50、宽 6.25、厚 2.25 厘米，重 12 克（图九五，2）。

标本 2007GJHT14 ④：36，原料为青灰色辉绿岩砾石。平面近三角形。加工简单，沿砾石的一端单面打片，形成一条较平整的刃缘。片疤小，片疤面陡峭，刃缘锋利。器身大部分保留砾面。长 9.29、宽 5.86、厚 2.86 厘米，重 218 克（图九五，3）。

标本 2007GJHT15 ④：15，原料为灰色辉绿岩砾石。平面近三角形，一侧稍厚，另一侧稍薄，一面较平，另一面弧凸。加工简单，沿砾石的一端单面打片，形成一道直刃。片疤较宽大，刃面较缓，刃部夹角较小。刃缘较直且锋利，有锯齿状崩口。器身大部分保留砾面。长 7.43、宽 7.29、厚 4.29 厘米，重 278 克（图九五，4；彩版二六，2）。

标本 2007GJHT15 ④：33，原料为青灰色辉绿岩砾石。平面近三角形，器体扁薄。加工简单，沿砾石的一侧单面打片，形成一道直刃。片疤较大，刃面较宽较缓，刃缘较直且锋利。器身大部分保留砾面。长 10.40、宽 5.68、厚 2.56 厘米，重 207 克（图九六，1）。

标本 2007GJHT15 ④：55，原料为青灰色辉绿岩砾石。平面近三角形，器体较厚，两面较平。加工简单，沿砾石的一端单面打片，形成一道直刃。片疤浅平，刃面陡直。刃缘钝厚，可见二次修整时留下的小崩疤。器身大部分保留砾面。长 6.44、宽 6.22、厚 4.78 厘米，重 315 克（图九六，2；彩版二六，3）。

标本 2007GJHT15 ④：90，原料为灰色辉绿岩砾石。平面近三角形，一侧稍厚，一侧稍薄。加工简单，沿砾石的一侧单面打片，形成一道近直刃。片疤较大，刃面较陡，刃缘近直。一侧破裂，形成近乎垂直的破裂面。器身大部分保留砾面。长 5.78、宽 3.80、厚 2.00 厘米，重 90 克（图九六，3）。

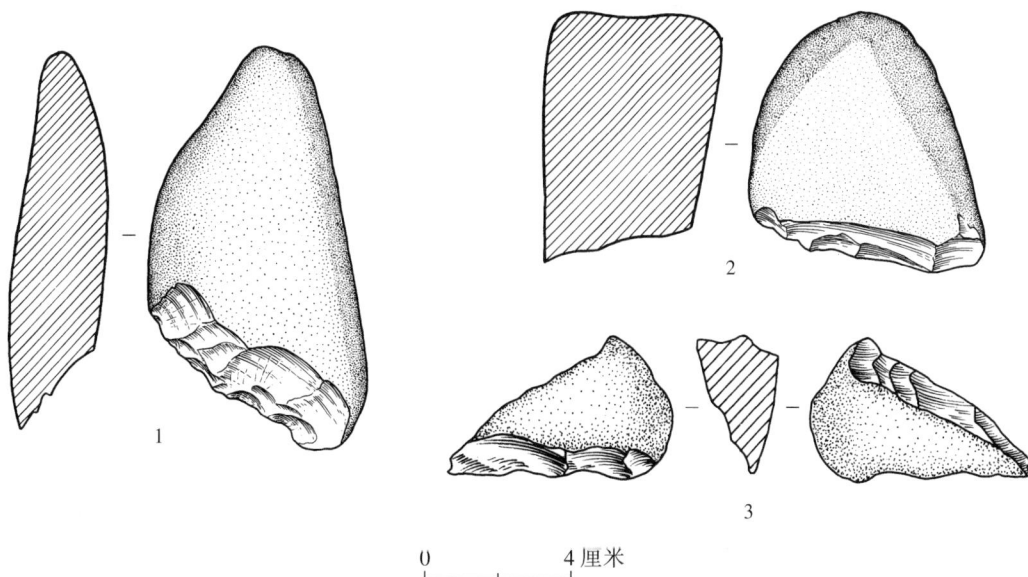

0　　　　　　4厘米

图九六　第四文化层石制品（二十四）

1 ～ 3. Aa I 型刮削器（2007GJHT15 ④：33、2007GJHT15 ④：55、2007GJHT15 ④：90）

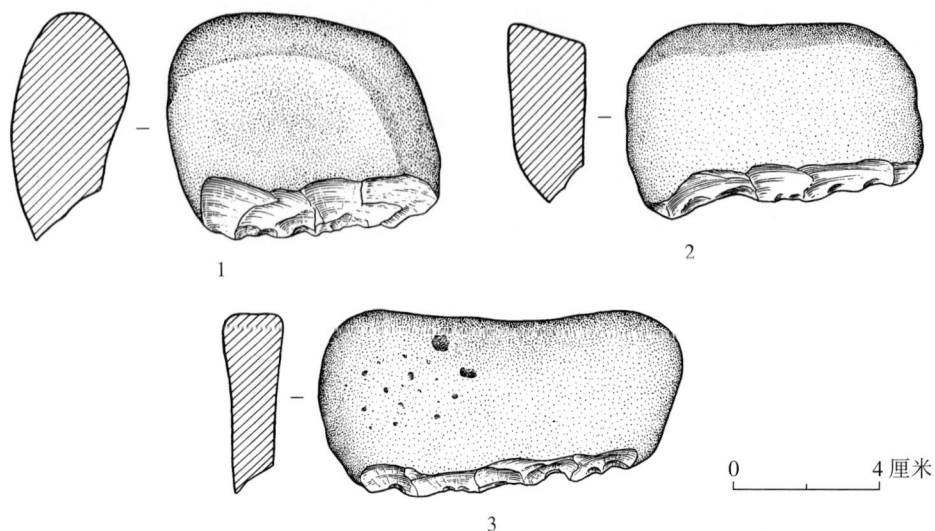

图九七　第四文化层石制品（二十五）

1~3. Aa Ⅳ型刮削器（2007GJHT7 ④：24、2007GJHT7 ④：26、2007GJHT14 ④：39）

Aa Ⅳ型　6 件。

标本 2007GJHT7 ④：24，原料为深灰色辉绿岩砾石。平面近长方形，一侧稍厚，另一侧稍薄。加工简单，沿砾石的稍薄侧单面连续打片，形成一道直刃。片疤浅小，刃面较窄。刃缘较直且锋利，有细小的崩疤。器身大部分保留砾面。长 7.27、宽 5.90、厚 3.00 厘米，重 199 克（图九七，1；彩版二六，4）。

标本 2007GJHT7 ④：26，原料为浅灰色辉绿岩砾石。平面近长方形，器体扁薄。加工简单，沿砾石的一侧单面连续打片，形成一道直刃。片疤小，打击点较深，刃面较窄。刃缘较直且锋利，有锯齿状的崩口。器身大部分保留砾面。长 8.00、宽 5.29、厚 2.14 厘米，重 124 克（图九七，2）。

标本 2007GJHT14 ④：39，原料为青灰色辉绿岩砾石。平面近长方形，器体扁薄轻巧。加工简单，沿砾石的一侧单面打片，形成一道直刃。片疤细小，片疤面窄，刃面较陡。刃缘较直，呈锯齿状，锋利。器身大部分保留砾面，砾面光滑。长 9.82、宽 4.82、厚 1.64 厘米，重 119 克（图九七，3；彩版二六，5）。

标本 2007GJHT15 ④：41，原料为青灰色辉绿岩砾石。平面呈长方形，一面较平，另一面稍弧凸。加工简单，沿砾石的一端单面打片，形成一道直刃。仅打出两块浅平的片疤，刃面较陡直。刃缘微凸，刃部背面有使用后留下的细小崩疤。器身大部分保留砾面。长 7.27、宽 5.46、厚 3.90 厘米，重 280 克（图九八，1）。

标本 2007GJHT15 ④：56，原料为青灰色辉绿岩砾石。青灰色，平面近长方形，一面较平，另一面微凸。加工简单，沿砾石的一侧单面打片，形成一道直刃。片疤浅宽，刃面较陡。刃缘较直，有二次修整时留下的小崩疤。器身大部分保留砾面。长 8.27、宽 3.90、厚 3.36 厘米，重 174 克（图九八，2）。

标本 2007GJHT15 ④：87，原料为灰黄色硅质岩砾石。平面近长方形，一侧稍厚，另一侧稍薄。

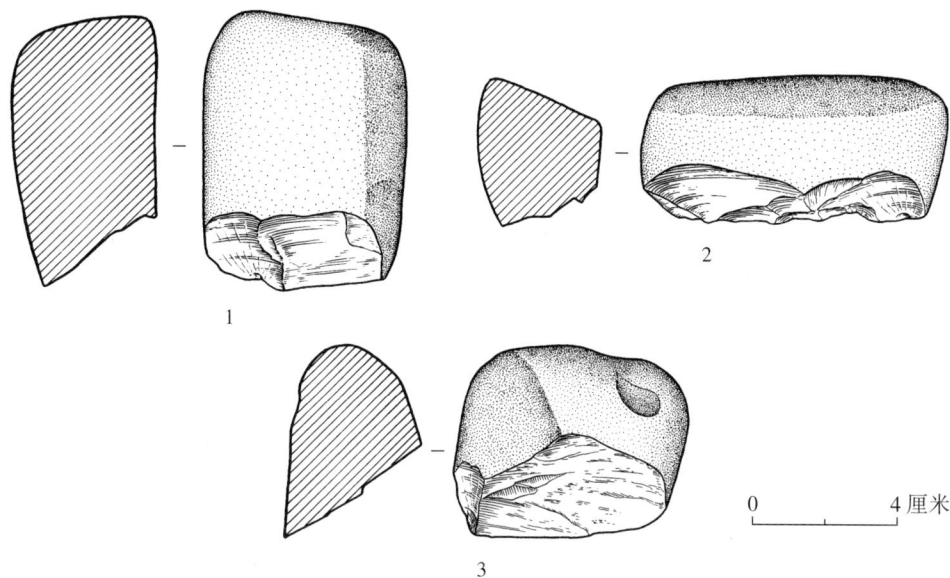

图九八　第四文化层石制品（二十六）

1～3. Aa Ⅳ型刮削器（2007GJHT15 ④：41、2007GJHT15 ④：56、2007GJHT15 ④：87）

加工简单，沿砾石的一侧单面打片，形成一道近直刃。刃面仅有一大块片疤，刃面较陡。刃缘近直，左侧有一个近三角形的浅小片疤。器身大部分保留砾面。长 6.40、宽 5.06、厚 3.60 厘米，重 146 克（图九八，3；彩版二六，6）。

Aa Ⅴ型　10 件。

标本 2007GJHT7 ④：5，原料为青灰色辉绿岩砾石。平面近梯形，一侧稍厚，另一侧稍薄。加工简单，沿薄的一侧单面连续打片，形成一道较直的刃缘。片疤较小，片疤面窄，刃缘锋利。器身大部分保留砾面。长 10.25、宽 4.50、厚 3.00 厘米，重 169 克（图九九，1；彩版二六，7）。

标本 2007GJHT7 ④：13，原料为灰色辉绿岩砾石。平面近梯形，一侧稍厚，另一侧稍薄。加工简单，沿砾石稍薄的一侧单面打片，形成一道直刃，一角有一浅平的椭圆形崩疤。片疤较深，较宽。刃缘较窄且锋利，有锯齿状的崩口。器身大部分保留砾面。长 8.75、宽 6.50、厚 4.63 厘米，重 262 克（图九九，2）。

标本 2007GJHT7 ④：30，原料为深灰色辉绿岩砾石。平面近梯形，器体厚重，一面较平，另一面较尖凸，一侧稍厚，另一侧稍薄。加工简单，沿砾石的稍薄侧单面连续打片，形成一道直刃。片疤较小，片疤面较陡，刃面较陡窄。刃缘较直且锋利，有锯齿状的崩口。器身大部分保留砾面。长 9.75、宽 6.25、厚 4.88 厘米，重 358 克（图九九，3；彩版二六，8）。

标本 2007GJHT7 ④：33，原料为深灰色辉绿岩砾石。平面近梯形，器体较薄，一侧稍厚，另一侧稍薄。加工简单，沿砾石的稍薄侧单面连续打片，形成一道直刃。片疤较小，刃面较陡，刃缘较直。器身一侧为平整的截断面。器身大部分保留砾面。长 6.63、宽 4.13、厚 3.13 厘米，重 109 克（图九九，4）。

标本 2007GJHT14 ④：1，原料为紫红色硅质岩砾石。平面近梯形，一侧厚，另一侧稍薄。

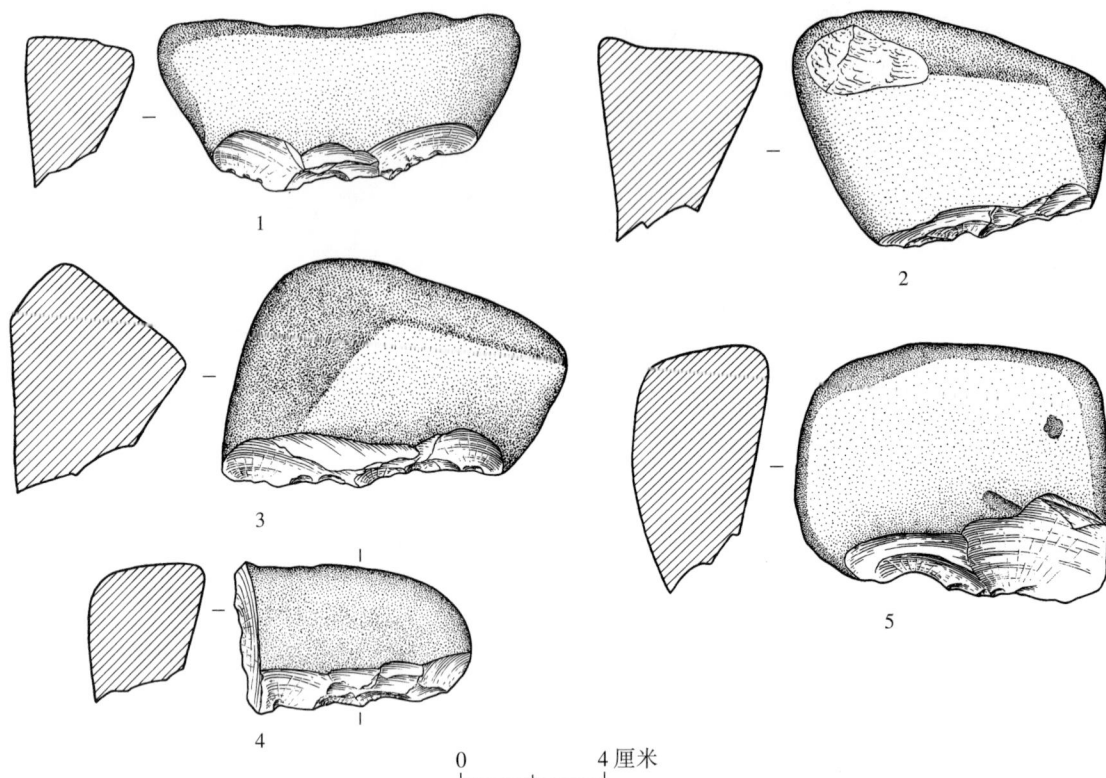

图九九　第四文化层石制品（二十七）

1~5. Aa V型刮削器（2007GJHT7④：5、2007GJHT7④：13、2007GJHT7④：30、2007GJHT7④：33、2007GJHT14④：1）

加工简单，沿砾石薄的一侧单面打片，形成一道直刃。仅两处浅宽的片疤，打击点深凹，刃面较窄且平缓，刃缘较直且锋利。器身大部分保留砾面，砾面光滑。长8.88、宽6.88、厚3.63厘米，重325克（图九九，5；彩版二七，1）。

标本2007GJHT14④：23，原料为青灰色硅质岩砾石。平面近梯形，器体较轻，一侧稍厚，另一侧稍薄。加工简单，沿砾石薄的一侧单面打片，形成一道直刃。片疤较宽大，刃面较陡。刃缘较直，钝厚，没有二次修整痕迹。器身大部分保留砾面。长9.88、宽6.00、厚4.38厘米，重181克（图一〇〇，1）。

标本2007GJHT15④：23，原料为暗红色辉绿岩砾石。平面呈倒置的梯形，两面较平。加工简单，沿砾石的两端单面打制，一端打成一截断面，另一端加工较多形成一道直刃。刃面较宽，片疤密集，片疤面较陡。刃缘较直，较钝，打击处有细小的崩疤。器身大部分保留砾面。长8.25、宽6.13、厚4.75厘米，重263克（图一〇〇，2）。

标本2007GJHT15④：29，原料为青灰色硅质岩砾石。平面近梯形，器体扁薄。加工简单，沿砾石的一侧单面打片，形成一道直刃。片疤浅平，刃面较缓，刃缘较直且锋利。器身大部分保留砾面。长8.13、宽6.86、厚2.25厘米，重155克（图一〇〇，3）。

标本2007GJHT15④：38，原料为青灰色辉绿岩砾石。平面近梯形，一侧稍厚，另一侧稍薄，两面较平。加工简单，沿砾石的一侧单面打片，形成一道直刃。片疤浅小，刃面较狭窄且陡。

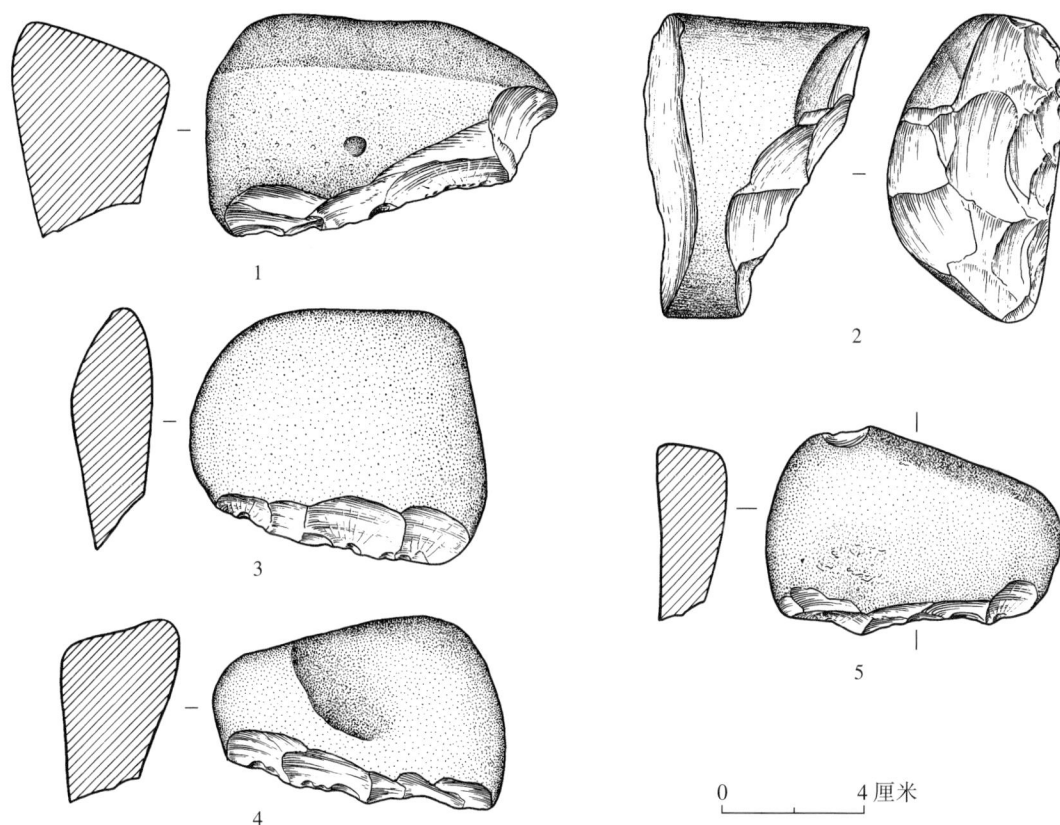

图一〇〇　第四文化层石制品（二十八）

1～5. Aa Ⅴ型刮削器（2007GJHT14 ④：23、2007GJHT15 ④：23、2007GJHT15 ④：29、2007GJHT15 ④：38、2007GJHT15 ④：80）

刃缘较直且锋利，呈锯齿状。器身大部分保留砾面。长 8.13、宽 5.13、厚 3.25 厘米，重 164.6 克（图一〇〇，4）。

标本 2007GJHT15 ④：80，原料为灰色辉绿岩砾石。平面近梯形，器体扁薄，一面微凸，另一面较平。加工简单，沿砾石的一侧单面打片，形成一道直刃。片疤小，刃面较窄，刃缘较直。器身正面左上角有一崩疤。器身大部分保留砾面，砾面粗糙。长 8.38、宽 5.75、厚 1.86 厘米，重 112 克（图一〇〇，5；彩版二七，2）。

Aa Ⅵ型　1件。

标本 2007GJHT15 ④：82，原料为青灰色辉绿岩砾石。平面为不规则的五边形，器体扁薄，两面较平。加工简单，沿砾石的一侧单面打片，形成一道直刃。打击点深凹，片疤较窄，刃面较陡，刃缘呈锯齿状。器身大部分保留砾面。长 9.89、宽 6.00、厚 1.33 厘米，重 146 克（图一〇一，1；彩版二七，3）。

Aa Ⅶ型　2件。

标本 2007GJHT14 ④：9，原料为紫色硅质岩砾石。平面近椭圆形，器体扁薄。加工简单，沿砾石的一侧单面打片，形成一道直刃。片疤较小，刃面较陡。刃缘较直，经二次修整，可见细小的崩疤。器身大部分保留砾石面。长 9.89、宽 5.56、厚 2.22 厘米，重 194 克（图一〇一，2；

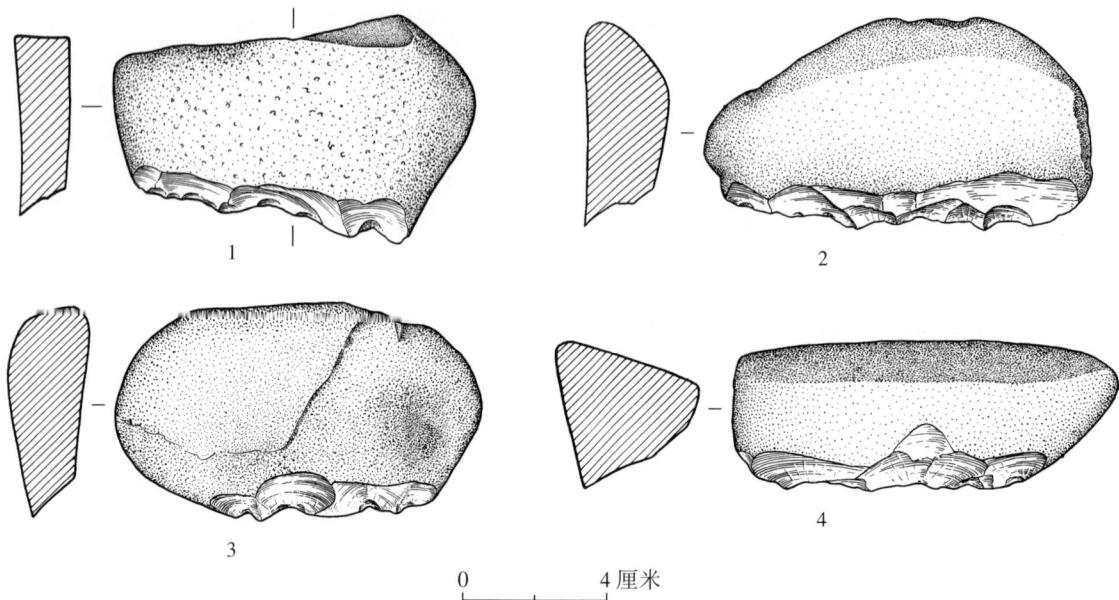

0　　　　　4厘米

图一〇一　第四文化层石制品（二十九）

1. Aa Ⅵ型刮削器（2007GJHT15 ④：82）　2、3. Aa Ⅶ型刮削器（2007GJHT14 ④：9、2007GJHT15 ④：12）
4. Aa Ⅸ型刮削器（2007GJHT14 ④：19）

彩版二七，4）。

标本 2007GJHT15 ④：12，原料为灰色辉绿岩砾石。平面近椭圆形，器体扁薄，一侧稍厚，另一侧稍薄。加工简单，沿砾石的一侧单面打片，形成一道直刃。片疤小且浅，打击点较深。刃缘较窄且锋利，有锯齿状的崩疤。器身大部分保留砾面。长 10.00、宽 5.67、厚 2.11 厘米，重 180 克（图一〇一，3）。

Aa Ⅷ型　4件。

标本 2007GJHT14 ④：35，原料为灰色辉绿岩砾石。平面呈半圆形，器体扁薄。加工简单，沿砾石的一边单面打片，形成一道直刃。片疤小，刃面较狭窄且较陡。刃缘较直且锋利，呈锯齿状。器身大部分保留砾面。长 9.56、宽 5.89、厚 1.67 厘米，重 127 克（图一〇二，1；彩版二七，5）。

标本 2007GJHT15 ④：104，原料为灰黄色石英岩砾石。平面近半圆形。加工简单，沿砾石的一侧单面打片，形成一道近直刃。片疤小而陡，刃面较缓，直刃有锯齿状崩口。背面上端有一椭圆形浅平片疤。器身大部分保留砾面。长 4.67、宽 3.78、厚 2.00 厘米，重 45 克（图一〇二，2；彩版二七，6）。

标本 2007GJHT15 ④：114，原料为灰黄色石英岩砾石。平面近半圆形，器体较扁平。加工简单，沿砾石的一侧单面打片，形成一道近直刃。片疤浅小，刃面狭窄，刃缘较直且锋利。器身大部分保留砾面。长 5.33、宽 4.67、厚 1.78 厘米，重 58 克（图一〇二，3）。

标本 2007GJHT15 ④：117，原料为灰黄色石英岩砾石。平面近半圆形，一侧稍薄，另一侧稍厚。加工简单，沿砾石的一侧单面打片，形成一道近直刃。片疤沿节理面断裂，刃面斜直。刃缘微凸且锋利，有较小的崩疤。器身大部分保留砾面。长 6.67、宽 4.11、厚 2.11 厘米，重 76

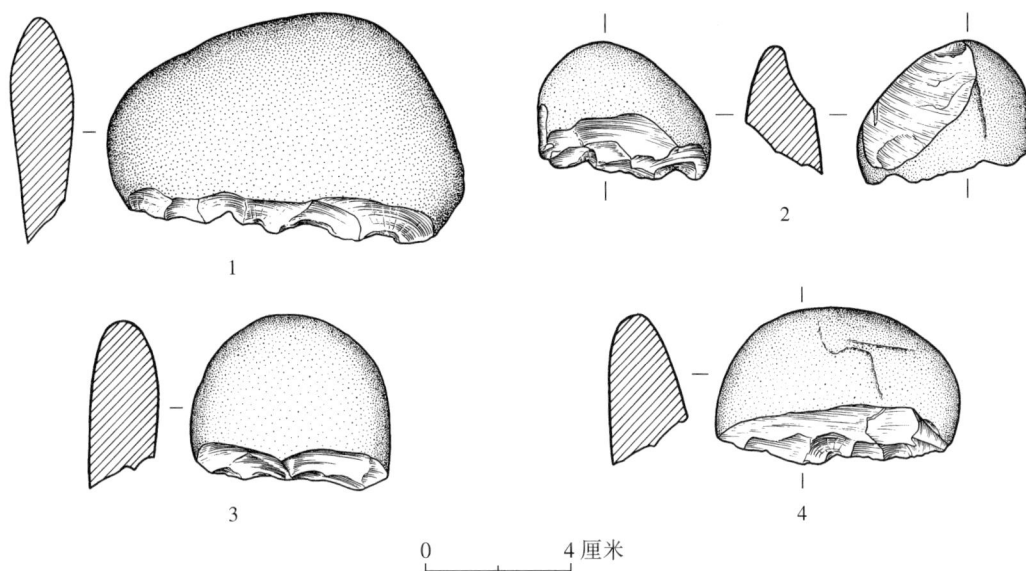

图一〇二 第四文化层石制品（三十）

1～4. Aa Ⅷ型刮削器（2007GJHT14 ④：35、2007GJHT15 ④：104、2007GJHT15 ④：114、2007GJHT15 ④：117）

克（图一〇二，4）。

Aa Ⅸ型 1件。

标本 2007GJHT14 ④：19，原料为青灰色辉绿岩砾石。平面呈长条形，横截面近三角形。加工简单，沿砾石的一侧单面打片，形成一道直刃。片疤较浅宽，打击点浅小，刃面较陡。刃缘经过二次加工，较直且锋利。背面及把端保留砾面。长 10.33、宽 3.89、厚 3.78 厘米，重 233 克（图一〇一，4；彩版二七，7）。

Aa Ⅹ型 12件。

标本 2007GJHT7 ④：35，原料为深灰色辉绿岩砾石。平面形状不规则，器体扁薄，一侧稍厚，另一侧稍薄。加工简单，沿砾石的一侧单面连续打片，形成一道直刃。片疤较小且浅，刃面较窄且陡。刃缘较直且锋利，有锯齿状的崩口。器身大部分保留砾面。长 9.22、宽 5.56、厚 1.78 厘米，重 150 克（图一〇三，1；彩版二七，8）。

标本 2007GJHT8 ④：2，原料为青灰色辉绿岩砾石。平面形状不规则，一侧较厚，另一侧稍薄。加工简单，沿砾石的稍薄侧单面连续打片，形成一道直刃。片疤较浅，片疤面窄，刃面不平且较陡。刃缘较直且锋利，有锯齿状的崩口。刃部一侧有一较陡直的裂面。器身大部分保留砾面。长 9.11、宽 5.78、厚 2.89 厘米，重 193 克（图一〇三，2）。

标本 2007GJHT14 ④：4，原料为青灰色辉绿岩砾石。平面形状不规则，器体扁薄。加工简单，沿砾石的一侧单面打片，形成一道直刃。片疤较小，刃面较陡。刃缘较直，有锯齿状崩口。器身一面有一狭长的片疤，背面有浅小的崩疤。器身大部分保留砾面。长 8.78、宽 7.44、厚 1.44 厘米，重 136 克（图一〇三，3）。

标本 2007GJHT14 ④：10，原料为紫褐色砂岩砾石。平面形状不规则，器体厚重。背面扁平，

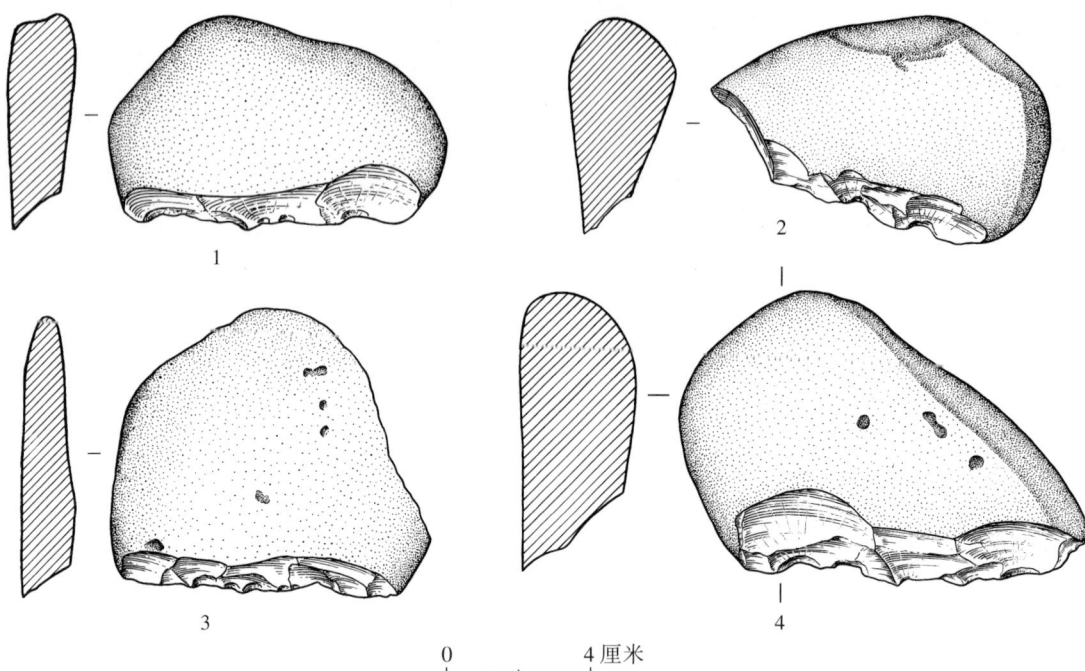

图一○三　第四文化层石制品（三十一）

1～4. Aa X型刮削器（2007GJHT7 ④：35、2007GJHT8 ④：2、2007GJHT14 ④：4、2007GJHT14 ④：10）

正面略凸起。加工简单，沿砾石的一侧单面打片，形成一道直刃。片疤较小，片疤面狭窄，刃面较陡。刃缘较直，有二次修整痕迹，呈锯齿状。器身大部分保留砾面，砾面光滑。长11.11、宽7.56、厚3.11厘米，重354克（图一○三，4；彩版二八，1）。

标本2007GJHT14 ④：15，原料为青灰色辉绿岩砾石。平面形状不规则，器体扁薄。加工简单，沿砾石的一侧单面打片，形成一道直刃。片疤较小，刃面较陡。刃缘较直，有锯齿状的崩口。器身一侧有一整齐的截断面。器身大部分保留砾面，砾面粗糙。长8.22、宽6.78、厚1.89厘米，重144克（图一○四，1；彩版二八，2）。

标本2007GJHT14 ④：25，原料为青灰色辉绿岩砾石。平面形状不规则，器体扁薄。加工简单，沿砾石的一侧单面打片，形成一道直刃。片疤较小，刃面较窄且平缓，刃缘较直且锋利。器身大部分保留砾面。长7.89、宽7.89、厚1.67厘米，重157克（图一○四，2）。

标本2007GJHT14 ④：32，原料为青灰色辉绿岩砾石。平面形状不规则，器体扁薄。加工简单，沿砾石的一侧单面打片，形成一道直刃。片疤浅小，刃面较窄。刃缘平直，较短。器身大部分保留砾面，砾面粗糙。长10.33、宽6.33、厚2.00厘米，重207克（图一○四，3）。

标本2007GJHT14 ④：38，原料为青灰色辉绿岩砾石。平面形状不规则，器体较扁平，轻巧。加工简单，沿砾石的一侧单面打片，形成一道直刃。片疤面较窄，刃面较陡。刃缘较直，呈锯齿状。器身一侧是平整的截断面。器身大部分保留砾面，砾面光滑。长6.67、宽6.11、厚2.67厘米，重142克（图一○四，4）。

标本2007GJHT15 ④：13，原料为灰色石灰岩石块。平面形状不规则，器体扁平。加工简单，

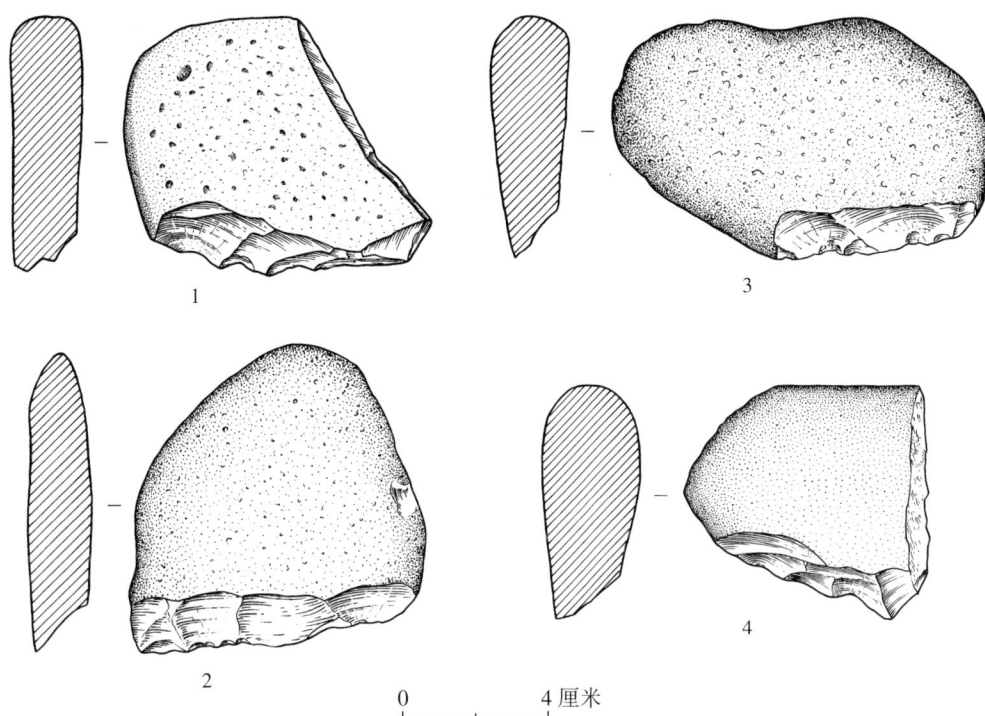

图一〇四 第四文化层石制品（三十二）

1～4. Aa X型刮削器（2007GJHT14 ④：15、2007GJHT14 ④：25、2007GJHT14 ④：32、2007GJHT14 ④：38）

沿砾石的一端单面打片，形成一道直刃。片疤较小，打击点深凹，右侧片疤较平缓，左侧片疤较陡。刃缘较直，有宽大的锯齿状崩口。一侧有一截断面。顶端背面有一片疤。器身大部分保留砾面。长7.89、宽6.33、厚2.33厘米，重145克（图一〇五，1；彩版二八，3）。

标本2007GJHT15 ④：61，原料为青灰色硅质岩砾石。平面形状不规则，器体较小且扁薄。加工简单，沿砾石的一侧单面打片，形成一道直刃。个别片疤深凹，尾部折断，与先前打出的片疤形成陡坎，刃面较陡。刃缘微凸，锋利，刃缘背面有细小的崩疤。器身大部分保留砾面，砾面光滑。长9.44、宽4.56、厚1.89厘米，重122克（图一〇五，2）。

标本2007GJHT15 ④：86，原料为紫色砂岩砾石。平面形状不规则，由两块拼合而成，器体扁薄。加工简单，沿砾石的一侧单面打片，形成一道直刃。刃面仅有两块浅小的片疤，刃面较陡，刃缘较直。背面右下角有两块不相连的小片疤。顶端有磨痕。器身大部分保留砾面。长10.89、宽9.22、厚1.11厘米，重190克（图一〇五，4）。

标本2007GJHT15 ④：91，原料为灰色辉绿岩砾石。平面形状不规则，一面微弧，另一面较凸。加工简单，以砾石的一侧单面打片，形成一道直刃。在制作过程中，砾石沿节理面震裂，遂以节理面的一侧略作修整加工成刃。刃面较窄，刃缘较短且锋利。器身大部分保留砾面。长6.78、宽6.22、厚3.56厘米，重168克（图 〇五，3）。

Ab型 30件。分别属于Ab Ⅰ、Ab Ⅱ、Ab Ⅲ、Ab Ⅳ、Ab Ⅴ、Ab Ⅶ次亚型。

Ab Ⅰ型 9件。

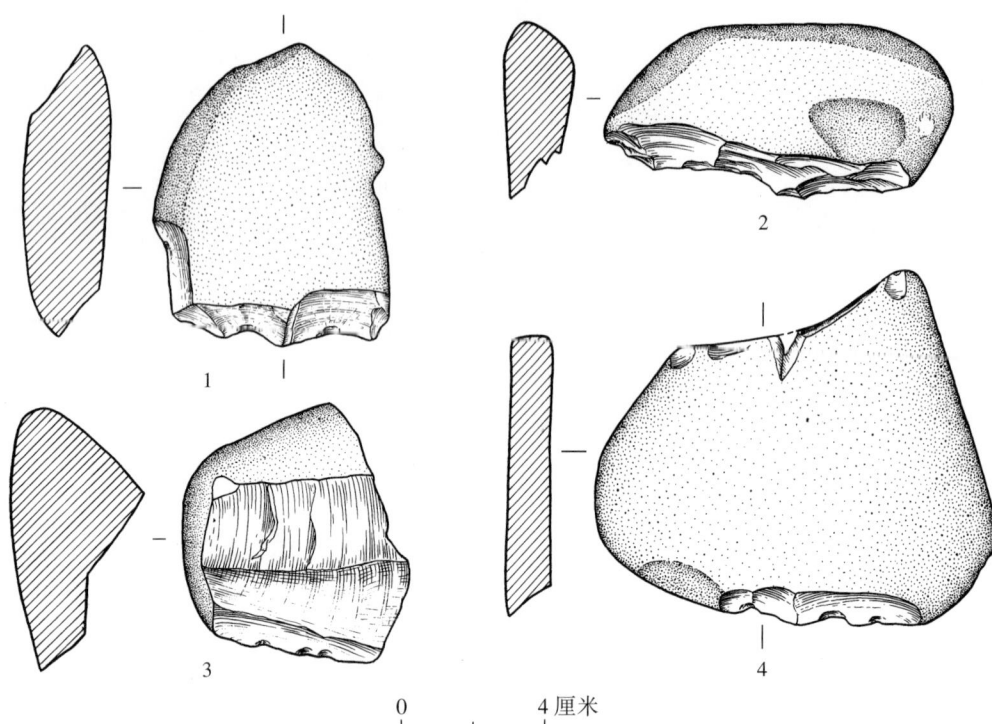

图一〇五　第四文化层石制品（三十三）

1～4. Aa X型刮削器（2007GJHT15 ④：13、2007GJHT15 ④：61、2007GJHT15 ④：91、2007GJHT15 ④：86）

标本 2007GJHT7 ④：23，原料为青灰色辉绿岩砾石。平面近三角形，一侧稍厚，另一侧稍薄，一面是平整的节理面，另一面为自然砾石面。加工简单，沿砾石的稍厚侧单面连续打片，形成一道弧凸刃。片疤浅小，刃面一半较宽，另一半稍窄，刃缘凸出且锋利。器身大部分保留砾面。长6.44、宽6.11、厚2.33厘米，重131克（图一〇六，1；彩版二八，4）。

标本 2007GJHT7 ④：34，原料为深灰色辉绿岩砾石。平面近三角形，器体扁薄，一侧稍厚，另一侧稍薄。加工简单，沿砾石的稍薄侧单面连续打片，形成一道弧凸刃。片疤较小较浅，刃面比较平缓。刃缘略外凸，锋利，有锯齿状崩口。器身大部分保留砾面。长7.33、宽5.11、厚3.44厘米，重228克（图一〇六，2）。

标本 2007GJHT13 ④：14，原料为灰色辉绿岩砾石。平面近三角形，一侧稍厚，另一侧稍薄。加工简单，沿砾石的一侧单面打片，形成一道弧凸刃。片疤浅平，片疤面较缓，刃缘微凸且锋利。器身一侧为较平整的截断面，应是加工过程中折断所致。器身大部分保留砾面。长7.00、宽5.11、厚4.22厘米，重176克（图一〇六，3；彩版二八，5）。

标本 2007GJHT14 ④：6，原料为紫红色砂岩砾石。平面近三角形，器体扁薄。加工简单，沿砾石的一侧单面打片，形成一道弧凸刃。片疤较宽大，刃面较陡，刃缘曲折微凸。器身大部分保留砾面，砾面光滑。长10.67、宽6.67、厚2.56厘米，重243克（图一〇六，4）。

标本 2007GJHT14 ④：50，原料为灰色辉绿岩砾石。平面近三角形，器体较扁。沿砾石的一端单面打片，形成一道弧凸刃。片疤层层叠叠，经过两次或两次以上加工，二次加工形成的片疤

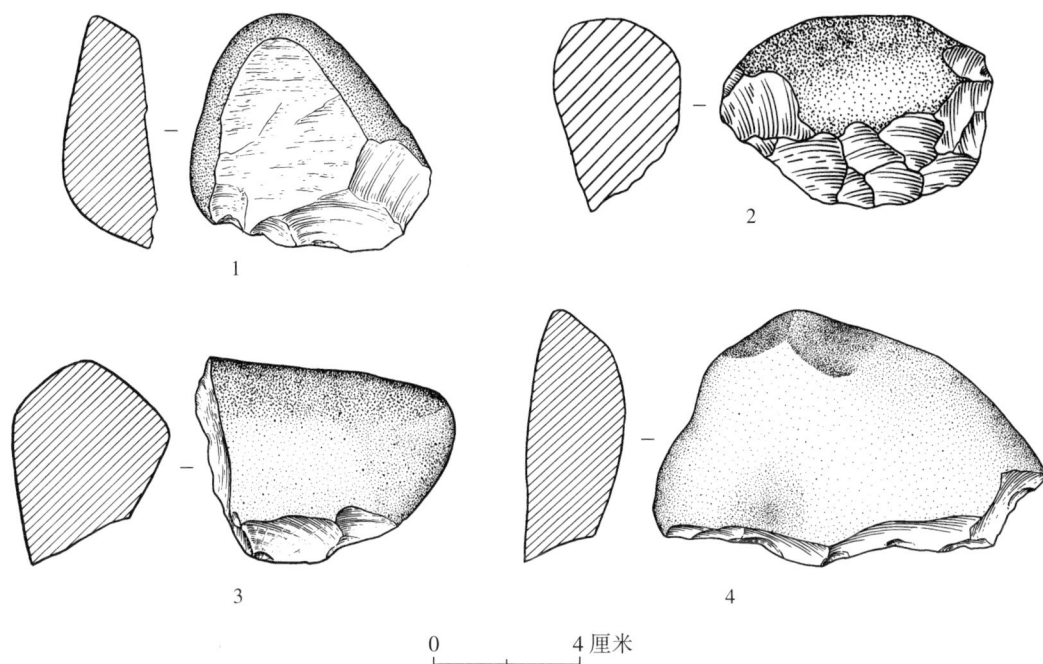

图一〇六　第四文化层石制品（三十四）

1～4. Ab I 型刮削器（2007GJHT7 ④：23、2007GJHT7 ④：34、2007GJHT13 ④：14、2007GJHT14 ④：6）

尾部折断，并形成陡坎。刃面较宽较陡，刃缘凸出。器身大部分保留砾面，砾面光滑。长 8.67、宽 8.17、厚 3.33 厘米，重 209 克（图一〇七，1）。

标本 2007GJHT15 ④：17，原料为灰黄色辉绿岩砾石。平面近三角形，器体扁平。加工简单，沿砾石的一端单面打片，形成一道凸刃。打击点深凹，片疤较小，片疤面较陡，刃缘外凸。器身大部分保留砾面。长 8.33、宽 7.83、厚 3.33 厘米，重 258 克（图一〇七，2；彩版二八，6）。

标本 2007GJHT15 ④：36，原料为浅灰色辉绿岩砾石。平面近三角形，器体较扁薄。加工简单，沿砾石的一端单面打片，形成一道弧凸刃。片疤不大且浅平，刃面较陡。刃缘微凸且锋利，有宽深的锯齿状崩口。器身大部分保留砾面。长 8.83、宽 7.83、厚 3.17 厘米，重 242 克（图一〇七，3）。

标本 2007GJHT15 ④：48，原料为灰色辉绿岩砾石。平面近三角形，一面平整，另一面凸起。加工简单，沿砾石的一端由凸起面向平整面单面打片，形成一道弧凸刃。片疤有两个打击方向，由右至左或由下往上，两个方向的片疤相互交错，个别片疤尾部折断与其他片疤形成陡坎，大部分片疤浅平。刃缘弧凸且钝厚，凸起面可见少量崩疤。器身大部分保留砾面。长 8.83、宽 8.00、厚 5.56 厘米，重 331 克（图一〇七，4）。

标本 2007GJHT15 ④：72，原料为青灰色辉绿岩砾石。平面呈三角形，器体扁薄，两面微凸。加工简单，沿砾石的一侧单面打片，形成一道微凸刃。片疤较小，刃面较缓，刃缘较直且锋利。器身大部分保留砾面。长 7.67、宽 7.2、厚 2.67 厘米，重 166 克（图一〇七，5；彩版二八，7）。

Ab II 型　1 件。

标本 2007GJHT15 ④：49，原料为浅紫红色硅质岩砾石。平面近四边形，一面较平，另一面

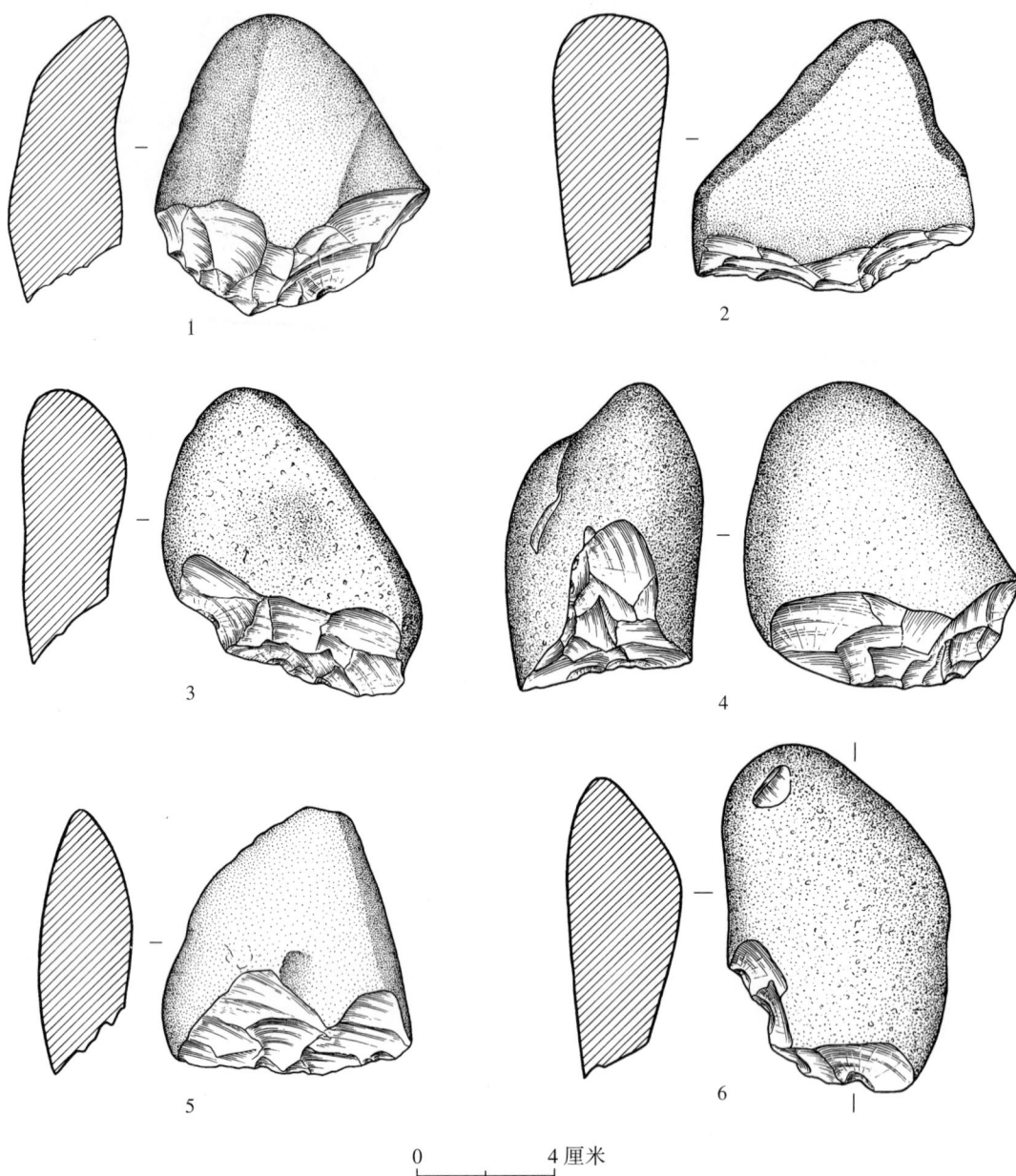

图一〇七　第四文化层石制品（三十五）

1 ~ 5. Ab Ⅰ型刮削器（2007GJHT14 ④：50、2007GJHT15 ④：17、2007GJHT15 ④：36、2007GJHT15 ④：48、2007GJHT15 ④：72）

6. Ab Ⅱ型刮削器（2007GJHT15 ④：49）

微凸。加工简单，沿砾石的一端和一侧单面打片，形成一道弧凸刃。片疤较小且浅平，刃面较陡，刃缘微凸且锋利。器身大部分保留砾面。长 10.00、宽 6.67、厚 3.33 厘米，重 270 克（图一〇七，6；彩版二八，8）。

Ab Ⅲ型　2件。

标本 2007GJHT14 ④：48，原料为灰褐色辉绿岩砾石。平面近方形，一侧稍薄，另一侧稍厚。加工简单，沿砾石的稍薄侧单面打片，形成一道凸刃。片疤破碎，刃面较陡，刃缘微凸。器身背面及把端保留砾面。长9.20、宽5.70、厚4.10厘米，重284克（图一〇八，1）。

标本2007GJHT15④：7，原料为青灰色辉绿岩砾石。平面近方形。两面较平。加工简单，沿砾石的一侧单面剥片，形成一道弧刃。片疤较小且少，片疤面较窄且陡，刃缘弧凸且锋利。长7.50、宽6.60、厚1.80厘米，重135克（图一〇八，2；彩版二八，9）。

Ab Ⅳ型　8件。

标本2007GJHT15④：35，原料为浅灰色辉绿岩砾石。平面近梯形，一侧稍厚，另一侧稍薄，两面较平。加工简单，沿砾石的一侧单面打片，形成一道弧凸刃。片疤浅平，刃面较陡，刃缘微凸且锋利。器身大部分保留砾面。长8.20、宽6.56、厚2.67厘米，重215克（图一〇九，1）。

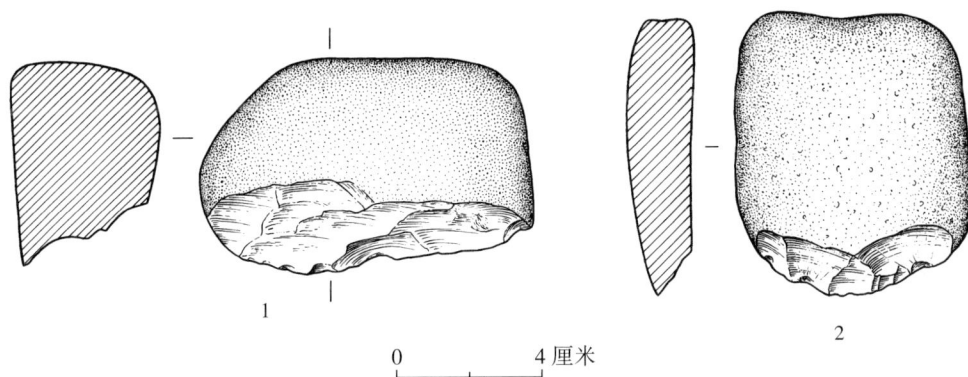

0　　　　　4厘米

图一〇八　第四文化层石制品（三十六）

1、2. Ab Ⅲ型刮削器（2007GJHT14④：48、2007GJHT15④：7）

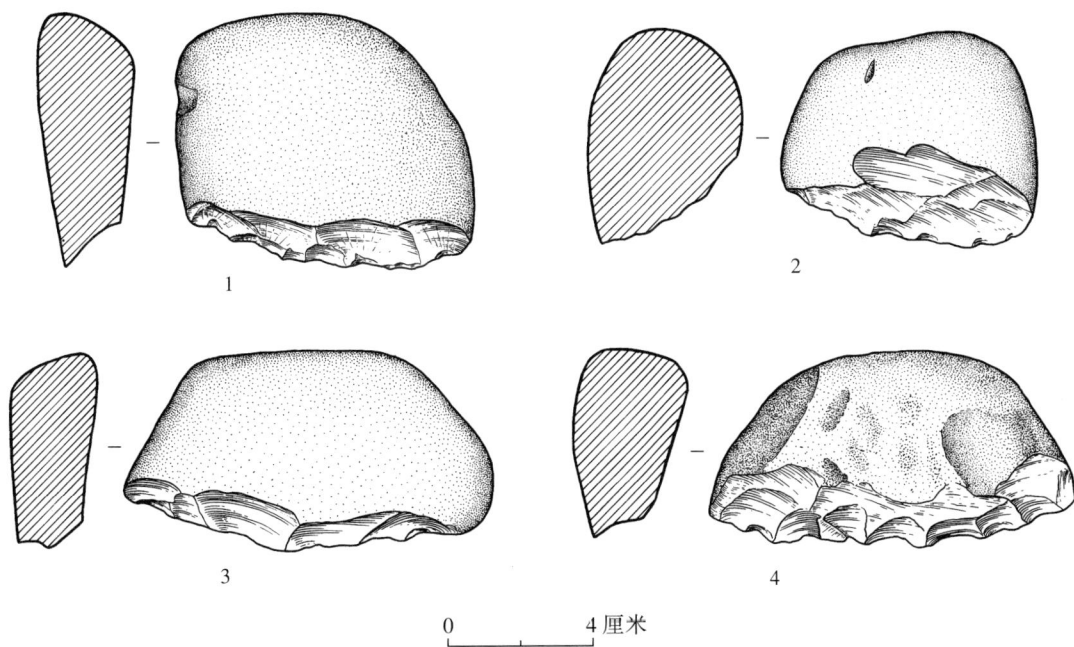

0　　　　　4厘米

图一〇九　第四文化层石制品（三十七）

1～4. Ab Ⅳ型刮削器（2007GJHT15④：35、2007GJHT15④：43、2007GJHT15④：73、2007GJHT15④：78）

　　标本 2007GJHT15 ④：43，原料为灰黄色石英砾石。平面近梯形，两面弧凸。加工简单，沿砾石的一端单面打片，形成一道凸刃。片疤破碎，片疤面微凸出，刃面较平缓，刃缘厚钝。器身大部分保留砾面，砾面光滑。长 7.00、宽 5.56、厚 4.22 厘米，重 225 克（图一〇九，2）。

　　标本 2007GJHT15 ④：73，原料为浅灰色辉绿岩砾石。平面近梯形，器体扁薄，两面均较平。加工简单，沿砾石的一侧单面打片，形成一道微凸刃。片疤较小，刃面狭窄陡直。刃缘微凸，较钝。器身大部分保留砾面。长 10.00、宽 5.33、厚 1.80 厘米，重 182 克（图一〇九，3；彩版二九，2）。

　　标本 2007GJHT15 ④：78，原料为灰色辉绿岩砾石。平面近梯形，器体扁薄，一面微弧凸，另一面较平。加工简单，沿砾石的一侧单面打片，形成一道凸刃。片疤较多且破碎，刃面较陡。刃缘微凸，锋利，有锯齿状崩口。器身大部分保留砾面。长 10.00、宽 5.00、厚 3.00 厘米，重 186 克（图一〇九，4；彩版二九，1）。

　　标本 2007GJHT15 ④：84，原料为红褐色辉绿岩砾石。平面近梯形，双面均弧凸。加工简单，沿砾石的一侧单面打片，形成一道微凸刃。片疤较小，打击点深凹，刃面较陡，刃缘微凸且锋利。器身一侧为近乎垂直的截断面。器身大部分保留砾面。长 6.67、宽 5.33、厚 2.56 厘米，重 142 克（图一一〇，1）。

　　标本 2007GJHT15 ④：89，原料为青灰色辉绿岩砾石。平面近梯形，一侧稍厚，另一侧稍薄。沿砾石的一侧和一端单面打片，形成一道弧凸刃。多次打片，片疤较大，刃面较宽且陡，刃缘弧凸且锋利。器身大部分保留砾面。长 5.56、宽 4.45、厚 2.67 厘米，重 99 克（图一一〇，2）。

　　标本 2007GJHT15 ④：99，原料为灰色辉绿岩砾石。平面近梯形，一侧稍厚，另一侧稍薄。稍厚侧残断，形成一个近乎垂直的破裂面。加工简单，以砾石的稍薄侧单面打片，形成一道弧凸刃。刃面较窄，刃缘锋利。器身大部分保留砾面。长 8.70、宽 4.10、厚 2.11 厘米，重 96 克（图一一〇，3）。

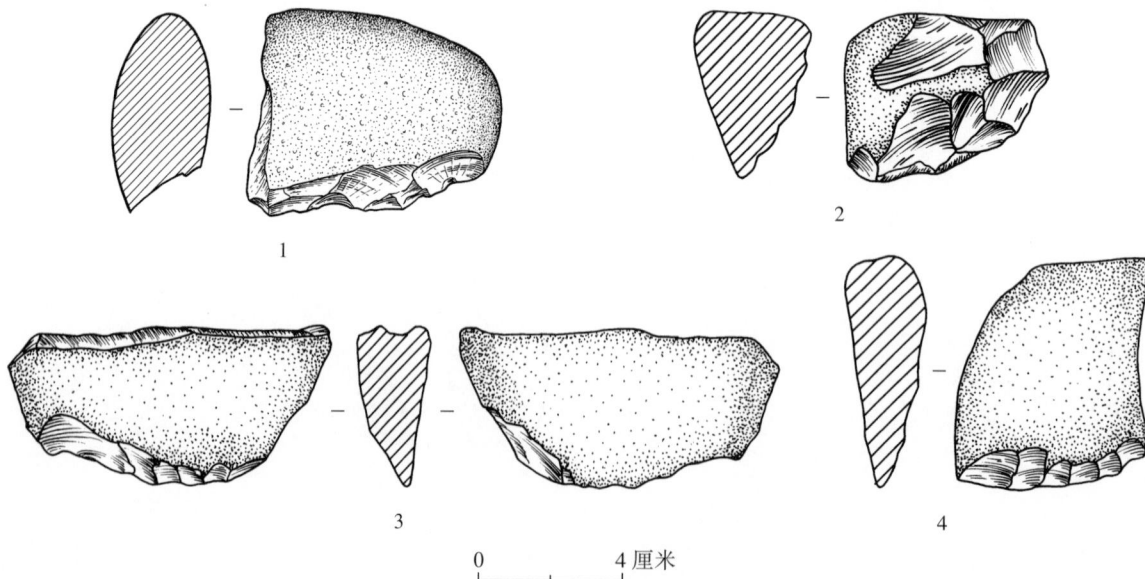

图一一〇　第四文化层石制品（三十八）

1～4. Ab Ⅳ型刮削器（2007GJHT15 ④：84、2007GJHT15 ④：89、2007GJHT15 ④：99、2007GJHT15 ④：100）

标本 2007GJHT15 ④：100，原料为暗红色辉绿岩砾石。平面近梯形，器体扁薄，一侧稍厚，另一侧稍薄。加工简单，以砾石的稍薄侧单面打片，形成一道微凸刃。片疤较小，刃面较窄，刃缘锋利。器身一侧为近乎垂直的破裂面。器身大部分保留砾面。长 6.00、宽 5.10、厚 2.10 厘米，重 94 克（图一一○，4）。

Ab Ⅴ型　4 件。

标本 2007GJHT14 ④：47，原料为灰黄色石英砾石。平面近椭圆形，器体轻巧。加工简单，沿砾石的一侧单面打片，形成一道凸刃。片疤较小，片疤面较陡，刃缘弧凸且锋利。器身大部分保留砾面，砾面光滑。长 5.89、宽 4.22、厚 2.78 厘米，重 87 克（图一一一，1；彩版二九，3）。

标本 2007GJHT15 ④：60，原料为浅灰色石灰岩石块。平面近椭圆形，个体较小，器体扁薄，一面较平，另一面微凸。加工简单，沿砾石的一侧单面打片，形成一道弧凸刃。片疤较小，刃面较窄且陡，刃缘微凸且锋利。器身大部分保留砾面。长 7.00、宽 4.20、厚 0.89 厘米，重 34 克（图一一一，2）。

标本 2007GJHT15 ④：62，原料为灰黄色辉绿岩砾石。平面近椭圆形，器体扁薄。仅在右下侧打出一大块片疤，形成一道弧凸刃。片疤面凹凸不平，刃面较陡，刃缘圆弧。器身大部分保留砾面，砾面多麻孔。长 9.00、宽 5.33、厚 3.22 厘米，重 176 克（图一一一，3；彩版二九，4）。

标本 2007GJHT15 ④：103，原料为灰黄色石英岩砾石。平面近椭圆形。加工简单，沿砾石的一端单面打片，形成一道弧刃。片疤破碎且较陡，刃面较缓，刃缘不锋利。器身大部分保留砾面。长 5.33、宽 4.11、厚 2.33 厘米，重 72 克（图一一一，4）。

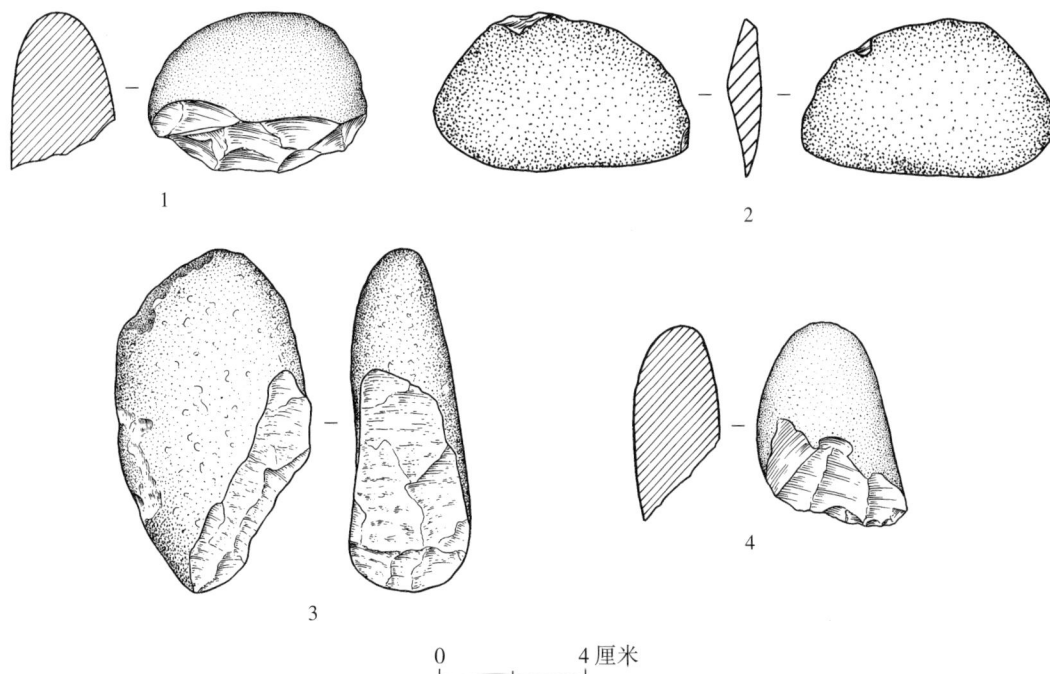

图一一一　第四文化层石制品（三十九）

1 ~ 4. Ab Ⅴ型刮削器（2007GJHT14 ④：47、2007GJHT15 ④：60、2007GJHT15 ④：62、2007GJHT15 ④：103）

Ab Ⅶ型　6件。

标本2007GJHT7④：25，原料为深灰色辉绿岩砾石。平面形状不规则，一侧稍厚，另一侧稍薄。加工简单，沿砾石的一侧单面连续打片，形成一道弧凸刃。片疤较小，打击点较深，刃面较陡。刃缘微凸，锋利，有锯齿状的崩口。器身大部分保留砾面。长9.43、宽6.43、厚3.57厘米，重284克（图一一二，1）。

标本2007GJHT13④：6，原料为青灰色辉绿岩砾石。平面形状不规则，器体扁平。加工简单，沿砾石的一侧单面打片，形成一道弧凸刃。片疤小且浅平，刃面较平缓。刃缘凸出，锋利，有锯齿状崩口。器身大部分保留砾面。长9.00、宽7.14、厚2.00厘米，重175克（图一一二，2）。

标本2007GJHT13④：15，原料为灰黄色石英砾石。平面形状不规则，一侧稍厚，另一侧稍薄。加工简单，沿圆形砾石的半周单面打片，形成一道弧凸刃。片疤面平整，刃缘凸出锋利。器身部分保留砾面。长6.57、宽4.86、厚2.43厘米，重87克（图一一二，3）。

标本2007GJHT14④：37，原料为青灰色辉绿岩砾石。平面形状不规则，器体两面较扁平。

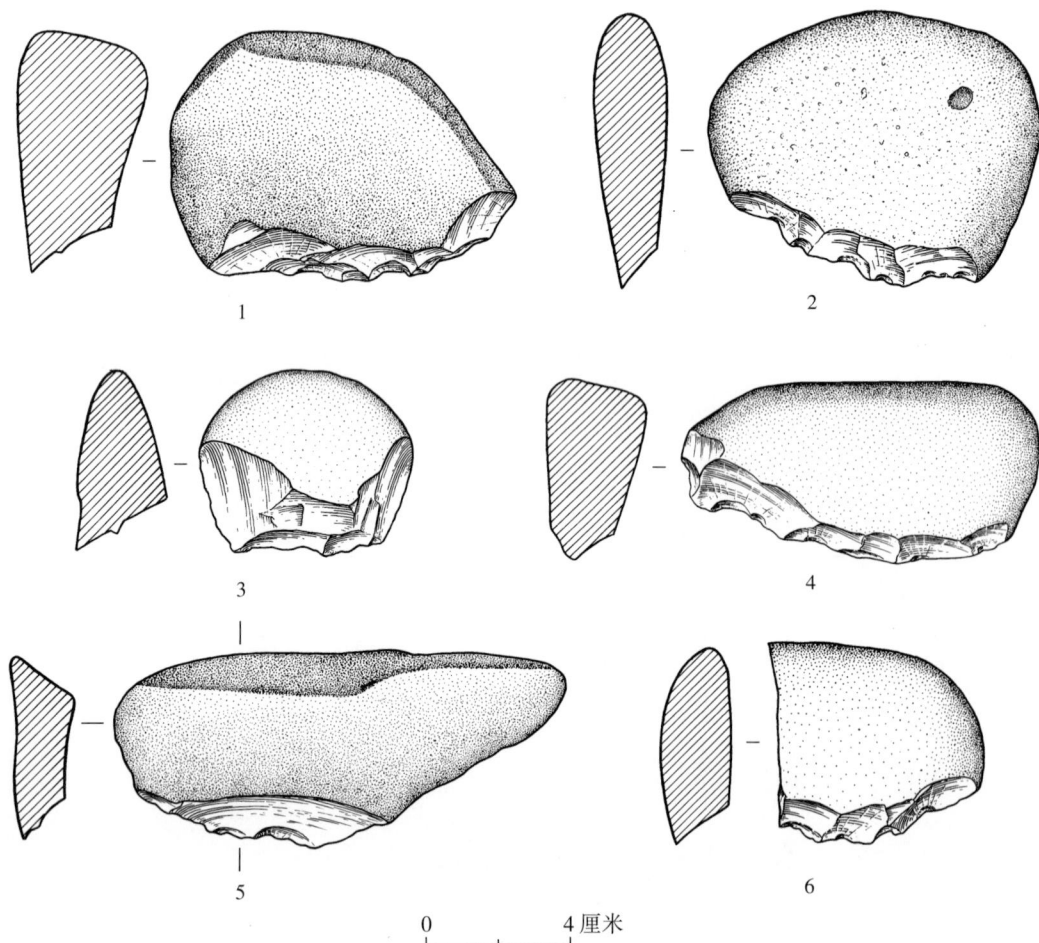

图一一二　第四文化层石制品（四十）

1～6. Ab Ⅶ型刮削器（2007GJHT7④：25、2007GJHT13④：6、2007GJHT13④：15、2007GJHT14④：37、2007GJHT15④：67、2007GJHT15④：85）

加工简单，沿砾石的一侧单面打片，形成一道凸刃。除个别片疤宽大深凹外，其余均浅小，刃面较窄且陡，刃缘凸出而圆钝，刃部一面有一崩疤。器身大部分保留砾面，砾面光滑。长 9.71、宽 4.86、厚 2.71 厘米，重 187 克（图一一二，4；彩版二九，5）。

标本 2007GJHT15④：67，原料为灰白色石灰岩石块。平面形状不规则，器体扁薄。加工简单，沿砾石的一侧单面打片，形成一道微凸刃。仅打出一块长条的片疤，片疤较浅，刃面较陡。刃缘经过修整，微凸，锋利。器身大部分保留砾面。长 12.43、宽 5.14、厚 1.73 厘米，重 118 克（图一一二，5）。

标本 2007GJHT15④：85，原料为灰色辉绿岩砾石。平面形状不规则，一侧残断，形成破裂面。器身较扁薄，一面较平，另一面微弧凸。加工简单，沿砾石的一侧单面打片，形成一道凸刃。刃面右边片疤呈椭圆形，内凹，较陡直。刃缘外凸，呈锯齿状。器身大部分保留砾面。长 5.57、宽 5.29、厚 1.86 厘米，重 89 克（图一一二，6；彩版二九，6）。

Ac 型　17 件。分别属于 Ac Ⅰ、Ac Ⅱ、Ac Ⅲ、Ac Ⅳ、Ac Ⅴ、Ac Ⅵ、Ac Ⅶ、Ac Ⅷ、Ac Ⅸ 次亚型。

Ac Ⅰ 型　2 件。

标本 2007GJHT15④：46，原料为青灰色辉绿岩砾石。平面呈钝角三角形，一面平整，另一面微凸。加工简单，沿砾石一侧单面打片，形成一道凹刃。片疤浅小，刃面较陡，刃缘微凹且钝厚。器身大部分保留砾面。长 8.10、宽 6.70、厚 4.70 厘米，重 317 克（图一一三，1；彩版

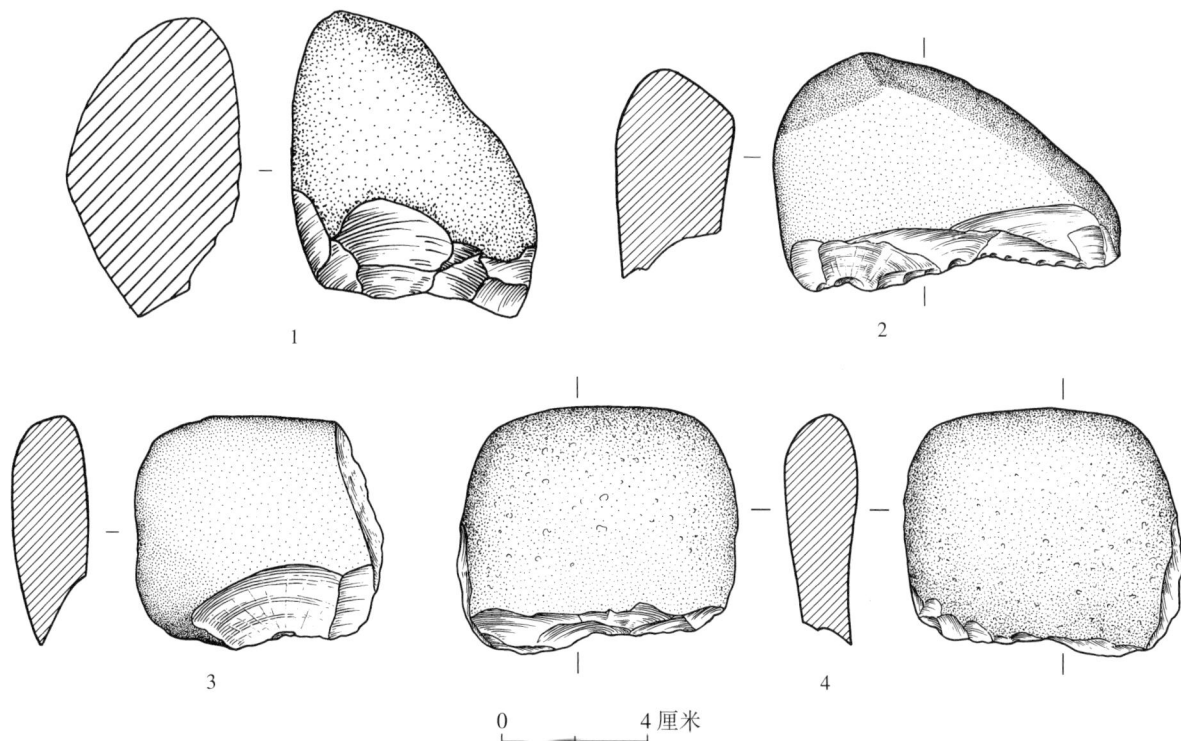

图一一三　第四文化层石制品（四十一）

1、2. Ac Ⅰ型刮削器（2007GJHT15④：46、2007GJHT15④：57）　　3、4. Ac Ⅱ型刮削器（2007GJHT15④：54、2007GJHT15④：68）

二九，7）。

标本2007GJHT15④：57，原料为青灰色辉绿岩砾石。平面近三角形，器体较扁平。加工简单，沿砾石的一侧单面打片，形成一道凹刃。片疤深凹，刃面较陡，刃缘内凹且锋利。器身大部分保留砾面。长9.43、宽6.29、厚3.14厘米，重249克（图一一三，2）。

Ac Ⅱ型　2件。

标本2007GJHT15④：54，原料为浅灰色辉绿岩砾石。平面近方形，器体扁薄。加工简单，沿砾石的一侧单面打片，形成一道微凹刃。仅一大一小两块片疤，刃面微凹且斜缓，刃缘较短且锋利。器身一侧为近乎垂直的截断面。器身大部分保留砾面。长6.71、宽6.14、厚2.00厘米，重139克（图一一三，3；彩版三〇，1）。

标本2007GJHT15④：68，原料为灰色辉绿岩砾石。平面近方形，器体扁薄，两面较平。加工简单，沿砾石的一侧单面打片，形成一道微凹刃。片疤小，刃面较陡，刃缘微凹。刃部背面有细小的崩疤，应是使用后留下的。器身大部分保留砾面，砾面有麻孔。长7.57、宽6.43、厚2.00厘米，重150克（图一一三，4）。

Ac Ⅲ型　1件。

标本2007GJHT13④：3，原料为青灰色辉绿岩砾石。平面近长方形，器体扁薄。加工简单，沿砾石的一侧单面打片，形成一道凹刃。片疤小，片疤面窄，刃面较陡，刃缘略内凹。器身大部分保留砾面。长8.00、宽6.25、厚1.75厘米，重135克（图一一四，1；彩版三〇，2）。

Ac Ⅳ型　3件。

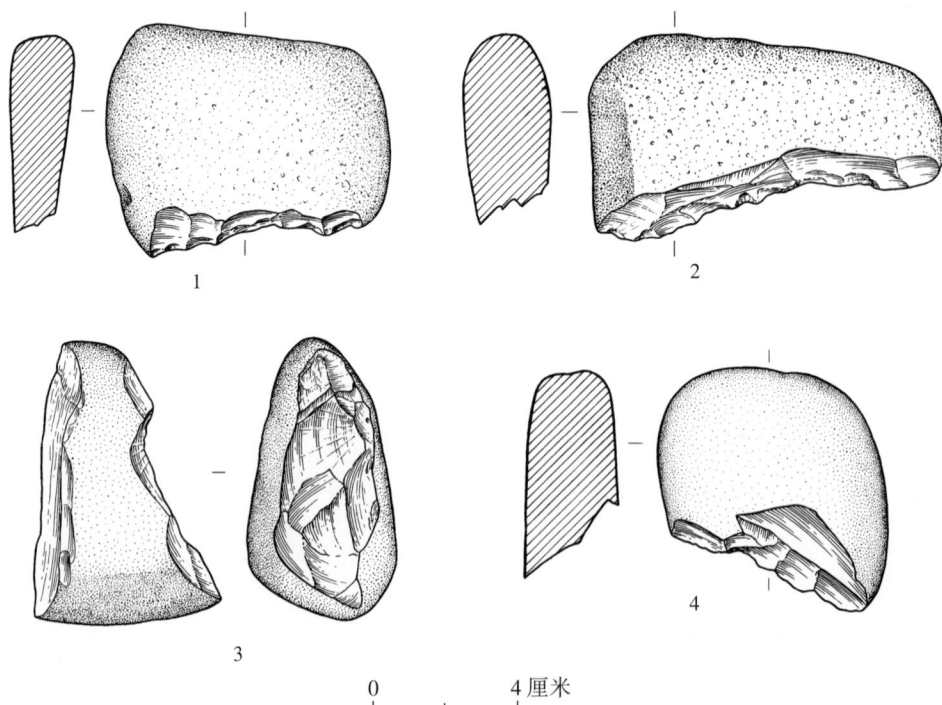

图一一四　第四文化层石制品（四十二）

1. Ac Ⅲ型刮削器（2007GJHT13④：3）　2～4. Ac Ⅳ型刮削器（2007GJHT15④：16、2007GJHT15④：83、2007GJHT15④：105）

标本 2007GJHT15④：16，原料为青灰色辉绿岩砾石。平面近梯形，器体扁平。加工简单，沿砾石的一端单面打片，形成一道凹刃。打击点较深，片疤较小，刃面较窄且陡。刃缘内凹，较锋利，有锯齿状的细小崩口。器身大部分保留砾面，砾面粗糙。长 9.88、宽 5.50、厚 2.38 厘米，重 174 克（图一一四，2；彩版三〇，3）。

标本 2007GJHT15④：83，原料为青灰色辉绿岩砾石。平面近梯形。一侧残断，形成近乎垂直的破裂面。两面较平。加工简单，沿砾石的一侧单面打片，形成一道凹刃。片疤较大，打击处形成一个宽深的凹口，刃面较陡，刃缘钝厚。器身大部分保留砾面。长 7.63、宽 5.25、厚 4.25 厘米，重 153 克（图一一四，3）。

标本 2007GJHT15④：105，原料为灰黄色石英岩砾石。平面近梯形，双面较扁平。加工简单，沿砾石的一侧单面打片，形成一道凹刃。片疤小且陡，刃面较宽较缓，刃缘锋利。器身大部分保留砾面，砾面光滑。长 6.50、宽 6.50、厚 2.63 厘米，重 140 克（图一一四，4；彩版三〇，4）。

Ac V 型 2 件。

标本 2007GJHT14④：13，原料为灰黄色石英砾石。平面近椭圆形。加工简单，沿砾石的一端单面打片，形成一道微凹刃。片疤较小且少，刃面较陡，刃缘微凹。器身大部分保留砾面。长 8.13、宽 6.38、厚 4.13 厘米，重 304 克（图一一五，1）。

标本 2007GJHT15④：101，原料为灰黄色石英岩砾石。平面近椭圆形，双面微凸，光滑。加工简单，沿砾石的一端单面打片，形成一道凹刃。片疤破碎，打击点深凹，刃面不平，但较缓，

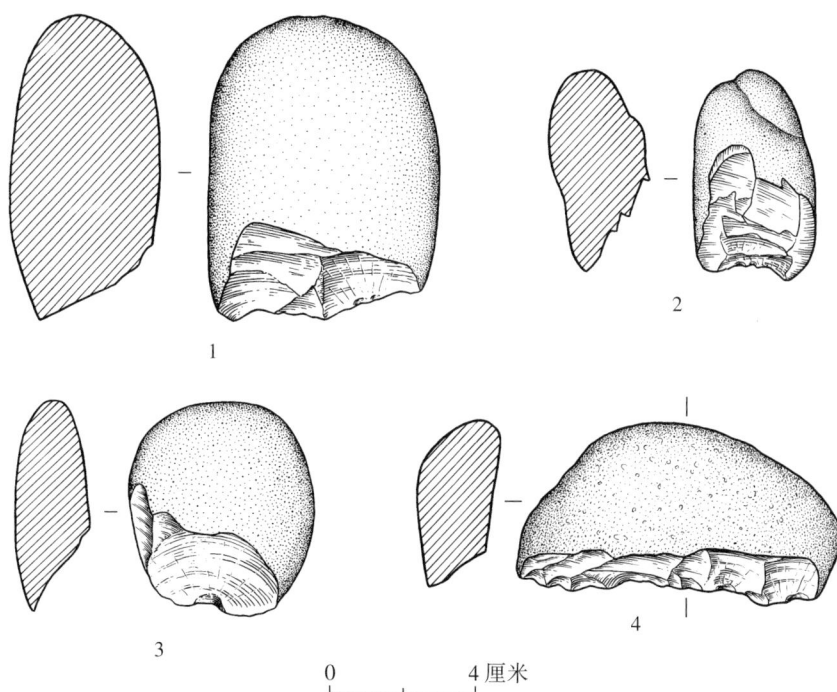

图一一五 第四文化层石制品（四十三）

1、2. Ac V 型刮削器（2007GJHT14④：13、2007GJHT15④：101） 3. Ac Ⅵ型刮削器（2007GJHT14④：46）

4. Ac Ⅶ型刮削器（2007GJHT15④：66）

刃缘锋利。器身大部分保留砾面。长5.63、宽3.50、厚2.75厘米，重67克（图一一五，2；彩版三〇，5）。

Ac Ⅵ型 1件。

标本2007GJHT14④：46，原料为灰黄色石英砾石。平面近圆形，器体轻巧。加工简单，沿砾石的一端单面打片，形成一道凹刃。片疤少，较深凹，刃缘锋利。器身大部分保留砾石面，砾面光滑。长5.75、宽5.25、厚2.13厘米，重79克（图一一五，3；彩版三〇，6）。

Ac Ⅶ型 1件。

标本2007GJHT15④：66，原料为青灰色辉绿岩砾石。半面呈半圆形，个体较小，器体扁薄，两面较平。加工简单，沿砾石的一侧单面打片，形成一道微凹刃。片疤浅平，刃面窄狭，刃缘微凹且锋利。刃缘部位有细小的崩疤，为使用后留下的痕迹。背面及正面大部分保留砾面。长9.13、宽4.88、厚2.13厘米，重122克（图一一五，4；彩版三〇，7）。

Ac Ⅷ型 1件。

标本2007GJHT15④：63，原料为暗红色砂岩砾石。平面呈长条形，个体小，一面较弧，另一面较直，一侧稍厚，另一侧稍薄。加工简单，沿砾石的一侧单面打片，形成一道微凹刃。片疤小，刃面较陡且狭长，刃缘微内凹且锋利。器身大部分保留砾面。长9.63、宽4.00、厚2.75厘米，重134克（图一一六，1）。

Ac Ⅸ型 4件。

标本2007GJHT7④：8，原料为灰黄色脉石英砾石。平面形状不规则，一端稍厚，另一端稍薄。加工简单，沿砾石稍薄一端单面打片，形成一道凹刃。由于材质的关系，片疤破碎。刃缘微内凹，有锯齿状崩口。器身大部分保留砾面。长5.13、宽4.63、厚2.38厘米，重67克（图一一六，2）。

标本2007GJHT14④：5，原料为青灰色辉绿岩砾石。平面形状不规则，器体扁薄。加工简单，沿砾石的一侧单面打片，形成一道凹刃。片疤较小，刃面较窄狭。刃缘微内凹，有锯齿状崩口。器身大部分保留砾面。长11.50、宽5.00、厚2.00厘米，重142克（图一一六，3；彩版三一，1）。

标本2007GJHT14④：28，原料为灰色玄武岩砾石。平面形状不规则，横截面呈纺锤形，器体扁薄。加工简单，沿砾石的一侧单面打片，形成一道凹刃。片疤细小，片疤面狭窄，刃面较陡，刃缘微内凹。器身大部分保留砾面，砾面光滑。长9.50、宽6.00、厚2.38厘米，重128克（图一一六，4；彩版三一，2）。

标本2007GJHT15④：64，原料为青灰色辉绿岩砾石。平面形状不规则，一面较弧，另一面较直，一侧稍厚，另一侧稍薄。加工简单，沿砾石的一侧单面打片，形成一道微凹刃。片疤破碎，刃面较窄。刃缘内凹，较钝。器身大部分保留砾面。长9.88、宽5.13、厚3.25厘米，重194克（图一一六，5）。

B型 12件。分别属于Ba、Bb、Bd亚型。

Ba型 3件。分别属于Ba Ⅰ、Ba Ⅱ次亚型。

Ba Ⅰ型 2件。

标本2007GJHT15④：108，原料为灰黄色石英岩砾石。平面呈三角形，两面微弧。加工简

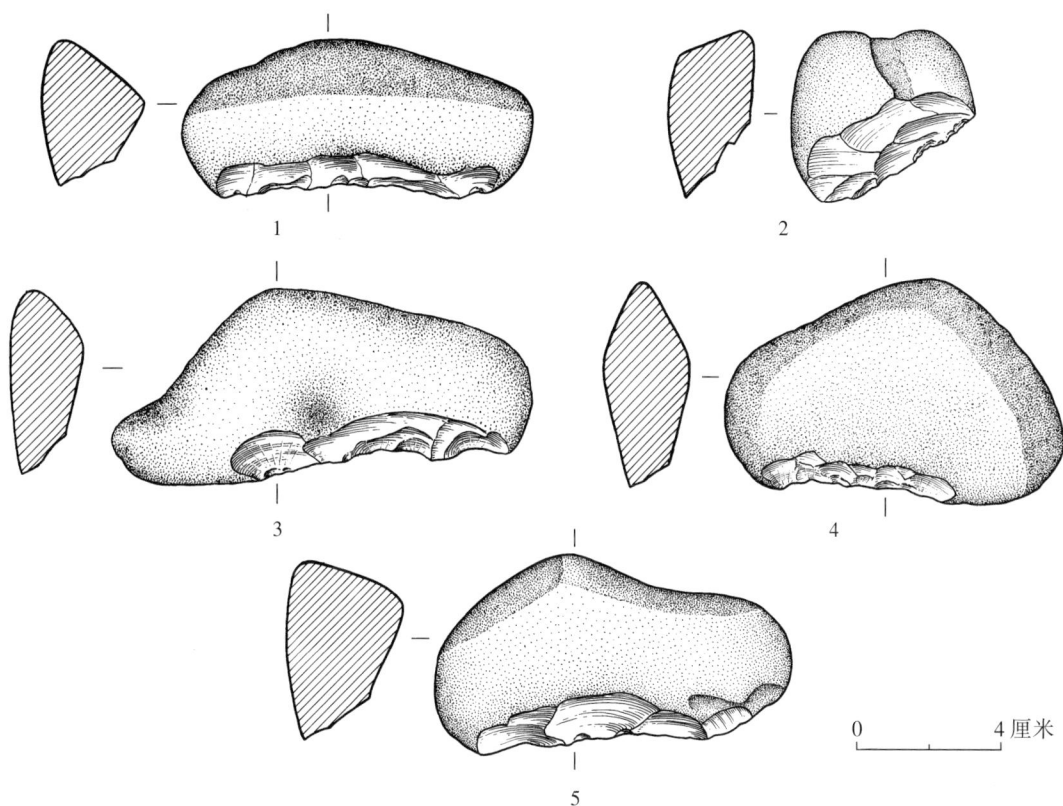

图一一六 第四文化层石制品（四十四）

1. Ac Ⅷ型刮削器（2007GJHT15 ④：63）　2～5. Ac Ⅸ型刮削器（2007GJHT7 ④：8、2007GJHT14 ④：5、2007GJHT14 ④：28、2007GJHT15 ④：64）

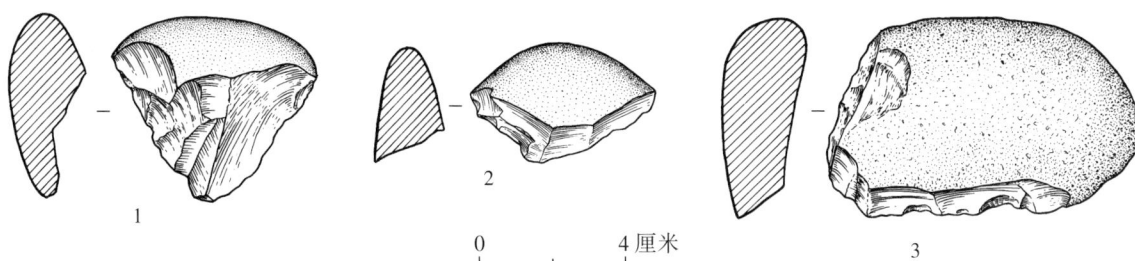

图一一七 第四文化层石制品（四十五）

1、2. Ba Ⅰ型刮削器（2007GJHT15 ④：108、2007GJHT15 ④：109）　3. Ba Ⅱ型刮削器（2007GJHT15 ④：76）

单，沿砾石的两侧单面打片，形成两道近直刃。两刃缘于前端交汇，形成一个尖。片疤较深，刃面较宽较缓，两侧缘锋利。器身大部分保留砾面。长 5.76、宽 5.04、厚 2.16 厘米，重 48 克（图一一七，1；彩版三一，3）。

标本 2007GJHT15 ④：109，原料为灰黄色石英岩砾石。平面近三角形，一侧稍厚，另一侧稍薄，两面外弧。加工简单，沿砾石的两侧单面打片，形成两道近直刃。两刃缘汇成一个尖。片疤较少，但单个片疤较大，刃面较陡，刃缘较钝。器身大部分保留砾面。长 5.20、宽 3.20、厚 1.92厘米，重 31 克（图一一七，2）。

Ba Ⅱ型　1件。

标本2007GJHT15④：76，原料为灰色辉绿岩砾石。平面近椭圆形，器体扁薄。加工简单，沿砾石的一端及一侧单面打片，形成两道直刃。片疤小而破碎，打击点深凹，刃面较陡，刃缘较直。器身大部分保留砾面。长8.80、宽5.44、厚2.16厘米，重145克（图一一七，3；彩版三一，4）。

Bb型　2件。均为BbⅡ次亚型。

标本2007GJHT15④：65，原料为青灰色辉绿岩砾石。平面形状不规则，两面较直，一侧稍厚，另一侧稍薄。加工简单，沿砾石的两侧单面打片，形成两道相连的弧凸刃。一刃只有一个大的片疤，刃面较宽且平缓，刃缘微弧且锋利；另一刃片疤较多，刃面较陡，刃缘凸出且锋利。器身大部分保留砾面。长9.29、宽8.00、厚4.29厘米，重238克（图一一八，1；彩版三一，5）。

标本2007GJHT15④：22，原料为灰色辉绿岩砾石。平面形状不规则。沿砾石的两端双面打片，形成两道弧凸刃，两刃于一侧相接。片疤宽大浅平，刃面较宽，两刃均锋利。器身大部分保留砾面。长10.14、宽5.29厘米，重208.3克（图一一八，2）。

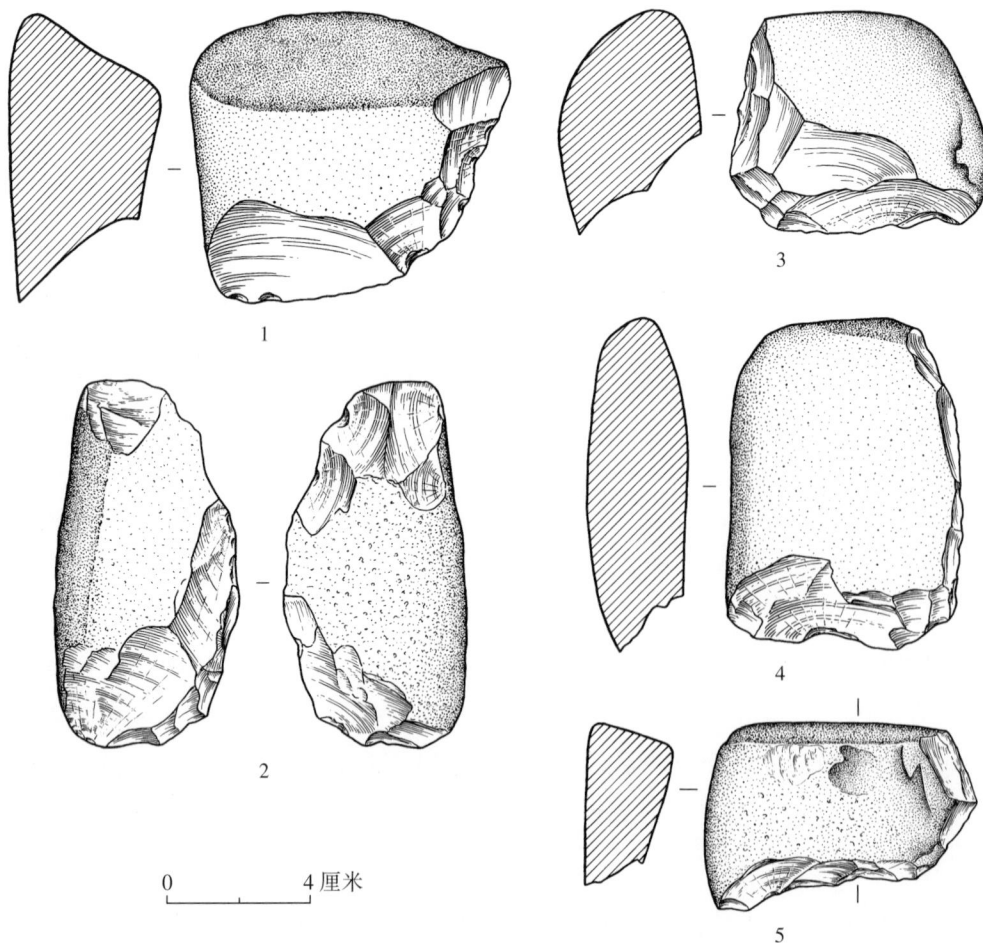

0　　　　4厘米

图一一八　第四文化层石制品（四十六）

1、2.BbⅡ型刮削器（2007GJHT15④：65、2007GJHT15④：22）　3、5.BdⅢ型刮削器（2007GJHT7④：19、2007GJHT14④：20）
4.BdⅡ型刮削器（2007GJHT15④：51）

Bd 型 7 件。分别属于 Bd Ⅱ、Bd Ⅲ、Bd Ⅴ次亚型。

Bd Ⅱ型 1 件。

标本 2007GJHT15 ④：51，原料为灰黄色辉绿岩砾石。平面近长方形，器体较扁平。加工简单，沿砾石的一侧及一端单面打片，形成一凸一凹两道刃。下端刃打击点深凹，片疤宽大，刃面稍平缓，刃缘内凹且锋利；右侧刃片疤破碎，刃面较陡，刃缘微凸且较钝。背面靠近端刃的一角有一浅平片疤。器身大部分保留砾面。长 9.14、宽 6.57、厚 2.86 厘米，重 239 克（图一一八，4；彩版三一，6）。

Bd Ⅲ型 2 件。

标本 2007GJHT7 ④：19，原料为深灰色辉绿岩砾石。平面近梯形。加工简单，沿砾石的一端及一侧单面连续打片，形成一道凹刃和弧凸刃，两刃缘相交。凹刃刃面片疤宽大且深凹，弧凸刃刃面片疤较小，两刃面均较陡，两刃缘锋利。器身大部分保留砾面。长 7.43、宽 6.00、厚 4.00 厘米，重 211 克（图一一八，3）。

标本 2007GJHT14 ④：20，原料为青灰色辉绿岩砾石。平面近梯形，器体扁薄。加工简单，沿砾石的一侧及一端单面打片，加工成一凹一凸两道刃。侧刃稍长，片疤小，刃缘内凹；端刃片疤较少，刃缘微凸。器身大部分保留砾面，砾面光滑。长 7.71、宽 5.14、厚 2.43 厘米，重 110 克（图一一八，5；彩版三一，7）。

Bd Ⅴ型 4 件。

标本 2007GJHT7 ④：22，原料为深灰色辉绿岩砾石。平面形状不规则，器体扁薄，一侧稍厚，另一侧稍薄。加工简单，沿砾石的一端及一侧单面连续打片，形成一个凹刃和一个直刃，两刃相接。片疤较小，两刃面均较窄。刃缘凸出且锋利，有锯齿状的崩口。器身大部分保留砾面。长 9.00、宽 6.67、厚 2.44 厘米，重 200 克（图一一九，1）。

标本 2007GJHT13 ④：12，原料为青灰色辉绿岩砾石。平面形状不规则，正面较平，一侧稍厚，另一侧稍薄。加工简单，沿砾石的一端及一侧单面打片，形成一凹一凸两道刃，两刃相交，形成一个转折的尖。一侧为一平整的片疤，形成凹刃，刃面较陡；相邻一侧的片疤较多，片疤面陡直，刃缘微凸且锋利。器身大部分保留砾面。长 8.89、宽 7.11、厚 4.11 厘米，重 274 克（图一一九，2）。

标本 2007GJHT15 ④：21，原料为灰色辉绿岩砾石。平面形状不规则。沿砾石相邻的两侧单面打片，加工出一凹一凸两道刃，两刃不相连。大部分片疤较浅，个别片疤深凹，片疤面较陡。外凸刃缘有锯齿状的崩口。器身大部分保留砾面。长 8.56、宽 5.89、厚 4.11 厘米，重 250 克（图一一九，3；彩版三一，8）。

标本 2007GJHT15 ④：106，原料为灰黄色石英岩砾石。平面形状不规则，双面较平。加工简单，沿砾石的两端单面打片，形成一凹一直两道刃。一端片疤浅平，刃面较宽，刃缘微凹且锋利。另一端片疤较陡，刃面较窄，刃缘近直且不锋利。器身大部分保留砾面。长 4.67、宽 4.44、厚 1.89 厘米，重 62 克（图一一九，4；彩版三二，1）。

C 型 2 件。分别属于 Cb 亚型中的 Cb Ⅰ、Cb Ⅱ次亚型。

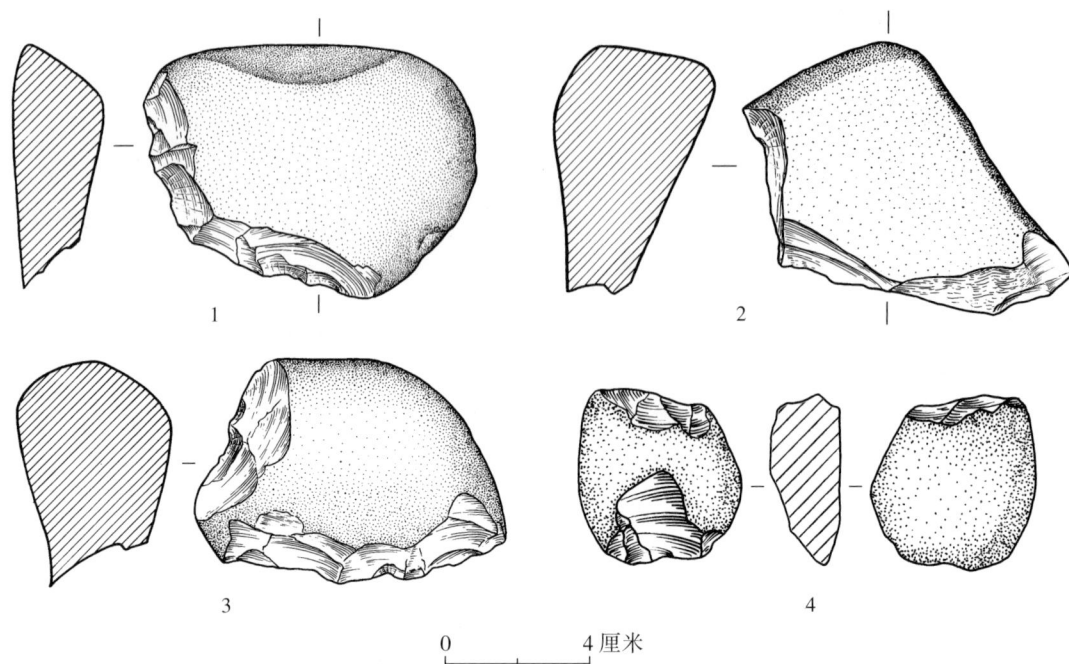

图一一九 第四文化层石制品（四十七）

1～4. Bd Ⅴ型刮削器（2007GJHT7④：22、2007GJHT13④：12、2007GJHT15④：21、2007GJHT15④：106）

Cb Ⅰ型 1件。

标本 2007GJHT15④：53，原料为灰色辉绿岩砾石。平面近长方形。加工简单，沿砾石的两端及一侧打片，形成两凸一直三道刃。两端双面加工，一侧单面打片。片疤均较小，一面加工较平缓，一面加工较陡。两端刃缘微凸，侧刃较直，均较钝。器身大部分保留砾面。长7.47、宽5.79、厚2.63厘米，重195克（图一二〇，1；彩版三二，2）。

Cb Ⅱ型 1件。

标本 2007GJHT7④：32，原料为深灰色辉绿岩砾石。平面形状不规则，器体小巧。加工简单，沿砾石的两端及一侧单面连续打片，形成两直一凸三道刃。每个刃面片疤层层叠叠，刃面较

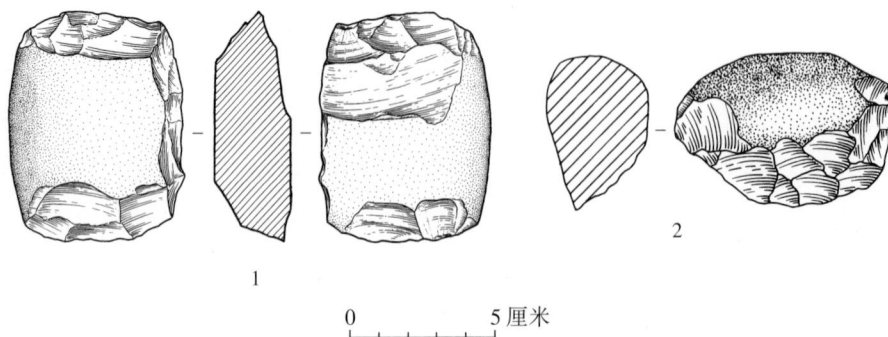

图一二〇 第四文化层石制品（四十八）

1. Cb Ⅰ型刮削器（2007GJHT15④：53）　2. Cb Ⅱ型刮削器（2007GJHT7④：32）

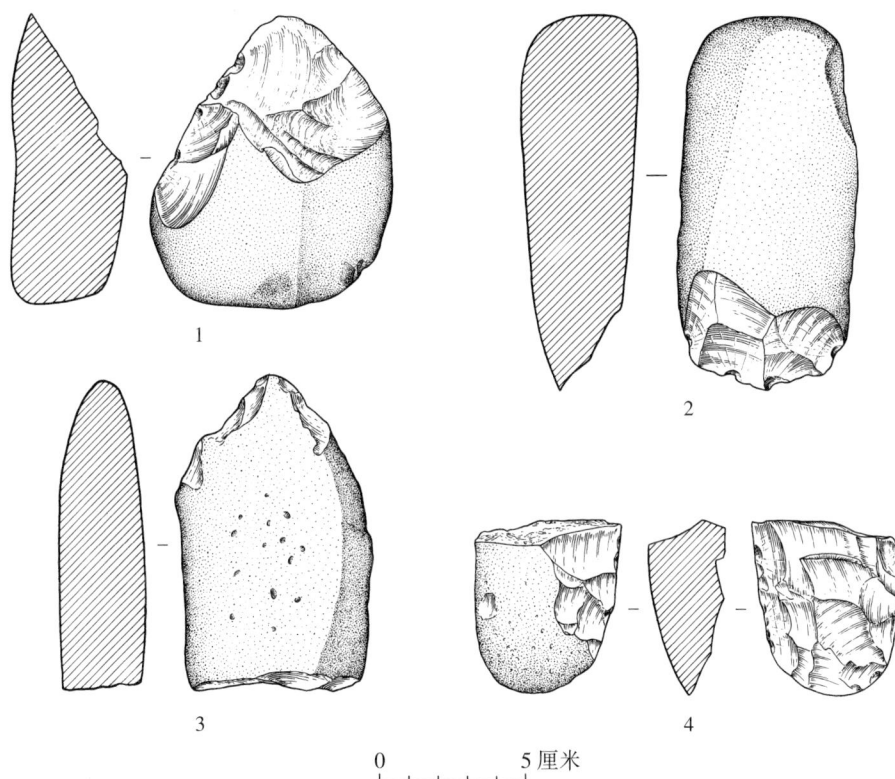

图一二一 第四文化层石制品（四十九）

1、3. Ab 型尖状器（2007GJHT14 ④：11、2007GJHT7 ④：12） 2. A 型斧锛类毛坯（2007GJHT14 ④：7）

4. B 型斧锛类毛坯（2007GJHT9 ④：2）

陡，经过二次加工，刃缘凸出且锋利。器身大部分保留砾石面。长 7.26、宽 5.05、厚 3.47 厘米，重 168 克（图一二〇，2；彩版三二，3）。

尖状器

共 2 件。均属于 A 型中的 Ab 亚型。

标本 2007GJHT14 ④：11，原料为青灰色辉绿岩砾石。平面形状不规则，器体厚重。加工简单，沿砾石的两侧单面打片，于一端形成一个舌状尖。一侧仅在上端略作修整，片疤宽大；另一侧刃面较长，片疤接近把端。两刃平直，刃缘及尖部锋利。把端及背面保留砾面，砾面光滑。长 9.57、宽 8.00、厚 3.71 厘米，重 355 克（图一二一，1）。

标本 2007GJHT7 ④：12，原料为灰色辉绿岩砾石。平面形状不规则，器体宽扁。加工简单，沿砾石的一端两侧单面剥片，向上修理出一舌状尖。另一端为平整的截断面。器身大部分保留砾面。长 10.26、宽 6.43、厚 2.86 厘米，重 316 克（图一二一，3；彩版三二，4）。

（三）磨制石制品

共 13 件。包括斧锛类毛坯、石斧、石锛、石凿、研磨器毛坯、研磨器六大类型。其中斧锛类毛坯 2 件，石锛和研磨器毛坯各 1 件，石斧、石凿、研磨器各 3 件。

斧锛类毛坯

2件。分别属于 A、B 型。

A 型　1件。

标本 2007GJHT14 ④：7，原料为青灰色辉绿岩砾石。平面近长方形，器体厚重，一端稍厚，另一端稍薄。沿砾石的稍薄端单面打片，形成一道弧凸刃。打击点较深，片疤较宽大，刃面浅平，刃缘弧凸且锋利，未经磨制。器身大部分保留砾面，砾面光滑。长 12.20、宽 6.00、厚 4.00 厘米，重 465 克（图一二一，2；彩版三二，5）。

B 型　1件。

标本 2007GJHT9 ④：2，原料为青灰色辉绿岩砾石。平面近梯形，顶端残断。两侧均有打制疤痕，一侧单面打片，另一侧双面打片，片疤较小。一面保留大部分砾面，另一面布满片疤，个别片疤深凹，弧刃，未经磨制。长 5.71、宽 5.00、厚 2.57 厘米，重 89 克（图一二一，4；彩版三二，6）。

石斧

3件。分别属于 A、B、C 型。

A 型　1件。

标本 2007GJHT9M21：1，原料为青灰色辉绿岩砾石。平面近长方形，器体扁薄。器身两侧均有打击形成的片疤，一侧两面打制，另一侧单面打制。一端双面磨刃，一面磨面较宽，另一面仅刃部稍磨。一面刃部有两个小的崩疤。器身大部分保留砾面，砾面光滑。长 8.29、宽 5.14、厚 1.86 厘米，重 124 克（图一二二，1；彩版三三，1）。

B 型　1件。

标本 2007GJHT7 ④：29，原料为青灰色辉绿岩砾石。平面呈长条形，器体厚重。一面较平，另一面稍凸。加工简单，沿砾石的一端两侧单面连续打片，形成一道弧凸刃。片疤宽大，加工面宽大，刃缘锋利，略作打磨。器身大部分保留砾面。长 13.43、宽 5.86、厚 3.43 厘米，重 355 克（图一二二，3；彩版三三，2）。

C 型　1件。

标本 2007GJHT9 ④：1，原料为青灰色辉绿岩砾石。平面形状不规则，上端残断。两侧均有打制疤痕，其中一侧双面均有打击片疤，另一侧仅一面有打击片疤。片疤细小，弧刃，双面仅磨刃部。正背面部分保留砾面。长 6.86、宽 4.43、厚 2.00 厘米，重 81 克（图一二二，2；彩版三三，3）。

石锛

1件，属于 B 型。

标本 2007GJHT8 ④：1，原料为青灰色辉绿岩砾石。平面近椭圆形，器体厚重。通体磨制，刃部精磨。刃面较宽且平缓，刃缘弧凸且锋利。器身正背面均留有片疤，有的片疤宽大深凹。长 16.57、宽 8.00、厚 3.43 厘米，重 701 克（图一二二，4；彩版三三，4）。

石凿

3件。分别属于 A、B 型。

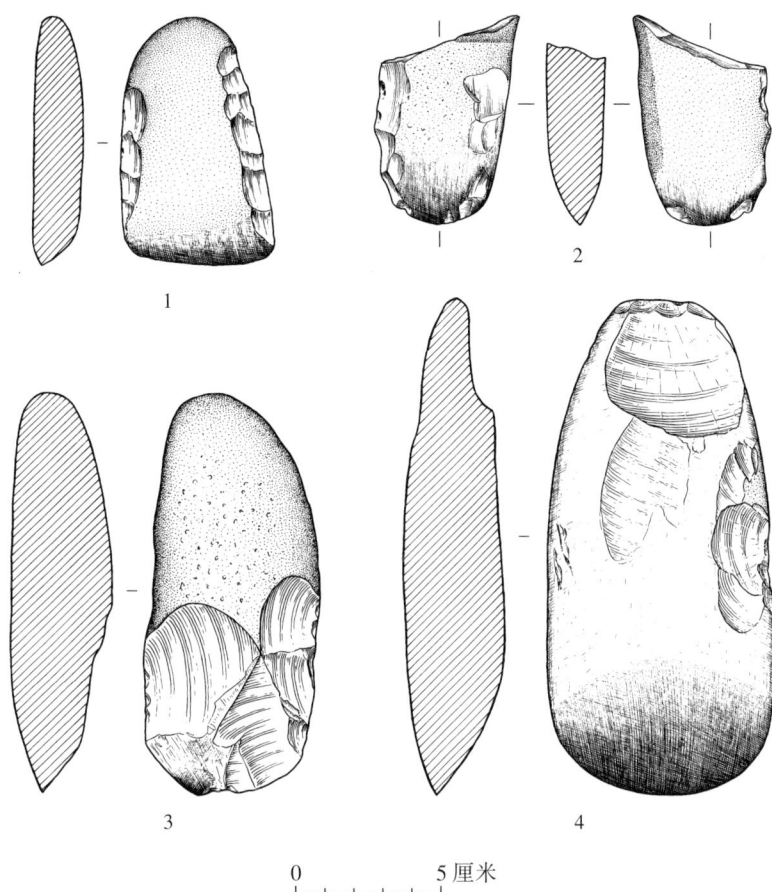

图一二二 第四文化层石制品（五十）

1. A 型石斧（2007GJHT9M21：1） 2. C 型石斧（2007GJHT9 ④：1） 3. B 型石斧（2007GJHT7 ④：29）
4. B 型石锛（2007GJHT8 ④：1）

A 型 1 件。

标本 2007GJHT15 ④：125，原料为灰色辉绿岩砾石。平面近长方形，器体扁薄。一面为破裂面，另一面为砾面。加工简单，在一端双面略加磨制，形成一道弧刃。刃缘窄且锋利。破裂面右侧有几个细小的崩疤。顶部亦有一片疤，应是剥片时留下的痕迹。长 7.18、宽 2.82、厚 0.59 厘米，重 18 克（图一二三，1；彩版三三，5）。

B 型 2 件。

标本 2007GJHT15 ④：1，原料为灰黄色辉绿岩砾石。平面呈长条形。在一端进行双面磨制，加工出一道弧刃。刃面窄，刃缘锋利。器身大部分保留砾面。长 8.00、宽 1.7、厚 1.18 厘米，重 20 克（图一二三，2；彩版三三，6）。

标本 2007GJHT7 ④：1，原料为青灰色辉绿岩砾石。平面呈长条形，器体扁薄。加工简单，在砾石的一端两面略加磨制，形成一道较直且锋利的刃。刃面一面宽而平缓，另一面窄而陡。刃部有细小的崩疤。器身大部分保留砾面，砾面光滑。长 7.53、宽 2.94、厚 0.82 厘米，重 24 克（图一二三，3）。

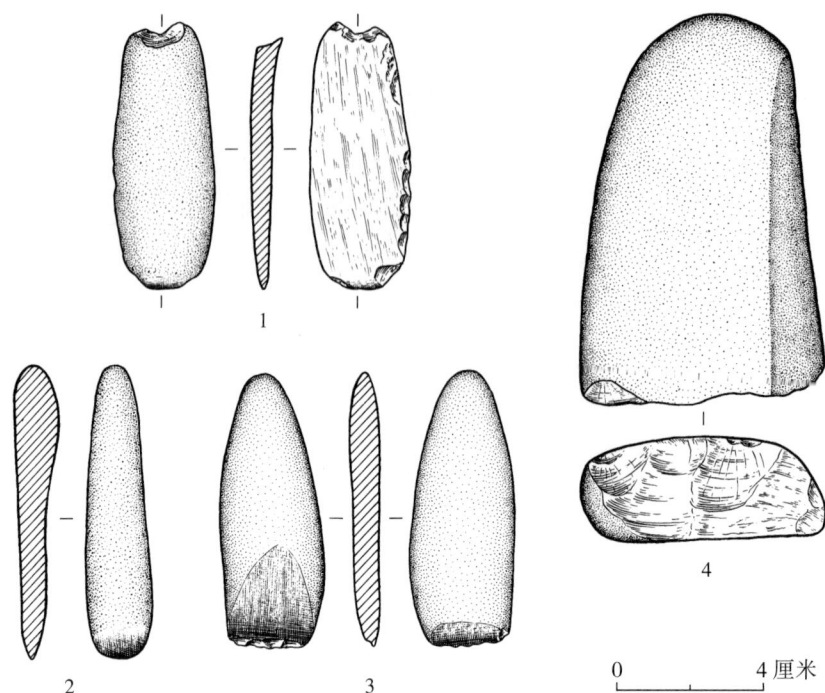

图一二三　第四文化层石制品（五十一）

1. A 型石凿（2007GJHT15④：125）　　2、3. B 型石凿（2007GJHT15④：1、2007GJHT7④：1）　　4. 研磨器毛坯（2007GJHT13④：7）

研磨器毛坯

1 件。

标本 2007GJHT13④：7，原料为辉绿岩砾石，上端紫红色，下端青灰色。方柱状，平面近梯形。使用较长砾石，将其从中间截断，在一端形成一个较平整的截断面。在断面的一侧可见截断时形成的打击点。器身大部分保留砾面。长 10.59、宽 6.82、厚 2.82 厘米，重 323 克（图一二三，4）。

研磨器

3 件。分别属于 A、B 型。

A 型　1 件。

标本 2007GJHM14：1，原料为青灰色辉绿岩砾石。平面呈葫芦形，通体磨制，线型流畅。圆凸顶，束颈，溜肩，喇叭身下端内收，平底。通高 15.70、最大腹径 10.00 厘米，重 2043.6 克（图一二四，1；彩版三四，1）。

B 型　2 件。

标本 2007GJHM21：2，原料为青灰色辉绿岩砾石。平面呈喇叭形，通体磨制，线型流畅。圆顶，喇叭身，平底外弧。通高 6.80、最大腹径 6.30 厘米，重 390 克（图一二四，2）。

标本 2007GJHT15④：3，原料为青灰色辉绿岩砾石。平面呈喇叭形。顶端小，底端大，底部磨圆，较光滑。顶端是平整的截断面。周身均磨光，局部保留个别阴疤。底宽 7.50、顶宽 5.00、高 6.80 厘米，重 610 克（图一二四，3；彩版三四，2）。

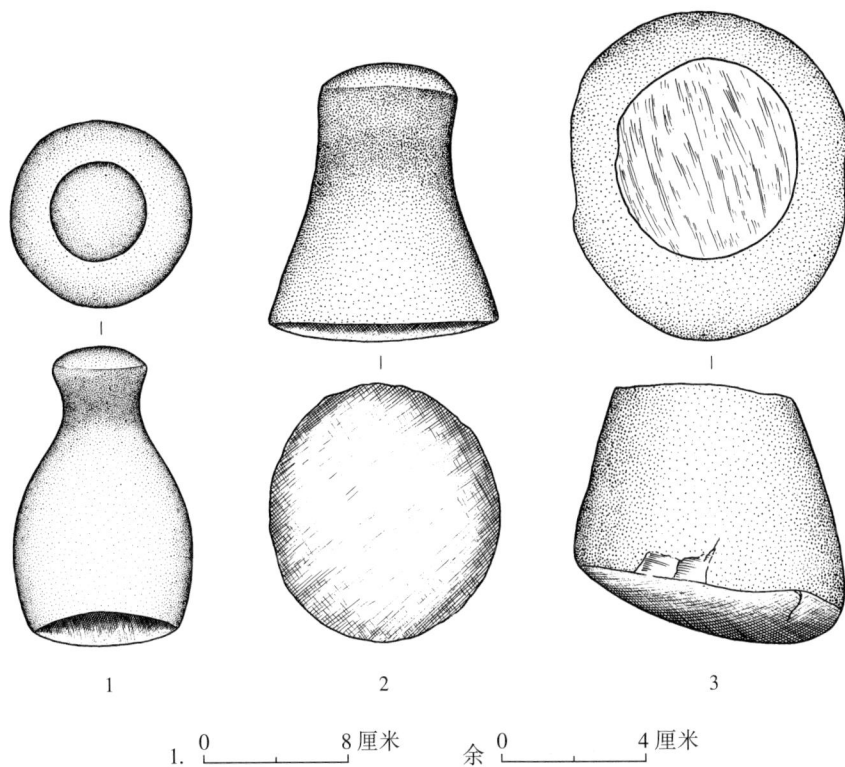

图一二四　第四文化层石制品（五十二）

1. A 型研磨器（2007GJHM14：1）　　2、3. B 型研磨器（2007GJHM21：2、2007GJHT15 ④：3）

二、蚌器

共 13 件。包括蚌勺、双肩蚌铲、单肩蚌铲、蚌刀、蚌器毛坯和残蚌器几类。其中双肩蚌铲 8 件，占第四文化层蚌器总数的 61.54%，蚌勺、蚌刀、单肩蚌铲、蚌器毛坯和残蚌器各 1 件。

双肩蚌铲

8 件。

标本 2007GJHT15 ④：5，长宽柄，顶部微弧；双斜肩，一高一低，不对称；肩以下斜弧内收；弧刃。肩部及顶部可见加工时留下的琢制痕迹。器身长 14.13、肩宽 6.13、厚 1.60 厘米（图一二五，1；彩版三四，3）。

标本 2007GJHT15 ④：6，宽长柄，柄部顶端微尖；双斜肩不对称；一侧器身肩以下斜弧内收，另一侧残断；弧刃。通体长 14.40、柄长 5.47、器身宽 7.47、厚 2.00 厘米（图一二五，2；彩版三四，4）。

标本 2007GJHT7 ④：42，宽长柄，柄端略尖；双斜肩，两肩不对称，一肩切割整齐，另一肩琢制平整；弧刃，刃部略风化。器身长 12.13、宽 7.73、厚 1.47、柄长 5.47、柄宽 4.13 厘米（图一二五，3；彩版三四，5）。

标本 2007GJHT7 ④：43，宽长柄，双斜肩，一肩及以下部分残；弧刃，刃部略风化。肩部

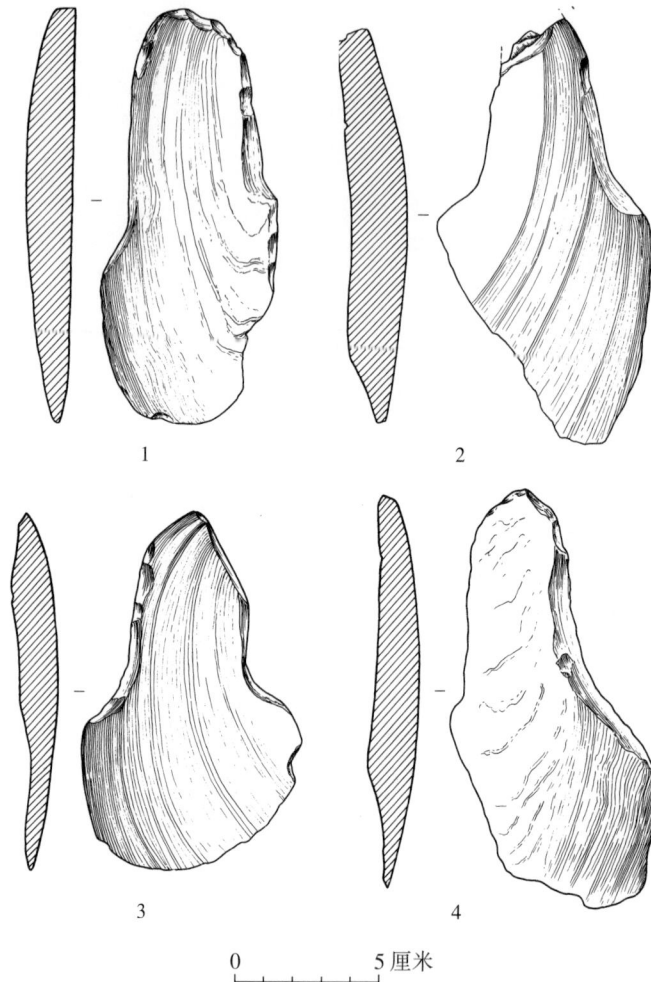

图一二五　第四文化层蚌器（一）

1～4. 双肩蚌铲（2007GJHT15④∶5、2007GJHT15④∶6、2007GJHT7④∶42、2007GJHT7④∶43）

可见琢制痕迹。器身长 13.87、宽 7.33、厚 1.60、柄长 7.07、柄宽 4.93 厘米（图一二五，4；彩版三四，6）。

　　标本 2007GJHT7④∶4，宽柄，柄部顶端平直；双斜肩；柄部两侧及双肩可见琢制痕迹；弧刃，刃部略风化。器身长 12.53、宽 8.67、厚 1.47、柄长 4.40、柄宽 5.07 厘米（图一二六，1；彩版三五，1）。

　　标本 2007GJHT14④∶52，柄残；双肩较平，不对称；肩以下弧内收；弧刃。柄部和肩部可见加工留下的疤痕。柄残长 2.67、身长 12.80、身宽 9.47、厚 1.47 厘米（图一二六，2；彩版三五，2）。

　　标本 2007GJHT14④∶53，宽长柄，柄顶略弧；双斜肩不对称；肩以下弧形内收；弧凸刃。柄部及肩部有琢制加工时留下的细小崩疤。柄长 4.80、身长 11.47、身宽 7.60、厚 1.47 厘米（图一二六，3；彩版三五，3）。

　　标本 2007GJHT14④∶54，宽长柄，柄顶较平；双斜肩不对称；肩以下弧形内收；弧凸刃。

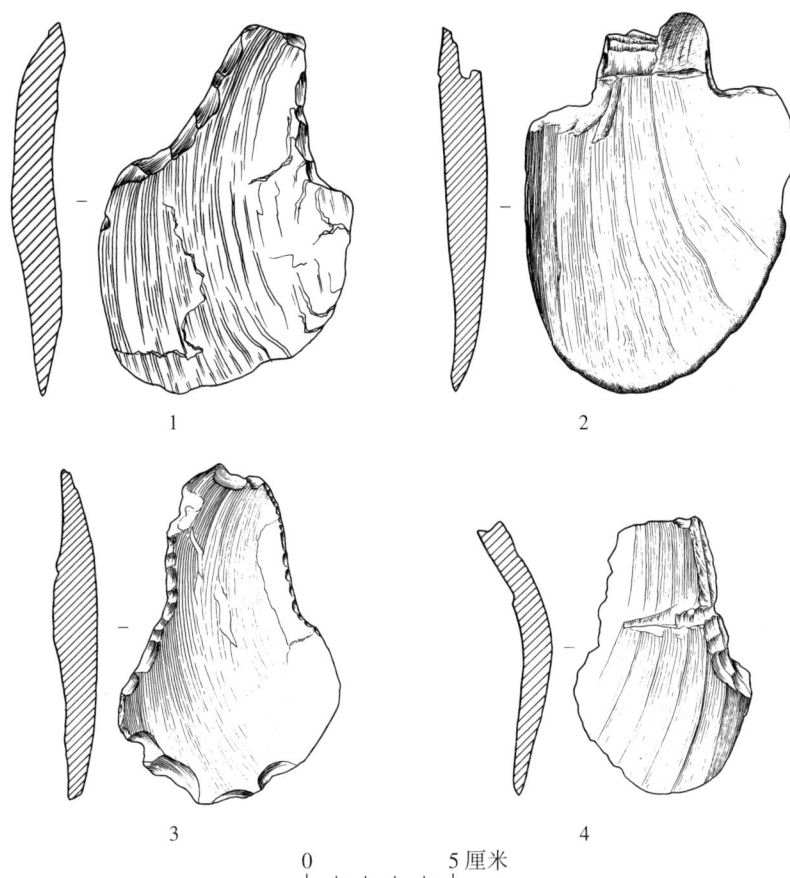

图一二六　第四文化层蚌器（二）

1 ~ 4. 双肩蚌铲（2007GJHT7 ④：4、2007GJHT14 ④：52、2007GJHT14 ④：53、2007GJHT14 ④：54）

柄部及肩部有琢制加工时留下的细小崩疤。柄长 4.27、身长 9.33、身宽 6.27、厚 0.93 厘米（图一二六，4；彩版三五，4）。

单肩蚌铲

1 件。

标本 2007GJHT14 ④：51，短柄，柄部顶端微弧，单肩，肩以下两侧内收，弧凸刃。柄部及肩部有琢制加工时留下的细小崩疤，刃端有使用后留下的崩疤。柄长 5.33、身长 14.53、身宽 7.33、厚 1.60 厘米（图一二七，2；彩版三五，6）。

蚌勺

1 件。

标本 2007GJHT15 ④：123，利用较大蚌壳制作而成。平面近椭圆形，器身两端稍窄，中部稍宽，顶端略弧，弧刃。器身侧面可见加工留下的疤痕。长 11.33、宽 4.40、厚 0.93 厘米（图一二七，1；彩版三五，5）。

蚌刀

1 件。

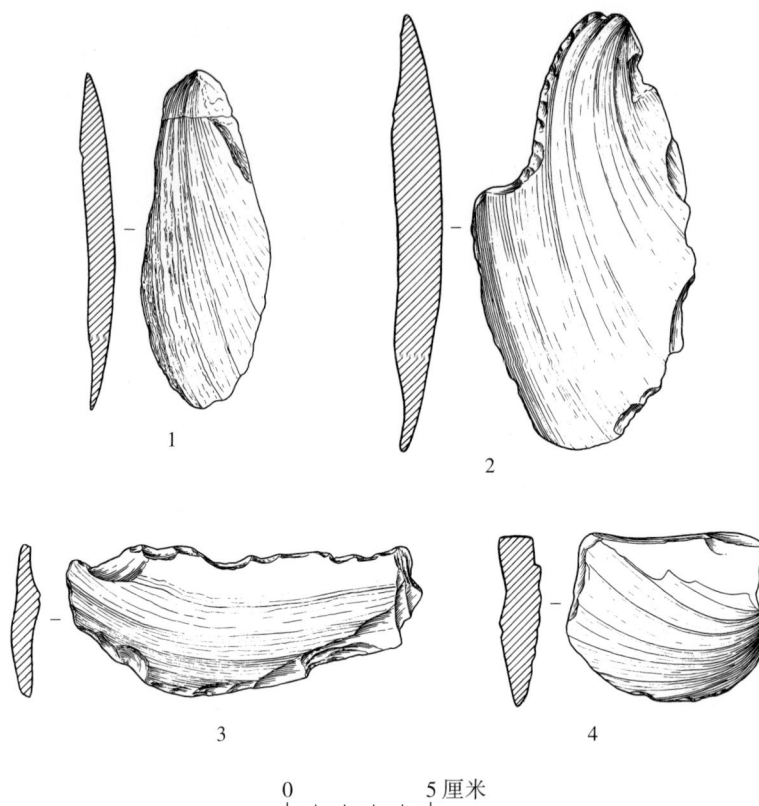

图一二七　第四文化层蚌器（三）
1. 蚌勺（2007GJHT15 ④：123）　2. 单肩蚌铲（2007GJHT14 ④：51）　3. 蚌刀（2007GJHT14 ④：2）
4. 蚌器毛坯（2007GJHT15 ④：124）

　　标本 2007GJHT14 ④：2，平面呈长条形，弧刃圆钝。周边均有打制留下的片疤，未见磨痕，正面保留蚌的自然面。长 12.40、宽 5.07、厚 0.80 厘米（图一二七，3；彩版三六，1）。

蚌器毛坯

1 件。

　　标本 2007GJHT15 ④：124，利用较大蚌壳制作而成，平面近四方形，看不出具体器形。一侧可见加工留下的疤痕。长 6.80 、宽 5.60、厚 1.33 厘米（图一二七，4）。

残蚌器

1 件。

　　标本 2007GJHT7 ④：45，应为蚌铲柄部。两侧琢制平整，背面略磨，正面保留蚌的自然面。残长 6.13、宽 5.47、厚 0.93 厘米（图一二八，1）。

三、骨器

　　共 9 件。包括骨矛、骨铲、骨镞、骨锥、骨器残件和象牙器。其中骨镞 3 件，骨铲 2 件，其余各 1 件。

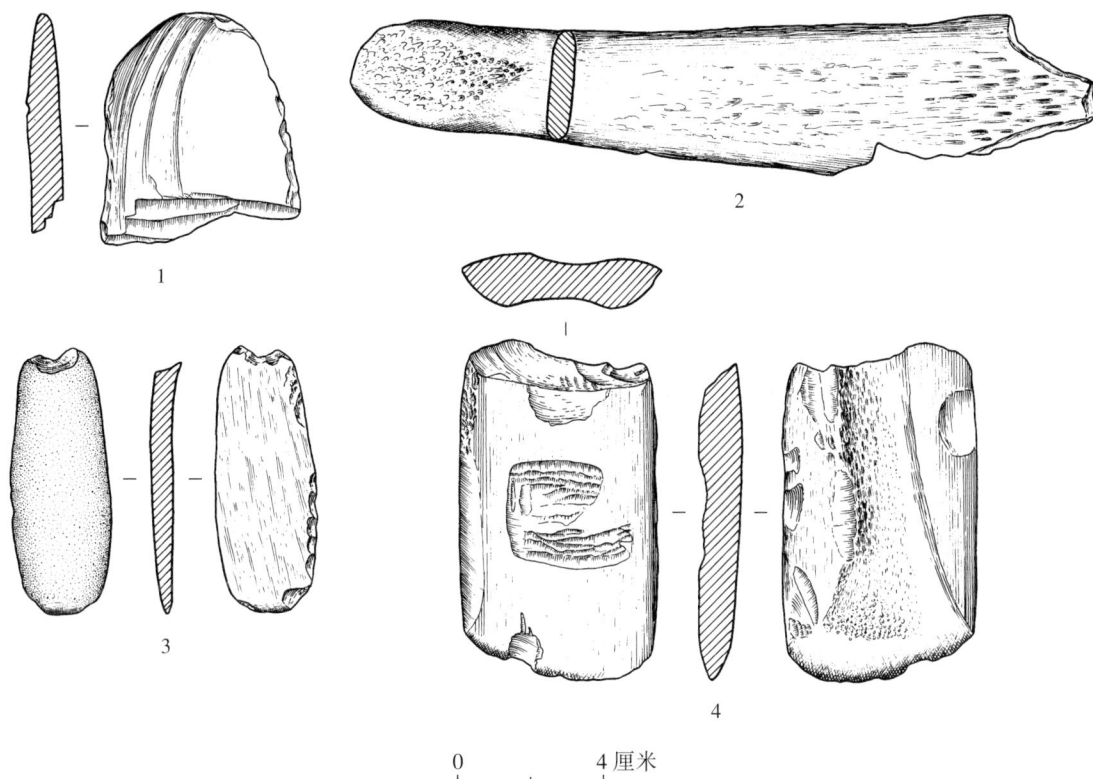

图一二八　第四文化层骨器、蚌器

1. 残蚌器（2007GJHT7④：45）　　2. 骨矛（2007GJHT15④：4）　　3、4. 骨铲（2007GJHT15④：125、2007GJHT14④：3）

骨矛

1件。

标本2007GJHT15④：4，系用宽扁的骨片磨制而成，仅在刃部稍磨。长20.93、宽4.00、厚0.67厘米（图一二八，2）。

骨铲

2件。

标本2007GJHT15④：125，利用剖开的动物肢骨制作而成，平面呈长方形。在稍宽端进行磨制，形成一道弧刃。长7.20、宽2.80、厚0.67厘米（图一二八，3）。

标本2007GJHT14④：3，系利用动物的肢骨制作而成，平面近长方形，通体磨制，刃部精磨，弧刃。局部保留有制作时劈砍留下的痕迹。长9.07、宽5.47、厚1.33厘米（图一二八，4；彩版三六，2）。

骨镞

3件。

标本2007GJHT7④：40，用动物的骨管劈裂磨制而成，平面近三角形。内面保留骨管的自然面，外面两侧向一端磨出一个尖。长5.28、宽1.44、厚0.40厘米（图一二九，1）。

标本2007GJHT7④：41，用动物骨头通体磨制而成，平面近三角形，横截面呈椭圆形。一

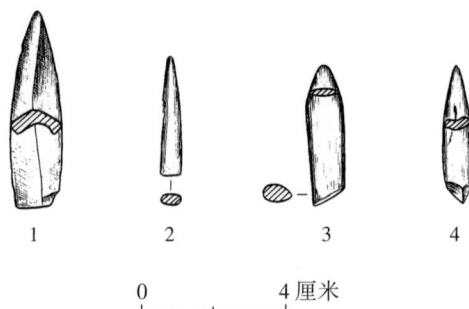

图一二九 第四文化层骨器

1~3.骨镞（2007GJHT7④：40、2007GJHT7④：41、2007GJHT14④：56） 4.骨锥（2007GJHT14④：55）

端磨出一个尖，一侧有三个锯齿状的倒钩。长3.20、宽0.56、厚0.32厘米（图一二九，2；彩版三六，3）。

标本2007GJHT14④：56，利用动物肢骨制作而成，器体扁薄。通体磨制，前端磨出一尖。长3.76、宽1.04厘米（图一二九，3）。

骨锥

1件

标本2007GJHT14④：55，利用动物肢骨制作而成，近圆锥形。通体磨制。长3.68、最大直径0.80厘米（图一二九，4）。

骨器残件

1件。

标本2007GJHT7④：47，器体扁薄，横截面呈圆角长方形。通体磨制，两端残断。残长3.20、宽0.80、厚0.27厘米（图一三〇，1）。

象牙器

1件。

标本2007GJHT9④：9，利用象牙制作而成，呈弧形。靠近根部外有一圆形穿孔。长64.80厘米（图一三〇，2）。

四、陶器

共发现陶片16片，均残碎。器表陶色有红色和黑色两种，各8片，有的陶片可见烟炱痕迹。大部分看不出器形，其中两片为陶罐口沿残片。施细绳纹。

口沿残片

2片。

标本2007GJHT7④：48，折肩罐口沿残片。泥质陶，内外均为浅红色，灰黑胎。敞口，圆唇，束颈，折肩。肩以下施细绳纹，绳纹麦粒状，清晰，颈肩部先施绳纹，后抹平，留有淡淡的痕迹。残高9.63厘米（图一三〇，3；彩版三六，4）。

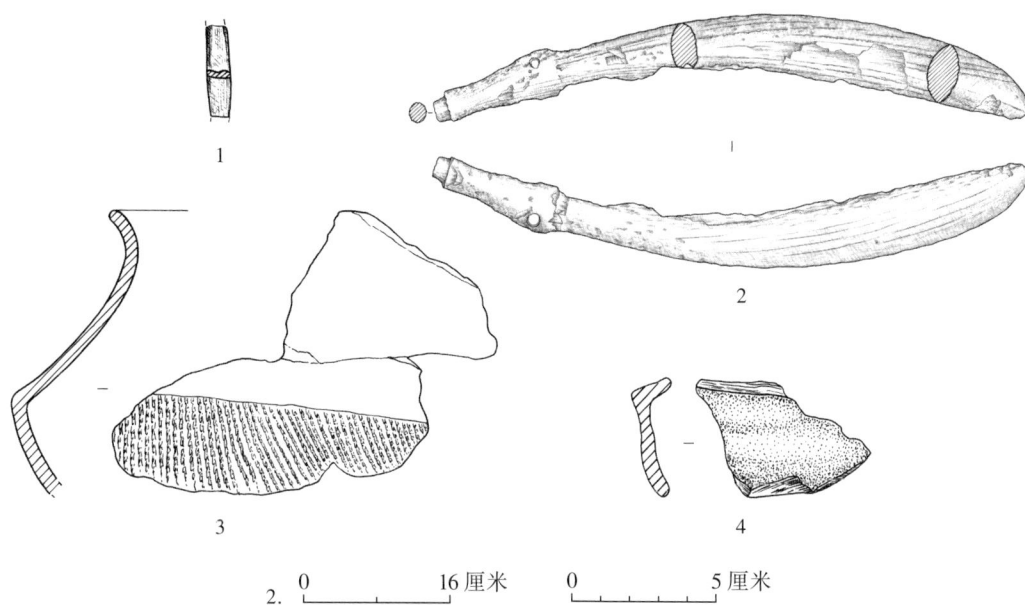

图一三〇 第四文化层骨器、陶片

1. 骨器残件（2007GJHT7 ④：47） 2. 象牙器（2007GJHT9 ④：9） 3、4. 陶器口沿残片（2007GJHT7 ④：48、2007GJHT7 ④：3）

标本 2007GJHT7 ④：3，陶罐口沿残片。仅剩口颈部，肩以下残。泥质陶，器表为浅红色，灰黑胎。敞口，口沿外翻，圆唇，束颈。素面。残高 4.00 厘米（图一三〇，4）。

第四章　自然遗物

　　我们通过现场收集，获取了大量何村遗址的自然遗物。经过实验室的整理与分析，我们对遗址发现的植物遗存和动物遗存情况有了大致的了解。

第一节　植物遗存

　　我们将 T2 和 T15 四壁采集的 10 个样品送至中山大学进行植物孢粉检测分析。测试先经过化学处理和重液浮选制片，然后在蔡司显微镜下进行鉴定和统计。

　　孢粉分析结果显示，何村遗址孢粉中植物种类比较丰富，包括乔木植物、灌木及草本植物、蕨类植物三大类（表一、表二）。其中乔木植物花粉总数占绝大多数，在取自 T2 的第⑤层、第④层、第③层和第②层的 4 个样品中，乔木植物花粉分别占 66.4%、73.2%、80.6% 和 77.7%；取自 T15 第⑤（1 个样品）层、第④层（2 个样品）、第③层（2 个样品）和第②层（1 个样品）的 6 个样品中，乔木植物花粉分别占 72.7%、82.1%、82.0%、72.4%、82.0% 和 81.0%。灌木及草本植物花粉总数位居第二，占比位于 10.1% ~ 26.7% 之间，蕨类植物孢子最少，占比位于 4.3% ~ 14.0% 之间。乔木植物花粉包括冷杉属（Abies）、云杉属（Picea）、油杉属（Keteleeria）、铁杉属（Tsuga）、松属（Pinus）、杉科（Taxodiaceae）、柏科（Cupressaceae）、桦木科（Betulaceae）、桤木属（Alnus）、鹅耳枥属（Carpinus）、铁木属（Ostrya）、胡桃属（Juglans）、山核桃属（Carya）、枫杨属（Pterocarya）、栎属（Quercus）、栗属（Castanea）、榆属（Ulmus）、榉属（Zelkova）、化香树属（Platycarya）、椴属（Tilia）、柳属（Salix）、芸香科（Rutaceae）、槭属（Acer）、爵床科（Acanthaceae）、桑属（Morus）、冬青属（Ilex）等，其中松属最多，最高占比达到总孢粉数量的 67.0%（取自 T2 ②层）。灌木及草本植物花粉包括榛属（Corylus）、麻黄属（Ephedra）、蒿属（Artemisia）、紫菀属（Aster）、菊科（Compositae）、藜科（Chenopodiaceae）、伞形科（Umbelliferae）、茜草科（Rubiaceae）、石竹科（Caryophyllaceae）、蔷薇科（Rosaceae）、杜鹃花科（Ericaceae）、地榆属（Sanguisorba）、凤仙花科（Balsaminaceae）、蓼属（Polygonum）、香蒲属（Typha）、狐尾藻属（Myriophyllum）、莎草科（Cyperaceae）、禾本科（Gramineae）等。蕨类植物孢子包括石松属（Lycopodium）、卷柏属（Selaginella）、里白属（Hicriopteris）、水龙骨属（Polypodium）、水龙骨科（Polypodiaceae）、铁线蕨属（Adiantum）、海金沙属（Lygodium）、膜叶蕨属（Hymenophyllum）、凤尾蕨属（Pteris）、金毛狗属（Cibotium）、环纹藻（Concentricyates）等。

表一 T2 剖面样品孢粉分析表

孢粉类型	样品号及地层 / 粒数及百分比	1（T2⑤）北壁 粒	1（T2⑤）北壁 %	2（T2④）西壁 粒	2（T2④）西壁 %	3（T2③）西壁 粒	3（T2③）西壁 %	4（T2②）西壁 粒	4（T2②）西壁 %
孢子花粉总数		116	100	97	100	108	100	112	100
乔木植物花粉总数		77	66.4	71	73.2	87	80.6	87	77.7
灌木及草本植物花粉总数		31	26.7	16	16.5	11	10.1	18	16.0
蕨类植物孢子总数		8	6.9	10	10.3	10	9.3	7	6.3
乔木植物花粉	冷杉属（Abies）	4	3.4	2	2.1	2	1.9	3	2.7
	云杉属（Picea）			1	1.0	1	0.9		
	油杉属（Keteleeria）			1	1.0	2	1.9		
	铁杉属（Tsuga）	1	0.9			3	2.8	1	0.9
	松属（Pinus）	48	41.3	58	59.8	72	66.7	75	67.0
	杉科（Taxodiaceae）								
	柏科（Cupressaceae）								
	桦木科（Betulaceae）	16	13.8	5	5.2	4	3.7	4	3.5
	桤木属（Alnus）	1	0.9	1	1.0	1	0.9	1	0.9
	鹅耳枥属（Carpinus）	1	0.9						
	铁木属（Ostrya）								
	胡桃属（Juglans）	3	2.6			1	0.9		
	山核桃属（Carya）							1	0.9
	枫杨属（Pterocarya）			1	1.0				
	栎属（Quercus）	1	0.9			1	0.9		
	栗属（Castanea）								
	榆属（Ulmus）	1	0.9						
	榉属（Zelkova）			1	1.0				
	化香树属（Platycarya）								
	椴属（Tilia）							1	0.9
	柳属（Salix）			1	1.0				
	芸香科（Rutaceae）							1	0.9
	槭属（Acer）	1	0.9						
	爵床科（Acanthaceae）								
	桑属（Morus）								
	冬青属（Ilex）								

续表一

孢粉类型	样品号及地层 / 粒数及百分比	1（T2⑤）北壁 粒	1（T2⑤）北壁 %	2（T2④）西壁 粒	2（T2④）西壁 %	3（T2③）西壁 粒	3（T2③）西壁 %	4（T2②）西壁 粒	4（T2②）西壁 %
灌木及草本植物花粉	榛属 (Corylus)			1	1.0				
	麻黄属 (Ephedra)							1	0.9
	蒿属 (Artemisiu)	12	10.3	5	5.2	2	1.9	4	3.5
	紫菀属 (Aster)	1	0.9						
	菊科 (Compositae)			1	1.0	1	0.9	1	0.9
	藜科 (Chenopodiaceae)	11	9.5	2	2.1			1	0.9
	伞形科 (Umbelliferae)								
	茜草科 (Rubiaceae)					1	0.9		
	石竹科 (Caryophyllaceae)	1	0.9					1	0.9
	蔷薇科 (Rosaceae)					1	0.9		
	杜鹃花科 (Ericaceae)					1	0.9		
	地榆属 (Sanguisorba)			1	1.0				
	凤仙花科 (Balsaminaceae)								
	蓼属 (Polygonum)								
	香蒲属 (Typha)	1	0.9						
	狐尾藻属 (Myriophyllum)					1	0.9	1	0.9
	莎草科 (Cyperaceae)	1	0.9	2	2.1	1	0.9		
	禾本科 (Gramineae)	4	3.4	4	4.1	3	2.8	9	8.0
蕨类植物孢子	石松属 (Lycopodium)							1	0.9
	卷柏属 (Selaginella)	1	0.9	1	1.0	1	0.9		
	里白属 (Hicriopteris)			2	2.1	1	0.9	1	0.9
	水龙骨属 (Polypodium)	1	0.9	2	2.1	6	5.6	1	0.9
	水龙骨科 (Polypodiaceae)	5	4.3	4	4.1	1	0.9	1	0.9
	铁线蕨属 (Adiantum)			1	1.0				
	海金沙属 (Lygodium)							1	0.9
	膜叶蕨属 (Hymenophyllum)								
	凤尾蕨属 (Pteris)							1	0.9
	金毛狗属 (Cibotium)								
	环纹藻 (Concentricyates)	1	0.9			1	0.9	1	0.9

表二 T15 剖面样品孢粉分析表

孢粉类型		1（T15⑤）		2（T15④）		3（T15④）		4（T15③）		5（T15③）		6（T15②）	
		西壁		西壁		西壁		西壁		西壁		西壁	
		粒	%	粒	%	粒	%	粒	%	粒	%	粒	%
孢子花粉总数		110	100	117	100	112	100	98	100	139	100	142	100
乔木植物花粉总数		80	72.7	96	82.1	91	81.3	71	72.4	114	82.0	115	81.0
灌木及草本植物花粉总数		24	21.8	15	12.8	10	8.9	21	21.5	19	13.7	13	9.2
蕨类植物孢子总数		6	5.5	6	5.1	11	9.8	6	6.1	6	4.3	14	9.8
乔木植物花粉	冷杉属（Abies）	5	4.5	2	1.7	6	5.4	2	2.0	3	2.2	6	4.2
	云杉属（Picea）	1	0.9			1	0.9						
	油杉属（Keteleeria）			1	0.9	2	1.8						
	铁杉属（Tsuga）	3	2.7	5	4.2	4	3.6	3	3.1	2	1.4	4	2.8
	松属（Pinus）	51	46.5	67	57.1	65	58.6	35	35.7	74	53.3	92	64.9
	杉科（Taxodiaceae）			1	0.9								
	柏科（Cupressaceae）							1	1.0	1	0.7		
	桦木科（Betula ceae）	14	12.7	11	9.4	5	4.5	23	23.5	24	17.3	8	5.6
	桤木属（Alnus）	1	0.9	1	0.9	3	2.7	4	4.1	2	1.4		
	鹅耳枥属（Carpinus）	1	0.9							1	0.7		
	铁木属（Ostrya）			1	0.9	1	0.9						
	胡桃属（Juglans）			2	1.7	1	0.9	1	1.0	3	2.2	1	0.7
	山核桃属（Carya）												
	枫杨属（Pterocarya）												
	栎属（Querucs）			2	1.7	1	0.9	1	1.0	2	1.4		
	栗属（Castanea）	1	0.9									1	0.7
	榆属（Ulmus）									1	0.7		
	榉属（Zelkova）												
	化香树属（Platycarya）									1	0.7	1	0.7
	椴属（Tilia）	1	0.9	1	0.9								
	柳属（Salix）					1	0.9					1	0.7
	芸香科（Rutaceae）			1	0.9								
	槭属（Acer）	1	0.9										
	爵床科（Acanthaceae）	1	0.9					1	1.0				
	桑属（Morus）			1	0.9								
	冬青属（Ilex）					1	0.9					1	0.7

续表二

孢粉类型		1（T15⑤）		2（T15④）		3（T15④）		4（T15③）		5（T15③）		6（T15②）	
		西壁		西壁		西壁		西壁		西壁		西壁	
		粒	%	粒	%	粒	%	粒	%	粒	%	粒	%
灌木及草本植物花粉	榛属 (Corylus)	2	1.8	1	0.9	1	0.9	3	3.1	1	0.7		
	麻黄属 (Ephedra)	3	2.7										
	蒿属 (Artemisia)	5	4.5	6	5.1	3	2.7	12	12.3	13	9.4	2	1.4
	紫菀属 (Aster)											1	0.7
	菊科 (Compositae)	1	0.9	1	0.9							1	0.7
	藜科 (Chenopodiaceae)	5	4.5	2	1.7	1	0.9	1	1.0	3	2.2	1	0.7
	伞形科 (Umbelliferae)					1	0.9						
	茜草科 (Rubiaceae)			1	0.9								
	石竹科 (Caryophyllaceae)												
	蔷薇科 (Rosaceae)							1	1.0				
	杜鹃花科 (Ericaceae)					1	0.9						
	地榆属 (Sanguisorba)	1	0.9					1	1.0				
	凤仙花科 (Balsaminaceae)			1	0.9								
	蓼属 (Polygonum)					1	0.9						
	香蒲属 (Typha)	1	0.9										
	狐尾藻属 (Myriophyllum)	3	2.7	1	0.9							1	0.7
	莎草科 (Cyperaceae)	1	0.9			1	0.9	1	1			4	2.8
	禾本科 (Gramineae)	2	1.8	2	1.7	1	0.9	2	2.0	2	1.4	3	2.1
蕨类植物孢子	石松属 (Lycopodium)												
	卷柏属 (Selaginella)			1	0.9			2	2.0				
	里白属 (Hicriopteris)	1	0.9									2	1.4
	水龙骨属 (Polypodium)	3	2.7	3	2.5	5	4.5	1	1.0	3	2.2	3	2.1
	水龙骨科 (Polypodiaceae)	1	0.9			1	0.9	1	1.0			2	1.4
	铁线蕨属 (Adiantum)			1	0.9								
	海金沙属 (Lygodium)									1	0.7		
	膜叶蕨属 (Hymenophyllum)			1	0.9								
	凤尾蕨属 (Pteris)					3	2.7					6	4.2
	金毛狗属 (Cibotium)	1	0.9			1	0.9						
	环纹藻 (Concentricyates)					1	0.9	1	1.0	2	1.4	1	0.7

第二节 软体动物

何村遗址共采集软体动物标本1576件，鉴定出17个物种，包括腹足纲12种和瓣鳃纲5种（彩版三七）。这些类群多数是左江流域及附近地区的现生种类。从数量看，水生螺类最多，其中田螺类和沟蜷类的数量基本相当；陆生蜗牛的数量也较多，多数为环口螺；蚌类较少（表三、表四）。从加工方式看，螺类多数敲壳食用，蜗牛类的壳体相对完整，有的有烧灼痕迹。何村遗址的软体动物种类如下：

软体动物门 Mollusca

  腹足纲 Gastropoda

    前鳃亚纲 Prosobranchia

      中腹足目 Mesogastropoda

        田螺科 Viviparidae

          圆田螺属 *Cipangopaludina*

            1. 圆田螺未定种 *Cipangopaludina* sp.

          石田螺属 *Sinotaia*

            2. 石田螺未定种 *Sinotaia* sp.

            3. 史密斯石田螺相似种 *Sinotaia* cf. *smithi*

          角螺属 *Angulyagra*

            4. 角螺未定种 *Angulyagra* sp.

        厚唇螺科 Pachychilidae

          沟蜷属 *Sulcospira*

            5. 越南沟蜷 *Sulcospira tonkiniana*

            6. 沟蜷未定种 *Sulcospira* sp.

        环口螺科 Cyclophoridae

          环口螺属 *Cyclophorus*

            7. 焰纹环口螺 *Cyclophorus ignilabris*

            8. 环口螺未定种 *Cyclophorus* sp.

    肺螺亚纲 Pulmonata

      柄眼目 Stylommatophora

        蛹螺科 Pupinidae

          拇指螺属 *Pollicaria*

            9. 克氏拇指螺 *Pollicaria crossei*

        烟管螺科 Clausiliidae

          月管螺属 *Selenophaedusa*

10. 月管螺未定种 *Selenophaedusa* sp.

坚齿螺科 Camaenidae

坚螺属 *Camaena*

11. 皱疤坚螺 *Camaena cicatricose*

12. 坚螺未定种 *Camaena* sp.

瓣鳃纲 Lamellibranchia

真瓣鳃目 Eulamellibranchia

珍珠蚌科 Margaritiferidae

弓背蚌属 *Gibbosula*

13. 佛耳弓背蚌 *Gibbosula mansuyi*

蚌科 Unionidae

珠蚌属 *Unio*

14. 圆顶珠蚌 *Unio douglasiae*

矛蚌属 *Lanceolaria*

15. 矛蚌未定种 *Lanceolaria* sp.

丽蚌属 *Lamprotula*

16. 洞穴丽蚌 *Lamprotula caveata*

尖丽蚌属 *Aculamprotula*

17. 铆钮尖丽蚌 *Aculamprotula nodulosa*

表三　何村遗址软体动物分类统计[1]

类群＼地层	T13④南壁	T13④北壁	T14④北壁	T15④南壁	总计
田螺类	77	30	400	145	652
沟蜷类	119	47	359	143	668
蜗牛类	46	22	117	52	237
蚌类	1		3	15	19
总计	243	99	879	355	1576

表四　何村遗址软体动物分类统计（原始数据）

种属＼地层	T13④南壁	T13④北壁	T14④北壁	T15④南壁
田螺科 (Viviparidae)	77	30	400	145

[1] 本表格中的田螺类包括圆田螺未定种、石田螺未定种、史密斯石田螺相似种、角螺未定种；沟蜷类包括越南沟蜷、沟蜷未定种；蜗牛类包括焰纹环口螺、环口螺未定种、克氏拇指螺、月管螺未定种、皱疤坚螺、坚螺未定种；蚌类包括佛耳弓背蚌、圆顶珠蚌、矛蚌未定种、洞穴丽蚌、铆钮尖丽蚌。

续表四

种属 \ 地层	T13 ④南壁	T13 ④北壁	T14 ④北壁	T15 ④南壁
越南沟蜷 (*Sulcospira tonkiniana*)	66	22	271	107
沟蜷未定种 (*Sulcospira* sp.)	53	25	88	36
焰纹环口螺 (*Cyclophorus ignilabris*)	1	2	8	2
环口螺未定种 (*Cyclophorus* sp.)	39	17	98	46
克氏拇指螺 (*Pollicaria crossei*)	1		3	1
月管螺未定种 (*Selenophaedusa* sp.)			5	
皱疤坚螺 (*Camaena cicatricose*)	2	1	2	2
坚螺未定种 (*Camaena* sp.)	3	2	1	
佛耳弓背蚌 (*Gibbosula mansuyi*)				8
圆顶珠蚌 (*Unio douglasiae*)	1		3	
矛蚌未定种 (*Lanceolaria* sp.)				1
洞穴丽蚌 (*Lamprotula caveata*)				2
铆钮尖丽蚌 (*Aculamprotula nodulosa*)				4
总计	243	99	879	355

第三节 脊椎动物

何村遗址发掘时采用手选法收集 T14 第④层和 T15 第④层出土的脊椎动物骨骼，统计可鉴定标本数（NISP）3179 件，最小个体数（MNI）为 127。鉴定结果显示，何村遗址出土的脊椎动物骨骼包括辐鳍鱼纲、爬行纲、鸟纲、哺乳纲在内的各类脊椎动物共计 30 种。其中辐鳍鱼纲包括：草鱼（*Ctenopharyngodon idella*）、鳡鱼（*Elopichthys bambusa*）、赤眼鳟（*Squaliobarbus curriculus*）、鲤鱼（*Cyprinus carpio*）、青鱼（*Mylopharyngodon piceus*）、鳙鱼（*Aristichthys nobilis*）、鲇鱼（*Silurus asotus*），以及种属不明的 6 种鲤科鱼类，共计 13 种；爬行纲包括：龟类（Testudinoidea）、鳖类（Trionychidae），共计 2 种；鸟纲（Aves）由于缺少比对标本和相关图谱暂时无法鉴定，暂定为 1 种；哺乳纲包括：啮齿目（Rodentia）、猕猴（*Macaca mulatta*）、猪獾（*Arctonyx collaris*）、黄鼬（*Mustela sibirica*）、花面狸（*Paguma larvata*）、狗獾（*Meles meles*）、熊（Ursidae）、狼（*Canis lupus*）、猪（*Sus scrofa*）、麂（*Muntiacus* sp.）、苏门羚（*Capricornis sumatraensis*），以及种属不明的 3 种鹿科动物，共计 14 种（彩版三八、三九）。

具体骨骼种类及部位如下：

1. T14 第④层

（1）辐鳍鱼纲

鲇鱼背鳍棘 16 件；胸鳍棘左侧 30 件、右侧 35 件；齿骨左侧 7 件、右侧 5 件、左右不明 4 件；

额骨 1 件；匙骨左侧 13 件、右侧 18 件、左右不明 9 件；角骨左侧 9 件、右侧 9 件；鳍条 199 件；鳍条基骨 3 件；主鳃盖骨左侧 3 件、右侧 3 件；头骨碎块 68 件。

鱤鱼咽骨左侧 5 件、右侧 3 件；主鳃盖骨 1 件。

鲤鱼咽骨左侧 1 件、右侧 2 件。

赤眼鳟咽骨左侧 1 件、右侧 1 件。

青鱼咽骨左侧 2 件。

鳊鱼咽骨 2 件。

草鱼咽骨 1 件。

鲤科舌颌骨 11 件；游离齿 8 件；前鳃盖骨 25 件；头骨碎块 59 件；齿骨 2 件；前颌骨 2 件；主鳃盖骨 2 件；咽骨 21 件。

辐鳍鱼纲脊椎 313 件；刺 390 件；前颌骨左侧 1 件。

（2）爬行纲

龟甲 589 件。

鳖甲 255 件。

龟 / 鳖肱骨左侧 11 件、右侧 14 件；股骨左侧 4 件、右侧 7 件；肱骨 / 股骨 48 件；肢骨 91 件；脊椎 31 件。

（3）鸟纲

15 件。

（4）哺乳纲

啮齿目 29 件。

猕猴下颌骨左侧 2 件、右侧 1 件。

花面狸股骨近端 1 件、远端 1 件；胫骨完整 1 件、近端 1 件、远端 1 件；肱骨近端 1 件、远端 4 件；桡骨近端 5 件；距骨 5 件。

猪獾肱骨完整 1 件、近端 1 件、远端 1 件；距骨 2 件；上颌骨 1 件。

狗獾距骨 2 件；肱骨远端 1 件；胫骨远端 1 件。

黄鼬胫骨近端 1 件；股骨远端 1 件。

熊掌骨 1 件。

狼掌骨 1 件。

小型食肉目指骨 24 件。

中型食肉目指骨 39 件。

食肉目 126 件。

猪下颌骨 3 件；头骨 1 件；肩胛骨右侧 1 件；髌骨右侧 1 件；第 2 节指骨未愈合 2 件、愈合中 2 件、愈合 3 件、愈合不明 2 件；第 3 跖骨近端左侧 2 件、右侧 1 件；第 4 掌骨左侧 1 件；第 4 跖骨左侧 1 件；腓骨远端 3 件；跟骨左侧愈合 1 件、右侧愈合不明 1 件；胫骨远端左侧愈合 1 件、右侧愈合 2 件、左侧骨干 1 件；距骨左侧 1 件、右侧 1 件；炮骨远端 4 件；桡骨近端左侧愈合 3 件、远端左侧愈合 1 件、未愈合 1 件；指骨 14 件。

麂角左侧 1 件、右侧 4 件、左右不明 4 件；掌骨完整左侧 1 件、近端左侧 1 件、远端左侧愈合 1 件、右侧愈合 1 件；跖骨近端左侧 1 件、远端左侧愈合 1 件、右侧愈合 2 件、左右不明 1 件。

小型鹿科尺骨近端右侧愈合 1 件、骨干左侧 2 件；第 1 节指骨 8 件；第 2 节指骨 6 件；第 3 节指骨 5 件；第 2、3 腕骨左侧 3 件；跟骨左侧愈合 1 件、右侧愈合 3 件、右侧愈合不明 1 件；肱骨近端右侧愈合 2 件、远端左侧愈合 2 件、右侧愈合 5 件；股骨远端左侧愈合 1 件、左侧未愈合 1 件、右侧愈合 1 件、右侧未愈合 1 件；肩胛骨左侧 2 件；胫骨近端左侧愈合 1 件、远端左侧愈合 1 件、右侧愈合 3 件；距骨左侧 3 件、右侧 1 件；盆骨右侧愈合 1 件；桡骨近端左侧愈合 5 件、右侧愈合 7 件、远端左侧愈合 1 件、右侧愈合 1 件；枢椎 1 件；下颌骨 3 件；中央跗骨右侧 1 件。

中小型鹿科尺骨近端左侧未愈合 2 件、右侧愈合 2 件、骨干右侧 3 件；第 1 节指骨 17 件；第 2 节指骨 11 件；第 3 节指骨 16 件；第 2、3 腕骨右侧 1 件；跟骨左侧未愈合 1 件、右侧未愈合 1 件、右侧愈合不明 1 件；肱骨近端右侧愈合 2 件、远端左侧愈合 2 件、右侧愈合 5 件；肱骨近端右侧 1 件、远端左侧愈合 1 件、愈合不明 1 件、右侧愈合不明 1 件；肩胛骨左侧愈合 2 件、愈合不明 1 件；胫骨近端左侧愈合 1 件、右侧愈合 1 件、右侧未愈合 1 件、远端左侧愈合 2 件；距骨左侧 5 件、右侧 8 件；炮骨近端左右不明 10 件、远端左侧愈合 4 件、右侧愈合 2 件、左右不明愈合 3 件、左右及愈合不明 5 件；桡骨近端左侧愈合 6 件、右侧愈合 1 件、远端左侧未愈合 3 件、右侧愈合 1 件、右侧未愈合 2 件；枢椎 1 件；下颌骨 2 件；掌骨近端右侧 1 件；跖骨近端右侧 1 件；中央跗骨左侧 1 件、右侧 1 件。

中型鹿科髌骨左侧 1 件、右侧 4 件；尺骨近端右侧未愈合 2 件、愈合不明 1 件；第 1 节指骨 4 件；第 2 节指骨 5 件；第 3 节指骨 4 件；跟骨左侧愈合不明 2 件、右侧愈合 2 件、右侧未愈合 2 件；股骨近端右侧愈合 1 件、愈合中 1 件、远端左侧愈合 1 件、未愈合 1 件、右侧愈合不明 1 件；肩胛骨左侧愈合 1 件、右侧愈合不明 2 件；胫骨远端左侧愈合 1 件、右侧愈合 4 件；距骨右侧 1 件；炮骨近端 3 件、远端 2 件；桡骨近端左侧愈合 1 件、右侧愈合 4 件、远端左侧愈合 1 件；掌骨近端右侧 1 件、远端右侧 1 件。

大型鹿科髌骨左侧 1 件；第 1 节指骨 11 件；第 3 节指骨 5 件；尺骨近端右侧愈合 1 件；桡骨近端右侧愈合 1 件。

鹿科炮骨 18 件。

2. T15 第④层

（1）辐鳍鱼纲

鲇鱼背鳍棘 1 件；匙骨左侧 1 件；胸鳍棘右侧 1 件；鳍棘 7 件；头骨碎块 1 件。

鲤科下鳃盖骨 2 件。

辐鳍鱼纲脊椎 2 件。

（2）爬行纲

龟甲 14 件。

鳖甲 29 件。

龟 / 鳖头骨 1 件；肱骨 / 股骨 4 件。

（3）哺乳纲

花面狸肱骨远端 1 件。

食肉目 35 件。

猪第 2 节指骨 2 件；第 3 掌骨近端左侧 1 件；第 3 跖骨右侧 1 件；第 4 掌骨近端左侧 1 件；第 4 跖骨右侧 2 件；腓骨 2 件；跟骨左侧愈合不明 1 件；肩胛骨左侧愈合 1 件；胫骨远端愈合左侧 1 件、右侧 3 件；距骨右侧 1 件；炮骨远端 6 件；桡骨近端左侧 2 件、右侧 1 件；上颌骨左侧 1 件；下颌骨右侧 1 件。

鹿角 14 件。

中小型鹿科第 1 节指骨愈合 3 件、愈合不明 5 件；第 2 节指骨愈合 4 件；尺骨近端左侧愈合不明 2 件、右侧愈合 1 件；跟骨左侧愈合 1 件、右侧愈合 1 件；距骨左侧 2 件；下颌骨左侧 1 件、右侧 5 件。

中型鹿科髌骨右侧 3 件；第 3 节指骨 7 件；肱骨近端左侧愈合 1 件、远端左侧愈合 2 件、右侧愈合 1 件；胫骨近端右侧愈合 1 件、未愈合 1 件、远端左侧愈合 2 件、愈合中 1 件、右侧愈合 2 件；距骨右侧 1 件；炮骨远端未愈合 2 件；桡骨近端右侧愈合 1 件；下颌骨 2 件；掌骨近端左侧 1 件；跖骨近端左侧 1 件、右侧 2 件。

大型鹿科尺骨近端右侧愈合中 1 件、愈合不明 1 件；桡骨近端左侧愈合 1 件、远端右侧愈合 1 件；下颌骨 1 件；上颌骨 1 件；掌骨远端左侧愈合 1 件。

苏门羚角 1 件。

对何村遗址出土脊椎动物骨骼的鉴定结果表明，辐鳍鱼纲、爬行纲、鸟纲、哺乳纲四类动物中，辐鳍鱼纲与爬行纲的绝对数量和相对比例都占大宗（表五）。这种现象在一定程度上反映了何村遗址古代居民获取食物的偏好。遗址紧邻左江左岸，临江面为悬崖峭壁，属于河旁台地贝丘遗址，遗址附近水生资源丰富，在遗址动物群构成上反映为鱼类和爬行类占优势。各纲的具体数量见表六至表八。

表五　何村遗址出土动物骨骼的可鉴定标本数（NISP）和最小个体数（MNI）

纲	NISP	NISP %	MNI	MNI %
辐鳍鱼纲	1300	40.89	62	48.82
爬行纲	1098	34.54	14	11.02
鸟纲	15	0.47	1	0.79
哺乳纲	766	24.10	50	39.37
合计	3179	100	127	100

表六　何村遗址出土辐鳍鱼纲的可鉴定标本数（NISP）和最小个体数（MNI）

种属		NISP	NISP %	MNI	MNI %
鲇科	鲇鱼	443	74.58	36	58.06
鲤科	鳡鱼	9	1.52	5	8.06
	鲤鱼	3	0.51	2	3.23
	赤眼鳟	2	0.34	1	1.61
	青鱼	2	0.34	2	3.23
	鳙鱼	2	0.34	1	1.61
	草鱼	1	0.17	1	1.61
	鲤科不可鉴定	132	22.22	14	22.58
辐鳍鱼纲不可鉴定		706	#	#	#

表七　何村遗址出土爬行纲、鸟纲的可鉴定标本数（NISP）和最小个体数（MNI）

种属		NISP	NISP %	MNI	MNI %
爬行纲	龟甲	603	54.92	#	#
	鳖甲	284	25.87	#	#
	龟 / 鳖骨	211	19.22	14	100
鸟纲		15	100	1	100

表八　何村遗址出土哺乳纲的可鉴定标本数（NISP）和最小个体数（MNI）

种属		NISP	NISP %	MNI	MNI %
啮齿目		29	3.79	1	2.00
灵长目	猕猴	3	0.39	2	4.00
食肉目	花面狸	21	2.74	5	10.00
	猪獾	6	0.78	2	4.00
	狗獾	4	0.52	2	4.00
	黄鼬	2	0.26	1	2.00
	熊	1	0.13	1	2.00
	狼	1	0.13	1	2.00
	食肉目不可鉴定	224	29.24	#	#

续表八

种属				NISP	NISP %	MNI	MNI %
偶蹄目	猪形亚目	猪科	猪	81	10.57	6	12.00
	反刍亚目	鹿科	麂	32	4.18	3	6.00
			小型鹿科	74	9.66	7	14.00
			中小型鹿科	158	20.63	8	16.00
			中型鹿科	85	11.10	7	14.00
			大型鹿科	26	3.39	3	6.00
			鹿科不可鉴定	18	2.35	#	#
		牛科	苏门羚	1	0.13	1	2.00

需要注意的是，鱼类和爬行类动物骨骼遗存破碎度高，可鉴定特征明显，因此它们的数量往往显得比较多。结合单个动物的平均肉量，我们判断，哺乳动物在肉食资源的贡献量中依然占有重要的地位。

何村遗址出土哺乳纲动物骨骼包括啮齿目、灵长目、食肉目和偶蹄目。其中，反刍亚目和食

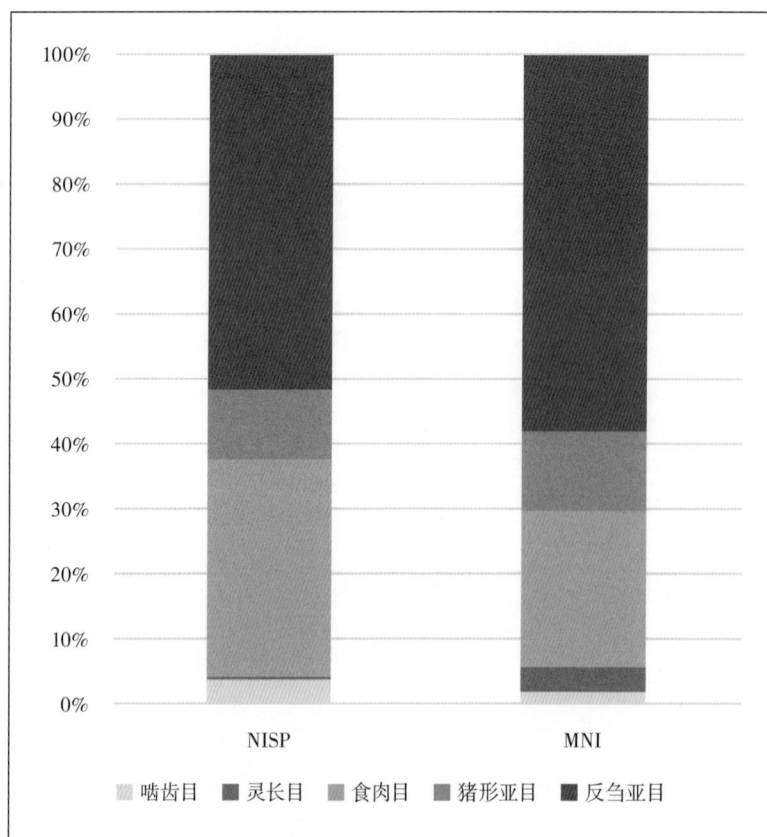

图一三一　何村遗址哺乳纲动物 NISP 和 MNI 比例柱状图

肉目分别占哺乳纲动物的 51% ~ 58% 和 24% ~ 33% 左右，猪形亚目占 10% ~ 12% 左右，啮齿目和灵长目占比较少（图一三一）。

何村遗址出土的猪骨，根据骨骼形态和测量数据可以分为两类，一类较粗壮较大，一类较纤细较小。基于可观察到的猪类标本，从骨骼形态、量化数据、测量数据等方面看，尚不能认定何村遗址有家猪的存在。

此外，还有部分食肉目动物骨骼、鲤科鱼类骨骼、鹿科动物骨骼和鸟纲动物骨骼，由于目前缺乏可靠的比对标本和相关图谱，暂时无法鉴定。

第五章　文化内涵与年代

第一节　文化内涵

何村遗址属河旁台地贝丘遗址，堆积中含大量螺蚌壳。

遗迹只见墓葬一种。墓葬中的人骨往往和地层中的螺蚌壳混在一起，没有发现墓圹。人骨分布十分密集，很多不同个体的人骨无间隙相互叠压。葬式以屈肢葬为主，还有肢解葬和蹲踞葬等其他葬式。屈肢葬有仰身屈肢、侧身屈肢、俯身屈肢等形式。肢解葬多为头部肢解，但也有多处肢解者。

文化遗物包括石制品、蚌器、骨器、陶片四大类，其中石制品占绝大多数。

石制品包括加工工具、打制石制品和磨制石制品三大类，打制石器占多数。石器原料有砾石和石块两种，砾石占绝大多数。岩性有辉绿岩、砂岩、硅质岩、石英和石灰岩等，以辉绿岩为主。加工工具包括石锤、砺石和间打器三种类型，以石锤和砺石为主，间打器极少。打制石制品包括石片、砍砸器、刮削器、尖状器等类型，以砍砸器和刮削器为主。石片剥片方法为直接锤击法，打击台面多为自然台面。大部分石片打击点明显、放射线清楚，半锥体不凸出者众多。多数石片的背面保留自然砾面，背面片疤的剥片方向与石片同向同源。多数边缘和棱角锋利，未见使用痕迹。砍砸器和刮削器的加工方法仅见锤击法一种，多为单面加工，背面为砾石面。加工时大多是由较平一面向凸起一面进行打击。加工较为简单，多数标本的加工仅限于边缘部分，加工面多由一层或两层片疤组成，片疤大小不均，多数小而浅。刃面较陡。把端不加修理，保留自然砾面。大部分标本的刃缘有不同程度的修整，有的可见使用痕迹。单刃者居多，另见少量双刃和多刃者。磨制石制品数量不多，包括斧锛类毛坯、石斧、石锛、石凿、研磨器毛坯、研磨器等类型。大部分斧锛类器物利用扁平砾石磨制而成，磨制不精，多保留砾石面，有的器身两侧或者一面留有打击形成的片疤。葫芦形和喇叭形的研磨器，制作工艺复杂，线型流畅，通体精磨，代表该遗址磨制石器制作技术的最高水平。

蚌器包括蚌勺、双肩蚌铲、单肩蚌铲、蚌刀、蚌器毛坯等。其中双肩蚌铲和单肩蚌铲占大多数，二者制作精美。

骨器数量不多，类型包括骨矛、骨镞、骨铲、骨锥和象牙器等。

陶片数量极少，均残碎。为泥质陶，外表颜色有红色和黑色两种，有的陶片可见烟炱痕迹。

均饰中绳纹。大部分看不出器形，只有两片可看出是束颈折肩的陶罐口沿残片。

第二节　年代分析

关于何村遗址的年代，我们可以结合出土器物类型特征和测年数据综合分析。何村遗址虽然打制石器较多，但磨制石器的制作水平相当高，尤其是工艺复杂、磨制精美的各式研磨器，反映了当时石器制作技术已十分先进。这类研磨器在百色革新桥、隆安鲤鱼坡等遗址均有发现，年代属于新石器时代晚期。何村遗址的蚌器也制作精美，尤其是双肩蚌铲很有特色，与同属左江流域的龙州宝剑山 A 洞遗址第二期发现的同类蚌器相似，而宝剑山 A 洞遗址第二期属于先秦岩洞葬，距今 4000 多年。何村遗址出土的陶片中有两片口沿残片，均为红色，火候较高，其中一片敞口，圆唇，束颈，折肩。肩以下施细绳纹，绳纹麦粒状，清晰，颈肩部先施绳纹，后抹平，留有淡淡的痕迹。另外一片敞口，口沿外翻，圆唇，束颈。素面。这两片口沿残片，无论是形态、火候，还是纹饰，均与左江流域商周时期岩洞葬出土的同类陶器类似。因此，从器物对比来看，何村遗址应该属于新石器时代末期。

广西文物保护与考古研究所曾委托中国地质科学院岩溶地质研究所实验室对何村遗址采集的四个测年样品进行了 ^{14}C 同位素测年（表九）。

表九　中国地质科学院岩溶地质研究所实验室 ^{14}C 同位素测年报告[1]

检测类别	同位素	样品类别	骨头，螺壳	样品状态	固体	样品包装	塑料袋包装
检测温度	20℃	检测湿度	70%	取样地点	崇左市江州区何村遗址		
仪器编号	8-104	仪器型号	LSC-LB1	仪器名称	低本底液闪仪	检测项目	^{14}C 年龄测定
检测依据名称和代码：同位素地质样品分析方法：^{14}C 年龄测定 DZ/T0184.9-1997							
送样日期：2008.4.17		检测日期：2008.4.18～5.4			发报告日期：2008.5.6		
检测结果							
检测编号		委托编号		样品名称		测定年代（半衰期 5730 年）	
T2008-14-0132		M9 人骨（第④层）		人骨		4346±85	
T2008-14-0133		M4 人骨（第③层）		人骨		6786±145	
T2008-14-0134		T14 第④层兽骨		兽骨		4059±85	
T2008-14-0135		T14 第④层螺壳		螺壳		7797±130	

经树轮校正，检测编号为 T2008-14-0132 的 M9 人骨年代为 5289～4652 BP；检测编号为 T2008-14-0133 的 M4 人骨年代为 7932～7424 BP；检测编号为 T2008-14-0134 的兽骨年代为

---

［1］检测批号：T2008-14，检测编号：T2008-14-0132～0135

4831 ～ 4298 BP；检测编号为 T2008-14-0135 的螺壳年代为 8987 ～ 8386 BP。

　　从表九数据和校正数据可见，T14 第④层螺壳数据显然偏早。M9 的人骨和 T14 第④层兽骨出于同一层位，年代比较接近。M4 人骨处于较晚的地层，但测年数据却比较早地层的 M9 人骨早 2300 多年，二者差距过大，已经超出了允许出现的误差范围，因此 M4 人骨年代数据不可信。综合分析，M9 人骨和 T14 第④层兽骨的年代比较可信。

　　结合器物类型特征和测年数据，我们判断何村遗址年代距今约 5000 ～ 4000 年，属于新石器时代末期。

第六章　相关问题的讨论

第一节　自然环境

孢粉分析结果表明，何村遗址植物种类丰富，包含乔木植物、灌木及草本植物、蕨类植物等几大类。大部分类型的植物指示的是相对温暖湿润的气候环境。例如，榆属植物喜光，指示的是温暖湿润的气候。灌木及草本植物中的蒿属、凤仙花科，蕨类植物中的卷柏属、海金沙属主产热带地区。凤尾蕨属主要产在世界热带和亚热带地区。香蒲属多分布于热带至温带地区。石松属多数分布于热带及温带潮湿环境。栎属植物指示的是暖温带常绿阔叶乔木、暖温带常绿阔叶灌木、温带落叶阔叶乔木、温带落叶阔叶灌木等植物。莎草科植物广布于全世界潮湿地区。石松属主要分布于热带及温带潮湿环境。水龙骨属多分布于亚洲大陆热带、亚热带山地。

但与同为左江流域的无名山遗址、宝剑山 A 洞遗址、坡叫环坡等地遗址的孢粉分析结果相比，何村遗址热带植物种类相对较少。宝剑山 A 洞遗址孢粉中发现了栎属、蕈树属、山麻杆属、鱼黄草属、芒萁属、里白属、金毛狗蕨属等植物，无名山遗址发现了栎属、锥栗属、木棉科、锦葵科、山核桃属、枫杨属、野牡丹科、茜草科、山麻杆属、蒲公英类型、毛茛科、菟丝子属、芒萁属、里白属、金毛狗蕨属等植物孢粉，这些孢粉多是暖温和热带植物的孢粉，这里面很多种属在何村遗址缺乏。相反，何村遗址发现了一些喜温凉的植物。例如，冷杉多为耐寒的耐荫性较强的树种，常生于气候凉润、雨量较多的高山地区。铁杉属喜生于雨量高、云雾多、相对湿度大、气候凉润、土壤酸性及排水良好的山区。根据刘东生等的研究，距今 5500 年前后世界上许多地区都发生了比较大的气候转变。在中国地区距今 5500 年前后出现了一次大的降温过程[1]。这些是否暗示何村时期左江流域的气温有所降低，还有待观察。

何村遗址出土脊椎动物骨骼鉴定分析结果显示，左江流域当时森林茂密，因为多数种类是森林环境的指示动物。一些物种如猕猴则是严格的树栖动物。花面狸主要栖息在森林、灌木丛等地带，猪獾主要栖息于高、中低山区阔叶林、针阔混交林、灌草丛等环境中，狗獾主要栖息于森林中或山坡灌丛、沙丘草丛及湖泊、河溪旁边等各种生境中，黄鼬主要栖息于寒带针叶林、草原以及热

---

[1] 刘东生等：《全新世中期气候转变在中国古代文明起源中的可能作用》，《中国社会科学院古代文明研究中心通讯》第三期，2002 年。

带丛林，麂多藏匿于灌丛地带，鹿常在林缘地带活动。从地理分布看，都为华南地区的广布种类。鱼类、龟鳖类则指示大面积水体的存在。

总体来看，何村遗址时期的气候温暖湿润，雨水较多，植物种类丰富，大量热带和亚热带、温带植物在这里生长。孢粉分析结果反映的植被状况应与今日弄岗保护区的植物群落较为类似，即以石灰岩季节性雨林为主，局部分布竹林、灌草丛，山区分布常绿落叶阔叶混交林。

第一节　牛业模式

何村遗址发现的动物遗存表明渔猎经济是左江流域新石器时代人类肉食资源的主要来源。在辐鳍鱼纲、爬行纲、鸟纲、哺乳纲四类脊椎动物中，辐鳍鱼纲与爬行纲的绝对数量和相对比例都占大宗。这种现象从一定程度上反映了何村遗址古代居民获取食物的偏好。遗址紧邻左江左岸，临江面为悬崖峭壁，属于河旁台地贝丘遗址，遗址附近水生资源丰富，从遗址动物群构成上反映为鱼类和爬行类占优。但由于鱼类和爬行类动物在解剖学、分类学等方面与哺乳动物有较大区别，爬行类动物破碎度高，可鉴定特征明显，因此其看起来往往数量较多。结合单个动物的平均肉量，我们认为哺乳动物在肉食资源的贡献量中依然占有重要的地位。

何村遗址出土哺乳纲动物骨骼可分为啮齿目、灵长目、食肉目和偶蹄目。其中，反刍亚目 NISP 占比 51.44%，MNI 占比 58%；食肉目 NISP 占比 33.8%，MNI 占比 24%；猪形亚目 NISP 占比 10.57%，NISP 占比 12%。啮齿目和灵长目占比较少。结合各类动物的个体尺寸和肉量数据，鹿科动物无疑是何村遗址先民最主要的动物性蛋白质提供者。

何村遗址出土的猪骨，可以从骨骼形态和测量数据上分为两类，一类较粗壮较大，一类较纤细较小。传统观点认为前者为野猪，后者很可能属于家猪，但是这种推论需要首先排除由于性别二态性导致的测量数据呈现双峰的可能性。同时，越来越多的研究表明，测量数据所反映的身体尺寸并不能直接应用于区分野猪和家猪。虽然学界曾有不少关于广西地区家猪驯化问题的讨论，但是目前基于笔者所观察到的猪类标本，从骨骼形态、量化数据、测量数据等方面尚不能认定家猪的存在。

总体看，在整个脊椎动物群中，哺乳类和鱼类、龟鳖类都是肉食结构的重要部分，鸟类等则较为次要。若以个体数和体重来估算肉量，哺乳动物中的鹿类显然提供了最多的肉量；野猪、食肉类、灵长类、啮齿类也都各占相当的比例。大量软体动物遗骸的存在，显示捕捞也是当时主要的经济来源之一。

同时我们也发现当时古人类对动物的猎取策略体现出兼具广谱性和选择性的特点。广谱性是指对各种不同生态位动物资源的广泛利用。何村遗址共鉴定出 30 种脊椎动物，还有大量不可鉴定的类别。脊椎动物组合代表了当时生态系统中的所有生态位，生活方式包括水栖、陆栖、树栖、穴居、飞行，生境包括河流、森林、灌草丛、竹林、山地。捕捞的软体动物种类较多，个体大小也不一。广泛的猎取证明当地古人类具备对自然环境的良好认知和相当纯熟的狩猎能力。广泛猎取的同时，古人类也有意识地选择费效比相对较高的狩猎对象。肉质鲜美且不具攻击性的鹿类动物是首当其冲的狩猎目标。对于灵长类，常在地面活动的猕猴是主要猎取对象，而其他善攀援的则未发现；食肉动物中熊和狼等凶猛的动物数量较少，估计是偶尔所得。

浮选结果显示，遗址中存在一定数量的果核碎片，显示当时采集活动比较活跃。没有发现植物栽培的直接证据。但不排除少量块茎类植物种植的可能性。

结合植物、动物群构成及各类动物的相对比例等信息，我们大致推断何村遗址的生业模式主要是采集渔猎经济，即依靠采集山上植物果实及狩猎捕捞动物为生，肉食贡献中以鹿类等哺乳动物为主，属于广谱经济。

第三节　生活方式

通过对动植物遗存的分析，我们大致知道何村人食物的范围比较广泛。螺、蚌等软体动物，各类啮齿目、灵长目、食肉目和偶蹄目脊椎动物，以及采集的各类可食用植物等，都是他们食用的范围。

何村遗址的地层中均夹杂有大量的炭屑和红烧土块，反映当时左江流域的人们已经熟练掌握了用火技术。多数脊椎动物骨骼标本表面见有烧灼痕迹，有的表面呈红色，反映了较低的烧灼程度；有的呈黑色，甚至灰白色，说明是经过了长时间的加热。我们推测，何村人除了用火取暖外，还用火烧烤肉类，煮食软体动物。并将吃剩的骨头投入火塘，因此在骨骼上表现出不同的烧灼程度。

多数脊椎动物骨骼标本表面无明显风化痕迹，部分可见人工痕迹。切割痕和砍削痕为最常见的两类痕迹，皆具有"V"形的横截面，且往往成组分布。相较于砍削痕较深且具有较宽的切面的特点，切割痕往往较浅，呈两边平直的线状。切割痕主要是肢解动物尸体和剔肉造成的，往往分布在骨骼的关节处和长骨骨干、肋骨及脊椎上。砍削痕则往往见于非关节部位的长骨骨干、鹿角基部等部位。另外，还见有因敲骨吸髓而形成的敲砸痕。敲砸痕往往是窝状凹陷，周围多呈现出发射状的细条纹，常见于富含骨髓的长骨的表面。除此之外，大量螺壳的尾部被敲掉，一些螺壳也有烧灼的痕迹。

遗址发现了10多片陶片，且有烟炱痕迹，说明当时存在用陶器进行炊煮的行为。但陶器的数量很少，说明用陶器进行炊煮的行为在当地并不普遍。他们获取熟食的方式或许主要就是烧烤。当然在食用螺蚌等软体动物时除了采取烧烤之外，也不排除用当地比较容易获取的竹筒煮熟的可能。

遗址中发现了不少研磨器及其毛坯，有的研磨器制作十分精美。由于当时发掘的时候没有进行微痕和残留物成分的分析，因此我们无法确切判断其研磨的具体对象。研磨器在广西右江流域的百色革新桥[1]、隆安鲤鱼坡[2]，红水河流域的都安北大岭[3]，左江流域的扶绥江西岸[4]、

[1] 广西文物考古研究所：《百色革新桥》，文物出版社，2012年。

[2] 广西文物保护与考古研究所：《广西左江花山考古（2013～2016）》，文物出版社，2021年。

[3] 林强等：《广西红水河流域新石器时代遗址的发现与研究》，《广西考古文集》（第三辑），文物出版社，2007年。

[4] 广西文物保护与考古研究所：《广西基建考古重要发现》，广西科学技术出版社，2015年。

江州冲塘[1]等遗址都有发现。包括何村遗址在内，这些遗址都没有发现水稻的痕迹，因此基本可以排除用于研磨水稻的可能。何村遗址发现的研磨器制作精美，尤其是磨面很光滑，基本可以排除用于敲砸的可能。由于发现研磨器的遗址大多经营采集渔猎的生业模式，因此我们推测何村遗址的研磨器最有可能是用于研磨采集的果实和块茎类食物，磨成粉状再食用，这也和磨面十分光滑的特征相吻合。

第四节 墓葬材料的讨论

一、墓圹

何村遗址出土了大量的人骨。这些人骨大多夹杂在螺蚌壳堆积中，发掘时看不出墓圹。因为贝丘遗址堆积复杂，发掘时看不出墓圹并不一定等于原来就没有墓圹。关于何村遗址人骨掩埋时有无墓圹的问题，我们可以根据具体情况来分析。

何村遗址发现的大量墓葬主要集中分布于T8、T9和T13，这几个探方的地势相对较高。除蹲踞葬外，其余葬式的人骨大多是顺地势分布，头部与脚部往往不在同一高度，这显示墓葬的底部不是水平的，这不符合一般墓圹底部较平整的特征。同时大量不同层位的人骨互相叠压，且这种叠压是无缝的。倘若上层的人骨原来掩埋时挖有墓圹，那必定会破坏下层的人骨，何村没有见到这种破坏现象。一般来说，墓圹还要有一定的深度，以及清晰的边界，但何村所有的人骨上覆盖的含螺蚌壳的泥土都很薄，覆盖的范围也看不出清晰的边界。由此我们可以肯定，何村的人骨当初掩埋时大部分是没有墓圹的。就算是蹲踞葬，其深度也很浅，范围很窄。我们估计大部分人骨当初掩埋时是直接放在地上，或者在螺壳堆中稍微扒出一个浅坑后，把尸体放进去，然后用螺蚌壳稍加覆盖。距离何村很近的江边贝丘遗址也有同样的情况，有的人骨底部一端是岩石，另外一端是泥土，但两端高低不同，这种墓葬显然也是没有墓圹的。

二、墓葬性质

何村遗址在相对较小的范围内，发现这么多人骨个体，其死亡原因确实值得探讨。

在所提取的人骨个体中，男性17例，女性16例，性别不明者64例。由于较低的性别鉴定率（仅为34.02%），因此无法全面地了解该遗址人骨所代表个体的真实性别构成情况。

根据史前人类寿命及生长等方面的特点，我们把人骨年龄分为婴儿期（X ~ 2.99）、幼儿期（3 ~ 6.99）、少年期（7 ~ 14.99）、青年期（15 ~ 23.99）、壮年期（24 ~ 35.99）、中年期（36 ~ 55.99）、老年期（56 ~ X）、成年（>18）等几个阶段。根据这个划分标准统计何村人骨个体的死亡年龄，结果显示：未发现确认的婴幼儿阶段个体；少年4例，占比为4.12%；青年28例，占比28.87%；壮年13例，占比14.71%；中年11例，占比11.34%，老年阶段个体仅见1例，占

---

[1] 广西文物保护与考古研究所内部资料。

比 1.03%；看不出具体年龄的成年个体 39 例，占比 40.21%；无法判断年龄的 1 例，占比 1.03%。从这些数据可知，老年人和婴幼儿极少，基本可以排除因瘟疫或者突发灾难而群体死亡的可能性。成年个体占了绝大多数，其中 15~55.99 岁的超过 50%。从性别看，青年阶段女性明显多于男性，壮年阶段二者个体数相同，中年期则是男性略多于女性。总体上，男性个体死亡年龄多集中于壮、中年阶段，而女性则集中于青、壮年阶段。有没有可能是因为战争而导致大量死亡的情况呢？通过细致观察，大部分人骨都不见利器损伤的痕迹，遗址里也少见箭镞等史前常用兵器，死亡的男女比例也大致相同，不太像大规模争斗导致的群体死亡。因此，我们倾向于判断何村人是正常死亡后集中埋葬在这里。

在可辨识的 7 例蹲踞葬中，年龄上，1 例 16 ~ 18 岁，3 例 34 ~ 40 岁，1 例 25 岁，1 例 65 岁，1 例为无法判断具体年龄的成年个体；性别上，2 例男性，2 例女性，3 例性别不明。从年龄和性别上看不出什么规律。

在可辨识的 5 例肢解葬中，1 例 15 岁，1 例 18 岁，1 例 22 ~ 24 岁，1 例 35 岁，1 例 45 岁；1 例男性、3 例女性，1 例性别不明。也看不出什么规律。

蹲踞葬和肢解葬是比较特殊的葬式，在总体墓葬中占比不高。我们根据民族学和人类学材料以及前人研究的成果，倾向于认为这两种葬式是对非正常死亡者采用的葬式，是灵魂不灭观念、鬼魂观念等原始宗教观念综合作用下的产物。

三、人骨病理现象

人骨中还发现一些病理现象。牙齿的病变最为突出。例如 M4 的 1 号个体右侧第二前臼齿咬合面的近中颊侧有一浅凹坑，可能为浅龋洞；M4 的 5 号个体右上颌第一前臼齿近中面有一较浅的龋洞；M5 的 7 号个体左侧第一臼齿近中的邻面上有一较大的龋洞；M26 个体左上颌第二臼齿咬合面近中处有一深龋；M33 的 2 号个体第三臼齿咬合面中部有一小而浅的龋洞；M38 的 3 号个体右侧第二臼齿的颊侧沟上有一浅窝，疑似龋洞。M20 的 2 号个体右下颌第一、二臼齿齿槽生前受损，且齿根暴露较多，疑似有牙髓炎、牙周炎等牙疾。除了牙病外，一些人骨中还发现有骨折的现象。M34 的 2 号个体左侧的尺骨和桡骨不同位置均发生过骨折且错位愈合，可能是同一次受伤所致。尺骨骨折位置发生在骨干中下部，骨干向外错位愈合。桡骨骨折部位位于桡骨粗隆下 2 厘米位置，骨折后骨干向内错位生长愈合。另外，M34 个体的锁骨也发现明显的病变。M17 的 4 号个体股骨发现一条切割痕迹。

附录

何村遗址人骨保存情况及性别与年龄鉴定报告

李法军　杨清平　韦　璇

（中山大学　广西文物保护与考古研究所　武汉大学）

　　何村遗址位于崇左市江州区，属河旁台地贝丘遗址，面积约 650 平方米。2007 年 10 月，广西文物考古研究所对该遗址进行了抢救性考古发掘。此次发掘出了大量的新石器时代墓葬，主要分布于遗址的南部。这些墓葬不见墓坑，大部分相互叠压。葬式包括侧身屈肢、仰身屈肢、屈肢蹲葬和肢解葬等，其中以侧身屈肢为主要葬式。从发现的遗迹和遗物分析，遗址时代为新石器时代晚期，年代距今 5000 ~ 4000 年左右。

　　本报告是广西文物保护与考古研究所与中山大学合作项目《广西史前时期人骨综合研究》（项目号 23000–71210418）之《广西史前时期人骨综合研究》的部分成果，仅就已发掘并科学采集的墓葬人骨做出鉴定。依据体质人类学相关方法对 37 座墓葬内所含人骨保存状况进行了细致描述，并对个体的性别和年龄进行了判定[1]。由于部分墓葬人骨十分残破且胶结严重，无法采集，因此这里鉴定的某些墓葬的骨骼数量与发掘现场所见骨骼数量并不完全一致。本次共对所采集的 97 例个体（表一）进行了骨骼保存情况描述以及性别和年龄鉴定（表二）。在可鉴定的个体中，男性 17 例，女性 16 例，性别不明者 64 例。由于较低的性别鉴定率（仅为 34.02%），因此无法全面地了解该遗址人骨所代表人群的真实性别构成情况。在年龄构成上，未发现确认的婴幼儿阶段个体，老年阶段个体仅见一例。青年阶段女性明显多于男性，壮年阶段女性略多于男性，中年期

［1］ Lovejoy CO. Dental wear in the Libben population: Its functional pattern and role in the determination of adult skeletal age at death. *American Journal of Physical Anthropology*, 1985(68): 47-56.

Schimitt A.Variabilité de la sénescence du squelette humain. Réflexions sur les indicateurs de l'âge au décès à la recherché d'un outil performant. Thèse de L'UNIVERSITE BORDEAUX I, 2001.

Bruzek J. A method for visual determination of sex, using the human hip bone. *American Journal of Physical Anthropology*, 2002(117): 157-168.

White TD and Folkens PA. *The human bone manual*. Elsevier Inc., 2005.

Murail P, Bruzek J, Houët F and Cunha E. DSP: a probabilistic sex diagnosis tool using worldwide variability in hip bone measurements. *Bulletins et Mémoires de la Société d'Anthropologie de Paris*, n.s., t.17. 2005 (3-4): 167-176.

朱泓：《体质人类学》，高等教育出版社，2004 年。

则是男性略多于女性。男性个体多集中于壮、中年阶段，而女性则集中于青、壮年阶段。值得注意的是，该遗址中青少年比例（32.99%）是比较高的。考虑到青少年性别不明者多达 18 例，因此女性在该阶段的死亡率可能会更高。现将个体信息详述如下。

表一　何村遗址墓葬所提取的人骨个体数统计表（单位：个）

墓葬号	个体数	墓葬号	个体数	墓葬号	个体数	墓葬号	个体数
M1	1	M2	2	M3	2	M4	14
M5	7	M6	1	M7	7	M8	2
M9	1	M10	1	M11	1	M12	1
M13	1	M14	1	M15	2	M16	4
M17	5	M18	1	M19	1	M20	2
M21	3	M22	1	M23	1	M24	1
M25	3	M26	1	M27	1	M28	2
M29	1	M30	1	M31	1	M32	9
M33	4	M34	2	M35	4		
M37	2	M38	3	总计		97	

表二　何村遗址墓葬人骨所示性别和年龄分布表

生长发育期	男 性		女 性		性别不明		合 计	
	例数	年龄占比（%）	例数	年龄占比（%）	例数	年龄占比（%）	例数	年龄占比（%）
婴儿期 (X~2.99)	0	0.00	0	0.00	0	0.00	0	0.00
幼儿期 (3~6.99)	0	0.00	0	0.00	0	0.00	0	0.00
少年期 (7~14.99)	0	0.00	0	0.00	4	6.25	4	4.12
青年期 (15~23.99)	4	23.53	10	62.50	14	21.88	28	28.87
壮年期 (24~35.99)	2	11.76	4	25.00	7	10.94	13	13.40
中年期 (36~55.99)	6	35.29	2	12.50	3	4.69	11	11.34
老年期 (56~X)	0	0.00	0	0.00	1	1.56	1	1.03
成年 (>18)	5	29.41	0	0.00	34	53.13	39	40.21
年龄未知	0	0.00	0	0.00	1	1.56	1	1.03
总计　　性别占比（%）	17	17.53	16	16.49	64	65.98	97	100.00

M1　所提取的人骨可见 1 个个体。骨骼保存状况极差，仅存少部分肢骨（图一；彩版四〇，1）。包括左肱骨部分骨体及其上的小部分肱骨滑车；右侧肱骨骨体远端前面的部分骨片；左侧

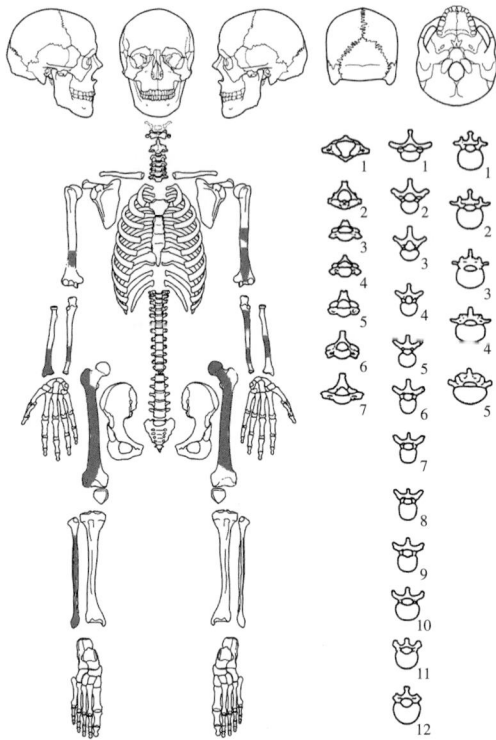

图一　M1 个体骨骼保存情况　　　　　　　图二　M2-1 个体骨骼保存情况

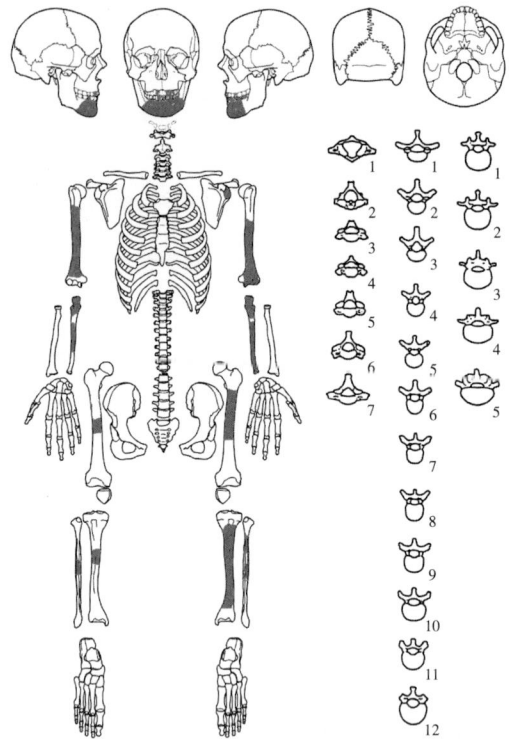

尺骨骨体的近端和远端各一小节（尺骨两头缺失）；左侧桡骨骨体中部残段；右侧桡骨下半部和右侧尺骨骨体远端残段；左、右侧股骨大部分（左侧近端大转子和远端缺失，右侧近端股骨头和远端内侧髁缺失）；腓骨右侧（近端缺失）。双侧胫骨、髌骨缺失。

该个体肢骨较为细小，但骨骺均已愈合，推测年龄应在 18 ~ 20 岁之间。因保存骨骼较少，性别无法确定。

M2　所提取的人骨可见 2 个个体，二者骨骼大小和颜色相似，保存情况均不理想。

个体 1（M2-1）仅保留少量的肢骨和头骨（图二；彩版四〇，2、3）。头骨基本缺失，仅存少量脑颅骨片及残破的下颌骨。下颌体上保存了中门齿和侧门齿各两颗，左侧第一、第二前臼齿和第一臼齿，右侧第二前臼齿及第一、第二臼齿齿根。左下颌骨中门齿和侧门齿之间的齿槽内有一未萌出的额外牙，此牙造成该侧齿列不齐。左侧犬齿外翻，原近中面朝向颊侧。上颌齿槽中保存了双侧侧门齿、左侧犬齿和第二前臼齿。

肢骨较为破碎。保留了左侧肩胛骨的关节盂。保留了双侧肱骨的大部分，但近端缺失较多。左侧尺骨中部缺失一部分，右侧尺骨则保留了近端和骨体中部。保存了双侧股骨的中部骨体、左侧胫骨骨体的大部分及右侧胫骨骨体的一小段。另存有三段腓骨骨体。为一成年个体，性别不明。

个体 2（M2-2）仅保存了少量肢骨（图三；彩版四〇，4）。保存了双侧肱骨骨体远端、右侧尺骨近端、左侧桡骨骨体近端以及右侧桡骨近端。保存了左侧股骨骨体中部、右侧股骨近端大部以及右侧腓骨骨体大部。为一成年个体，性别不明。

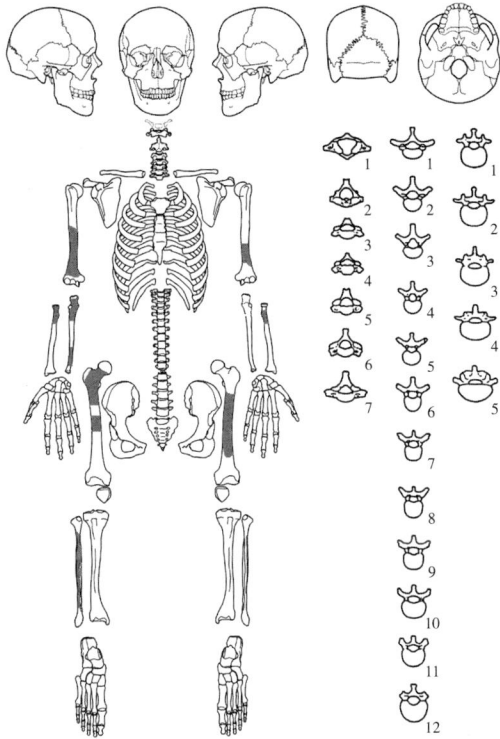

图三　M2-2 个体骨骼保存情况　　　　　　　图四　M3-1 个体骨骼保存情况

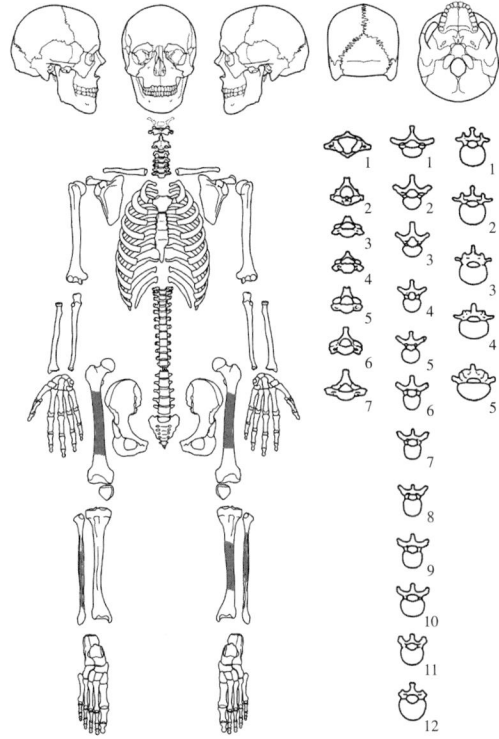

M3　所提取的人骨可见 2 个个体，保存情况均不理想。

个体 1（M3-1）骨骼保存状况极差（图四；彩版四一，1）。仅存下肢骨的骨干部分，包括左侧股骨、胫骨、腓骨的骨干部分以及右侧股骨和腓骨的骨干。骨骼个体较小，骨嵴发育较弱，可能为女性，属成年个体。

个体 2（M3-2）头骨骨片破碎，仅上颌骨保存较好（图五；彩版四一，2、3）。上颌骨包括左侧眶下孔部分及硬腭的大部分。左侧额骨保存了冠状缝中部至额结节上部的小部分以及眶上缘部分。左侧颧骨保存了除颞突外的部分。左、右侧顶骨部位残存有前囟点区域的部分骨片、左侧顶骨冠状缝中部的骨片、右侧顶骨人字点处的骨片以及顶骨矢状缝附近的部分碎骨。保存有左、右侧颞骨鳞部、岩部若干残块，可见左侧乳突和下颌窝部分。保存了枕骨左半部人字点区和枕外隆凸部分、左侧人字缝附近的小片骨块以及枕髁。保存了蝶骨左侧圆孔、卵圆孔部分以及部分蝶骨体和蝶骨大翼。枢椎保存了前半部。左侧齿列基本完整，右侧后牙均缺失。右上颌臼齿缺失，侧门齿仅剩齿根，其余部分保存完整。下颌骨保存了左半部及其上完整的齿列以及右下犬齿至左下第三臼齿的齿列。第三臼齿已全部萌出，但左上颌第三臼齿略微缩小（呈钉型）。下颌门齿出现挤压而齿列不齐的状况，左中门齿和侧门齿略微相互叠压。牙齿磨耗较轻，前牙磨耗重于后牙，其中上颌前牙又重于下颌的。上颌门齿和犬齿则呈中度的齿质暴露，下颌门齿和犬齿出现线状齿质暴露。上、下颌第一臼齿和前臼齿有少量齿质点暴露；第二臼齿齿尖大部分磨平，但无齿质点暴露。上、下颌的第三臼齿基本没有磨耗。

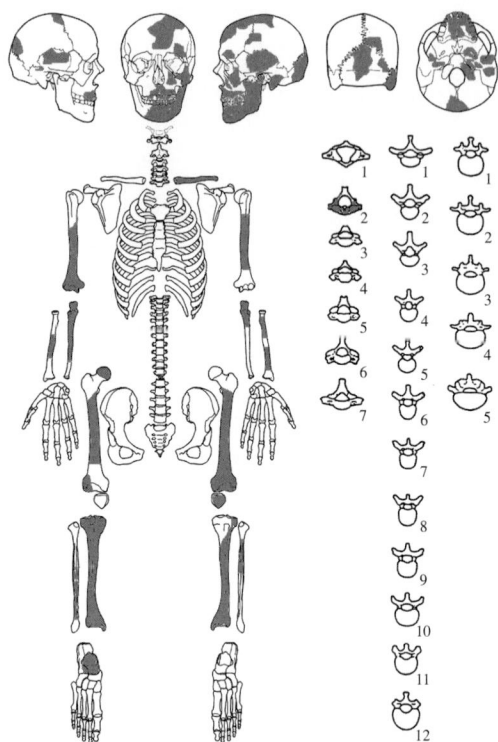

图五　M3-2 个体骨骼保存情况　　　　　　　　图六　M4-1 个体骨骼保存情况

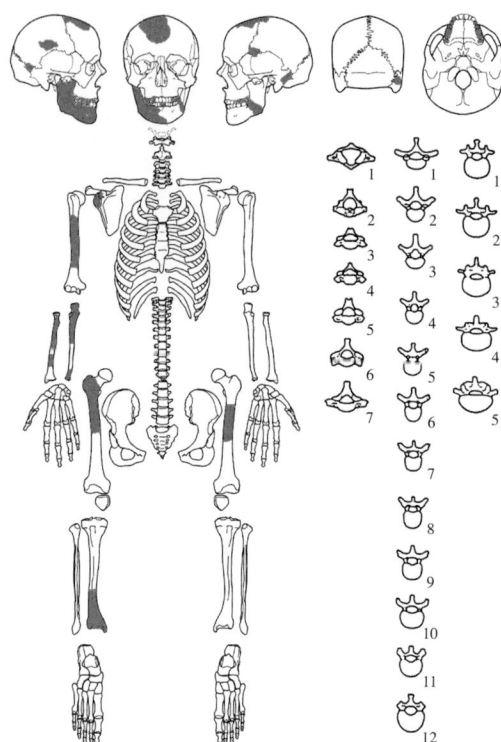

肢骨保存相对较好。左侧锁骨较完整。保存了左侧肱骨、桡骨骨干及尺骨近端；右侧肱骨下半部分、尺骨上半部分及桡骨骨干中部。保存了左侧髌骨、左侧腓骨骨干中上部、左侧股骨除近端以外的部分、左侧胫骨除近端内侧髁和胫骨粗隆以外的部分。保存了右侧股骨骨干、股骨头和外上髁、完整的右侧胫骨和三小截右侧腓骨骨干、右侧距骨和跟骨前部。此外，右侧胫骨近端可观察到一段骨骺线，表明此处可能刚刚愈合完成。

该个体肢骨较为粗大、厚重，骨嵴发达。下颌骨较为粗大，颏部呈方形，下颌角度较小，下颌支短而宽，颏孔呈圆形且较大，推测应为男性个体。依据 Smith 牙齿磨耗分度标准[1]属于第三级，且第三臼齿已全部萌出，可以推测年龄应为 18 ~ 20 岁。

M4　所提取的人骨可见 14 个个体，保存情况均不理想。

个体 1（M4-1）骨骼保存状况不佳，头骨和肢骨均残损，躯干骨几近缺失（图六；彩版四二，2）。头骨部位保存了额骨矢状缝附近骨块；顶骨右侧顶颞缝附近和人字缝星点附近骨块；左侧前囟点和翼点附近小骨块；颞骨左侧人字缝星点附近等碎骨块。此外还有少量无法辨识具体部位的头骨碎片。上颌骨缺失，仅存散落的右侧犬齿、第一和第二前臼齿、第一和第三臼齿以及左侧后牙。下颌骨右侧较完好，左侧仅剩下颌角。保存了左下颌中门齿、侧门齿、第二臼齿以及右侧第二前臼齿、第一臼齿和第二臼齿。此外，可见散落的下颌双侧第三臼齿。所遗留的牙齿齿

[1] Smith BH. Patterns of molar wear in hunter-gatherers and agriculturalists. *American Journal of Physical Anthropology*, 1984 (63): 39-56.

冠完整，但大部分齿根缺失。上、下双侧第三臼齿均已萌出，下颌第三臼齿仅有一个齿根，且齿冠明显缩小，上颌第三臼齿齿冠亦有略微缩小。左侧上颌第一臼齿远中面的颊侧有一凹坑，右侧第二前臼齿咬合面的近中颊侧亦有一浅凹坑，可能为浅龋洞。下颌双侧的第二臼齿均为四尖。该个体的齿冠磨耗程度相对较轻，下颌第三臼齿基本没有磨耗，上颌第三臼齿齿尖部分磨耗。上、下颌第一臼齿齿质点暴露，前臼齿齿尖磨耗殆尽，齿质点暴露；第二臼齿齿尖基本磨平，咬合面中心出现凹陷。左侧上颌第二前臼齿磨耗相对较轻，齿尖仍保持圆钝状。犬齿和门齿出现线性齿质暴露。

　　肢骨保存状况极差。右侧肢骨相对较好，左侧仅剩股骨骨干中段。右侧上肢骨保存有两端关节缺失的肱骨骨干部分、尺骨上半部分和远端小部分、桡骨除远端关节外的大部分以及部分关节盂。右侧股骨头、股骨颈缺失，保留了部分近侧端骨干和胫骨远端部分。

　　该个体头骨表面较为细腻，颅骨骨壁较薄。下颌体与下颌联合较低，颏部较圆，颏孔较小，应为女性个体。根据牙齿磨耗程度推测，该个体年龄约在 18 ～ 20 岁之间。

　　个体 2（M4-2）仅提取少量头骨碎片（图七；彩版四二，1）。右侧顶骨顶孔和人字缝处骨片以及颞骨鳞部的后半部（包括部分乳突和下颌窝）保留。左侧顶骨颅顶和顶孔处的骨片、额骨眶上缘部分骨片以及未能识别具体位置的颅顶骨片。上颌骨缺失，下颌骨部分保存（右侧斜线部分以及左侧部分颏隆凸和下颌角）。保存了右下颌第一前臼齿至第二臼齿；左侧下颌第二和第三臼齿相对完整，但第一臼齿及第二前臼齿仅存齿根。该个体牙齿磨耗较为严重，上、下颌前臼齿

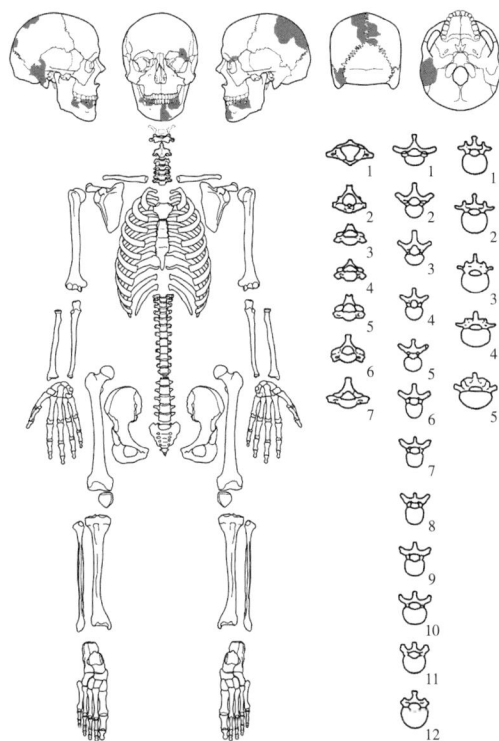

图七　M4-2 个体骨骼保存情况

和第二臼齿的齿质点连成一片。磨耗程度属于 Smith 标准中的 5 ～ 6 级。第三臼齿因萌出时间较晚，磨耗最轻，齿尖磨平，齿质点轻微暴露。

该个体头骨较轻，骨壁较厚，形态近似男性。头骨骨质略疏松，颅骨矢状缝尚未愈合，推测其年龄应在 30 ～ 35 岁之间。

个体 3（M4-3）仅存部分上、下颌骨（图八；彩版四二，3）。骨质疏松，一碰即碎，且与土块胶结，无法清理，也无法观察。可辨识的仅有部分上颌骨、三颗臼齿、右下颌侧门齿至第三臼齿以及左下颌第二前臼齿至第三臼齿。为一成年个体，性别不明。

个体 4（M4-4）骨骼残破，仅存极少量的卜肢骨，包括左侧股骨骨干中部和右侧胫骨骨干上半部（图九；彩版四二，4）。为一成年个体，性别不明。

个体 5（M4-5）骨骼保存状况极差，仅存少量头骨碎片和小部分右侧关节盂（图一〇；彩版四二，5）。头骨碎片中可辨识的有额骨自眉间和左侧眶上缘至右侧冠状缝中部部分、左侧顶骨顶颞缝附近部分以及枕骨人字缝星点附近小块骨片。保存了下颌骨右侧臼齿齿槽部分，其上可见第二臼齿以及深植于齿槽中的第一前臼齿。另有散落的右上颌第一前臼齿至第二臼齿以及左下颌第一臼齿。下颌齿槽形态反映出齿列不齐现象。下颌骨上的第二臼齿齿根的颊侧相连，形成半圆形的齿根形态，下后尖仅为齿质点暴露。该齿磨耗严重，齿冠已磨耗至仅剩四周少量的釉质。其余牙齿磨耗较轻，右上颌第二臼齿和左下颌第一臼齿齿尖磨平，但齿质尚未暴露；上颌第一臼齿和前臼齿的齿质点暴露。下颌骨上还有一颗仅露齿尖的第一前臼齿（呈钉型），深嵌于齿槽中。

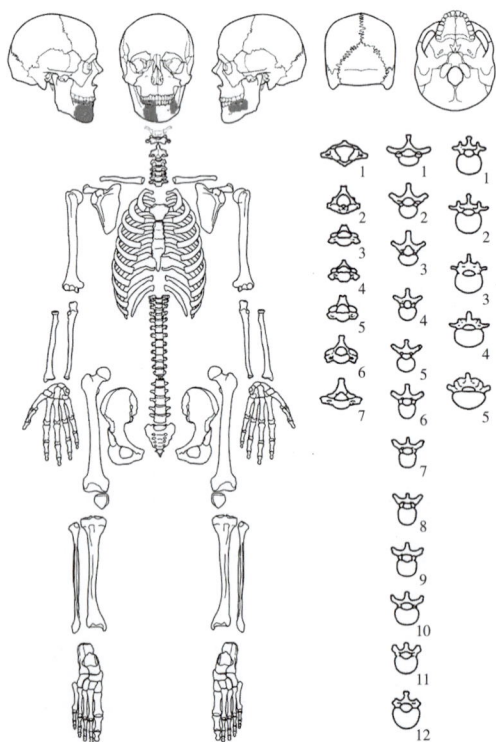

图八　M4-3 个体骨骼保存情况　　　　　　　图九　M4-4 个体骨骼保存情况

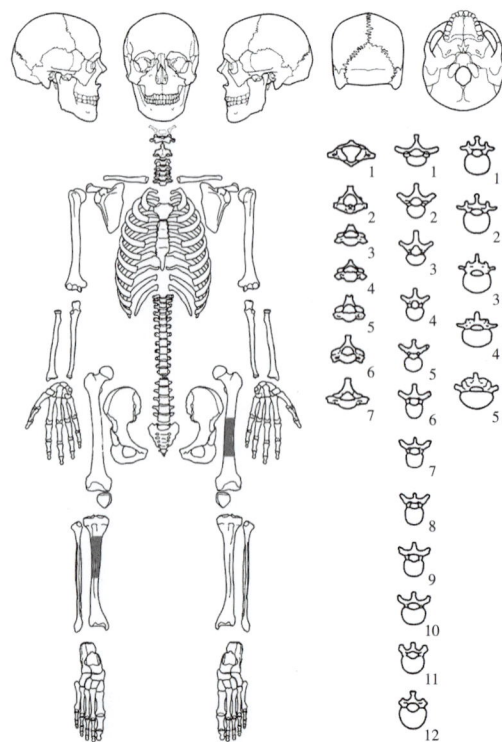

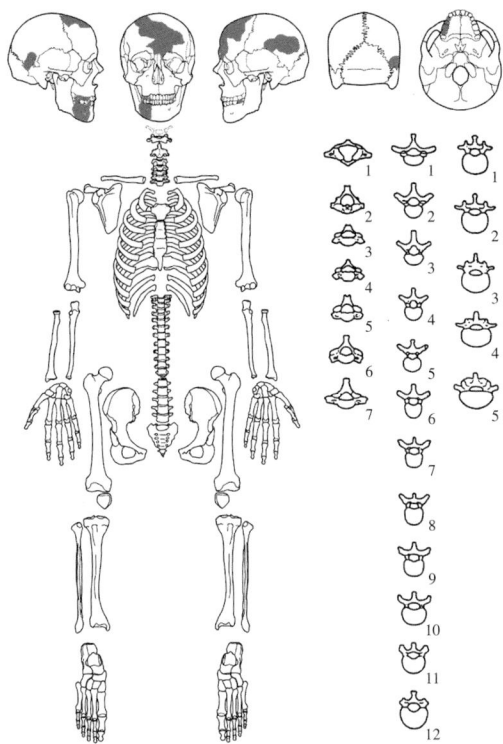

图一〇　M4-5 个体骨骼保存情况　　　　　　图一一　M4-6 个体骨骼保存情况

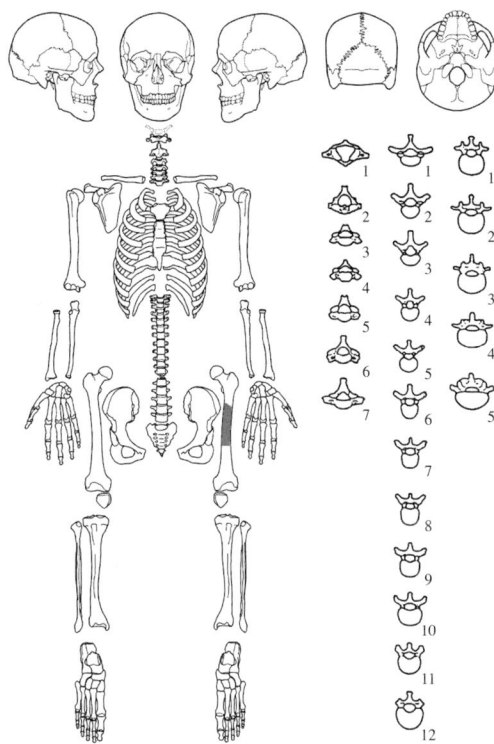

此外，可见右上颌第一前臼齿近中面有一较浅的龋洞。

该个体的头骨骨壁较薄，下颌体较低，颏孔较小，应为女性个体。结合牙齿磨耗程度，推测该个体年龄约为 18 ~ 20 岁。

个体 6（M4-6）骨骼保存极差，仅存左侧股骨骨干中段部分（图一一）。为一成年个体，性别不明。

个体 7（M4-7）骨骼保存状况不佳，仅存少量头骨和肢骨（图一二；彩版四二，6）。可见枕骨残片（从左侧人字缝至枕外隆凸处以及左侧颅底的小部分）、左侧下颌支髁突以及双侧后牙对应的下颌体部分。保留了左上颌第二臼齿、右下颌侧门齿至第一臼齿以及右下颌第三臼齿，左下颌第二臼齿仅存齿根。牙齿排列不甚整齐，右下颌第一前臼齿和第一臼齿相邻，第二前臼齿则在齿列之外萌出，且呈钉型缩小。右下颌第三臼齿尺寸也有所缩小。右下颌侧门齿和犬齿之间亦存在相互挤压状况，造成了邻面磨损；侧门齿近中面上端另有一浅凹，可能亦为与中门齿相邻磨损造成。左侧下颌体外侧面的第二臼齿下有一圆形小孔，成因不明。该个体牙齿磨耗整体相对较轻。左上颌的第二臼齿齿尖被磨平，咬合面中央凹陷，齿质点即将暴露。右下颌的第一臼齿和前臼齿齿质点已经暴露并逐渐扩大，但第二臼齿因在齿列舌侧萌出，与上颌没有对应的咬合关系，故没有磨耗。下颌第三臼齿的齿尖磨平，但咬合面中央未向下凹，其中左下颌的第三臼齿颊侧齿尖仍在，磨耗主要发生于舌侧。犬齿和侧门齿亦出现了明显的粗线状的齿质。

肢骨仅存左侧肱骨骨干近端、右侧肱骨骨干远端、左侧尺骨骨干以及左侧股骨残段（除股骨

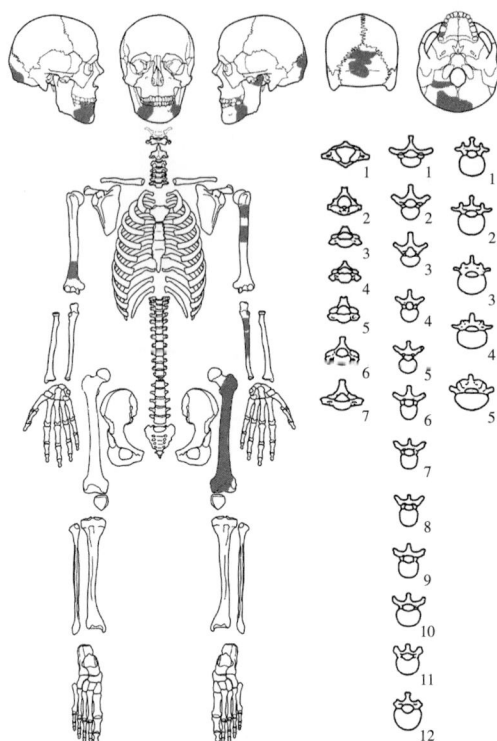

图一二　M4-7 个体骨骼保存情况

头、股骨颈和外上髁以外的部分）。肢骨形态呈现出上肢骨相对粗壮、下肢骨相对纤细的特点。

　　该个体枕骨骨壁相对较薄。枕外隆凸稍显，枕内隆凸突出，枕内嵴发育。人字缝简单而清晰，呈微波型。下颌骨颏孔较小，下颌体较低，判断为女性个体。根据牙齿磨耗情况推测，该个体的年龄约为 20 ~ 25 岁。

　　个体 8（M4-8）仅存双侧股骨近端残部，股骨头和股骨颈均缺失（图一三；彩版四三，1）。从股骨的纤细程度推测，该个体可能为女性。在大、小转子仍可观察到断续的骨骺线，股骨近端骨骺可能刚刚开始愈合，故推测年龄约为 18 岁。

　　个体 9（M4-9）仅存左侧肢骨（图一四；彩版四三，2）。上肢骨仅存肱骨骨干中段。下肢骨保存了股骨骨干近端和远端的髁间窝部分、胫骨近端关节面部分、胫骨骨干中段以及腓骨除腓骨头外的部分。为一成年个体，性别不明。

　　个体 10（M4-10）仅存少量的牙齿和碎骨（图一五；彩版四三，3）。可辨识部位有一块右脚中节趾骨，左侧上颌骨眶下孔的小部分骨块和一块眶部边缘的骨块。保存了右上颌侧门齿至第二前臼齿以及第二、第三臼齿。另存一颗第三臼齿齿冠，因齿根大部分缺失而无法准确判断其具体牙位。牙齿磨耗程度较轻。右上颌门齿和犬齿有点状和发丝状齿质暴露；前臼齿齿尖略有磨耗，呈圆钝状；第二臼齿齿尖被磨平，咬合面中心开始凹陷。右上颌第三臼齿齿尖被磨去大部分，但左上颌第三臼齿基本没有磨耗，对应的下第三臼齿可能缺失。右上颌第三臼齿咬合面远中侧有一小龋洞。双侧第三臼齿及第一前臼齿的齿冠四周有一圈明显的釉质环，釉质凹陷，以左侧第三臼

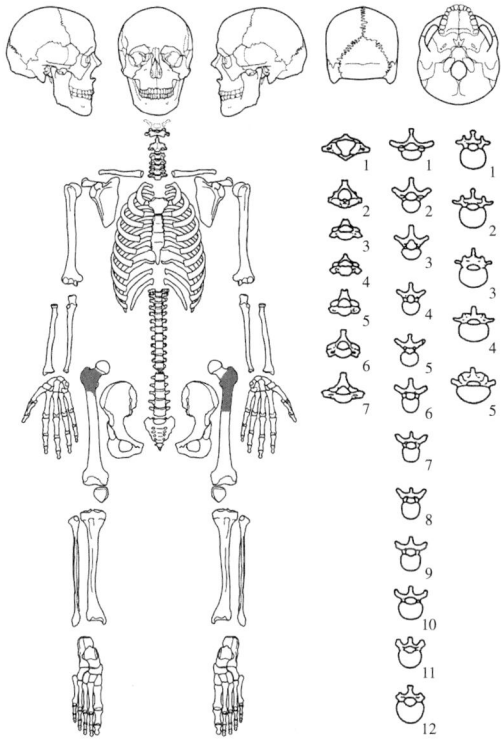

图一三　M4-8 个体骨骼保存情况

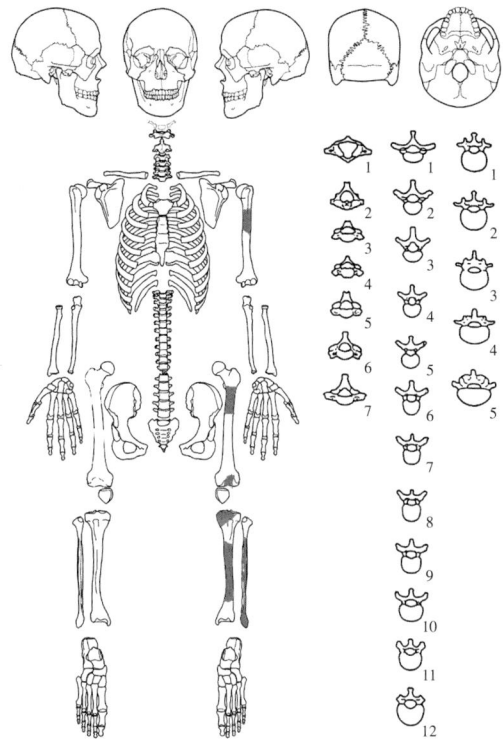

图一四　M4-9 个体骨骼保存情况

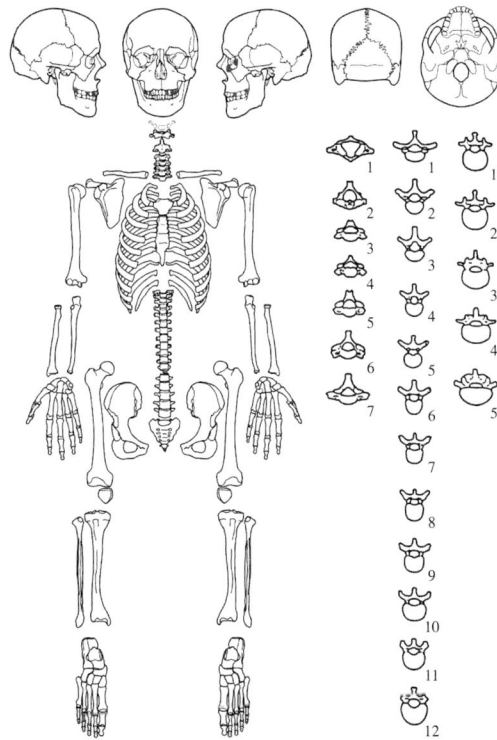

图一五　M4-10 个体骨骼保存情况

齿最为明显。双侧第三臼齿均有一定程度缩小，且右侧第三臼齿齿根融合成一个齿根。

根据牙齿磨耗程度推测，该个体的年龄约为 18 ~ 20 岁。性别不明。

个体 11（M4-11）仅存下肢骨残段（图一六；彩版四三，4）。保存了左侧股骨骨干部分、右侧股骨近端和骨干以及右侧胫骨和腓骨的骨干部分。为一成年个体，性别不明。

个体 12（M4-12）仅存左侧上肢骨残段，包括肱骨大部分（其中近端和小转子部分缺损）、桡骨除远端外的其余部分以及尺骨骨干部分（图一七；彩版四三，5）。骨骼较纤细，应为女性个体。肱骨和尺骨的骨骺均已愈合，推测其年龄至少 15 岁。

个体 13（M4-13）仅存少量肢骨，包括左、右肱骨骨干中段，右侧尺骨骨干中段和左侧桡骨骨干中段（图一八；彩版四三，7）。该个体肱骨三角肌粗隆较发育，明显向外隆起，但肱骨并不甚粗壮。该个体属成年个体，可能为女性。

个体 14（M4-14）仅存左侧肱骨骨干中段部分（图一九；彩版四三，6）。为一成年个体，性别不明。

M5　所提取的人骨可见 7 个个体，保存情况均不理想。

个体 1（M5-1）仅存少量牙齿和肢骨残段（图二○；彩版四四，1）。牙齿仅存两颗，一颗为右上颌犬齿，另一颗为第三臼齿齿冠，无法识别上下和侧别。犬齿齿冠基本磨平，齿质全部暴露，四周釉质环变细且不完整；第三臼齿没有磨耗，可能与之相对应的第三臼齿缺失。

肢骨保存了双侧尺骨和桡骨残段、左侧股骨的大部分骨干、左侧腓骨骨干中段、右侧胫骨骨

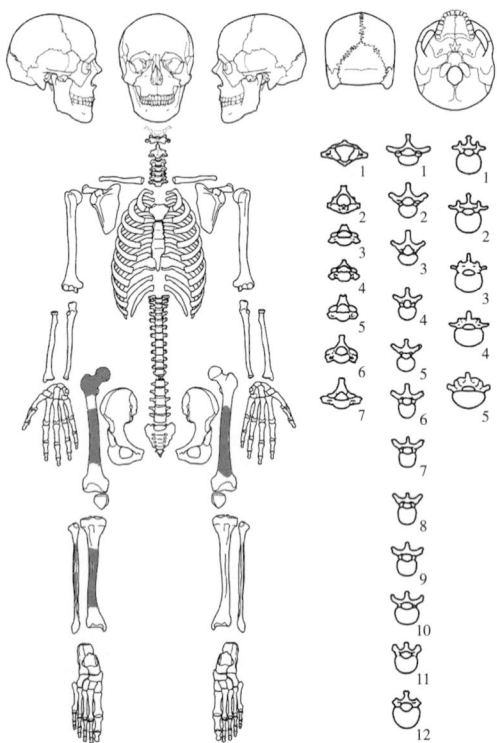

图一六　M4-11 个体骨骼保存情况

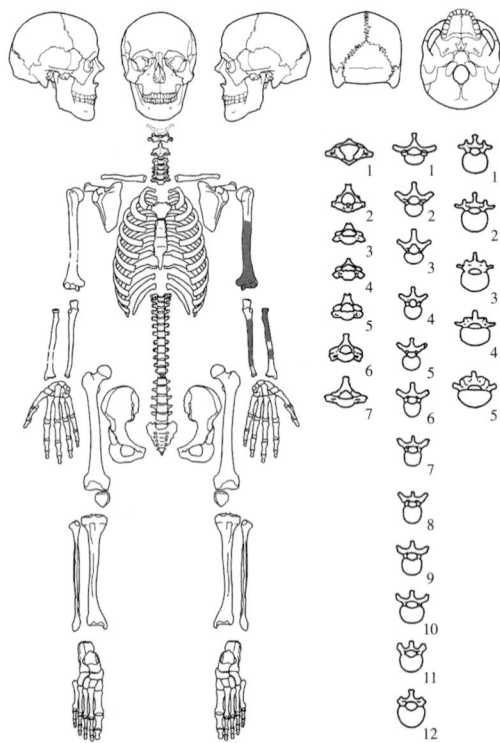

图一七　M4-12 个体骨骼保存情况

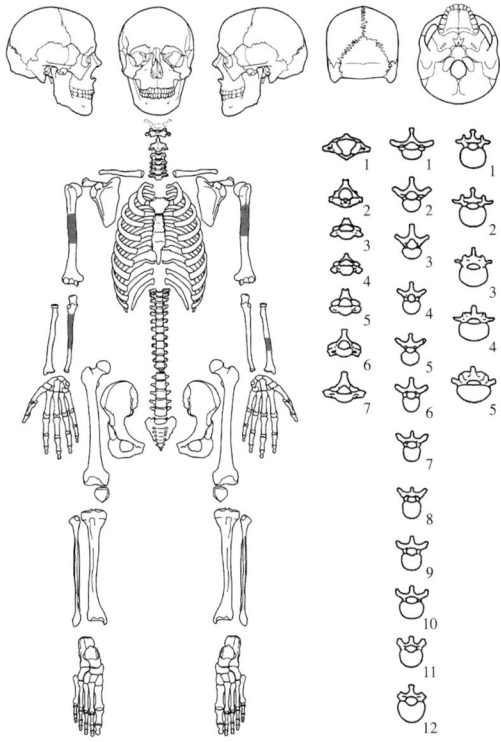

图一八　M4-13 个体骨骼保存情况

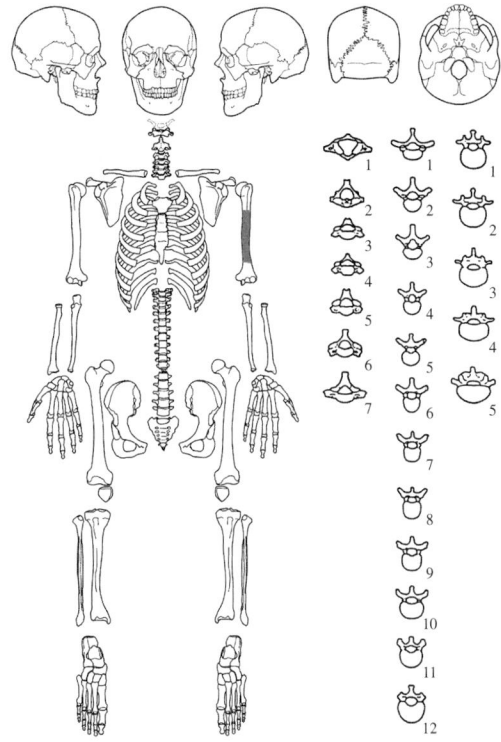

图一九　M4-14 个体骨骼保存情况

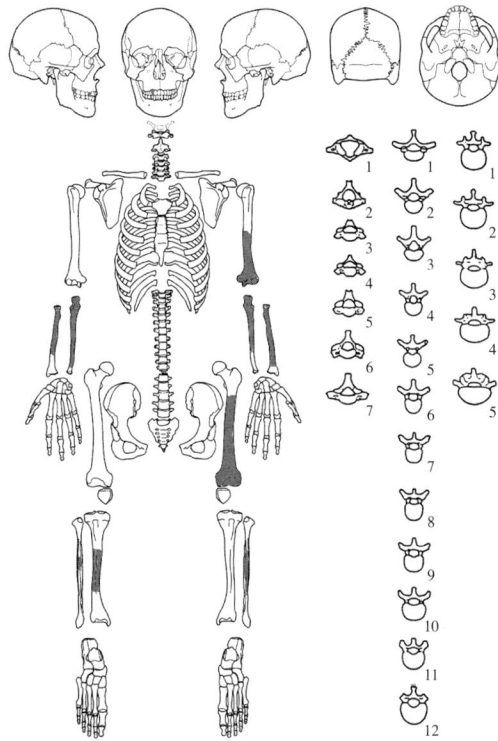

图二○　M5-1 个体骨骼保存情况

干中段以及右侧腓骨骨干残段。另有若干未能准确判断具体部位的胫骨及腓骨骨干碎片。根据牙齿磨耗情况推测，该个体年龄应大于 30 岁。性别不明。

个体 2（M5-2）仅存一件完整的左侧距骨（图二一；彩版四四，2）。为一成年个体，性别不明。

个体 3（M5-3）主要保存头骨和肢骨残片（图二二；彩版四四，3；彩版四五，1）。头骨较为破碎，颅骨可辨识的骨片仅有额骨眶上缘附近的部分（眶部、眉间、颧突、颞上线等）、双侧颞骨顶颞线部分、顶骨枕外隆凸的一小部分以及顶骨的一部分（侧别不可辨）。下颌骨双侧的下颌体齐全，但下颌支和下颌联合部缺失。上颌骨双侧臼齿部分的齿槽完整，保存了左侧三颗臼齿、右侧第二和第三臼齿、右侧第一臼齿的舌侧齿根以及两颗中门齿和左侧门齿。可见左下颌第一、第二前臼齿和第二、第三臼齿。第二前臼齿齿冠已磨蚀，仅存齿根；第一臼齿缺失且齿槽部已基本愈合。第二前臼齿和第一臼齿下方之间下颌体上有一个较大的椭圆形颏孔，第二前臼齿正下方下颌体上有一个较浅的小圆孔。保留了右下颌第一前臼齿至第三臼齿，第二前臼齿和第一臼齿齿缝下方下颌体上有一扁长的椭圆形颏孔。牙齿磨耗严重，尤其是前牙。上颌门齿齿冠已经磨耗殆尽，齿质全部暴露，四周的釉质环不完整。上颌第一、第二臼齿齿质点呈小片状暴露。右上颌的第三臼齿只有齿质点暴露且向舌侧倾斜，仅后尖处残存些许釉质岛；第三臼齿亦是只有咬合面舌侧的齿质暴露。左下颌第一前臼齿冠磨损大半，四周釉质环亦不完整；第二前臼齿齿冠全无，仅存部分齿根。右下颌前臼齿磨耗较轻，咬合面齿质尚未完全暴露，齿质点扩大但尚未连成片。右下颌的三颗臼齿均磨耗严重（尤其是第一、第二臼齿），齿冠磨损大半，齿质暴露且向舌侧倾斜，

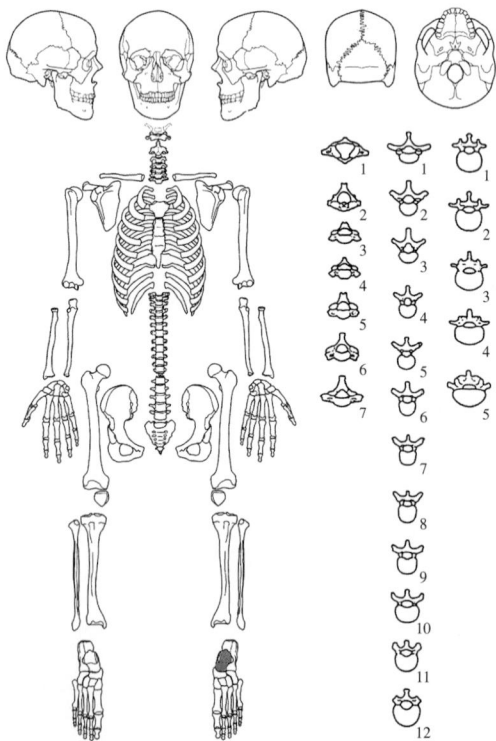

图二一　M5-2 个体骨骼保存情况　　　　　图二二　M5-3 个体骨骼保存情况

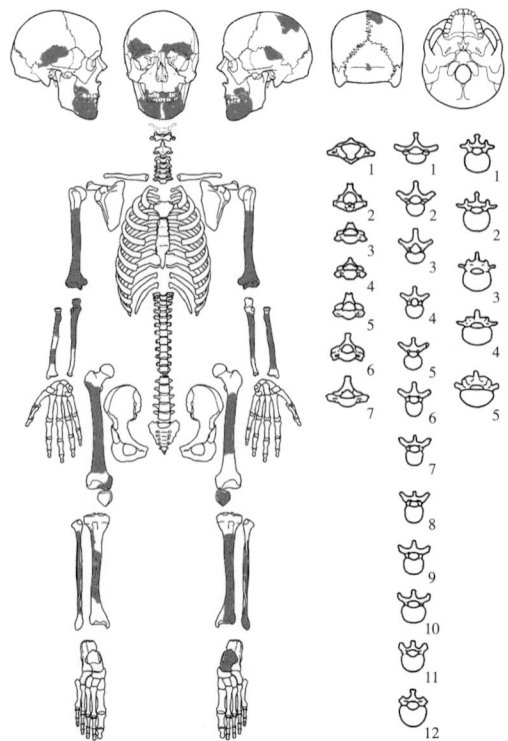

舌侧远中面的齿冠全部磨耗，无釉质环，齿髓腔暴露。第三臼齿的咬合面齿质呈小片状。下颌第二臼齿咬合面齿质大部分暴露，仅存中央一个小的釉质岛。

保存了双侧肱骨大部，但肱骨近端均缺失。双侧尺骨和桡骨骨干部分较多保留，但两端尺骨小头、桡骨茎突、左侧尺骨鹰嘴均缺失。保存了双侧股骨骨干部分以及股骨远端一侧的部分髁突，其余的关节部位缺失。保存了左侧髌骨、左侧胫骨除近端关节和远端关节的内侧髁外的其余部位以及左侧腓骨除腓骨小头外的其余部位。保存了右侧胫骨骨干的中部和腓骨骨干部分。

该个体肢骨粗大厚重，骨嵴发达，应为一男性个体。从牙齿磨耗程度推测，年龄应在 35 ～ 40 岁之间。

个体 4（M5-4）骨骼破碎，仅存部分残破的头骨和肢骨碎片（图二三；彩版四五，2）。头骨保存了右侧上颌骨的中部。保存了左侧额骨眶部（包括眉间和颧突、颞上线的部分）、左侧颧骨额突、左侧颞骨后半部（包括乳突和外耳道以及颞骨前部的一小部分）、枕骨左侧人字缝的星点部分和枕骨大孔后的部分骨片、右侧上颌的齿槽部分及其上的中门齿至第二前臼齿。左上颌的第二前臼齿保留。下颌骨保存了下颌支的上后部分、右侧下颌角和左侧冠突。右下颌齿槽部及其上的犬齿至第三臼齿、左下颌齿槽部分及其上的第一和第二臼齿。左下颌第三臼齿未萌出，第二前臼齿齿冠缺失。

保存了左侧锁骨骨干的胸骨端、左侧肩胛骨的肩胛切迹、右侧肩胛骨外侧缘上半部分。保存了左侧尺骨骨干近端一小节以及桡骨骨干的上半段以及右侧肱骨远端及尺骨除远端关节外的大部

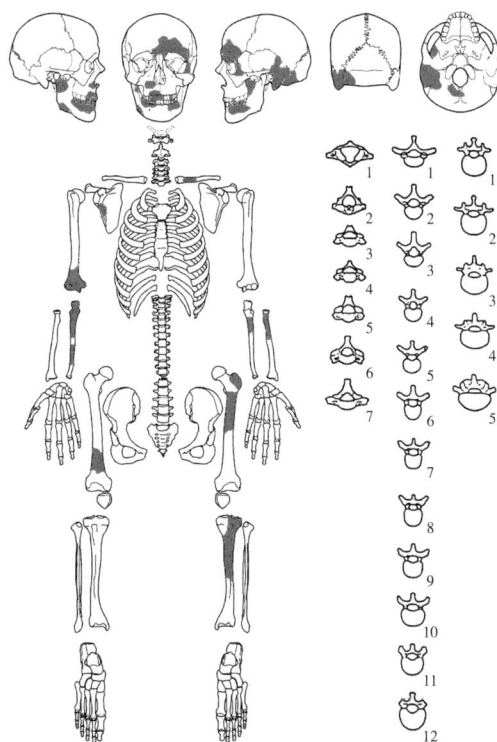

图二三　M5-4 个体骨骼保存情况

分。保存了左侧股骨骨干上半段和大转子、左侧胫骨上半段（不含胫骨上内侧关节面）以及右侧股骨骨干远端残段。

根据牙齿磨耗程度推测其年龄约为 20 ~ 25 岁。性别不明。

个体 5（M5-5）仅存右侧肱骨的远端（图二四；彩版四五，3）。为一成年个体，性别不明。

个体 6（M5-6）仅保留了残破的肢骨（图二五；彩版四六，1）。保存了左侧肱骨骨干部分、部分左侧尺骨和桡骨骨干；左侧股骨骨干近端残段、右侧股骨骨干部分；左侧胫骨和腓骨下半部分，右侧胫骨和腓骨骨干中部等。双侧距骨，其中左侧与跟骨胶结在一起。肢骨较为粗大厚重，骨嵴发达，可能为男性个体，已成年。

个体 7（M5-7）仅存少量颌骨及牙齿（图二六；彩版四六，2）。保存了左下颌门齿至第二前臼齿部分的下颌齿槽部以及其上的犬齿和第一前臼齿；右上颌臼齿部分齿槽部及其第一臼齿保存。保存了左上颌第一、第三臼齿。该个体牙齿磨耗较轻，第三臼齿齿尖被磨去大部分，双侧第一臼齿的齿质点暴露，并扩大成片，舌侧的齿质暴露面大于颊侧。此外，左侧第一臼齿近中的邻面上有一较大的龋洞。下颌犬齿和前臼齿的齿质呈粗点状暴露，第一前臼齿略微向内侧扭转。从牙齿磨耗情况推测该个体年龄约为 20 ~ 25 岁，性别不明。

M6 所提取的人骨可见 1 个个体。该个体骨骼保存相对完整（图二七；彩版四六，3、4）。头骨较为破碎，可辨识的部位有左侧的颅骨残片（从额骨左侧眶上缘到左侧顶骨再到左侧枕骨人字缝附近部分，及与之相连的左侧颞骨的后半部分）、右侧侧门齿至第二前臼齿的上颌齿槽部以

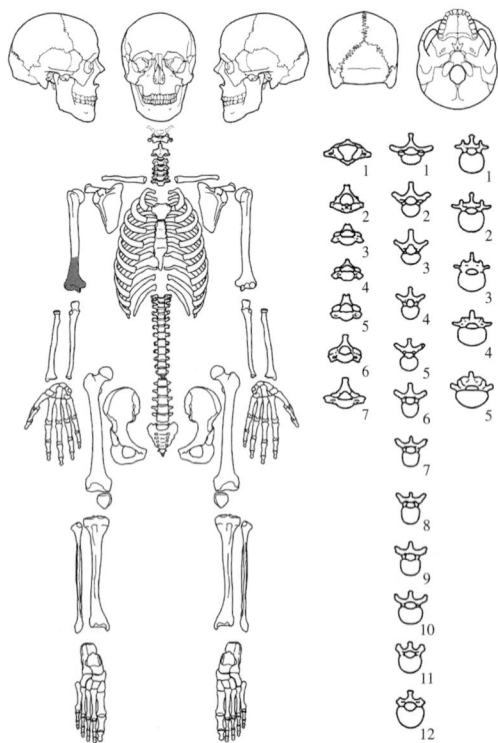

图二四　M5-5 个体骨骼保存情况　　　　　　　图二五　M5-6 个体骨骼保存情况

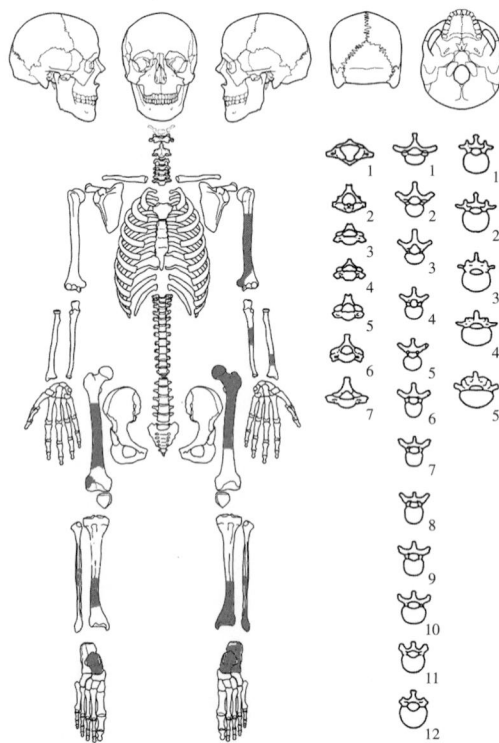

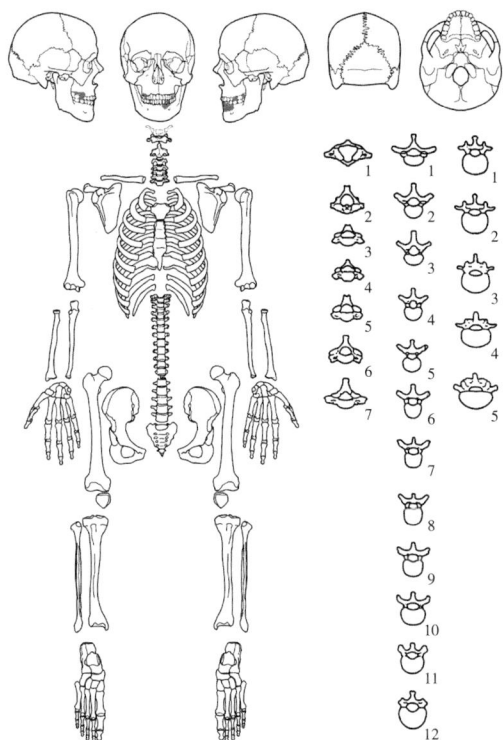

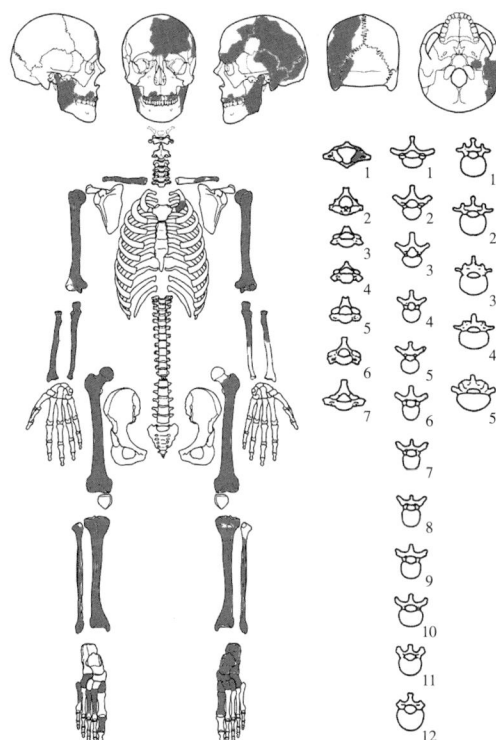

图二六　M5-7 个体骨骼保存情况　　　　　　　图二七　M6 个体骨骼保存情况

及左侧前臼齿的齿槽部，右侧下颌骨的下颌支以及左下颌支大部分。上颌牙齿保存较好，除左侧中门齿和侧门齿缺失外，其余牙齿保存完整；保存了下颌第三臼齿。前牙的磨耗程度较重，从门齿到第一臼齿的齿质完全暴露并连成片，第二、第三臼齿齿尖基本被磨平。

　　肢骨保存相对完整。保存了完整的右侧锁骨以及左侧锁骨肩峰端和骨干中部。左侧第一肋骨的软骨端以及寰椎左侧部保留。右侧肱骨的滑车外侧、右侧肱骨小头、左侧尺骨远端及左侧桡骨下半部分缺失；左侧肱骨骨干中部有两道平行倾斜的痕迹。下肢骨大部分保存较好（两侧髌骨不存）。足骨保存了完整的左侧跟骨、距骨、骰骨、外侧楔骨、中间楔骨、内侧楔骨和第一跖骨；完整的右侧骰骨、内侧楔骨和第一近节趾骨，第二、第三、第五跖骨的远端缺失。

　　该个体双侧肱骨头的骨骺线尚未完全愈合，推测其年龄约为 18 岁左右。性别不明。

　　M7　所提取的人骨可见 7 个个体。

　　个体 1（M7-1）保存大部分头骨，但骨片散落且有胶结（图二八；彩版四七，1）。额骨和双侧顶骨基本完整；枕骨保存了枕外隆凸和双侧枕髁附近的部分；双侧颞骨基本完整，仅乳突和颧突缺失；颞骨岩部仅剩局部。此外还保存了寰椎的双侧关节面和前结节以及部分破碎的蝶骨和筛骨骨片。上颌骨保存了左侧上颌骨的眶下孔部分和右侧上颌骨中间部分。上、下颌骨的齿槽弓及牙齿基本完整。上颌骨中门齿和右侧门齿、犬齿及其部分齿槽，第一、第二前臼齿和第一臼齿近中侧齿冠缺失；下颌仅双侧冠突、下颌体中部下侧及右侧的中门齿、犬齿、第一及第二前臼齿缺失。牙齿磨损较严重，其中上颌双侧的犬齿、左侧门齿、右侧第一臼齿，及左下颌第二臼齿齿

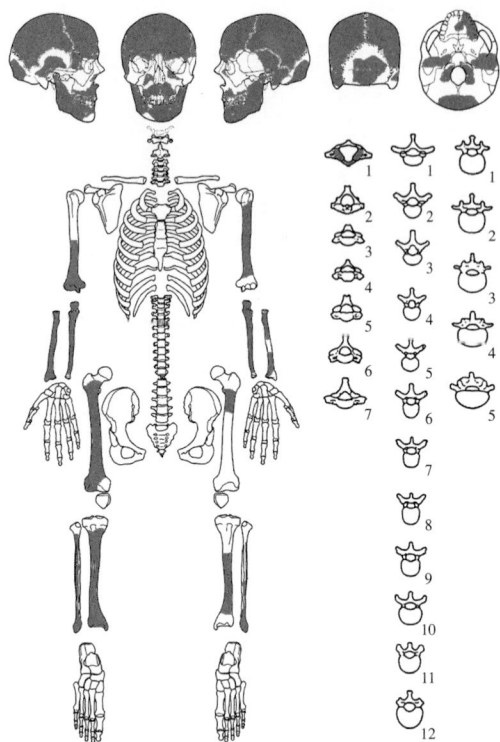

图二八　M7-1 个体骨骼保存情况

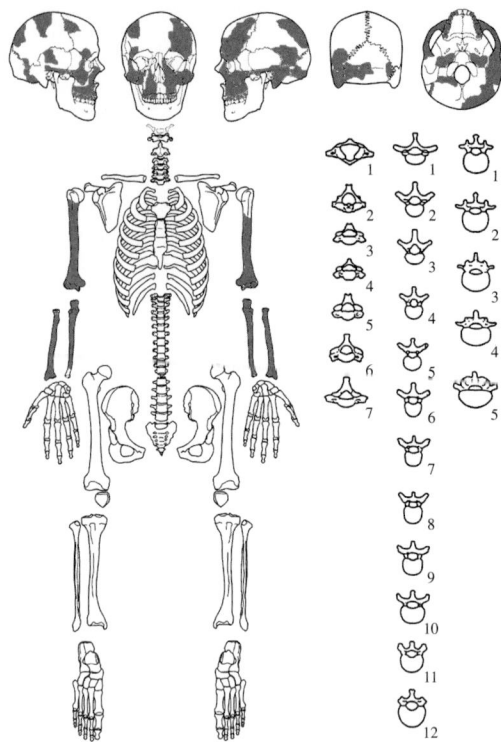

图二九　M7-2 个体骨骼保存情况

冠已磨尽，仅存齿根。

保存有左侧肱骨骨干和右侧肱骨下半段、双侧尺骨除远侧关节面外的其他部分、完整的右侧桡骨以及左侧桡骨大部分。保存了右侧股骨的大部分（近端股骨头、股骨颈、大转子和远端的内侧髁缺失），左侧股骨仅保存了骨干的近端部分。右侧胫骨和腓骨近端关节均缺失，其余部分保存；左侧胫骨保存了骨干的大部分，左侧腓骨仅保存了下半部分。

该个体的颅骨除顶乳缝之外，其余骨缝已愈合，推测为 65 岁左右的老年个体。性别不明。

个体 2（M7-2）头骨较为破碎，仅上肢骨较完整（图二九；彩版四七，2）。保存了左半部的额骨和右侧额骨的颧突和颞线的部分。双侧颧骨基本完整。保存了颞骨左侧乳突、岩部和颧突部分；右侧则保存了颧突、岩部和部分鳞部。保存了顶骨和枕骨颅顶矢状缝和人字缝附近的骨片以及枕外隆凸附近部分。上颌骨相对完整，唯梨状孔下方门齿以及右侧额突、颧突和硬腭后部的小部分缺失。齿列（除门齿和左侧门齿外）相对完整。牙齿（尤其是前牙和后牙舌侧）磨耗严重。右上颌侧门齿和第一前臼齿齿冠缺失，仅存齿根，截面平整，且第一前臼齿齿冠向远中侧倾斜，与犬齿齿隙较大。此外，还有部分碎骨无法识别具体位置。

上肢骨保存情况较好。双侧肱骨的近端缺失，左侧尺骨和双侧的桡骨完整，右侧尺骨远端缺失。左侧的肱骨与尺骨相胶结，并形成 100° 左右的夹角。

头骨整体较为厚重、嵴肌较为发育，推测为男性个体。依据牙齿磨耗推断其为 35 ~ 40 岁的中年个体。

个体 3（M7-3）骨骼较为破碎，仅存极少的肢骨（图三〇；彩版四八，1）。保存了左侧桡骨上半部分以及尺骨骨干上半段。左侧股骨骨干远端、腓骨骨干远端、右侧胫骨骨干远端和近端各一小节以及腓骨骨干大部分保存。该个体左侧桡骨小头后侧仍可见部分骨骺线，故推测其年龄应在 16 ～ 18 岁左右。性别不明。

个体 4（M7-4）仅存下肢骨（图三一；彩版四八，2）。双侧胫骨基本完整，仅左侧胫骨腓关节面和内侧髁缺失以及右侧胫骨内侧髁缺失。可见左侧股骨的远端（唯外侧髁缺失）、右侧股骨骨干中部和左侧腓骨近端保存。双侧胫骨的内侧面上均有数道平行纹。为一成年个体，性别不明。

个体 5（M7-5）仅存左侧股骨上半部分和右侧胫骨骨干大部分，其余部分缺失（图三二；彩版四八，3）。为一成年个体，性别不明。

个体 6（M7-6）该个体仅存少量肢骨（图三三；彩版四八，4）。保存了左侧肱骨骨干下半部分、左侧桡骨骨干大部分、右侧尺骨除近端关节外部分和右侧股骨骨干大部分。股骨骨干上可见多道平行纹。为一成年个体，性别不明。

个体 7（M7-7）该个体仅存少量头骨和肢骨（图三四；彩版四八，5）。保存了残破的枕骨（枕外隆凸处和双侧人字缝星点处的小部分骨片）以及颅骨骨缝附近的小片骨片。下颌骨保存了双侧下颌角处骨骼以及左下颌支下颌切迹部分。保存了右侧第二臼齿齿根和双侧第三臼齿。肢骨仅存左侧桡骨颈至骨干中部部分、缺失远端的双侧尺骨以及双侧股骨骨干残段。根据牙齿磨耗程度推测该个体年龄约 35 ～ 40 岁，性别不明。

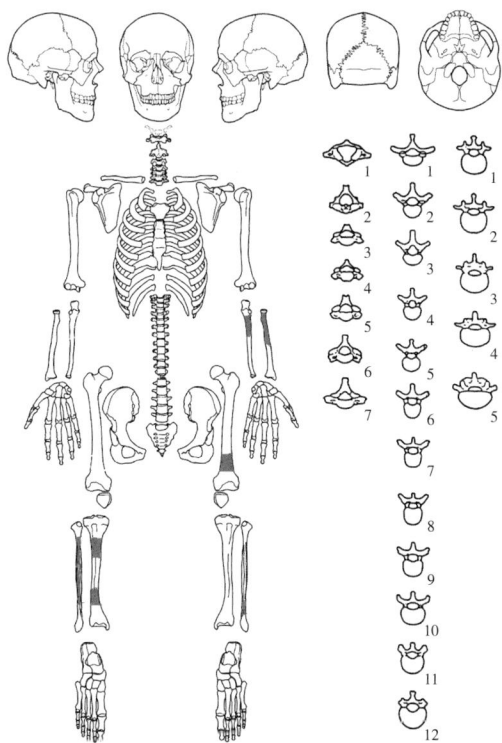

图三〇　M7-3 个体骨骼保存情况

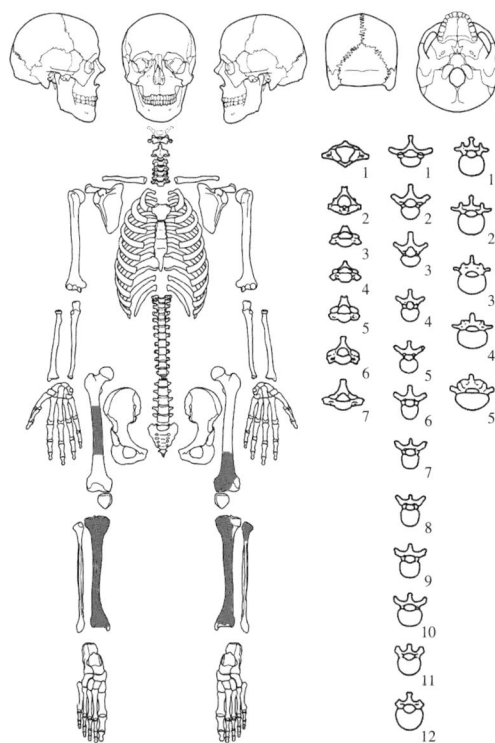

图三一　M7-4 个体骨骼保存情况

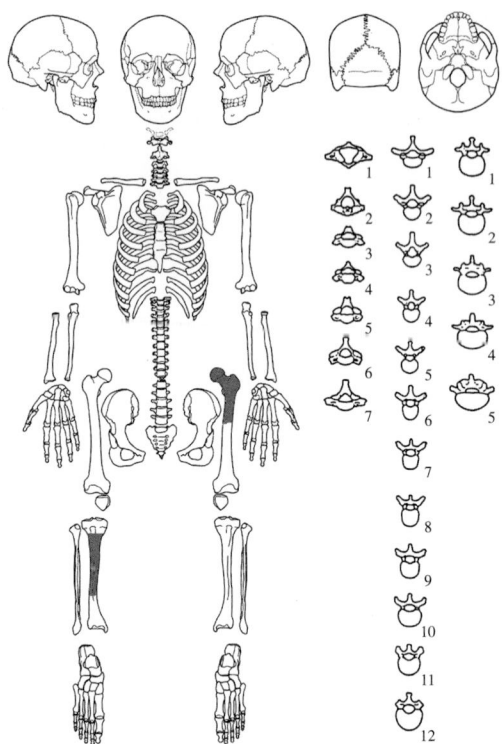

图三二　M7-5 个体骨骼保存情况

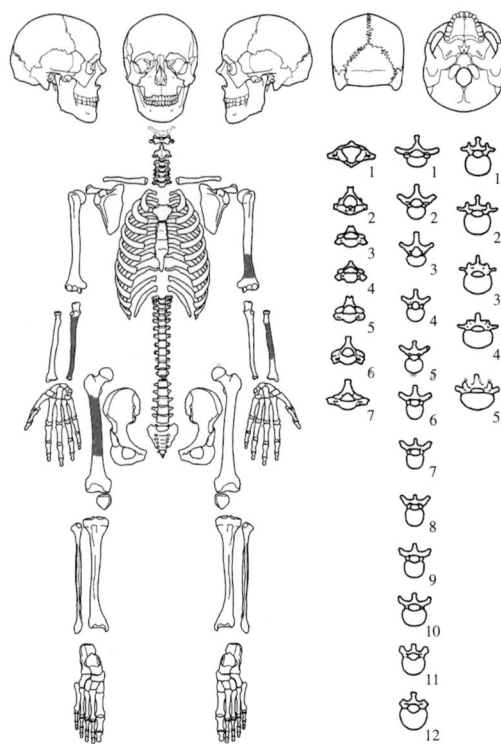

图三三　M7-6 个体骨骼保存情况

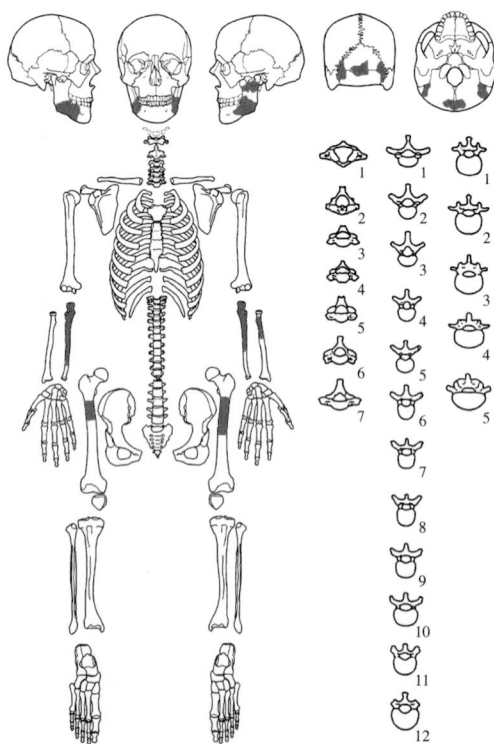

图三四　M7-7 个体骨骼保存情况

M8　所提取的人骨可见 2 个个体。

个体 1（M8-1）头骨破碎，保存状况极差（图三五；彩版四九，1）。可辨识部位有额骨前囟部到右侧额骨颞线处的部分、右侧顶骨颅顶处的部分、右侧蝶骨大翼颅侧部至颅底部分及左侧卵圆孔部分。另外保存有右侧颞骨颧突根部和下颌窝的部分、左侧颞骨下颌窝的部分、左侧颞骨鳞部的小部分和星点处的小部分以及双侧颞骨岩部残部。保存有枕骨的枕骨枕外隆凸右侧部分以及左侧的枕髁部。另有少量头骨残片因太破碎而未能识别。

仅存少量肢骨，包括右侧锁骨的胸骨端、左侧尺骨的远端、左侧股骨的骨干、完整的左侧腓骨、右侧腓骨骨干远端以及股骨头的关节面。此外，可见尺骨的骨干外侧有一卵圆形的小凹坑，腓骨近端的骨骺线仍可见。

依据骨骼发育特点，该个体年龄为 15 岁左右，性别不明。

个体 2（M8-2）仅存破碎的头骨（图三六；彩版四九，2）。包括少量的颅顶部分，额骨的前囟点处，双侧顶骨颅顶的大部分，以及枕骨的人字点处的部分。骨片较薄，疑似女性成年个体。

M9　所提取的人骨可见 1 个个体，仅存肢骨和部分椎骨（图三七；彩版四九，3）。保存有右侧肩胛骨的关节盂和肱骨骨干部分；左侧肱骨基相对完整（仅小头局部缺损）、桡骨完整、尺骨远端缺失。仅存右侧下肢股骨、胫骨、腓骨的骨干部分，两端关节均缺失。枢椎亦可见，但棘突缺失。此外，可见右侧肱骨骨干中部有两个凹痕，左侧桡骨骨干远端有一椭圆形孔，或为动物啃咬或埋藏过程中受损所致。该个体应为成年，性别不明。

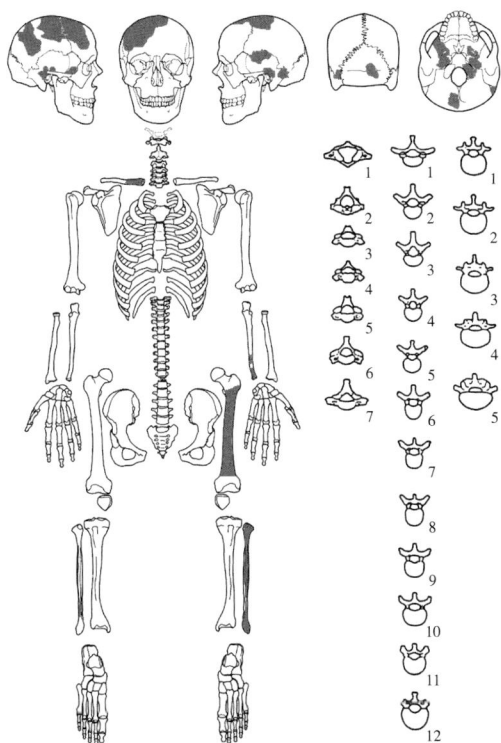

图三五　M8-1 个体骨骼保存情况　　　　　图三六　M8-2 个体骨骼保存情况

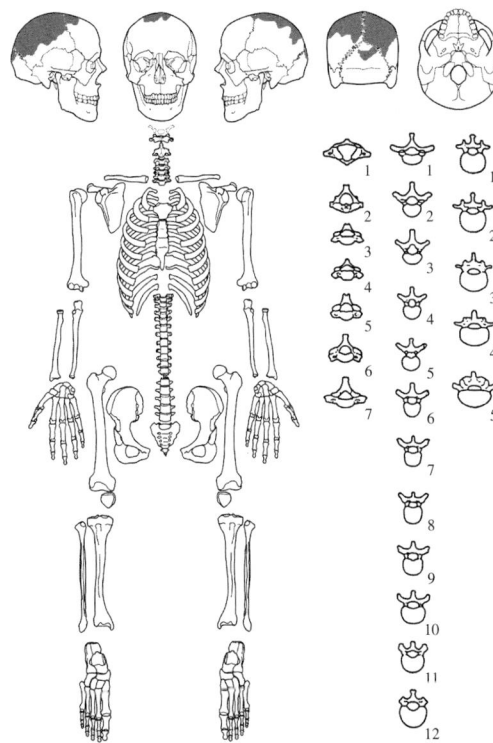

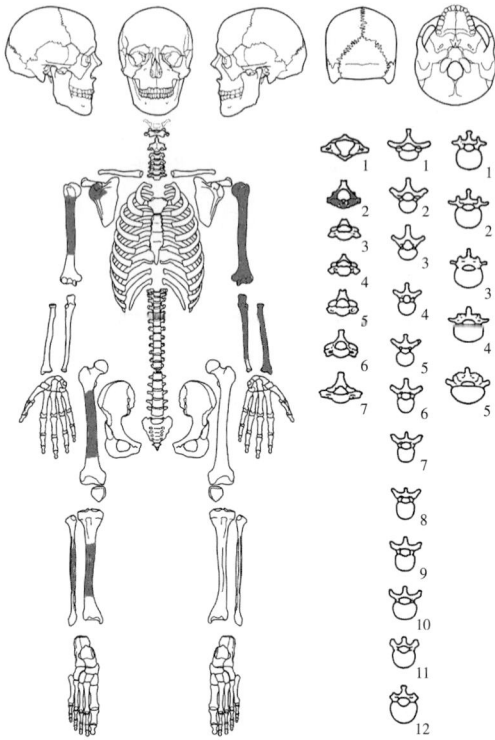

图三七　M9 个体骨骼保存情况　　　　　　图三八　M10 个体骨骼保存情况

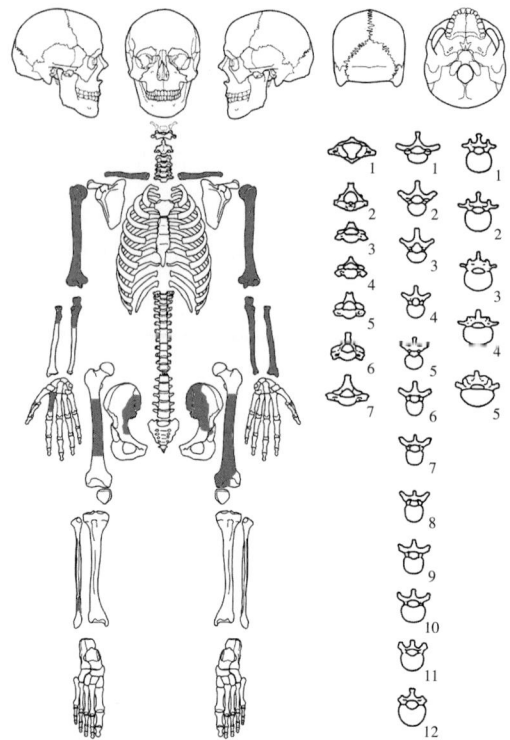

M10　所提取的人骨可见 1 个个体，仅存肢骨（图三八；彩版四九，4、5）。保存了相对完整的双侧锁骨、肱骨以及左侧尺骨和桡骨。右侧尺骨仅存近端，桡骨仅存小头、颈和粗隆，右侧还残存了第二掌骨近端 2/3 部分。下肢仅可见残破的髋骨、股骨和腓骨，其中保存左侧髋骨髂后结节和耳状关节面、坐骨大切迹及部分髋臼，右侧髋骨耳状关节面和坐骨大切迹及部分髋臼。下肢骨中，可见左侧股骨近端关节和远端的内侧髁缺失；右侧股骨仅骨干的大部分保存。保存了右侧残破的腓骨骨干远端。股骨相对细小、骨嵴不发育。

结合髋骨的坐骨大切迹和耳状关节面骨性特征，推测该个体为女性。此外，其上肢骨骨骺已愈合，锁骨胸骨端未愈合，推测年龄应为 22 ～ 25 岁。

M11　所提取的人骨可见 1 个个体，仅存少量肢骨（图三九；彩版五〇，2）。上肢仅存左侧肱骨骨干中段一小节（三角肌粗隆末端）以及滑车和小头的部分。下肢仅存双侧股骨的骨干部分，双侧胫骨骨干近端以及左侧腓骨骨干部分。该个体肢骨较为细小，骨嵴发育较弱，可能为女性。股骨近端的骨缝已愈合，应为成年个体。

M12　所提取的人骨可见 1 个个体，仅存少量极破碎的骨骼，无法辨别和描述。成年个体，性别不明。

M13　所提取的人骨可见 1 个个体，保存了相对完整的肢骨（图四〇；彩版五〇，1）。右侧肱骨基本完整（仅大转子和部分肱骨头缺失）；左侧肱骨骨干及远端保存，但二者不相连。保存了右侧尺骨和桡骨上半部分以及左侧尺骨和桡骨远端。右侧第二、第三、第四掌骨保存。右侧

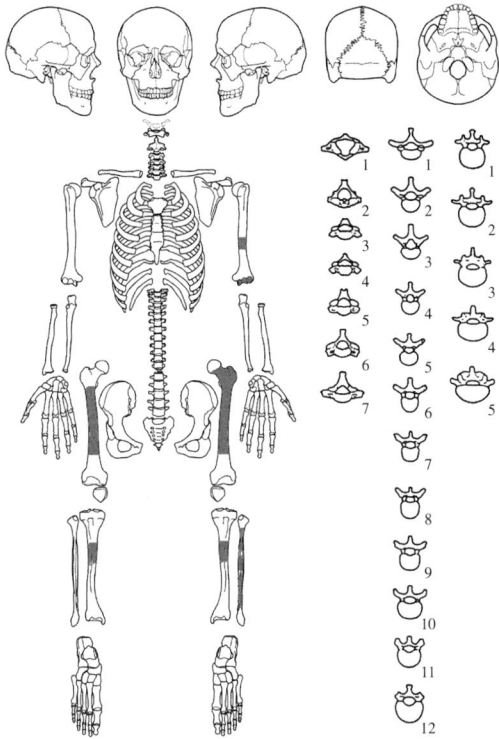

图三九　M11 个体骨骼保存情况　　　　　　图四〇　M13 个体骨骼保存情况

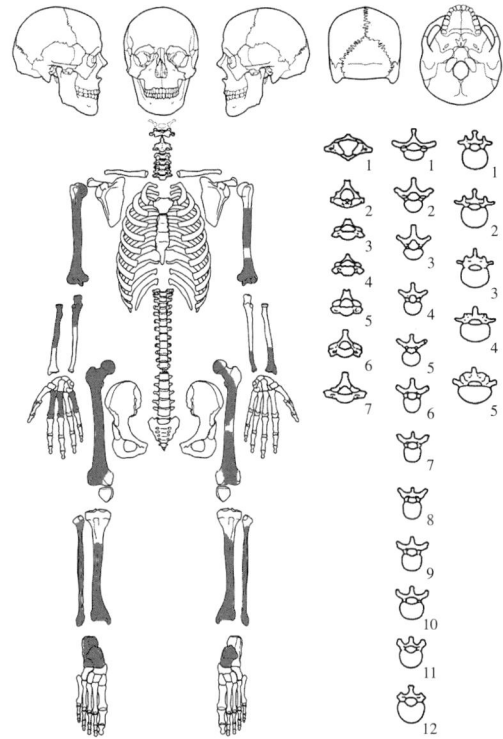

股骨基本完整（仅远端内侧髁局部缺失）；左侧股骨相对较差，大转子、部分股骨颈和股骨头、内外侧髁局部及部分骨干缺失。双侧胫骨均保存了下 2/3 部分；双侧腓骨相对完整（仅部分腓骨头缺失）；保存了双侧距骨和右侧跟骨。另见少量牙齿。此外，左侧肱骨结节间沟末端呈半窝状凹陷，内侧边缘有一凸起。该个体骨骼较为粗壮高大，骨骺已全部愈合，判定为一男性青壮年个体。

M14　所提取的人骨可见 1 个个体。骨骼保存数量相对较多，但较为破碎（图四一；彩版五一，1）。面颅骨缺失，仅保存部分脑颅骨骼。额骨相对完整，并稍与鼻骨相连。双侧顶骨基本完整，右侧顶骨顶颞缘附近缺失，左侧顶骨顶颞缘前部和冠状缝下部缺失。枕骨大体完整，颅底略有缺失。保存了双侧少量颞骨，主要是右侧的乳突部和颞骨鳞残部。总体来看，该个体头骨较小，骨壁略薄，顶面观近卵圆形。颅骨骨缝局部愈合，矢状缝顶孔段和后段愈合过半，前囟段和顶段尚未愈合。冠状缝清晰可见，前囟段骨缝近直型，复杂段为微波型。左侧人字缝清晰，近复杂型，中段和星点段近复杂型；右侧人字缝几乎隐没。无额中缝，鼻根点略凹陷，眉间稍突，眉弓与眶上缘分离且延伸不到眶上缘中点，眉弓突度稍显，额鼻缝呈方突型，无缝间骨。枕外隆凸中等，乳突较小。

躯干骨亦有保存。椎骨保存了颈椎第 3 ~ 7 椎体。第 4 胸椎仅存椎弓部分；第 5 ~ 12 椎体（部分胸椎可见椎弓部分），其中第 5、6、7 胸椎相胶结，可见第 5 和第 6 胸椎间角度有扭转。保存了第 1 ~ 5 腰椎椎体，除第五腰椎椎弓稍有缺失外，其余完整。保存了左侧第 2 ~ 11 肋骨和右侧第 2 ~ 12 肋骨近端大部分。保存了骶骨左上区域，包括左侧骶骨岬、耳状关节面和骶翼部分。

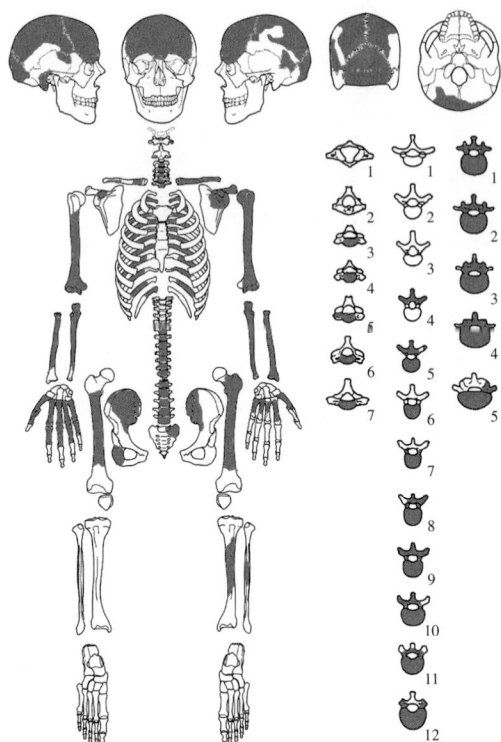

图四一 M14 个体骨骼保存情况

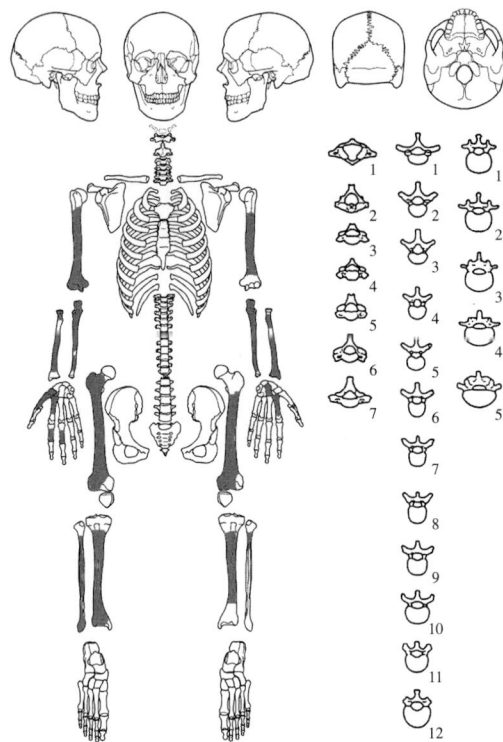

图四二 M15-1 个体骨骼保存情况

　　肢骨保存相对完整。左侧锁骨完整，右侧锁骨仅存胸骨端和肩峰端部分。左侧肩胛骨可见关节盂、肩胛冈、肩峰和喙突；右侧肩胛骨可见肩胛冈根部和部分关节盂。肱骨基本完整，仅右侧近端和左侧内上髁缺失。尺骨和桡骨亦较完整，仅远端缺失。指骨相对完整，但第二、三掌骨近端和第三、四、五掌骨远端均有局部缺失。保存了右侧髋骨髂翼大部、耳状关节面、坐骨大切迹、坐骨结节及部分闭孔和髋臼小部分；左侧髋骨髂翼后部、耳状关节面和部分坐骨大切迹。保存了右侧股骨骨干和小转子部分；左侧股骨骨干、大小转子和部分股骨颈。左侧胫骨骨干中部以及左侧腓骨骨干中部保存。

　　根据颅骨整体形态以及骨骺和骨缝愈合情况推测，该个体为 35 岁左右女性。

　　M15　所提取的人骨可见 2 个个体。

　　个体 1（M15-1）仅存肢骨（图四二；彩版五〇，3）。保存了左侧肱骨骨干、尺骨除远端小头外的大部分、桡骨除桡骨头、桡骨颈的大部分。右侧肱骨近端以及尺骨和桡骨远端缺失。保存了左侧头状骨和第二掌骨除远端外的大部分；右侧大、小多角骨以及第一、第二掌骨以及第二、第三近节指骨保存，但第二掌骨远端和第二、第三近节指骨近端缺失。该个体右侧肱骨较左侧肱骨粗壮，右侧肱骨三角肌粗隆处的外弯弧度明显大于左侧。保存了右侧股骨大部分骨骼，仅股骨头和小转子缺失；左侧股骨骨干及内侧髁保存，但近端股骨头、股骨颈及大、小转子和远端外侧髁缺失。胫骨粗隆以下的部分保存，但内髁部分缺损。腓骨除腓骨头以外的部分保存。为一成年个体，性别不明。

个体 2（M15-2）仅存左侧股骨骨干远端残段（图四三）。为一成年个体，性别不明。

M16　所提取的人骨可见 4 个个体。

个体 1（M16-1）仅存少量破碎的头骨和肢骨（图四四；彩版五一，2）。左侧上颌骨犬齿至第一臼齿齿槽部，第一前臼齿处齿槽已愈合，应为天生缺失。保存了左侧颧骨上半部、左侧颞骨下颌窝、颧突根部以及右侧颞骨乳突和岩部。左侧额骨眶上缘部分及颞线部分保存。下颌骨左侧部分保存相对完整，右侧部分缺失。左下颌上仅存前臼齿及臼齿齿根，散牙咬合面磨耗严重。此外，还有少量颅骨碎片，具体部位不详。

保存了左侧锁骨骨干近端。保存了左侧肱骨骨干下半部分以及右侧肱骨远端。左侧尺骨大部分（鹰嘴和远端关节缺失）及双侧桡骨骨干上部保存。保存了双侧股骨大部分骨干，仅右侧近端股骨头、股骨颈、大转子及远端缺失。双侧胫骨大部分保存，仅两侧近端关节和左侧远端内侧髁缺失；双侧腓骨骨干保存。

该个体下颌骨较粗壮，颏孔较大，下颌角较小，判定为男性。其头骨片中可见一段颅骨缝，颅内已完全愈合，颅外将完全愈合，应为冠状缝的复杂段或人字缝的星点段，据此推测其年龄为 38 ~ 45 岁。

个体 2（M16-2）可见少量头骨和肢骨（图四五；彩版五二，1）。头骨保存相对较完整，但骨片破碎，且右半部的骨片略有胶结。额骨眉间、左侧颅顶部、大部分蝶骨缺失。双侧顶骨基本完整，仅冠状缝和顶颞缝附近略有缺失。双侧颞骨均只见后半部，包括右侧颞骨的少量鳞部和左

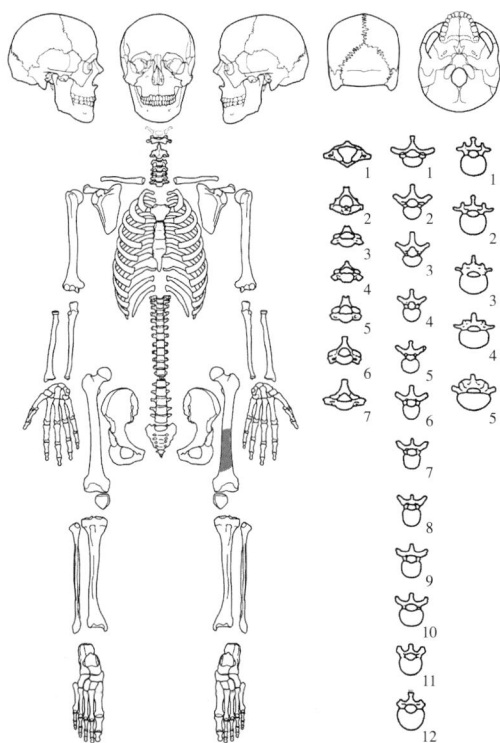

图四三　M15-2 个体骨骼保存情况　　　　　　图四四　M16-1 个体骨骼保存情况

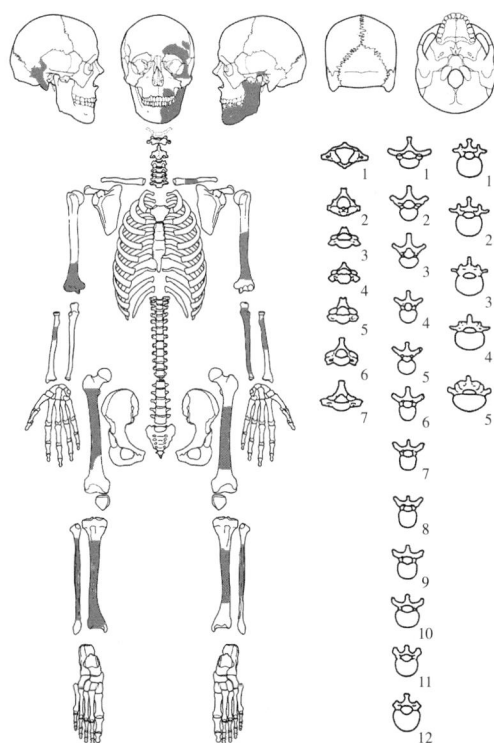

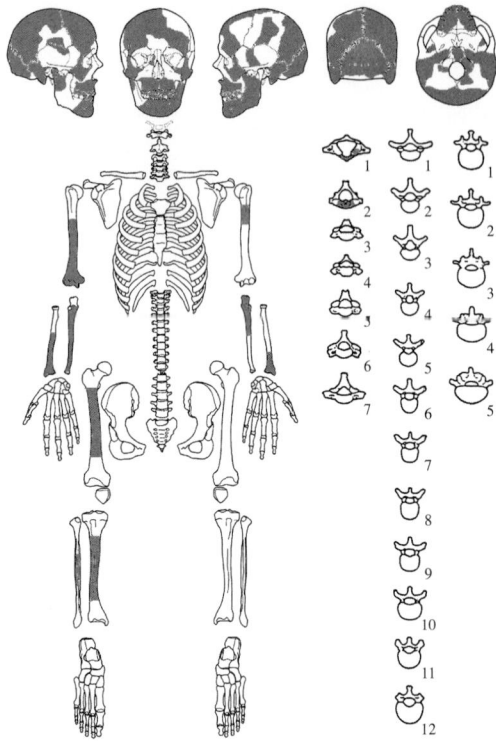

图四五　M16-2 个体骨骼保存情况　　　　　图四六　M16-3 个体骨骼保存情况

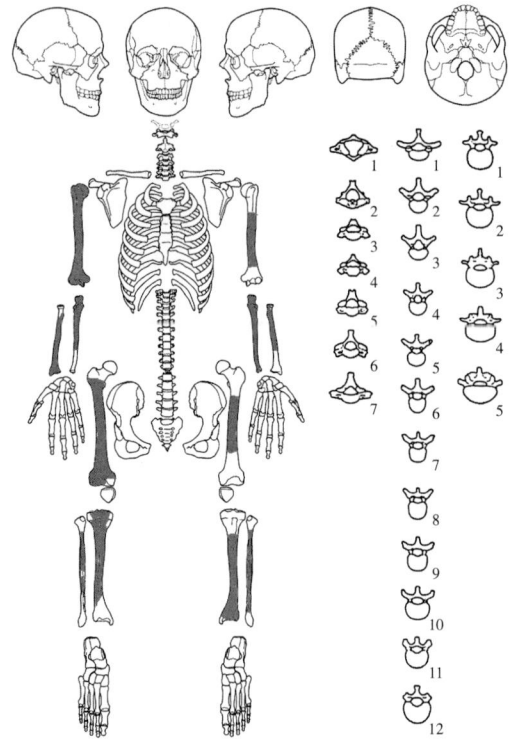

侧颞骨蝶颞缝处部分。枕骨大部分保存，包括枕骨大孔右半部、大部分颅基底部和右侧枕髁以及左侧枕髁后半部。保存了双侧颧骨。上颌骨梨状孔下部以下部分和右侧上颌骨额突保存。上颌牙齿保存完整，仅双侧的第三臼齿缺失，可见左侧第三臼齿部分齿槽。下颌骨相对完整，保存了右侧髁突及以下的小部分、下颌体大部分以及左侧下颌支。左侧犬齿、第二臼齿缺失以及右侧第一、第二个臼齿缺失。牙齿磨耗程度较轻，齿尖磨平，齿质点开始暴露，但尚未扩大。左下颌门齿的切缘呈两级阶梯状的磨耗，且后牙磨耗重于前牙。第三臼齿也已萌出。

躯干骨保存了寰椎的前结节、右侧的关节部以及枢椎齿突和椎体部分。保存了右侧肱骨大部（仅近端缺失）和左侧肱骨骨干近端。右侧尺骨大部分（近端鹰嘴和远端小头缺失）和左侧尺骨上半部以及双侧桡骨下半部保存。下肢骨仅存右侧股骨、胫骨和腓骨的骨干部分。

该个体肢骨较为粗大厚重，结合下颌骨和颅骨的形态推测其应为男性。根据牙齿磨耗程度，推测其年龄应为 25 岁左右。

个体 3（M16-3）仅存肢骨，保存状况较好（图四六；彩版五二，3）。右侧肱骨完整，左侧肱骨存有骨干大部分。左侧尺骨完整，右侧尺骨远端缺失。双侧桡骨大部分完整，仅左侧远端和右侧桡骨头、颈缺失。右侧股骨大部保存，仅股骨头、大转子和部分内侧髁缺失；左侧股骨仅存骨干部分。右侧胫骨近端双侧少量关节面和远端关节缺失；左侧胫骨近端关节和胫骨内踝缺失。双侧腓骨均仅存骨干部分。

该个体肱骨头和大小结节、尺骨和桡骨下端以及胫骨上端均可见骨骺线，推测其年龄约为

16 ～ 18 岁。性别不明。

个体 4（M16-4）仅存少量肢骨（图四七；彩版五二，2）。包括左侧肱骨骨干大部、尺骨上半部分、桡骨近端以及右侧腓骨骨干下半部。为一成年个体，性别不明。

M17　所提取的人骨可见 5 个个体。

个体 1（M17-1）仅存少量下肢骨（图四八；彩版五二，4）。左侧股骨股骨头、股骨颈和骨干近侧端保存，股骨头头凹略深。保存了双侧胫骨骨干远端、左侧腓骨下半部以及右侧腓骨骨干远端一小节。足骨保存相对较好，双侧距骨完整，左侧跟骨前上面保存。骰骨及外侧、中间、内侧楔骨相对完整。第一跖骨仅存远端，第二至五跖骨远端局部缺失。为一成年个体，性别不明。

个体 2（M17-2）仅存少量破碎的头骨和肢骨（图四九；彩版五三，1）。保存的部分有额骨眉间至右侧眶上缘中部、右侧顶骨人字缝上部、顶颞缝和翼区附近部分、右侧颞骨（下颌窝、外耳道、颧突根、岩部部分）以及左侧茎突。上颌骨相对完好，仅左侧门齿、腭骨右后部以及上颌骨少量骨片缺失。双侧第三臼齿刚萌出齿槽面，门齿和右侧门齿前部仅有轻微磨耗。下颌骨基本完整，仅双侧冠突、下颌角以及左侧髁突有少量缺失。下颌牙齿基本完整（仅门齿、右侧门齿、犬齿和第二臼齿缺失），双侧第三臼齿亦刚萌出齿槽面。保存了右侧肱骨下半部、缺失远端的双侧尺骨以及双侧桡骨的上半部（桡骨头均缺失）。

该个体下颌体较小，颏部近尖型，推测其为女性。桡骨头骨骺线尚未愈合，推测其年龄尚未满 18 岁。

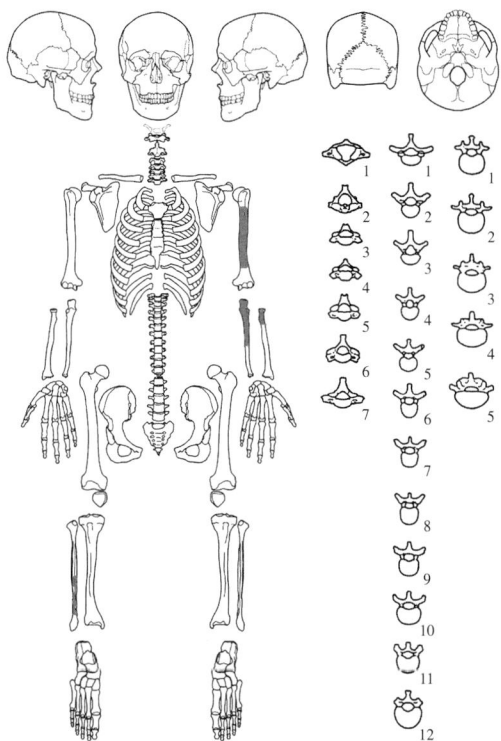

图四七　M16-4 个体骨骼保存情况

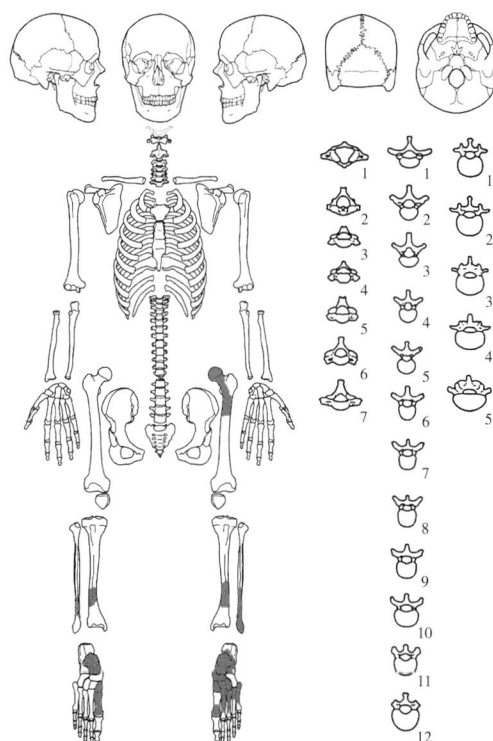

图四八　M17-1 个体骨骼保存情况

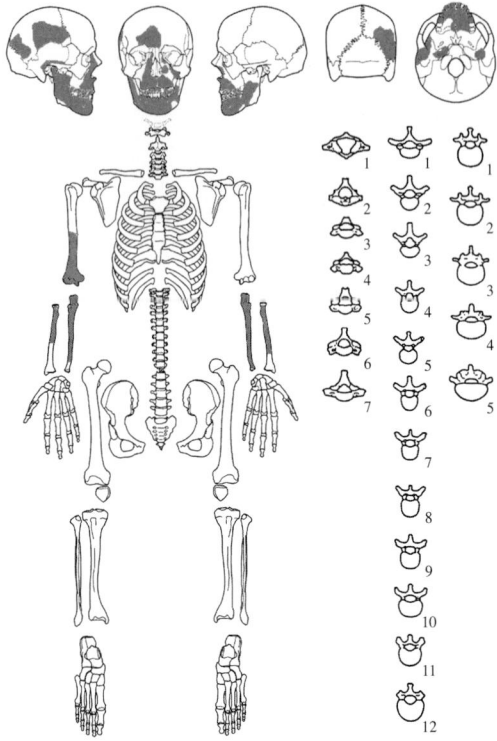

图四九　M17-2 个体骨骼保存情况　　　　　　　　图五○　M17-3 个体骨骼保存情况

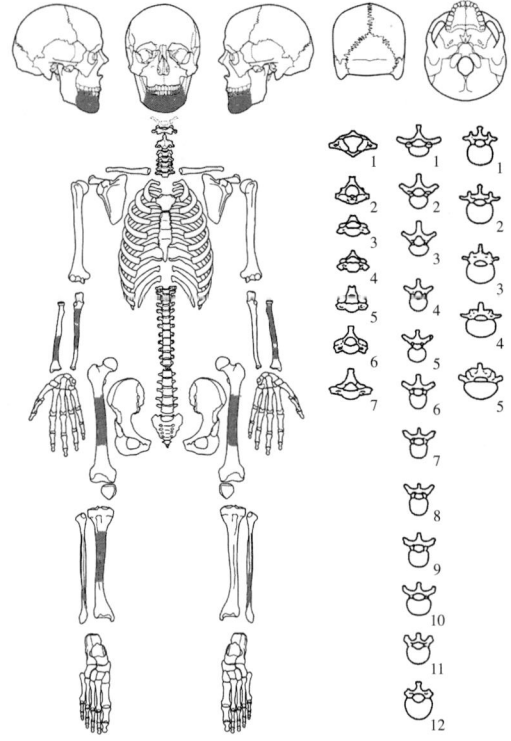

个体 3（M17-3）该个体仅存少量残破的头骨和肢骨（图五○；彩版五三，2）。头骨仅存下颌体部分，双侧下颌支缺失，颏孔左、右各一，位于第二前臼齿和第一臼齿之间下方的下颌体上。保存了左下犬齿至第三臼齿以及右下第二前臼齿至第二臼齿。牙齿磨耗严重，齿冠被磨平，齿质暴露并连成一片，齿冠仅剩四周一圈。保存了右侧尺骨骨干大部及右侧桡骨骨干下半段，左侧桡骨仅存骨干部分。保存了双侧股骨骨干中部、右侧胫骨骨干中部以及双侧腓骨骨干下部。

该个体骨骼较纤弱，骨嵴不甚发育；颌部较小但略厚，颏部略呈圆形，推测其为女性。根据牙齿磨耗情况判断，其年龄应大于 40 岁。

个体 4（M17-4）仅存少量肢骨（图五一；彩版五三，3）。保存了右侧肱骨骨干远端以及滋养孔处一小节、右侧桡骨骨干中部及滋养孔处一小节、双侧股骨骨干上半部。此外，左侧股骨嵴滋养孔处可见一与骨嵴几乎垂直的切割深痕。为一成年个体，性别不明。

个体 5（M17-5）仅存基本完整的下颌骨（图五二；彩版五三，4）。下颌骨仅双侧髁突和右侧冠突缺失。右下颌牙齿基本完整，仅门齿缺失。牙齿磨耗严重，且后牙甚于前牙。第一至第三臼齿齿冠已磨平，齿质基本完全暴露，磨耗程度应属四至五级。其中，右侧第一臼齿磨耗最重，齿冠全部磨耗，齿髓腔暴露，且明显向颊侧倾斜。前牙磨耗相对较轻，齿尖被磨平，齿质暴露。

该个体下颌体较粗壮，下颌角度较小，且略微外翻，颏部略呈方形，左、右颏孔各一，位于第一臼齿之下，推测应为男性。根据牙齿磨耗程度判断，其年龄应在 40～45 岁之间。

M18　所提取的人骨可见 1 个个体，保存有残破的下颌骨和肢骨（图五三；彩版五四，1）。

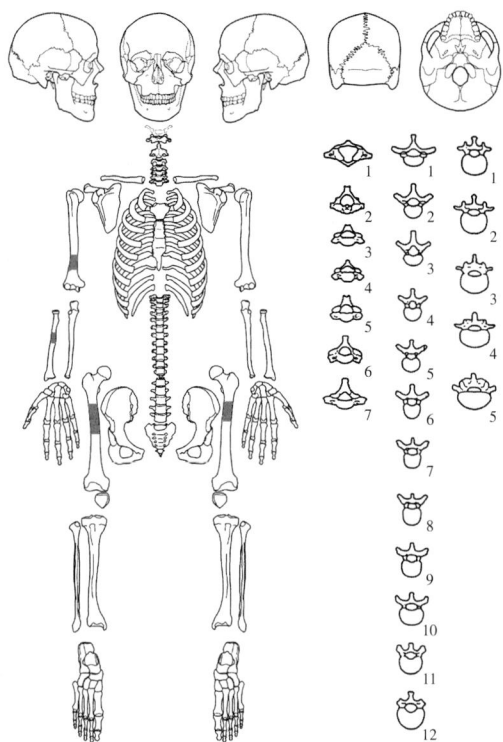

图五一　M17-4 个体骨骼保存情况

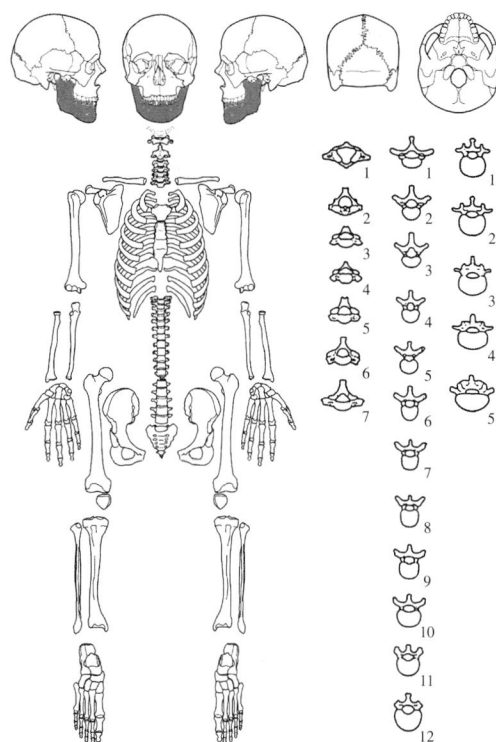

图五二　M17-5 个体骨骼保存情况

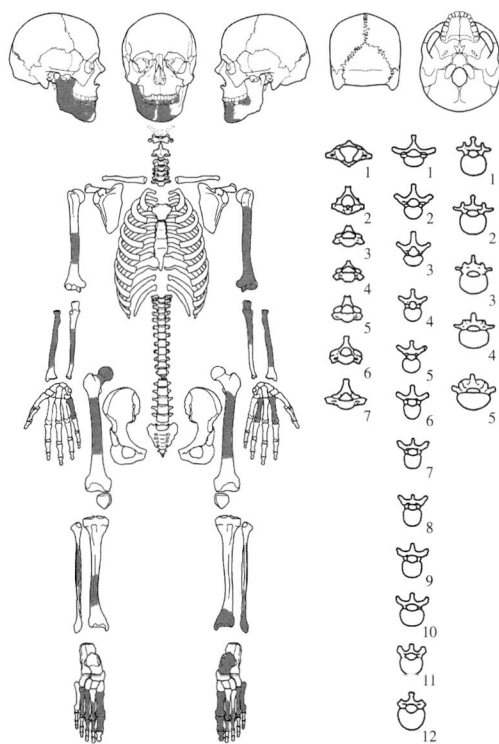

图五三　M18 个体骨骼保存情况

下颌骨右侧部（仅髁突和下颌角处缺失）及其上的犬齿至第三臼齿保存较好，第一臼齿齿尖基本磨平；左侧仅存左侧门齿至第二前臼齿的联合部，其上仅保存了少量颌骨及第二、第三臼齿。下颌第二臼齿齿尖略有磨耗；第三臼齿刚刚萌出，磨耗较轻。

保存了右侧肱骨骨干中部；左侧肱骨大部分保存，唯近端关节部缺失，远端鹰嘴窝和冠突窝之间有圆形穿孔。右侧尺骨骨干大部分、左侧尺骨上半部分以及双侧桡骨大部分（唯远端关节缺失）保存。此外还保存了完整的右侧第五掌骨、左侧第二和第四掌骨。保存了双侧股骨骨干大部分及右侧股骨头和股骨颈，其中右侧股骨与一小段腓骨相胶结。右侧胫骨骨干远端和腓骨骨干中部保存；左侧胫骨远端、腓骨远端和距骨相胶结。左侧五个跖骨大部分较完整，仅第二、第三跖骨近端缺失，还可见第一、第二、第三近节趾骨和第一远节趾骨；保存了右侧第一至第四趾骨（其中第二趾骨近端缺失），右侧还可见第一至第三近节趾骨。

该个体下颌骨较为厚重，且下颌角略有外翻倾向，判定为男性个体。根据牙齿磨耗程度推测，年龄约为 22 ~ 24 岁。

M19　所提取的人骨可见 1 个个体，仅存残破的头骨、躯干骨和肢骨（图五四；彩版五四，2）。头骨右侧部分保存相对较好，额骨右侧冠状缝部分保存，右侧顶骨基本完整，左侧顶骨的颅顶大部分保存。右侧枕骨鳞部保存相对较好，颅底缺失部分较多，但仍可见枕骨大孔的前半部。右侧颞骨基本完整，仅鳞部小片缺失，左侧颞骨则仅存岩部。双侧蝶骨保存了大翼的卵圆孔部分。右侧上颌骨眶下孔小部分、后牙齿槽部及其上的第一前臼齿至第三臼齿保存，前牙均缺失。下颌

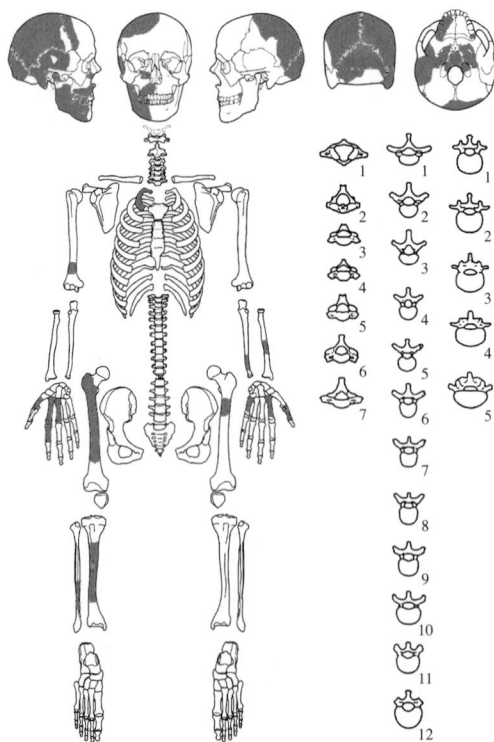

图五四　M19 个体骨骼保存情况

骨保存了右侧第一前臼齿至第三臼齿的齿槽部分，前牙和左侧全部缺失。从左下颌第三臼齿齿槽可知该齿存在三根。牙齿磨耗以第二前臼齿和第一臼齿最甚，其齿冠仅存四周釉质，齿质暴露。第二臼齿齿尖被磨去，齿质点暴露并扩大。右侧上颌第一前臼齿齿冠缺失，仅存齿根，但下颌对应的第一前臼齿磨耗较轻。

右侧第一肋骨保存较完整。保存了左侧肩胛冈根部、右侧肱骨骨干远端、左侧桡骨骨干中部、左侧尺骨骨干远端残部。保存了完整的右侧第二、第三掌骨和第二近节指骨、近端关节缺失的第一掌骨、完整的左侧第一近节指骨以及远端关节缺失的第二和第五掌骨。保存了右侧股骨骨干大部以及近端的大、小转子；左侧股骨骨干近端保存。右侧胫骨骨干大部以及腓骨骨干远端部分保存。

该个体头骨较小，颅骨片相对较薄，下颌骨及肋骨相对纤细，枕外隆凸和乳突亦不甚发育，判定为女性个体。其头骨冠状缝前囟段已基本愈合，结合牙齿的磨耗程度推测，年龄约在 35 ~ 40 岁左右。

M20 所提取的人骨可见 2 个个体。

个体 1（M20-1）仅存颅骨（图五五；彩版五五，1）。面颅几近缺失，仅存右侧颧骨。脑颅则保存相对较好。额骨和双侧颞骨基本完整（仅颧突缺失）；顶骨大部分可见，仅右顶骨颅侧部和左顶骨前部缺失；枕骨大部分保存，仅颅底稍有缺失，但枕骨大孔前半部分即枕髁和基底部仍可见。双侧人字缝各有一顶枕缝间骨，右侧缝间骨保存，左侧缺失。颅顶近卵圆形，眉弓和眉间稍突显，但枕外隆凸和乳突不甚发育，颅骨骨壁相对较厚，可能为女性。颅骨骨缝均未愈合，年

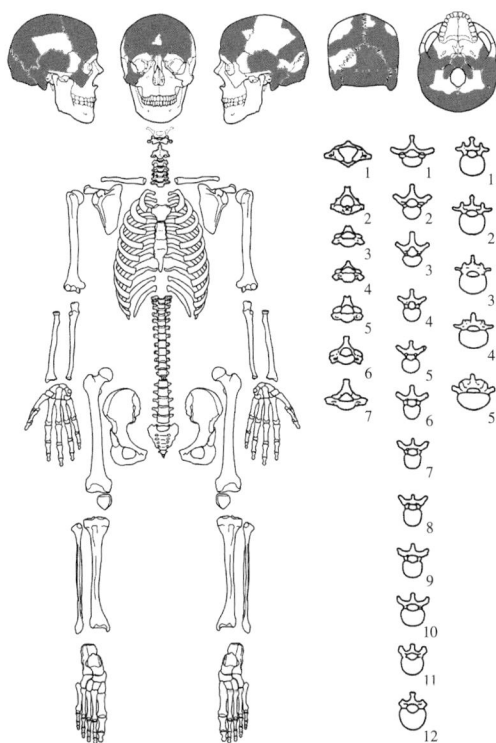

图五五　M20-1 个体骨骼保存情况

龄可能小于 35 岁。

个体 2（M20-2）骨骼保存状况相对较好（图五六；彩版五五，2）。头骨较完整，额骨仅眉间点附近、右侧颞线附近、右侧眶上缘附近稍有缺失，双侧顶骨大部保存，仅右侧顶颞缝附近和左侧翼区附近有少量缺失。枕骨的枕外隆凸以上保存完整，颅底缺失较多，但仍可见髁突和颈静脉神经外孔区域。颞骨也较完整，仅右侧颞骨存颧突根部、下颌窝、部分岩部与枕内隆凸相胶结。保存了双侧鼻骨的上半部、部分蝶骨体以及双侧上颌骨额突和近中齿槽部。下颌骨大部分保存，仅双侧髁突、冠突及下颌联合部缺失。腭骨的齿槽弓部分保存。上颌牙齿保存较好，仅右中门齿缺失；右下颌保存了右侧犬齿至第三臼齿以及左侧的第三臼齿。牙齿磨耗严重，且前牙重于后牙，上颌重于下颌。上颌犬齿和门齿的齿冠几乎磨尽，第一臼齿前的牙齿齿质全部暴露，第二臼齿相对较轻，第三臼齿磨耗最轻，仅齿尖磨平，齿质点始暴露；下颌同类牙齿的磨耗均较微轻。下颌第二臼齿仅有四尖。上、下颌双侧第三臼齿均正常萌出。右下颌第一、二臼齿齿槽生前受损，且齿根暴露较多，疑似有牙髓炎、牙周炎等牙疾。该个体颅顶似卵圆形，眉间和眉弓突度略显，枕外隆凸不甚明显。颅顶缝基本愈合，冠状缝和矢状缝已经全部愈合，人字缝的颅内缝亦已愈合，颅外缝略微可见。梨状孔下缘呈鼻前窝型，颏部呈圆形，下颌角度较小但无外翻。

躯干骨仅见寰椎右半部。上肢骨保存相对较好。双侧锁骨完整；双侧肩胛骨关节盂、喙突、肩胛切迹和肩峰均保留。右侧肱骨基本完整，仅肱骨头和大转子缺失；左侧保存了大部分，但骨干近端缺失。尺骨和桡骨亦基本完整，仅右侧桡骨和双侧尺骨茎突缺失。下肢骨亦相对完整。左

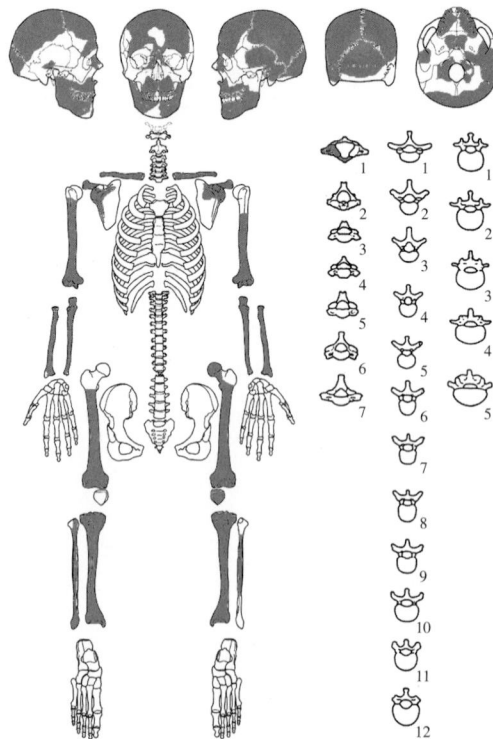

图五六　M20-2 个体骨骼保存情况

侧股骨较完整（仅大转子缺失）且与髋骨胶结在一起；右侧股骨仅近端缺失。双侧胫骨和腓骨基本完整，但右侧腓骨头和左侧两端关节缺失。

该个体下肢骨长而粗壮，推测为身材较高的男性个体。结合头部颅骨缝愈合情况及牙齿磨耗程度，推测其年龄为 45 岁左右。

M21　所提取的人骨可见 3 个个体。

个体 1（M21-1）仅存少量头骨和肢骨（图五七；彩版五六，1）。右侧下颌体基本完整，左侧则仅剩下颌支的髁突至下颌角部分。在破裂的下颌体中可见齿槽中尚未萌出的左侧恒犬齿、右侧第一前臼齿、第二前臼齿和恒第二臼齿。下颌恒中门齿已萌出，恒侧门齿正在萌出。右下颌乳犬齿、第一臼齿和第二臼齿均保存。此外，散落的牙齿包括左下颌乳第一臼齿、乳第二臼齿和乳犬齿；右上颌的乳第二臼齿、乳犬齿、左侧的乳第一臼齿，以及应尚在齿槽部中的右侧乳侧门齿。

肢骨保存较少，仅存左侧肱骨骨干远端和中部、右侧尺骨近端、双侧桡骨骨干中部一小段、右侧股骨骨干和左侧胫骨骨干中部。

从牙齿萌出状态判断，此为一幼年个体，年龄应在 7 ~ 8 岁。性别不明。

个体 2（M21-2）仅存少量头骨碎片和较完整的枢椎（图五八；彩版五六，2）。保存了额骨前囟部、左侧冠颞处和右侧冠状缝处的骨片。双侧颞骨岩部保存。左侧顶骨前囟处、顶颞处、右侧顶骨冠状缝处、人字缝处的骨片保存。保存了枕骨颅底和枕外隆凸部骨片。牙齿均已散落，既有恒齿也有乳齿。包括上颌双侧恒中门齿、左上颌恒第一臼齿以及乳第一、第二臼齿。其中，恒

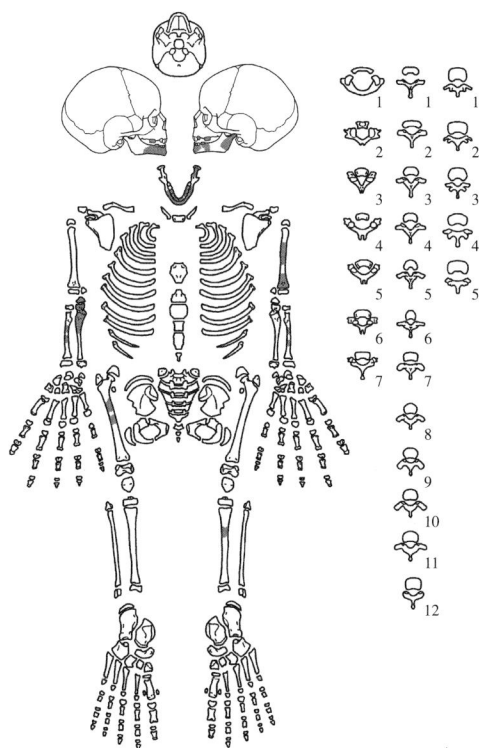

图五七　M21-1 个体骨骼保存情况

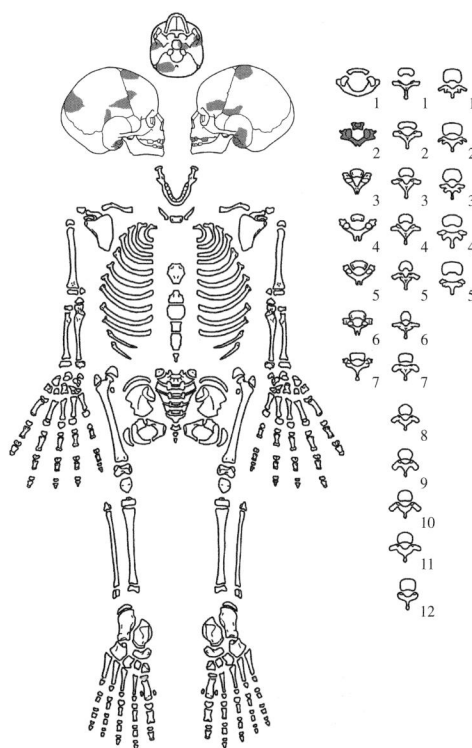

图五八　M21-2 个体骨骼保存情况

中门齿虽已全部萌出，但齿根尚未长全；可见仍在齿槽中的恒第二前臼齿和恒第二臼齿。恒第一臼齿已全部萌出，恒门齿齿冠均萌出未久。根据牙齿萌出状态推测，该个体年龄约为7岁左右。性别不明。

个体3（M21-3）可见部分头骨和少量肢骨（图五九；彩版五六，3）。头部的面颅保存相对较好，脑颅则大部分缺失。保存了额骨的大部（仅冠状缝附近局部缺失）和左侧顶骨翼区。右侧颧骨的额突和眶外缘部分保存；左侧颧骨除颞突外的部分保存。双侧鼻骨均只见上半段。下颌骨保存相对完整，仅右侧髁突和冠突以及左侧髁突和部分下颌角缺失。双侧蝶骨大翼均保存。保存了右侧颞骨外耳门、乳突和岩部。枕骨则保存了双侧枕髁和基底部。牙齿保存完整，乳齿和恒齿共存。上颌和下颌牙齿的情况相同，均为恒中门齿、恒侧门齿、恒第一臼齿已萌出，恒第二臼齿仍在齿槽中；乳牙保留了犬齿、第一和第二臼齿。

保存了枢椎的右半部分。仅存右侧肱骨骨干中段和右侧桡骨除桡骨头外的上半段。保存了右侧股骨的骨干下三分之一处至上端骺线处；左侧股骨的骨干和远端关节，近端缺失。右侧胫骨基本完整，仅远端关节缺失；左侧胫骨保存了骨干的大部，两端关节缺失。右侧腓骨仅保存骨干下端一小节，左侧保存了骨干部分。该个体下颌骨略呈方形。

根据牙齿萌出状况，推测其年龄应在9岁左右。性别不明。

M22　所提取的人骨可见1个个体，骨骼极为破碎（图六〇；彩版五七，1）。仅存下颌联合部及少量散落的牙齿，颏部呈圆形。保存了左下颌犬齿、第一、第二前臼齿以及第一至第三臼齿；

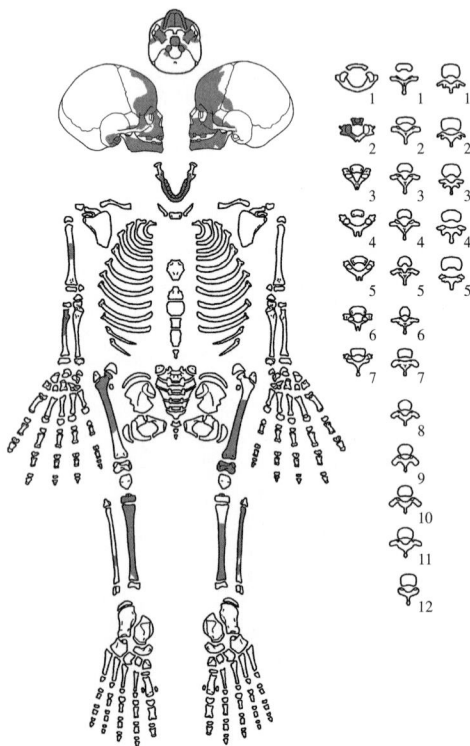

图五九　M21-3个体骨骼保存情况

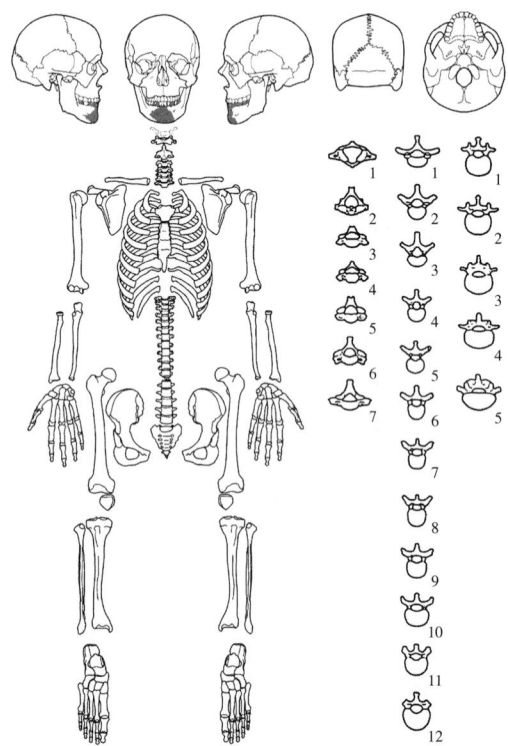

图六〇　M22个体骨骼保存情况

右下颌犬齿、第一、第二前臼齿以及第二和第三臼齿。除第三臼齿外，牙齿磨耗严重，齿冠磨去，齿质暴露；第三臼齿磨耗轻微，仅齿尖顶和边缘略有磨耗，推测第三臼齿萌出时间较晚。根据牙齿磨耗程度判断，该个体年龄约为 30～35 岁。性别不明。

　　M23　所提取的人骨可见 1 个个体，头骨大致完整，保存了少量椎骨，肢骨相对完整（图六一；彩版五七，2）。额骨仅左侧眶上缘和鳞部缺失。左侧顶骨较完整，右侧颞缘局部缺失。枕骨大体完好，仅右侧人字缝和部分颅底缺失，但仍可见枕骨大孔后缘部分和双侧髁突。左侧颞骨较完整，仅鳞部中间稍有缺失；右侧则仅存下颌窝和岩部。蝶骨保存了双侧卵圆孔和棘孔以及左侧蝶骨大翼部分。鼻骨大部分保存。左侧颧骨基本完整，右侧的颞突缺失。保存了左上颌骨梨状孔下缘以下部分及右上颌右侧梨状孔外缘部分。下颌骨基本完整，仅双侧冠突部分缺失。牙齿大部分可见，仅缺左上颌中门齿、左下颌门齿、右侧中门齿和侧门齿。牙齿磨耗相对较轻。门齿舌侧面和切缘的齿质面连成片，仅剩四周的釉质环。上颌犬齿的舌侧面亦有齿质面暴露；下颌门齿和齿犬的切缘出现大面积的齿质条带。上、下颌前臼齿和第一臼齿齿质点扩大。上颌第二臼齿齿质点尚未暴露，下颌第二臼齿始有小齿质点暴露。双侧上、下第三臼齿均已完全萌出，齿尖部分保留，呈圆钝状。未观察到明显的龋洞，但牙齿邻面均有相互磨损形成的小凹坑。此外，右上颌第二前臼齿颊侧齿冠上有深色区，原因不明。门齿上可观察到横纹线。

　　该个体颅骨顶面观呈圆形，眉弓突度和眉间突度均不甚明显，鼻根点位置略有凹陷，未观察到额中缝，额鼻缝形状呈弧线型。颅顶骨缝完全没有愈合，清晰明显。矢状缝前囟点段呈直型，

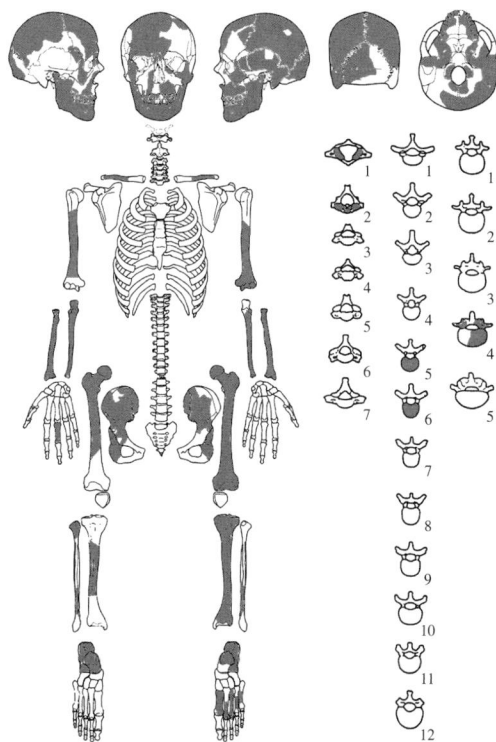

图六一　M23 个体骨骼保存情况

顶段呈微波型，顶孔段呈深波型，人字点段呈锯齿形。冠状缝前凶段呈直型，复杂段呈深波形，颞窝段呈微波型。人字缝均呈深波形。矢状缝中段有一个小的空环，疑似有缝间小骨。翼区呈蝶顶型。颞骨关节后突较小。乳突大小中等，乳突上嵴中等。矢状缝两侧各有一个顶孔，顶孔相对较小。枕外隆凸不甚明显。门齿因磨耗严重，观察不到是否为铲型，但上颌中门齿可见有微弱的近中嵴。梨状孔下缘呈鼻前窝型。下颌颏部呈方形，颏孔左右各一，近圆形。

保存了少量的椎骨。包括寰椎双侧关节面、枢椎椎体部分以及第五至第六胸椎椎体和双侧横突。另有一个残块疑似为椎弓板。肢骨保存相对完整。上肢骨的双侧锁骨骨干远端2/3部分保留。双侧肱骨大部分保留，仅两侧近端和右侧远端缺失。双侧尺骨相对完整，但左侧鹰嘴缺失，右侧尺骨鹰嘴与肱骨滑车相胶结。此外，还保存了双侧桡骨和右侧近节第三指骨。双侧髋骨相对完整。保存了左侧髂骨翼大部、耳状面、髋臼大部分和坐骨结节；右侧则保存了髂骨、坐骨大切迹、髋臼和坐骨结节，唯耻骨支缺失。保存有完整的左侧股骨和缺失远端的右侧股骨。左侧胫骨远端内侧髁缺失，右侧胫骨保存了骨干部分。右侧腓骨近端关节和骨干远端保留，左侧腓骨骨干远端保留。保存了双侧跟骨和距骨，但左侧距骨的舟骨关节缺失。左侧五根趾骨均得以保留，但第二跖骨近端和第四、第五跖骨两端关节缺失，仅第一和第三跖骨较完整。

根据该个体的下颌骨及髋骨形态，并结合DSP髋骨性别判别程序判定其为女性。从尺骨远端、桡骨两端、胫骨和股骨的两端均可观察到尚未愈合的骨骺线，结合牙齿萌出情况和磨耗程度，推测其年龄约在16～18岁。

M24　所提取的人骨可见1个个体，骨骼仅存少量头骨和肢骨（图六二；彩版五八，1）。头骨较为残破。保存了右侧颞骨的残部，前部与蝶骨稍有胶结。枕骨骨壁较厚，枕内嵴较发育。人字缝清晰，呈深波型且与右侧顶骨稍相连。下颌骨的下颌体保存相对较好，双侧下颌支和下颌角缺失。下颌颏部近尖型，双侧各有一颏孔，位于第二前臼齿和第一臼齿之间齿槽部，颏孔呈圆形且较大。左侧犬齿至第二前臼齿以及右侧犬齿和第一前臼齿保留。保存了双侧下颌第二、第三臼齿。双侧门齿和右下颌第二前臼齿仅存齿根局部，应为死后缺失。双侧的第一臼齿齿槽双侧明显下凹，应为生前缺失，其齿槽尚未愈合。牙齿磨耗严重，且前牙重于后牙。前牙的齿冠已被磨去大半，齿质全部暴露；第二臼齿齿质暴露且连成一片；第三臼齿磨耗相对较轻，齿质点开始暴露。

保存了双侧锁骨骨干部分。保存了右侧肱骨骨干近端、尺骨骨干大部和桡骨骨干近端；左侧则保存了肱骨骨干大部分、尺骨骨干远端、桡骨除远端和少量骨干外的其余部位。

该个体枕内隆凸明显，枕外隆凸极不明显，枕平面和项平面过渡平滑。乳突发育极弱，仅似蚕豆大小，应为一女性个体。从牙齿磨耗程度推测，其年龄约35岁。

M25　所提取的人骨可见3个个体。

个体1（M25-1）仅存头骨和肢骨残段（图六三；彩版五八，2）。仅保存了左侧上颌骨第二、第三臼齿齿槽部及相应牙齿。左侧下颌支髁突和冠突缺失；右侧下颌支仅存下颌角。颏部呈方形，双侧第一臼齿下方各有一较大的圆形颏孔。保存了左侧中门齿及犬齿至第三臼齿，右侧第一臼齿及牙冠缺损的第二臼齿。牙齿磨耗严重，除第三臼齿外其余牙齿的齿冠均被磨去大半以上，齿质暴露，第三臼齿齿质开始连成片。

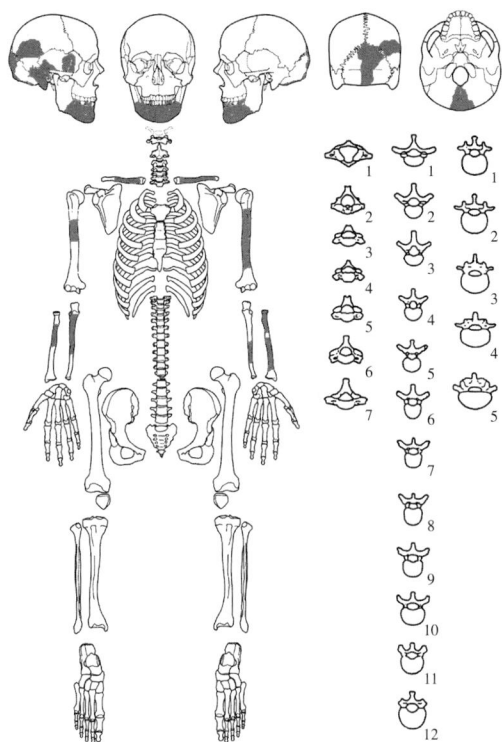

图六二　M24 个体骨骼保存情况　　　　　　　图六三　M25-1 个体骨骼保存情况

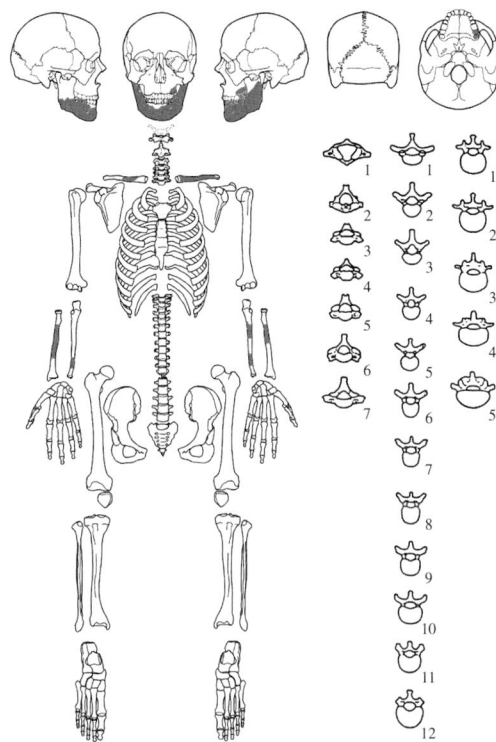

左侧锁骨相对完整，仅近端关节和部分远端缺失；右侧锁骨骨干近端保留。仅存双侧肱骨头残片。保存了右侧尺骨骨干远端和桡骨骨干大部；保存了左侧尺骨骨干部分和桡骨骨干近端。

该个体下颌颏部呈方形，颏孔较大。下颌骨较为厚重，下颌角较小，推测为一男性个体。根据牙齿磨耗程度推测，其年龄约 40 岁。

个体 2（M25-2）骨体胶结严重，骨骼保存状况不佳（图六四；彩版五九，1、2）。颅骨保存较差，下颌骨保存相对较好（仅双侧髁突和左侧冠突、下颌角缺失）。牙齿保存基本完整，仅左侧第三臼齿缺失。上颌骨硬腭前部基本完整，梨状孔下缘以下部分和大部分牙齿保留（仅左侧中门齿、侧门齿齿冠以及右侧第三臼齿缺失）。保存了右侧颧骨上半部以及右侧颞骨外耳门至顶骨缝部分。此外，还有少量额骨、顶骨和枕骨骨片，因胶结无法识别具体部位。

牙齿磨耗轻，齿列完整，下颌双侧犬齿向外侧扭转。门齿及犬齿磨耗较重，齿质大片暴露，以上颌门齿最为严重，舌侧面釉质已被磨耗殆尽。第一臼齿及前臼齿的齿质点已经暴露；第二臼齿齿尖基本被磨平，中心凹陷。上、下颌双侧第三臼齿已全部萌出且生长正常，磨耗轻微。有两颗第三臼齿虽缺失，但仍能从齿槽观察到业已萌出。

保存了双侧肱骨骨干、左侧尺骨骨干远端小段和桡骨下半段、右侧尺骨骨干近端和桡骨上半段。保存了左侧股骨骨干中段、胫骨远端和腓骨骨干中段；右侧股骨头、股骨颈、股骨骨干近端、胫骨骨干远端和腓骨骨干保留。保存了右侧第三掌骨和近节指骨以及第一远节指骨。尚有四节指骨，但因胶结无法识别具体部位，且有一明显较长的指骨，可能为另一个体与之胶结。保存了左

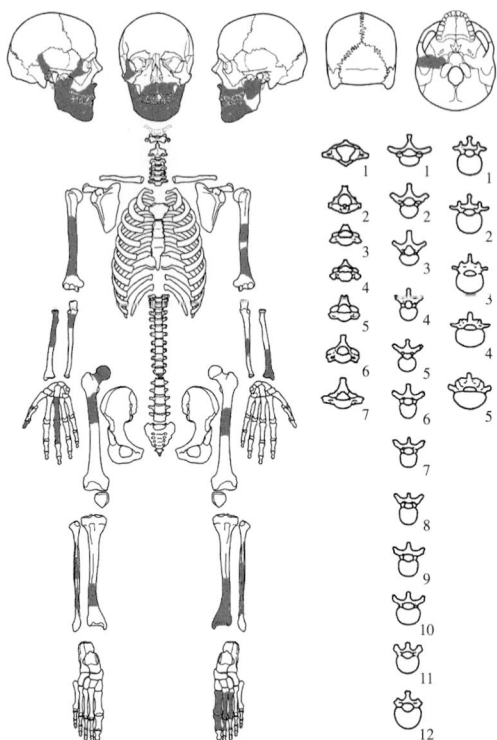

图六四　M25-2 个体骨骼保存情况

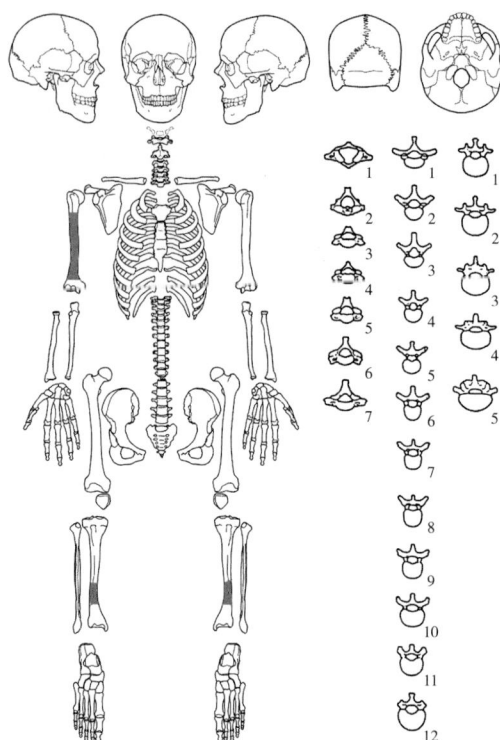

图六五　M25-3 个体骨骼保存情况

侧第一至第三跖骨和第一近节趾骨，骨片胶结严重。

该个体牙齿明显细小，肢骨均较为短小，可能为女性。根据牙齿萌出状况和磨耗程度推测，其年龄约 25 岁。

个体 3（M25-3）仅存少量肢骨，包括右侧肱骨骨干大部和双侧胫骨骨干远端（图六五；彩版五九，3）。肢骨表面胶结较为严重。为一成年个体，性别不明。

M26　所提取的人骨可见 1 个个体，骨骼仅存少量头骨和肢骨（图六六；彩版五八，3）。头骨仅存上、下颌骨部分。上颌骨仅存左侧中门齿至第二前臼齿齿槽部以及左上颌第一至第三臼齿和右上颌第二臼齿。右下颌相对完好（仅髁突和冠突缺失），其上犬齿至第三臼齿均有保存，但第一前臼齿齿冠缺损；左下颌骨可见位于第二前臼齿下方下颌体上的颏孔，保存了第二前臼齿至第三臼齿，但第一臼齿的齿冠局部缺损。此外，左上颌第二臼齿咬合面近中处有一深龋。牙齿磨耗严重。犬齿磨耗相对较轻，齿质虽大片暴露，但环绕齿冠的釉质仍完整。前臼齿齿冠几乎磨尽，齿髓腔暴露。所有臼齿齿冠均已磨耗大半，齿质全部暴露。

仅存右侧肢骨。保存了右侧肱骨骨干以及尺骨和桡骨骨干近端；保存了右侧股骨骨干下半段、胫骨骨干上半段以及腓骨骨干远端。此外，还保存了第二近节指骨和第十一肋骨骨干近胸椎端。

该个体下颌角度略大，且略微内翻，下颌支较为扁宽，可能为男性个体。根据牙齿磨耗程度严重，推测其年龄约为 40 ~ 45 岁。

M27　所提取的人骨可见 1 个个体，仅存少量残破的头骨和肢骨（图六七；彩版六〇，1、2）。

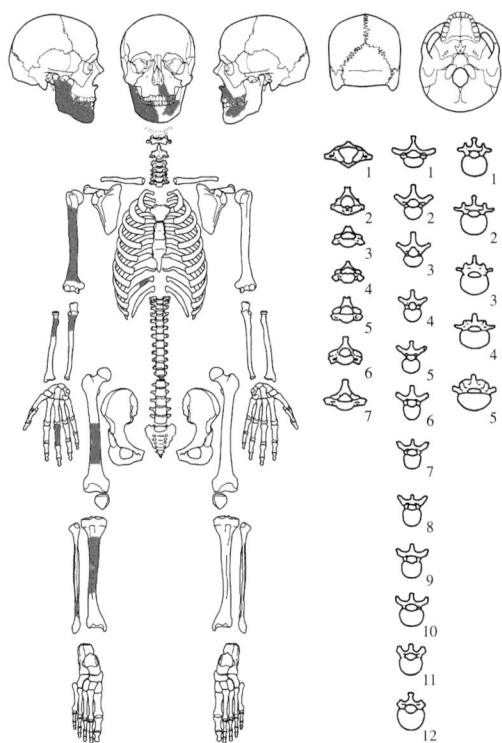

图六六　M26 个体骨骼保存情况　　　　　　　　图六七　M27 个体骨骼保存情况

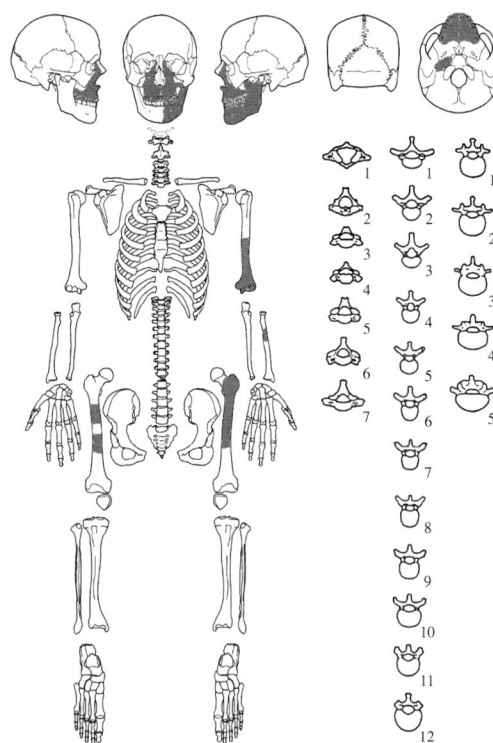

上颌骨和硬腭部大体完整，右侧颞骨岩部保存。梨状孔高且窄，下缘为鼻前窝型。犬齿窝浅凹。牙齿基本完整，磨耗轻微。右上颌犬齿缺失，侧门齿和第一前臼齿相邻且无缝隙，排列平直；但左上颌侧门齿之上梨状孔之下的位置，可见在齿槽中仍有一颗牙齿，可能为因齿槽位置不够而无法萌出的右侧犬齿。下颌骨仅有左侧，其上牙齿亦全部保存于齿槽中；右下颌犬齿仅存完全变黑的根部，或因火烧或病变、埋藏条件等原因所致。双侧第三臼齿已全部萌出，但齿列排列不整齐，或因齿槽位置不够。该个体牙齿总体磨耗相对较轻，门齿出现明显的线性齿质暴露，犬齿因牙位偏移故亦基本无磨耗。前臼齿和第一臼齿齿质点开始暴露，第二臼齿齿尖基本被磨平，第三臼齿基本没有磨耗或只有少量磨耗。

　　保存了左侧肱骨下半段、左侧桡骨骨干近端，左侧股骨骨干大部至近端小转子部分以及右侧股骨部分骨干。

　　该个体下颌角较小，且下颌支相对短宽，可能为男性个体。从牙齿磨耗情况推测，其年龄约20 ~ 25 岁。

　　M28　所提取的人骨可见 2 个个体。

　　个体 1（M28-1）仅存少量肢骨（图六八；彩版六〇，3）。保存了近端缺失的右侧肱骨、近端缺失的右侧尺骨以及小头缺失的左侧桡骨。下肢骨保存了右侧股骨上半段（不含股骨颈）、右侧腓骨骨干远端以及左侧胫骨下半段。为一成年个体，性别不明。

　　个体 2（M28-2）仅存少量肢骨（图六九；彩版六〇，4）。上肢有右侧肱骨骨干远端，桡骨

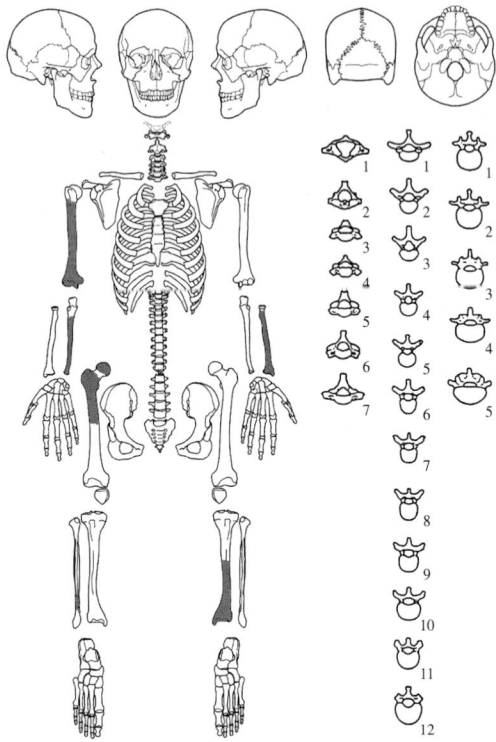

图六八　M28-1 个体骨骼保存情况

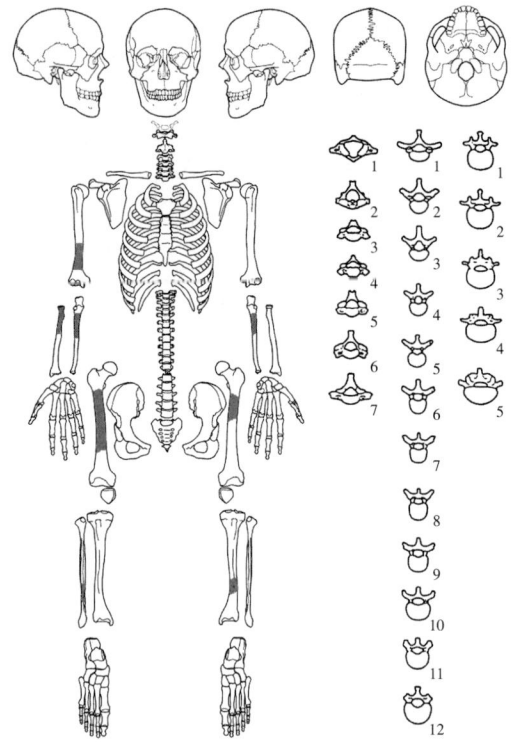

图六九　M28-2 个体骨骼保存情况

近端和尺骨骨干近端；左侧尺骨骨干近端。下肢有右侧股骨骨干的大段、左侧股骨干近端，右侧腓骨骨干远端，左侧胫骨骨干远端。为一成年个体，性别不明。

M29　所提取的人骨可见 1 个个体，骨骼保存状况相对较好（图七〇；彩版六一，1、2）。额骨保存较为完整。右侧顶骨基本完整，仅颞缘局部缺失；左侧顶骨颅顶部完整，但颅侧部有局部缺失。枕骨保存了自人字点至下项线大部，但左侧枕平面局部缺失。保存了右侧颞骨乳突、岩部和外耳门以及前部的下颌窝；左侧颞骨乳突上部和岩部残段保存。左侧颧骨保存了骨体中部，骨体前部与上颌骨部分愈合，还可见眶面和颞突部分。此外，还保存了少量蝶骨残部。右下颌基本完整，自联合部断裂。左侧下颌骨仅存斜线部位及其上第三臼齿。保存了右下颌第一前臼齿至第二臼齿。保存了右上颌自中门齿至第三臼齿的齿槽及其上的全部牙齿；左上颌则保存了第一前臼齿至第二臼齿的齿槽及后面三颗臼齿。牙齿磨耗严重，齿冠基本磨尽，齿质全部暴露。下颌重于上颌，前牙重于后牙。下颌前臼齿和臼齿齿冠严重磨耗，齿质全部暴露，齿冠高度降低；上颌臼齿磨耗较轻，咬合面与颊侧上仍有少部分牙釉质。犬齿和门齿齿冠亦基本磨尽，舌面齿髓腔开始暴露。第一前臼齿齿冠全部磨耗，齿髓腔暴露；第二前臼齿咬合面上仅存一点牙釉质岛。

　　颅骨顶面观约呈椭圆形，颅长宽指数约为长颅型。眉弓微显，范围不及眶上缘中点；眉间突度不显。无额中缝，额鼻缝呈方突型。矢状缝颅内已基本愈合，仅前囟段略微可见；颅外缝亦基本愈合，但仍可观察到前囟段和人字点段呈微波型，颅顶段呈深波型。冠状缝较为清晰，除复杂段呈深波型外，其他部分基本呈微波型。人字缝右侧的人字点段颅内已经愈合，颅外基本愈合，

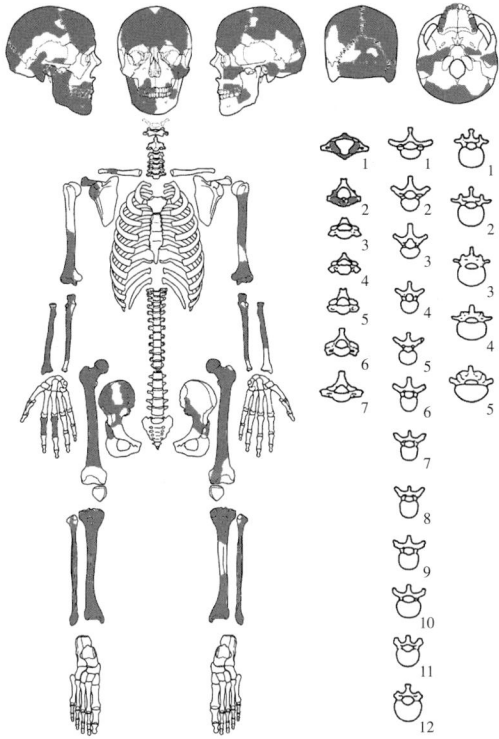

图七〇　M29 个体骨骼保存情况　　　　　　图七一　M30 个体骨骼保存情况

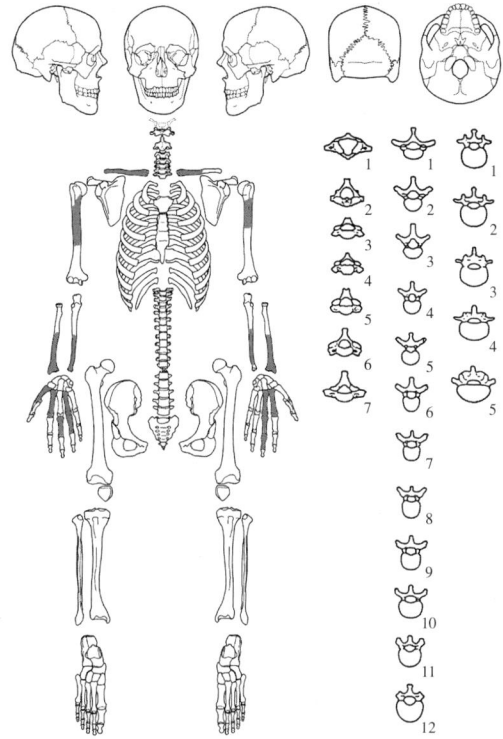

但仍可观察其呈深波型，星点段为复杂型。乳突大小中等，枕外隆凸微微稍显。

保存了寰椎和枢椎大部。寰椎可见前结节、后结节和双侧的关节面，枢椎可见齿突和双侧的关节面。

保存了右侧锁骨骨干残段、右侧肩胛骨关节盂和肩峰部分。右侧肱骨下半部分保存，但远端内上髁缺失；左侧肱骨近端肱骨头、大转子以及远端小部分骨干缺失。右侧尺骨近端冠突和远端关节缺失；左侧尺骨大部分保存，但冠突和远端缺失。保存了右侧缺失了小头的桡骨，左侧桡骨上半段保存。此外，还可见右侧第二、第三近节指骨。左侧肱骨三角肌粗隆向外膨大，形成一个明显的后弯弧度，且桡神经沟宽而深。下肢骨相对完好。盆骨左侧保存了坐骨大切关节面、髋臼局部、小块耳状面及髂骨体下部；右侧保存了髂翼的大部分、耳状关节面和髋臼。保存了右侧缺失远端的股骨、右侧完整的胫骨和少量缺损的腓骨；左侧股骨大部分保存，唯大转子小部分和远端的内上髁、髌面缺失。左侧胫骨骨干上半部略缺损，右侧胫骨则较完整。保存了相对残损的双侧腓骨。此外，可见右侧胫骨远端内侧面相较左侧膨隆且粗糙。

该个体头骨乳突和枕外隆凸较小，下颌支细高，肢骨较长而粗壮，推测为一女性。颅顶矢状缝颅内已基本愈合，颅外尚未完全愈合，推测其年龄约 35 岁。

M30　所提取的人骨可见 1 个个体，仅存上肢骨（图七一；彩版六〇，5）。右侧锁骨基本完整（唯胸骨端局部缺损），左侧锁骨则保存了胸骨端。双侧肱骨骨干近端、双侧桡骨和尺骨远端保存。此外，还保存了部分掌骨和指骨。该个体上肢骨整体观较为细小，肱骨的三角肌粗隆发育较弱，似为一成年女性。

　　M31　所提取的人骨可见 1 个个体，骨骼可见少量残破的头骨和肢骨（图七二；彩版六一，3）。保存了一侧顶骨颅顶矢状缝至顶颞缝区域，左、右侧暂不可分；另有两块具体部位不详的颅骨碎片。保存了下颌骨的下颌体，双侧下颌支缺失。牙齿仅存右侧第二、第三臼齿以及左侧第二臼齿。从齿槽形态看，左侧第三臼齿为三根，远中根的末端分成两支。牙齿磨耗严重，第二臼齿齿冠近乎磨尽，中心凹陷，齿髓腔暴露，近中侧釉质环已消失。

　　保存了双侧锁骨胸骨端。保存了右侧肱骨骨干远端，且与左侧胫骨相胶结；左侧肱骨骨干大部分保留。保存了双侧尺骨，但鹰嘴和远端均缺失；双侧桡骨存留，但远端均缺失。保存了双侧股骨骨干、胫骨骨干下半段以及腓骨骨干部分。

　　下颌骨整体观较为纤弱，可能为女性个体。根据牙齿磨耗程度判断其年龄应大于 45 岁。

　　M32　所提取的人骨可见 9 个个体。

　　个体 1（M32-1）仅存少量肢骨（图七三；彩版六二，1）。保存了左侧肱骨骨干和双侧股骨骨干上半部分以及双侧胫骨和腓骨骨干中部。为一成年个体，性别不明。

　　个体 2（M32-2）仅存左侧肢骨（图七四；彩版六二，2）。保存了完整的左侧桡骨以及鹰嘴和冠突缺失的左侧尺骨；下肢则保存了缺失了股骨头和远端内侧髁的左侧股骨、近端关节面稍有缺损的胫骨以及腓骨下半段。为一男性成年个体。

　　个体 3（M32-3）保存了残破的下颌骨和肢骨（图七五；彩版六二，3）。下颌骨仅存下颌体，

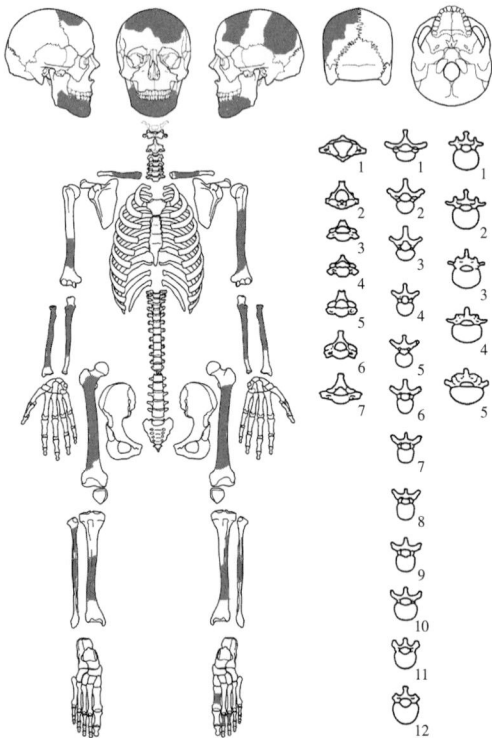

図七二　M31 个体骨骼保存情况

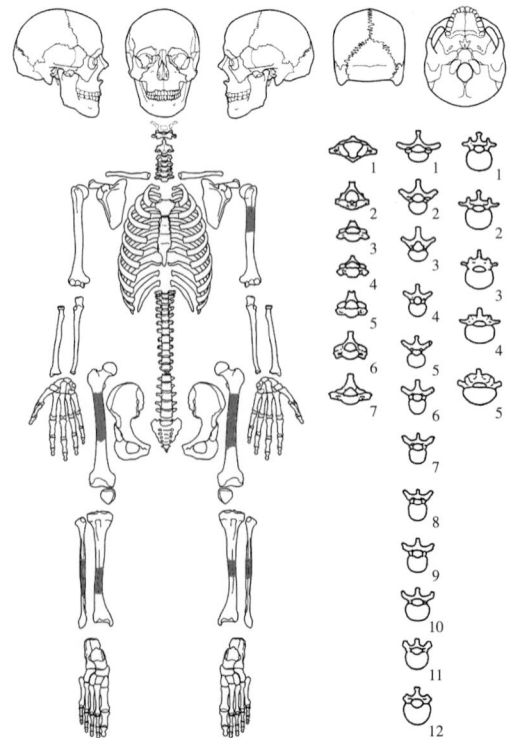

図七三　M32-1 个体骨骼保存情况

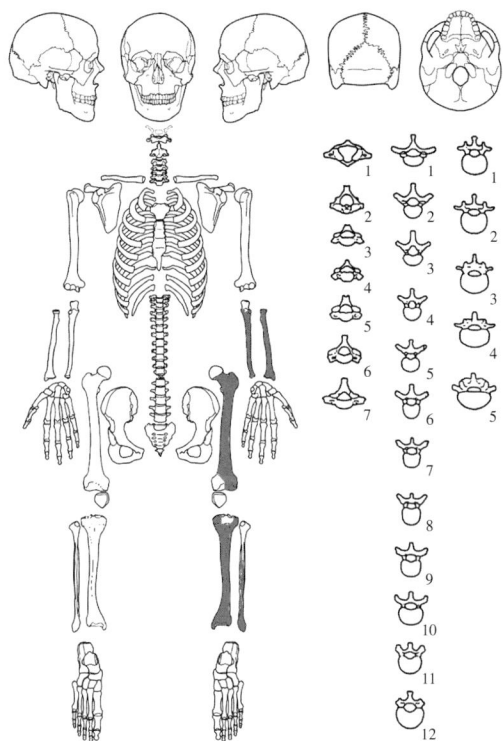

图七四　M32-2 个体骨骼保存情况

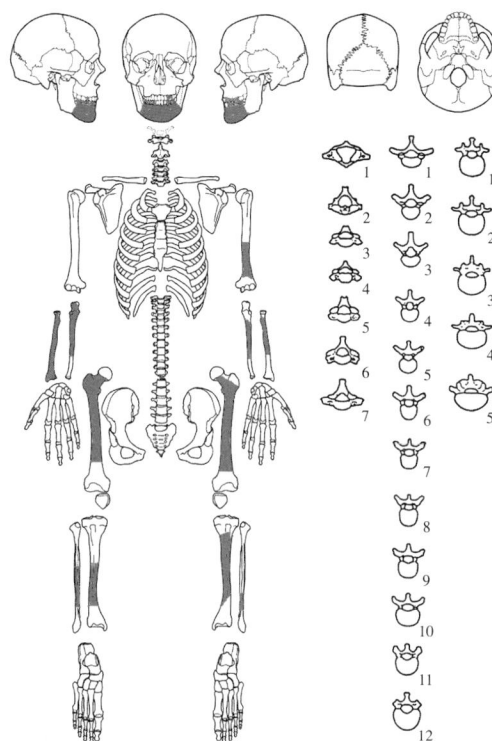

图七五　M32-3 个体骨骼保存情况

双侧下颌支和下颌角均缺失。可见双侧下颌犬齿至第二臼齿，门齿缺失，第三臼齿已萌出但缺失；右侧犬齿至第一臼齿及左侧第二前臼齿已散落。牙齿磨耗程度中等，第一臼齿齿质点扩大，但未连成片；第二臼齿齿质点已暴露。犬齿切缘的齿质呈粗线状暴露；前臼齿齿尖磨平，齿质点开始暴露；上颌第一臼齿齿质点暴露程度稍轻于下颌。右上颌第一前臼齿颊面近中侧有一小坑，周围釉质颜色较深；右上颌第一臼齿颊面近中侧也有一小块深色区，但未发现龋洞。在牙齿的唇面可见微弱的釉质横纹线。右下颌第二臼齿颊面远中侧有磕损，但为死后出现；左下颌第一臼齿和第二前臼齿间齿隙较宽。该个体下颌骨较粗大，颏部呈方形。左侧有两个颏孔，而右侧只有一个。双侧主颏孔呈圆形，位于第二前臼齿之下方左侧副颏孔位于主孔后下方。颏部左侧有一小点骨质突起，原因不明。

　　保存了左侧肱骨骨干下半部、左侧尺骨和桡骨的骨干；右侧尺骨的远端缺失，桡骨完整。保存了双侧股骨大部，但股骨头和远端关节缺失，左侧股骨的部分股骨颈和大转子亦缺损。保存了右侧胫骨和腓骨骨干下半部、左侧胫骨骨干大部以及左侧腓骨骨干远端残段。

　　根据下颌骨及肢骨形态推测其为一男性个体。根据牙齿磨耗程度判断其年龄约为 25 ～ 30 岁。

　　个体 4（M32-4）仅存残破的颌部骨骼和肢骨（图七六；彩版六二，4）。上颌骨保存了梨状孔下缘以下区域。梨状孔下缘呈鼻前窝型，齿弓和硬腭完整，齿列完整，仅左侧中门齿死后缺失。下颌骨保存相对较好（仅左侧髁突、冠突和右侧部分冠突缺失），齿列较完整（仅缺失下颌中央、侧门齿及左侧第二前臼齿）。此外，左侧的门齿存齿根，应为死后缺失，齿槽部未发生愈合。下

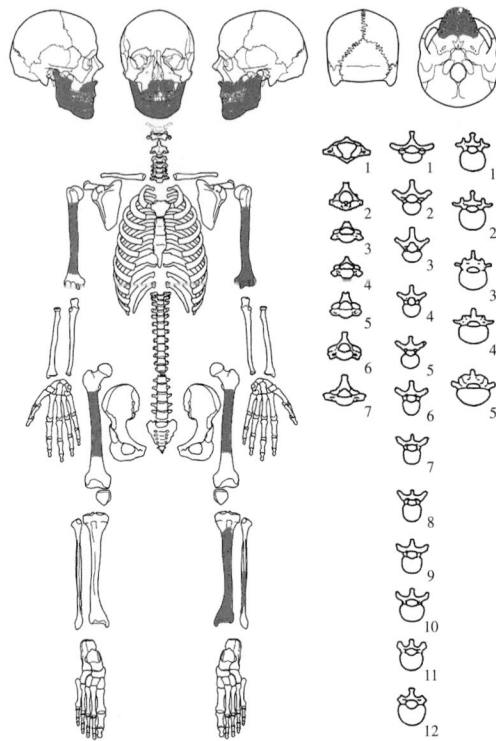

图七六　M32-4 个体骨骼保存情况

颌骨较粗大，下颌支高且宽，下颌角近 90°，无外翻，下颌颏部呈方形。颏孔位于第二前臼齿和第一臼齿之间下方，颏孔较大，呈圆形。

牙齿较大且磨耗较轻。上颌门齿切缘及舌面右侧均有齿质暴露并连成一片，门齿舌面虽被磨耗，但仍可辨认形状呈半铲型。左上颌门齿和齿根从齿槽中向唇面倾斜。犬齿切缘被磨耗，齿质点暴露并扩大，且上颌重于下颌。双侧第二前臼齿仍较好，齿尖呈圆钝状，但第一前臼齿的齿质点已经暴露。右侧第一臼齿的齿质点尚未暴露，但左侧第一臼齿的齿质点已大片暴露，但并未连成一片。左下颌第一、第二臼齿磨耗则明显较右侧严重（右侧第二臼齿齿尖仍在，呈圆钝状）。右上颌第二臼齿舌侧齿尖仍在，但颊侧的齿质点已经暴露；左上颌第二臼齿则反之，颊侧齿尖仍在，舌侧齿质暴露。双侧上、下第三臼齿均已萌出，但几乎都没有磨耗。其中，右下颌第三臼齿萌出最晚，齿尖最为完整；右上颌第三臼齿发生扭转，且尺寸略微缩小。下颌门齿缺失，下颌犬齿至第一臼齿颊侧齿冠釉质呈黄棕色，大部分牙齿唇侧或颊侧有明显的釉质横纹。左下颌第一、第二臼齿和右侧第一至第三臼齿颊面沟内或原尖附近出现一个小窝，尤以第三臼齿最为明显，疑似为原副尖。下颌牙齿颊面均出现有若干个细小的凹坑。

仅存右侧肱骨骨干和左侧肱骨远端大部；下肢骨保存了双侧股骨骨干、左侧胫骨大部以及腓骨骨干远端部分。

从下颌骨的形态判断，该个体应为男性。根据牙齿磨耗程度再减去岁差推测，其年龄约在 22 岁左右。

　　个体 5（M32-5）仅存部分肢骨（图七七；彩版六三，1）。双侧肱骨大体完整，仅近端缺失。保存了右侧尺骨上半段、桡骨骨干远端一小节以及左侧桡骨粗隆以下部位。下肢部分保存了左侧股骨骨干和部分大转子、双侧胫骨均粗隆以下部分以及左侧腓骨骨干近端。该个体肢骨较为粗大，股骨骨干相对较长，应为一男性成年个体。

　　个体 6（M32-6）仅存部分肢骨（图七八；彩版六三，2）。保存了左侧肱骨骨干、右侧肱骨除近端外的大部、右侧桡骨下半段（唯环状关节面略有缺损）以及缺失了鹰嘴的左侧尺骨。下肢保存了右侧股骨大段（但近端缺失，远端的内、外侧髁有缺损）、左侧股骨骨干上半段以及远端缺失的左侧胫骨。该肢骨较为粗大厚重。应为男性成年个体。

　　个体 7（M32-7）仅存少量颅骨和肢骨残片（图七九；彩版六三，3）。仅存少量左上颌骨片以及其上的三颗臼齿、右侧第二前臼齿和第一臼齿。仅存下颌右侧颌骨及其上的第一、第二臼齿以及左下颌中央门齿和三颗臼齿。该个体牙齿相对略大。

　　左上颌第三臼齿缩小呈钉型，舌颊径正常，但近中远中径缩小至约为正常大小的 2/3。其齿根缩小为一个，扁而宽，且弯向近中侧。左下颌第三臼齿略微缩小，但齿尖和咬合面形态正常。牙齿磨耗相对较轻。左下中央门齿切缘的齿质呈粗线状暴露；右上颌第二前臼齿舌侧尖齿质点暴露，但颊侧尖仍呈圆钝状。第一臼齿齿质点暴露面积扩大，但并未相连；第二臼齿齿质点开始暴露。左侧上、下颌第三臼齿磨耗较少，齿尖保存，呈圆钝状。

　　仅存左侧肱骨骨干、双侧股骨骨干上部、双侧胫骨骨干下部、左侧腓骨骨干中部以及右侧除

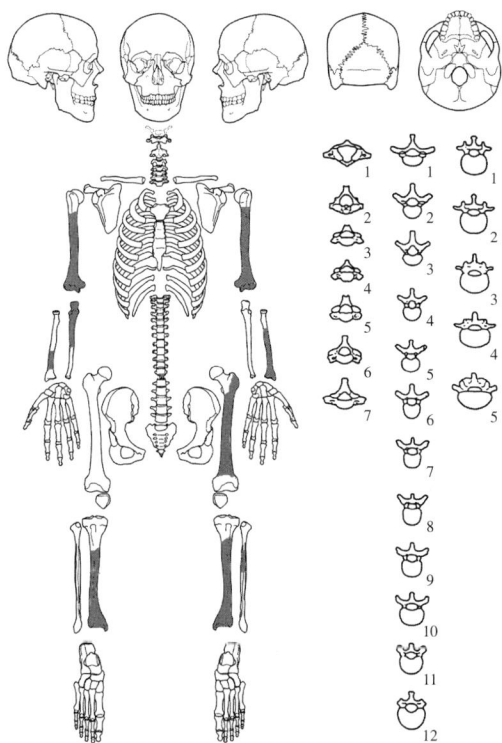

图七七　M32-5 个体骨骼保存情况

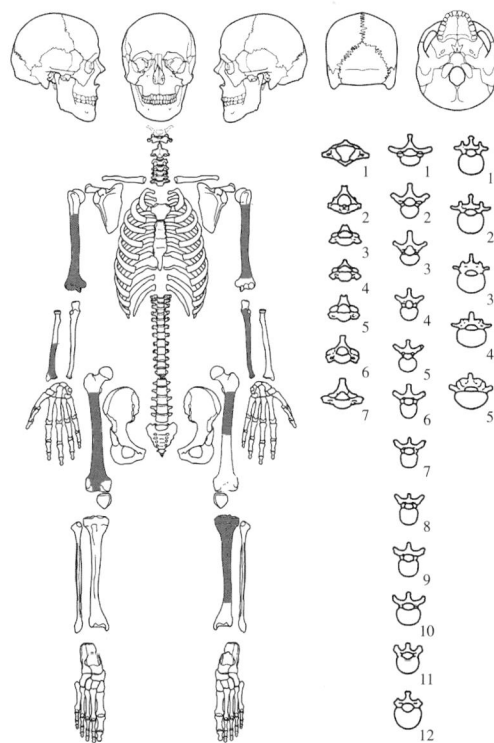

图七八　M32-6 个体骨骼保存情况

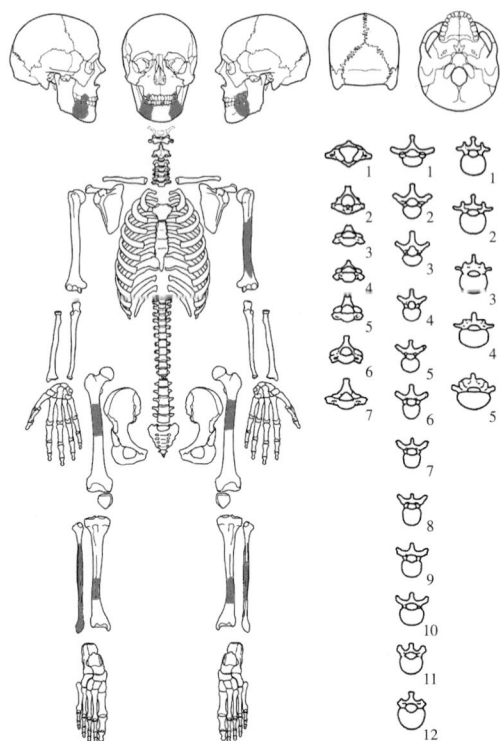

图七九　M32-7 个体骨骼保存情况　　　　　图八〇　M32-8 个体骨骼保存情况

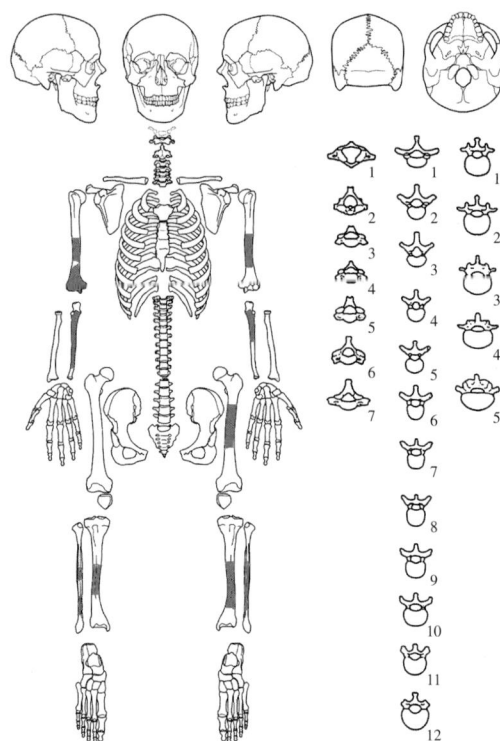

近端缺失外的腓骨。

　　根据牙齿磨耗程度推测，其年龄为 20 ～ 25 岁。性别不明。

　　个体 8（M32-8）仅存残破的肢骨（图八〇；彩版六三，4）。保存了右侧肱骨下半部（骨干局部缺损）、左侧肱骨骨干中部、右侧尺骨骨干、左侧尺骨骨干上部、左侧股骨骨干中段以及双侧胫骨和腓骨骨干中段。为一成年个体，性别不明。

　　个体 9（M32-9）仅存少量肢骨（图八一；彩版六四，1）。保存了左侧肱骨骨干中段一小节、左侧尺骨骨干中部、左侧股骨骨干大部、右侧股骨骨干近端、双侧胫骨骨干下部以及左侧腓骨骨干下半部。该个体肢骨较为细小，可能为未成年个体。性别不明。

　　M33　所提取的人骨可见 4 个个体。

　　个体 1（M33-1）骨骼保存相对较好（图八二；彩版六四，2、3）。头骨相对完整。额骨大部分可见，仅右侧蝶额缝和颧突缺失。顶骨大体完整，仅右侧顶骨颞缘后半部分缺失。枕骨保存了枕平面左半部，右半部和颅底部缺失，但可见枕骨大孔后缘和前缘颅底部。左侧颞骨基本完整，仅乳突下部缺失，且前缘与蝶骨大翼局部相连；右侧颞骨仅存岩部和下颌窝部分。右侧颧骨保存了局部残片。上颌骨保存了梨状孔下缘以下部分，硬腭和齿列完整；下颌骨保存了大部分，仅左侧下颌支、右侧下颌角和右侧臼齿缺失。

　　齿槽部保存完整，左上、下颌第三臼齿已经完全萌出，但第三臼齿的尺寸略有缩小；右上、下颌第三臼齿缺失，无法确定是未萌出还是先天缺失。上颌中央门齿略微扭转；下颌齿列存在拥

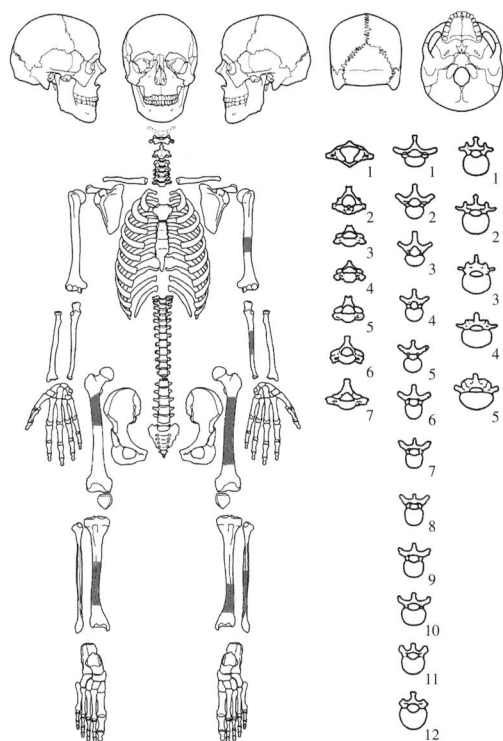

图八一　M32-9 个体骨骼保存情况

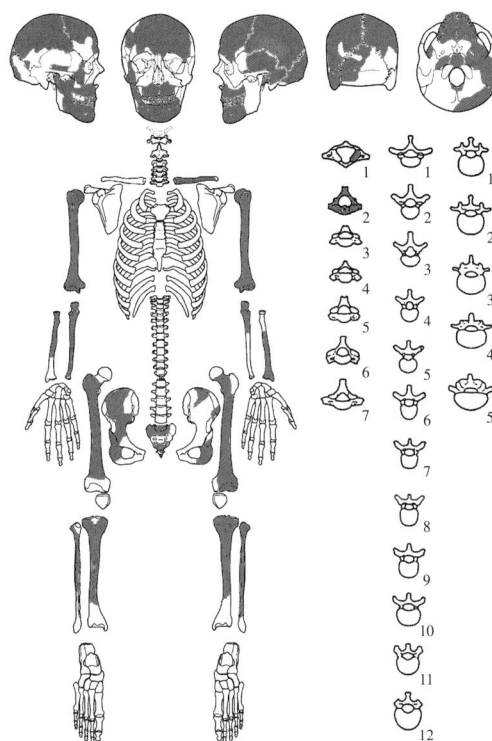

图八二　M33-1 个体骨骼保存情况

挤的现象，左侧犬齿偏向唇侧，侧门齿偏向舌侧。在门齿、犬齿和前臼齿唇面可观察到有釉质横纹。未发现明显的龋洞，但在左下颌第一臼齿的远中侧有一深色阴影区。牙齿磨耗程度较轻，前牙重于后牙。

上颌门齿和犬齿齿质点大片暴露，门齿切缘与舌侧面齿质连成一片，犬齿切缘的磨耗向近中侧倾斜；下颌的门齿和犬齿齿质呈粗线状暴露，下颌犬齿切缘的磨耗向远中倾斜。下颌第一前臼齿亦有零星的齿质点暴露，但第二前臼齿的齿质点尚未暴露。双侧上、下颌第一臼齿有零星的齿质点暴露，下颌第一臼齿齿质点暴露较多。双侧上、下颌第二臼齿齿尖被磨去大半，咬合面中央开始凹陷。左上颌第三臼齿基本没有磨耗，左下颌第三臼齿齿尖略有磨耗。

颅骨的颅顶呈卵圆形，颅最高点位于颅顶处，自最高点向下明显转折，顶骨曲度应较大，原因不详。颅骨骨缝均未愈合，清晰明显。矢状缝前囟段略呈直型，顶段和人字点段呈微波型，顶孔段近深波型；冠状缝前囟段呈直型，复杂段呈锯齿形；人字缝人字点段呈微波型，中段双侧均缺失，星点段呈深波型。眉间和眉弓突度均不甚明显。梨状孔下缘呈鼻前窝型。乳突较小，乳突上嵴中等大小。顶结节位于乳突前方；顶孔较小，位于右侧，但左侧相应部位缺失。枕外隆凸不明显。腭横缝呈直型，齿弓呈抛物线型。门齿因磨耗严重，形状不明。下颌颏部呈尖型，颏孔位于第二臼齿下方，左、右各一，较小，呈圆形。

躯干骨保存了完整的枢椎以及寰椎右侧关节面。部分骶骨保存。第一骶椎左侧骶翼缺失，且与骶骨分离，形成单独的骶椎。

肢骨保存相对完整。保存了左侧锁骨肩峰端（稍有缺失），可见胸骨端内侧有两个凹窝。双侧肱骨保存较完整。右侧尺骨完整，桡骨远端缺失；左侧尺骨仅存近中 1/3 段，桡骨近端缺失。下肢保存了右侧髋骨大部，包括髂翼中部、髋臼的大部、弓状线、坐骨结节；左侧髋骨则保存了髂翼部分、坐骨结节和髋臼的小部分，坐骨棘隆起明显。保存了右侧股骨大部分（仅近端股骨头和远端双侧髁突缺失），胫骨和腓骨远端缺失，且胫骨近端的关节面和腓骨近端的小头均有不同程度的缺损；保存了左侧股骨大部分（但近端股骨头、大转子和远端内侧髁缺失），胫骨和腓骨远端缺失。

根据 DSP 髋骨判别程序和坐骨大切迹形态及角度判断，该个体为女性。从牙齿磨耗程度和骨缝愈合情况推测，其年龄约为 18～20 岁。

个体 2（M33-2）仅存残破的头骨和肢骨（图八三；彩版六五，1、2）。头骨少且破碎，保存了右侧顶骨冠状缝中部、顶颞缝前部、人字缝星点处的小部分，其中顶颞缝处的顶骨与颞骨稍相连。还保存了右侧颞骨星点处的小部分、左侧蝶骨大翼中蝶颞缘上部的小部分、枕骨枕外隆凸部、左侧人字缝星点处的小部分和颅底枕颞缘小部分。下颌骨保存了左侧下颌支和下颌体，但髁突和冠突缺失。下颌体仅保存第二臼齿以后的部分以及其上的第二、第三臼齿。另有散落的左下颌犬齿和右上颌犬齿及第一前臼齿。牙齿磨耗相对较重。上颌犬齿齿冠全部磨耗，仅存齿根，齿髓腔暴露；但下颌犬齿磨耗相对较轻，齿冠大部分磨耗，切缘齿质呈粗线状暴露，四周的齿质环基本完整，舌面齿质未暴露。上颌第一前臼齿咬合面的齿质大部分暴露，仅存部分釉质岛和四周

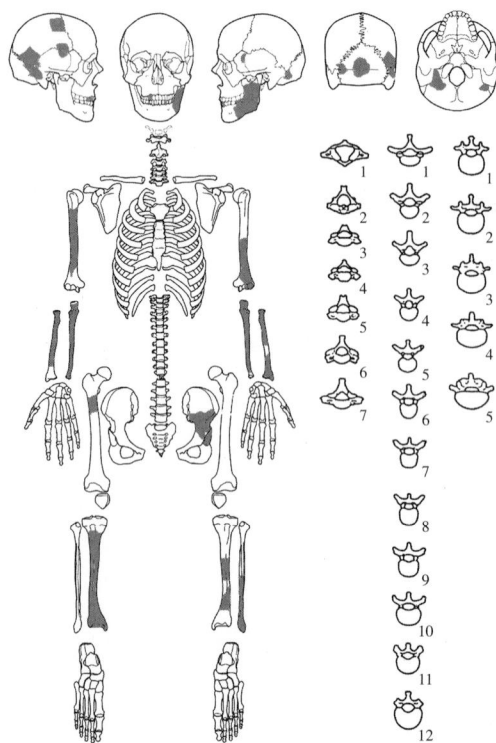

图八三　M33-2 个体骨骼保存情况

的釉质环。下颌第二臼齿咬合面齿质亦大部分暴露，仅存小部分的釉质岛，四周的釉质环已不完整，近中侧的缺失。第三臼齿磨可能萌出较晚，磨耗较轻，齿质尚未暴露，但咬合面中部有一小而浅的龋洞。

保存了右侧肱骨骨干大部，尺骨鹰嘴最上部稍有缺损，桡骨远端缺失；左侧肱骨除内上髁之外的下半部分保存，尺骨缺失远端小头，左侧的桡骨骨干中部缺失。保存了髋骨左侧坐骨大切迹、耳状面前缘、髂前下棘和部分髋臼。保存了右侧股骨骨干近端一小段，右侧胫骨近端关节面缺失；左侧胫骨骨干和腓骨下半部保存。

该个体枕外隆凸略显，下颌体较低，下颌角较小且略微外翻，咬肌粗隆略微明显，可能为一男性个体。根据牙齿磨耗情况推测，其年龄约 35 岁。

个体 3（M33-3）仅存肢骨（图八四；彩版六五，4）。上肢骨仅存左侧尺骨骨干中段一小节，骨骼表面有磨损。左侧股骨仅存骨干中段；右侧股骨大部分保存，仅骨干远端部分和内侧髁及股骨头内侧局部缺损。保存了右侧胫骨下半部；右侧腓骨大部分保存，唯腓骨头和骨干中段小部分缺失。为一成年个体，性别不明。

个体 4（M33-4）仅存少量肢骨残段（图八五；彩版六五，3）。上肢骨仅存右侧肱骨上2/3 部分、桡骨下 2/3 部分以及尺骨骨干的上半部分。下肢骨仅存左侧股骨和胫骨骨干远端部分。为一成年个体，性别不明。

M34　所提取的人骨可见 2 个个体。

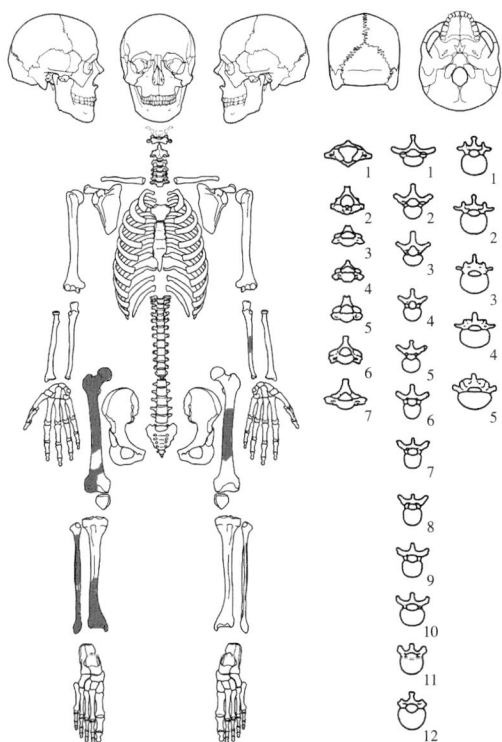

图八四　M33-3 个体骨骼保存情况　　　　　　　　图八五　M33-4 个体骨骼保存情况

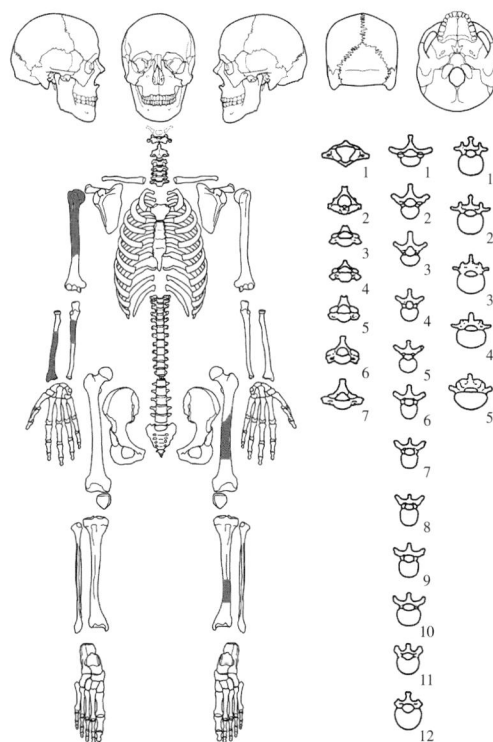

个体1（M34-1）主要保存头骨和肢骨（图八六；彩版六五，5）。

右侧上颌骨相对完整，右侧梨状孔下缘为鼻前窝型。右上颌牙齿保存完整，第三臼齿仍在齿槽未萌出；左侧上颌和牙齿全部缺失。下颌骨较完好，右侧下颌支缺失，左侧髁突和冠突缺失。下颌牙齿大部分保存，仅右侧中门齿、侧门齿、犬齿以及左侧中门齿、第二前臼齿缺失。双侧的第三臼齿仍在齿槽未萌出。牙齿磨耗较轻。上颌中门齿的切缘及舌侧底部和两峭均有齿质暴露，犬齿和门齿的切缘齿质呈小圆点状或发丝状暴露。第一前臼齿的颊侧尖有零星齿质点暴露，第二前臼齿齿尖呈圆钝状。上、下颌第一臼齿舌侧尖稍有磨耗，原尖及下原尖开始有很小的齿质点暴露；第二臼齿齿尖略呈圆钝状。右上颌第三臼齿近中远中径明显缩小，且有轻度的釉质延伸。右上颌第一臼齿及下颌臼齿亦有釉质延伸。右下颌第二臼齿的颊面远中侧有一明显缺口，缺口颊面边缘较平直。下颌臼齿颊侧沟及右上颌第二臼齿舌侧沟均有一小龋洞。右上颌第三臼齿的舌侧有卡式尖。此外，上、下颌门齿唇侧可观察到明显的釉质横纹。

保存了右侧肱骨大部，但肱骨头和大结节缺失；左侧肱骨仅存下2/3部分，且远端小头和内上髁有缺损。保存了左侧尺骨骨干下半部和桡骨骨干上半部；右侧尺骨仅缺失远端，桡骨近端小头自骨骺处缺失。保存了右侧股骨大部，唯股骨头、颈和骨干远端缺失；左侧股骨则保存了骨干上半部。保存了右侧胫骨和腓骨下半部，远端关节自骨骺面处均缺失；左侧胫骨骨干下半部保留，远端自骨骺处缺失。左侧腓骨骨干大部分保留。

该个体肢骨及下颌骨略为细小。颏部近方形，下颌角角度略大，下颌支高且细。颏孔较小，

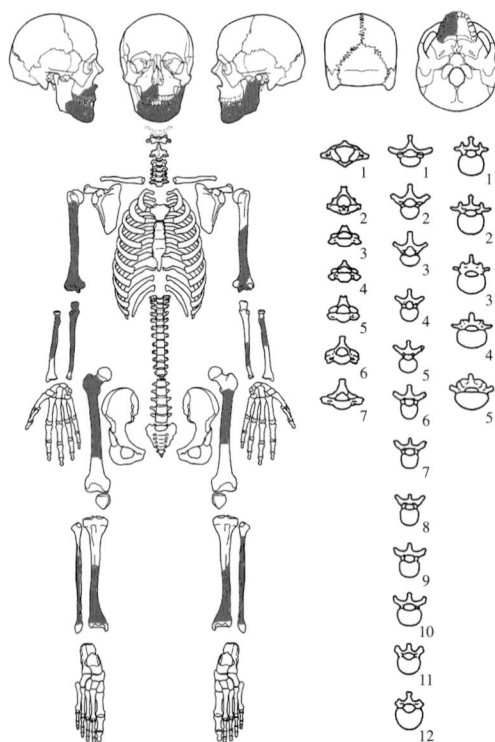

图八六　M34-1个体骨骼保存情况

位于第二前臼齿下方，呈圆形。可能为女性。股骨大转子和小转子处骨骺亦尚未愈合，但肱骨远端和尺骨近端骨骺却已基本愈合。双侧胫骨和腓骨远端以及桡骨近端骨骺均尚未愈合。结合牙齿萌出状况和磨耗程度，推测其年龄约 18 岁。

个体 2（M34-2）较为破碎，仅存肢骨（图八七；彩版六六，1）。保存了右侧肱骨下半部，肱骨小头缺损；左侧肱骨大部分保存，仅近端肱骨头和大结节缺失。右侧尺骨下 1/3 缺失，且与桡骨相胶结；左侧尺骨远端缺失。右侧桡骨完整，左侧桡骨仅骨干远端缺失。保存了左侧股骨骨干、胫骨下 2/3 部分以及腓骨骨干远端，腓骨与胫骨相胶结。左侧的尺骨和桡骨不同位置均发生过骨折后错位愈合，可能是同一次受伤所致。左侧肱骨骨干则明显的向外弯，或与骨骼发育情况、同侧尺骨、桡骨骨折等因素有关。尺骨骨折位置发生在骨干中下部，骨干向外错位愈合。桡骨骨折部位位于桡骨粗隆下 2 厘米位置，骨折后骨干向内错位生长愈合。成年个体，性别不明。

M35　所提取的人骨可见 4 个个体。

个体 1（M35-1）骨骼太碎，无法提取。

个体 2（M35-2）仅存少量头骨和肢骨（图八八；彩版六六，2）。头骨仅存下颌骨，左下颌及其颏部和第二、第三臼齿齿槽部保留。此外，还有散落左上颌第二前臼齿和第一臼齿、双侧下颌中央门齿、右下颌第一和第二前臼齿。还可见一些齿根或齿冠残缺的犬齿和前臼齿，具体牙位暂不可辨。牙齿磨耗较重。门齿和犬齿切缘齿质呈粗线状暴露；前臼齿齿质亦呈片状暴露；第一臼齿齿质呈片状暴露，且相连。从下颌骨齿槽观察，可见左侧第二前臼齿略向远中侧扭转。

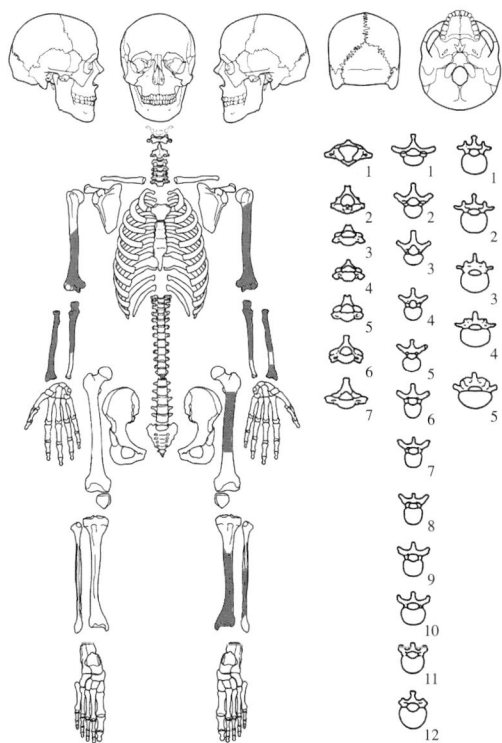

图八七　M34-2 个体骨骼保存情况　　　　　图八八　M35-2 个体骨骼保存情况

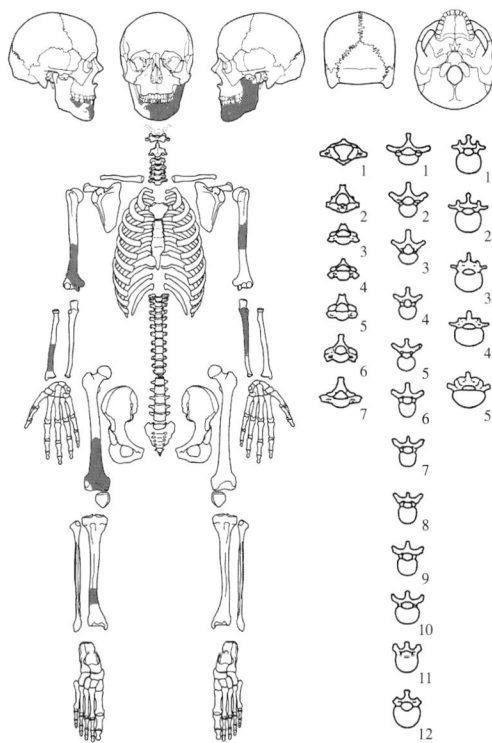

保存了右侧肱骨下半部，唯滑车和小头部分缺失；左侧肱骨保存了骨干中段。左侧尺骨骨干大部保留，但远端缺失。保存了右侧桡骨骨干下半部。下肢骨仅存右侧股骨远端（但外侧髁部分缺损）以及胫骨骨干远端的一段。

该个体下颌较纤弱，下颌体较低，下颌角不外翻，颏部呈圆形，推测为女性。根据牙齿磨耗程度推测其年龄约 30 岁。

个体 3（M35-3）仅存少量肢骨（图八九；彩版六六，3）。保存了右侧股骨近端（股骨头、大转子、小转子均缺失），但股骨头、大转子骨骺面已出现。该个体肢骨极小，应为一幼年个体，年龄小于 10 岁。

个体 4（M35-4）仅存少量肢骨残片。年龄及性别不明。

个体 5（M35-5）仅存下颌骨（图九〇；彩版六六，4）。下颌骨基本完整，仅左侧髁突和右侧髁突、冠突缺失。牙齿全部脱落，齿槽骨严重萎缩而导致牙齿脱落。下颌骨略细小，下颌体较矮。颏孔相对较大，呈圆形，开口于后上方，位于第一臼齿下方。下颌角较小且略微外翻，下颌支宽且较高，颏部呈方形，颏隆凸双侧明显凸起且外翻。其应为一成年男性个体。

M37　所提取的人骨可见 2 个个体。

个体 1（M37-1）仅存几段肢骨，骨骼较为粗壮（图九一；彩版六七，1）。保存了右侧肱骨骨干中部一小节，可见桡骨粗隆部分；左侧肱骨骨干大部保留，但中间稍有缺失。保存了右侧股骨以及腓骨骨干远端一小节。为一成年个体，性别不明。

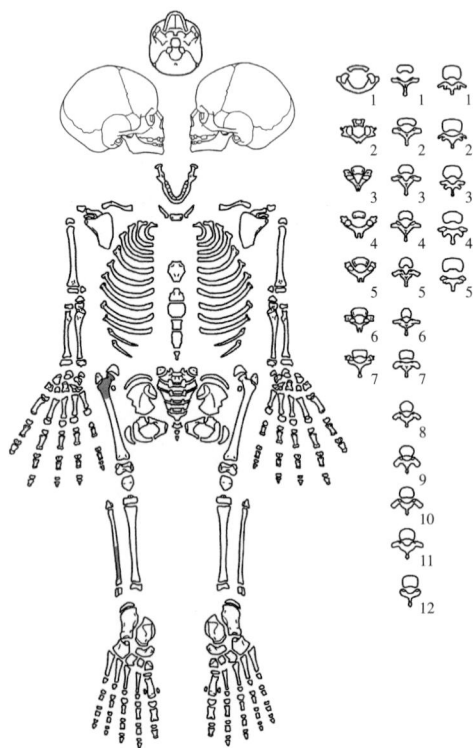

图八九　M35-3 个体骨骼保存情况

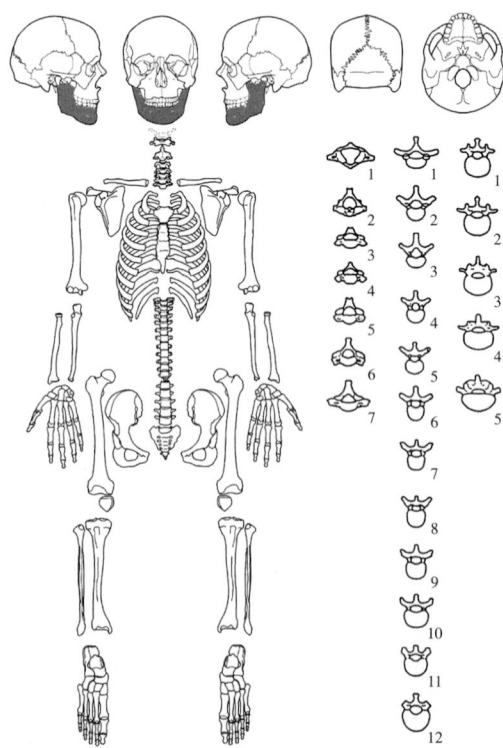

图九〇　M35-5 个体骨骼保存情况

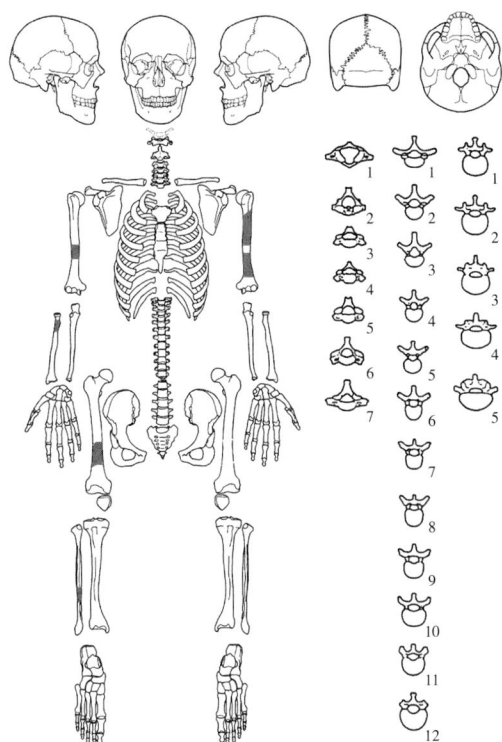

图九一　M37-1 个体骨骼保存情况

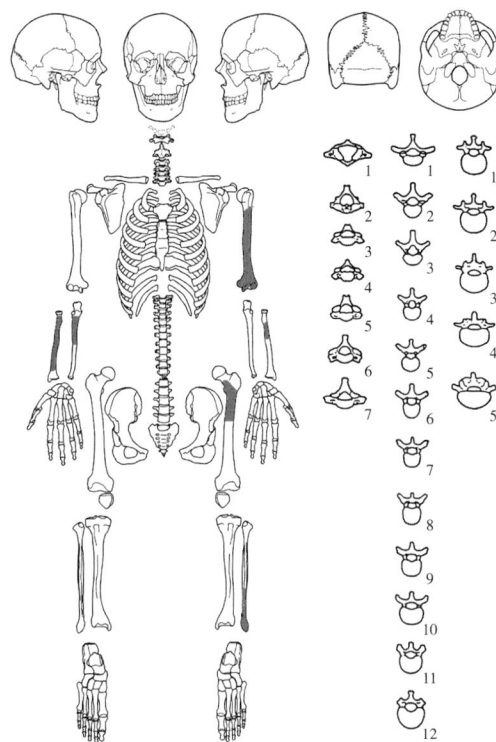

图九二　M37-2 个体骨骼保存情况

个体 2（M37-2）仅存少量肢骨（图九二；彩版六七，2）。左侧肱骨大部分保存，仅近端缺失。右侧尺骨骨干上半部保存。保存了左侧桡骨粗隆之下部分和右侧桡骨骨干部分。下肢骨仅保存左侧股骨骨干近端和小转子部分以及腓骨远端。该个体肢骨较为细小，为一未成年个体。性别不明。

M38　所提取的人骨可见 3 个个体。

个体 1（M38-1）仅存少量头骨和肢骨残段（图九三；彩版六七，3）。保存了右侧顶骨矢状缘和冠状缘前半部、右侧额骨冠状缘翼区部分、下颌骨右下颌支后缘部分、左上颌骨眶下缘以下部分及其上侧门齿至第二臼齿。梨状孔下缘呈鼻前窝型。

仅存左上颌少数几颗牙齿，牙齿磨耗较轻，通过观察齿槽可知第三臼齿尚未萌出。中门齿切缘双侧各有一小凹坑，应为使用过程中的磕损。牙齿颊侧面可见较微弱的釉质横纹。犬齿切缘、侧门齿的切缘和舌面底部均有齿质暴露。第一前臼齿颊侧尖齿质点呈细线状暴露，且略向近中侧扭转；第二前臼齿齿尖呈圆钝状，舌侧尖近中处有崩损，或为死后形成。第一臼齿开始有齿质点暴露；第二臼齿齿尖基本磨平，但无齿质暴露。

保存了左侧髋骨坐骨大切迹和耳状关节面下半部及左侧股骨骨干。出土时头部在髋骨附近。从坐骨大切迹和耳状关节面与弓状线的关系推测，其为女性个体。根据牙齿的磨耗程度和第三臼齿尚未萌出以及耳状关节面等观察，推测该个体的年龄约 18 岁。

个体 2（M38-2）可见部分头骨和肢骨（图九四；彩版六八，1）。头骨较为残破，但左侧颞骨基本完整（仅后侧边缘小部分缺失）。乳突相对较小，乳突上嵴发育较弱。右侧翼区为蝶顶相

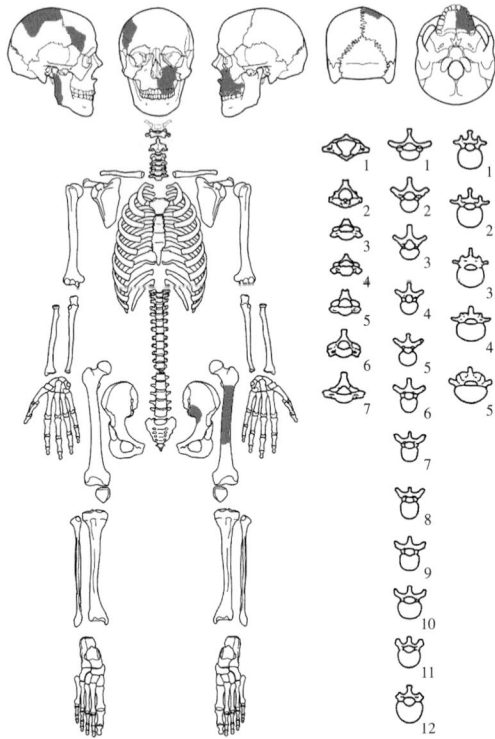

图九三　M38-1 个体骨骼保存情况

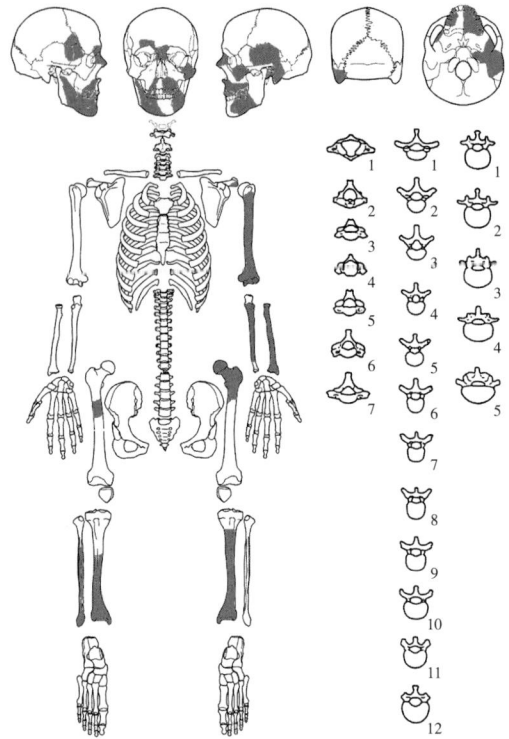

图九四　M38-2 个体骨骼保存情况

连的 H 型。保存了右侧眶上缘近 1/2 部分，眶上切迹可见。鼻骨大部分及双侧颌骨额突保存，鼻骨上、下部都较宽，中部较窄，应属于 I 型。左侧颧骨大部分保存，但额突缺失。保存了左侧上颌骨梨状孔下缘以下部分及其上的全部牙齿；右侧上颌骨仅保存梨状孔下缘之下、犬齿至第一臼齿齿槽部及其上的四颗牙齿。梨状孔下缘为鼻前窝型，腭横缝呈直线状，腭圆枕为峰状型，齿弓形状为抛物线型。右下颌大部分均保留，但下颌角、下颌支后缘以及冠突和髁突缺失；左侧下颌骨保存了三颗臼齿及其附着的颌骨。下颌体相对较低，颏孔呈圆形，开口朝后上方，相对较小，颏部近圆形。另有少量颅骨骨片，具体部位不可辨。

牙齿磨耗情况为前牙重于后牙，上颌牙齿重于下颌牙齿。上颌中门齿磨耗较为严重，四周釉质环近乎缺失，齿冠磨耗殆尽；侧门齿齿冠被磨去大半，切缘与舌面齿质面相连，四周釉质环变细且不完整。犬齿切缘齿质呈粗线状暴露，上颌犬齿暴露面积已呈片状。前臼齿两尖亦均有齿质暴露。第一臼齿呈片状暴露，但尚未相连；第二臼齿齿质点呈点状暴露，第三臼齿全部萌出，且开始有针孔状的齿质点暴露，右下颌第一前臼齿略向远中侧扭转。左下颌第一臼齿舌侧和右侧第三臼齿颊侧的齿冠缺损，缺损边缘平直。上颌第三臼齿的近中远中径稍有缩小。

上肢骨仅左侧保存。包括肩胛骨肩峰突端小部分，骨骺尚未愈合。肱骨大部分保存，仅肱骨头和大结节缺失。尺骨的鹰嘴和远端缺失且与桡骨胶结，桡骨较完整。保存了右侧股骨骨干近端一小节、右侧胫骨和腓骨下半部、左侧股骨近端以及胫骨大部（唯近端关节面和胫骨粗隆处缺失）。

根据头骨形态观察，该个体应为女性。根据牙齿磨耗程度推测，其年龄约为 20～25 岁。

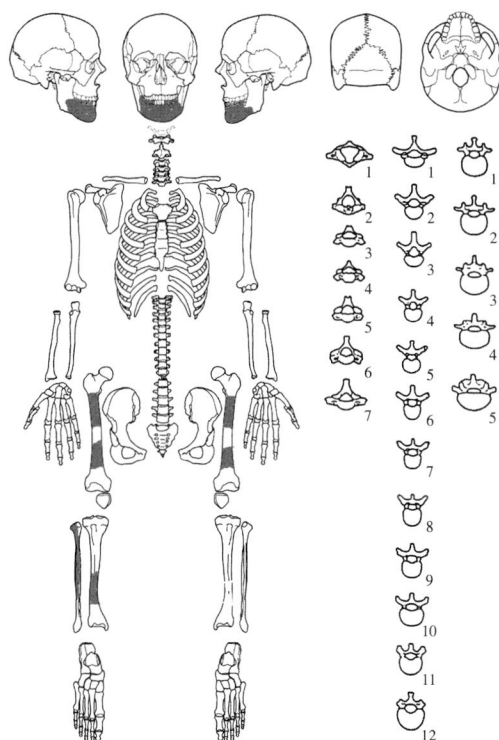

图九五　M38-3 个体骨骼保存情况

　　个体 3（M38-3）仅存下颌骨和肢骨（图九五；彩版六八，2）。下颌体大部分均保留，双侧下颌支和小部分联合部缺失。下颌骨颏部呈圆形，颏孔呈圆形，略小。牙齿保存了右侧犬齿至第三臼齿以及左侧侧门齿至第二臼齿。牙齿磨耗略重，且颊侧尖重于舌侧尖。门齿和犬齿切缘齿质呈粗线状暴露，前臼齿齿质呈片状暴露。第一臼齿齿质呈片状分布，且相互连接，咬合面上仅存少部分釉质。第二臼齿颊侧尖的齿质点暴露并扩大，但舌侧尖的齿质尚未暴露。第三臼齿已萌出，齿质点暴露。左侧侧门齿和犬齿齿隙拥挤，邻面有交叠。右侧前臼齿舌侧有一或两个齿尖，大小相近。右侧第二臼齿的颊侧沟上有一浅窝，疑似龋洞。

　　肢骨较少，较破碎且略有胶结。保存了双侧股骨骨干部分，中间均有断裂；右侧胫骨骨干远端；右侧腓骨大部分，但远端缺失，近端关节面缺损。

　　根据下颌骨形态判断，该个体可能为女性。根据牙齿磨耗情况推测，其年龄约为 25 ~ 30 岁。

　　致谢：本报告是在广西文物保护与考古研究所与中山大学合作项目"广西史前时期人骨综合研究"（项目号 23000-71210418）资助下完成的。在人骨初步研究和后期整理过程中，得到了广西文物保护与考古研究所林强研究员和何安益研究员的大力支持。在此谨致谢忱！

后 记

何村遗址发掘至今已经过去了多年。期间发掘者曾几度欲进行全部资料的整理，但每次都因为各种原因没有最后完成，实属遗憾。直到 2022 年，在所领导的大力支持下才完成报告的编写。

何村遗址出土的遗物虽然不是特别多，但器物很有特点。左江流域上游和下游地区新石器时代贝丘遗址的文化面貌是有很大区别的，下游地区更接近顶蛳山文化面貌，而上游的宝剑山文化有其自身的特点，另外有的类型与越南地区的考古学文化关系密切。何村遗址所在位置正好处于左江上游与下游之间，对研究左江上游与下游之间的文化关系具有重要价值。同时，何村遗址在年代上属于新石器时代晚期，发现的陶片与左江流域发现的岩洞葬的陶片相似。这对于研究岩洞葬与台地遗址之间的关系提供了宝贵的资料。何村遗址的墓葬材料比较丰富，在相对较小的范围内，发现了 100 多个人骨个体，这些材料对于研究广西地区史前丧葬习俗、人类体质等方面的问题具有重要意义。考虑到上述这些因素，我们决定将何村遗址材料的整理结果以专著的形式出版。

何村遗址的发掘领队为杨清平。参加发掘人员还有资源县文物管理所的宁永勤和技工蒋新荣。

整理工作由杨清平主持，参与整理的还有龙州起义纪念馆的麻超君、黄伟，广西民族大学硕士研究生陆娇、荣获奖、贾永平、张喜、车静、曹瑜洁、严家媛、姚欢、焦秋燕，广西师范大学硕士研究生何利君、燕妮等。

本报告各章节由杨清平撰写。

绘图工作由蒋新荣、李锋和张静兰共同完成。

照片由黄伟和蒋新荣拍摄。

测年由中国地质科学院岩溶地质研究所完成。

人骨鉴定由中山大学李法军教授和武汉大学博士生韦璇等完成。

动物鉴定由南京师范大学陈曦博士和中山大学余翀博士完成。

孢粉检测由中山大学郑卓教授完成。

在何村遗址发掘和整理过程中，我们得到了崇左文物管理中心（原崇左市文物管理所）、崇左市壮族博物馆、中国红军第八军革命纪念馆等单位的大力支持，在此一并表示衷心的感谢。

编者

2022 年 10 月 26 日

1. 遗址远景

2. 发掘墓葬工作照

彩版一　遗址远景及发掘工作照

1. 所领导和专家现场指导

2. 自治区文物局领导现场指导

3. 专家现场指导

彩版二　专家现场指导

1. 遗址探方分布图（东—西）

2. T7北壁地层剖面

彩版三 探方分布及地层剖面

1. M1（北—南）

2. M3（东—西）

3. M4（南—北）

4. M8（南—北）

5. M17（东—西）

6. M19（北—南）

彩版四　第③层墓葬

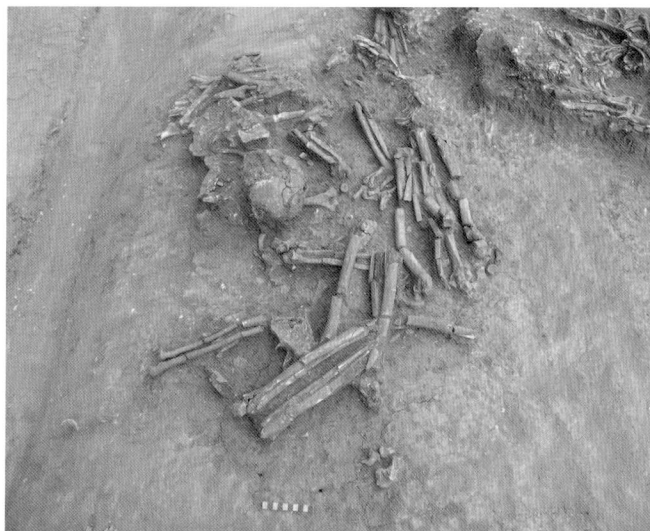

1. M5（西—东）

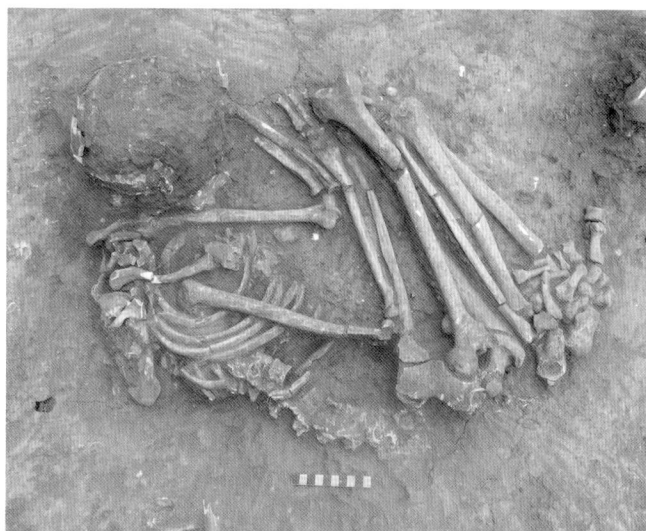

2. M6（西—东）

3. M7（南—北）

4. M10（南—北）

5. M11（西—东）

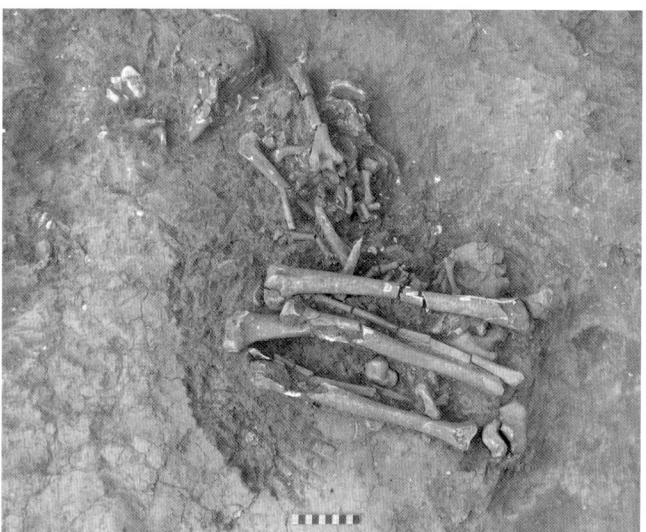

6. M13（南—北）

彩版五　第④层上部墓葬

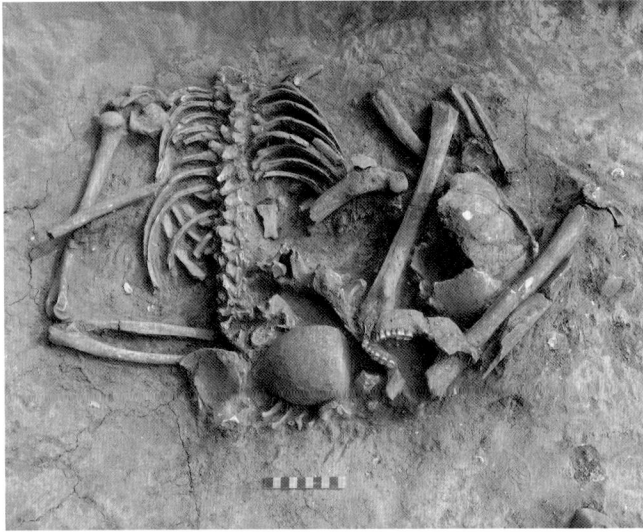

1. M14（西—东）

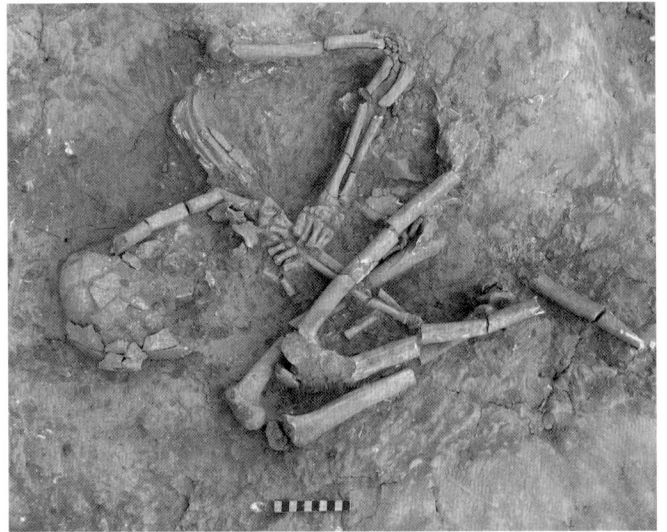

2. M15（西—东）

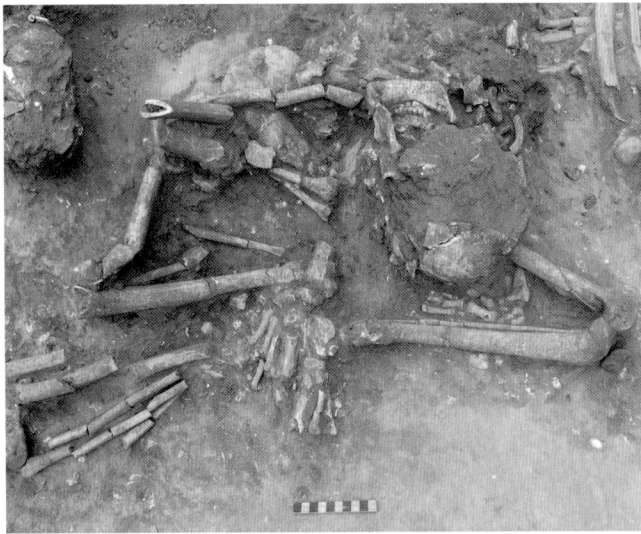

3. M23（东—西）

4. M25（西—东）

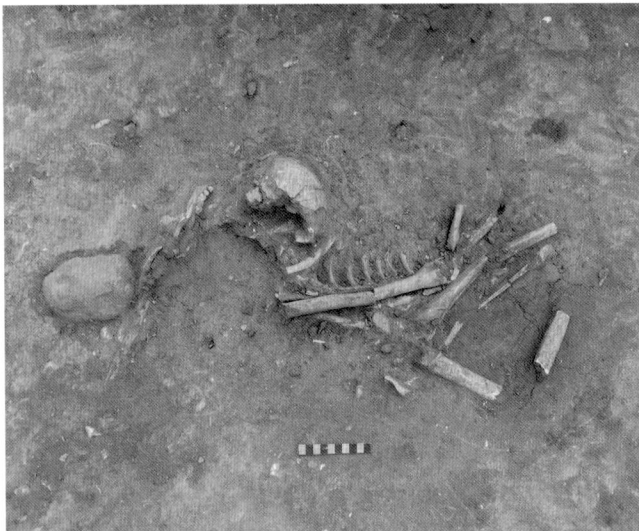

5. M26（西—东）

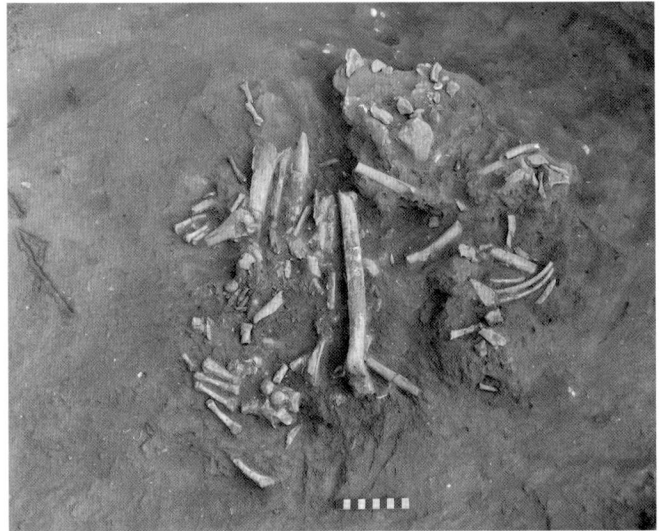

6. M27（西南—东北）

彩版六　第④层上部墓葬

1. M29（东—西）

2. ④层下部墓葬分布（局部，北—南）

3. M20（北—南）

4. M24（东—西）

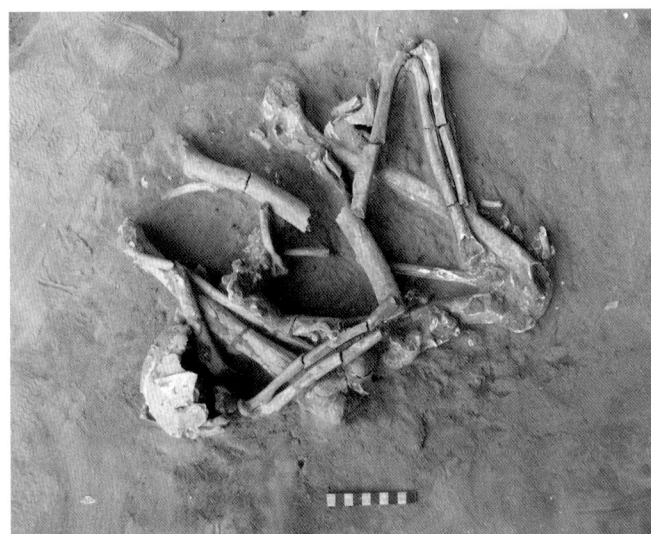

5. M31（南—北）

6. M32（北—南）

彩版七　第④层墓葬

（1为上部，余为下部）

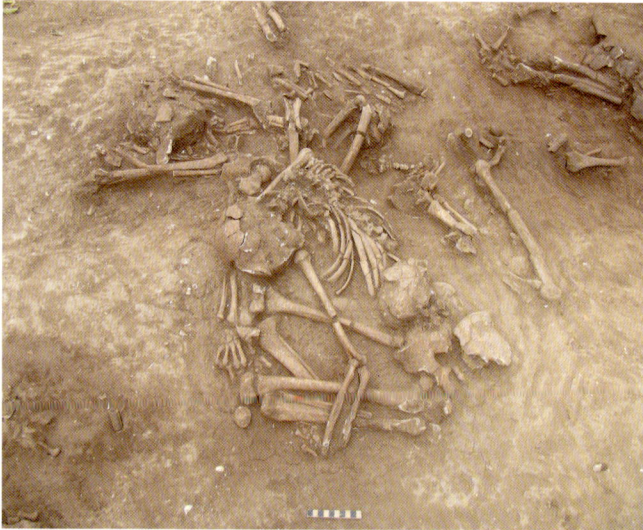

1. M33（东—西）

2. M36（北—南）

3. M37（南—北）

4. M38（北—南）

彩版八　第④层下部墓葬

1. Aa I 型砍砸器（2007GJH采：15）

2. AbⅧ型砍砸器（2007GJH采：1）

3. BbⅡ型砍砸器（2007GJH采：2）

4. BbⅢ型砍砸器（2007GJHT20①：1）

5. AaⅡ型刮削器（2007GJH采：6）

6. AaⅣ型刮削器（2007GJH采：11）

7. AcⅣ型刮削器（2007GJH采：10）

8. AaⅩ型刮削器（2007GJH采：4）

彩版九　第一文化层砍砸器、刮削器

1. AbⅡ型刮削器（2007GJH采：19）

2. AbⅣ型刮削器（2007GJH采：3）

3. AbⅦ型刮削器（2007GJH采：5）

4. AbⅧ型刮削器（2007GJH采：14）

5. AcⅠ型刮削器（2007GJH采：12）

6. AcⅨ型刮削器（2007GJH采：16）

7. BdⅠ型刮削器（2007GJH采：17）

彩版一〇　第一文化层刮削器

1. Aa型尖状器（2007GJH采：8）

2. Ba型尖状器（2007GJHT21①：1）

3. Bb型尖状器（2007GJH采：13）

4. Bb型石锤（2007GJHT18③：7）

5. Bc型石锤（2007GJHT12③：1）

6. Bd型石锤（2007GJHT18③：8）

7. D型砺石（2007GJHT18③：10）

彩版一一　第一文化层尖状器，第三文化层石锤、砺石

（1～3属于第一文化层，4～7属于第三文化层）

1. Ba型石片（2007GJHT8③：9）

2. Bb型石片（2007GJHT8③：7）

3. Bd型石片（2007GJHT8③：11）

4. Bf型石片（2007GJHT8③：8）

5. Bf型石片（2007GJHT8③：15）

6. Bf型石片（2007GJHT9③：12）

7. Bf型石片（2007GJHT13③：11）

彩版一二　第三文化层石片

1. Aa Ⅰ型砍砸器（2007GJHT15③：12）

2. Aa Ⅱ型砍砸器（2007GJHT13③：1）

3. Aa Ⅳ型砍砸器（2007GJHT18③：11）

4. Aa Ⅶ型砍砸器（2007GJHT15③：23）

5. Aa Ⅸ型砍砸器（2007GJHT18③：1）

6. Ab Ⅰ型砍砸器（2007GJHT8③：3）

7. Ab Ⅰ型砍砸器（2007GJHT15③：13）

8. Ab Ⅱ型砍砸器（2007GJHT6③：4）

彩版一三　第三文化层砍砸器

1. AbⅡ型砍砸器（2007GJHT15③：11）

2. AbⅢ型砍砸器（2007GJHT15③：14）

3. AbⅥ型砍砸器（2007GJHT18③：9）

4. AbⅧ型砍砸器（2007GJHT6③：9）

5. AbⅧ型砍砸器（2007GJHT8③：5）

6. AcⅤ型砍砸器（2007GJHT6③：8）

7. BbⅠ型砍砸器（2007GJHT15③：22）

8. AaⅠ型刮削器（2007GJHT6③：10）

彩版一四　第三文化层砍砸器、刮削器

1. AaⅢ型刮削器（2007GJHT13③：7）

2. AaⅤ型刮削器（2007GJHT15③：3）

3. AaⅤ型刮削器（2007GJHT18③：12）

4. AaⅩ型刮削器（2007GJHT8③：13）

5. AaⅩ型刮削器（2007GJHT12③：2）

6. AbⅠ型刮削器（2007GJHT15③：20）

7. AbⅡ型刮削器（2007GJHT15③：9）

8. AbⅣ型刮削器（2007GJHT6③：3）

彩版一五　第三文化层刮削器

1. AbⅥ型刮削器（2007GJHT18③：4）

2. AbⅦ型刮削器（2007GJHT8③：16）

3. AcⅣ型刮削器（2007GJHT6③：1）

4. AcⅤ型刮削器（2007GJHT13③：8）

5. AcⅨ型刮削器（2007GJHT8③：12）

6. BbⅠ型刮削器（2007GJHT15③：16）

7. Bc型刮削器（2007GJHT8③：14）

8. BdⅣ型刮削器（2007GJHT15③：7）

彩版一六　第三文化层刮削器

1. BdV型刮削器（2007GJHT6③：2）

4. CbⅡ型刮削器（2007GJHT9③：9）

2. CaⅠ型刮削器（2007GJHT15③：15）

3. CaⅡ型刮削器（2007GJHT15③：17）

5. Ab型尖状器（2007GJHT7③：3）

彩版一七　第三文化层刮削器、尖状器

1. B型斧锛类毛坯（2007GJHT9③：7）

3. A型研磨器（2007GJHT9③：1）

4. A型研磨器（2007GJHT9③：3）

2. A型石锛（2007GJHT6③：5）

5. A型研磨器（2007GJHT9③：4）

彩版一八　第三文化层斧锛类毛坯、石锛、研磨器

1. Aa型石锤（2007GJHT15④：115）

2. Ab型石锤（2007GJHT15④：25）

3. Ac型石锤（2007GJHT15④：40）

4. Ba型石锤（2007GJHT13④：1）

5. B型砺石（2007GJHT15④：31）

6. E型砺石（2007GJHT7④：17）

1. Ae型石片（2007GJHT7④：36）

2. Bc型石片（2007GJIIT13④：17）

3. Be型石片（2007GJHT14④：42）

4. Bf型石片（2007GJHT7④：38）

5. Bf型石片（2007GJHT14④：40）

6. Bf型石片（2007GJHT13④：21）

7. Cf型石片（2007GJHT9④：3）

8. Cf型石片（2007GJHT15④：93）

1. Aa I 型砍砸器（2007GJHT14④：22）

2. Aa I 型砍砸器（2007GJHT15④：20）

3. Aa I 型砍砸器（2007GJHT15④：58）

4. Aa III 型砍砸器（2007GJHT13④：11）

5. Aa III 型砍砸器（2007GJHT15④：70）

6. Aa IV 型砍砸器（2007GJHT7④：20）

7. Aa IV 型砍砸器（2007GJHT7④：37）

8. Aa IV 型砍砸器（2007GJHT15④：52）

彩版二一　第四文化层砍砸器

1. AaV型砍砸器（2007GJHT14④：30）

2. AaVI型砍砸器（2007GJHT13④：5）

3. AaVII型砍砸器（2007GJHT7④：9）

4. AaVII型砍砸器（2007GJHT14④：26）

5. AaVIII型砍砸器（2007GJHT14④：17）

6. AaIX型砍砸器（2007GJHT7④：2）

7. AaIX型砍砸器（2007GJHT13④：9）

8. AaIX型砍砸器（2007GJHT14④：12）

彩版二二　第四文化层砍砸器

1. Ab I 型砍砸器（2007GJHT7④：27）

2. Ab I 型砍砸器（2007GJHT15④：9）

3. Ab I 型砍砸器（2007GJHT15④：10）

4. Ab II 型砍砸器（2007GJHT15④：44）

5. Ab III 型砍砸器（2007GJHT14④：16）

6. Ab III 型砍砸器（2007GJHT15④：39）

7. Ab IV 型砍砸器（2007GJHT14④：21）

彩版二三　第四文化层砍砸器

1. Ab V 型砍砸器（2007GJHT13④：13）

2. Ab V 型砍砸器（2007GJHT15④：26）

3. Ab VI 型砍砸器（2007GJHT15④：27）

4. Ab VII 型砍砸器（2007GJHT15④：30）

5. Ab VIII 型砍砸器（2007GJHT7④：6）

6. Ab VIII 型砍砸器（2007GJHT7④：21）

7. Ac I 型砍砸器（2007GJHT13④：4）

8. Ac I 型砍砸器（2007GJHT15④：24）

彩版二四　第四文化层砍砸器

1. AcⅡ型砍砸器（2007GJHT14④：29）

2. AcⅢ型砍砸器（2007GJHT15④：69）

3. AcⅣ型砍砸器（2007GJHT15④：81）

4. AcⅤ型砍砸器（2007GJHT15④：42）

5. Ba型砍砸器（2007GJHT15④：75）

6. BcⅠ型砍砸器（2007GJHT7④：28）

7. BcⅡ型砍砸器（2007GJHT14④：34）

彩版二五　第四文化层砍砸器

1. AaI型刮削器（2007GJHT13④：2）

2. AaI型刮削器（2007GJHT15①：15）

3. AaI型刮削器（2007GJHT15④：55）

4. AaIV型刮削器（2007GJHT7④：24）

5. AaIV型刮削器（2007GJHT14④：39）

6. AaIV型刮削器（2007GJHT15④：87）

7. AaV型刮削器（2007GJHT7④：5）

8. AaV型刮削器（2007GJHT7④：30）

彩版二六　第四文化层刮削器

1. AaⅤ型刮削器（2007GJHT14④：1）

2. AaⅤ型刮削器（2007GJHT15④：80）

3. AaⅥ型刮削器（2007GJHT15④：82）

4. AaⅦ型刮削器（2007GJHT14④：9）

5. AaⅧ型刮削器（2007GJHT14④：35）

6. AaⅧ型刮削器（2007GJHT15④：104）

7. AaⅨ型刮削器（2007GJHT14④：19）

8. AaⅩ型刮削器（2007GJHT7④：35）

彩版二七　第四文化层刮削器

1. AaⅩ型刮削器（2007GJHT14④：10）

2. AaⅩ型刮削器（2007GJHT14④：15）

3. AaⅩ型刮削器（2007GJHT15④：13）

4. AbⅠ型刮削器（2007GJHT7④：23）

5. AbⅠ型刮削器（2007GJHT13④：14）

6. AbⅠ型刮削器（2007GJHT15④：17）

7. AbⅠ型刮削器（2007GJHT15④：72）　　8. AbⅡ型刮削器（2007GJHT15④：49）　　9. AbⅢ型刮削器（2007GJHT15④：7）

彩版二八　第四文化层刮削器

1. AbⅣ型刮削器（2007GJHT15④：78）

2. AbⅣ型刮削器（2007GJHT15④：73）

3. AbⅤ型刮削器（2007GJHT14④：47）

4. AbⅤ型刮削器（2007GJHT15④：62）

5. AbⅦ型刮削器（2007GJHT14④：37）

6. AbⅦ型刮削器（2007GJHT15④：85）

7. AcⅠ型刮削器（2007GJHT15④：46）

彩版二九　第四文化层刮削器

1. AcⅡ型刮削器（2007GJHT15④：54）

2. AcⅢ型刮削器（2007GJHT13④：3）

3. AcⅣ型刮削器（2007GJHT15④：16）

4. AcⅣ型刮削器（2007GJHT15④：105）

5. AcⅤ型刮削器（2007GJHT15④：101）

6. AcⅥ型刮削器（2007GJHT14④：46）

7. AcⅦ型刮削器（2007GJHT15④：66）

彩版三〇　第四文化层刮削器

1. AcⅨ型刮削器（2007GJHT14④：5）

2. AcⅨ型刮削器（2007GJHT14④：28）

3. BaⅠ型刮削器（2007GJHT15④：108）

4. BaⅡ型刮削器（2007GJHT15④：76）

5. BbⅡ型刮削器（2007GJHT15④：65）

6. BdⅡ型刮削器（2007GJHT15④：51）

7. BdⅢ型刮削器（2007GJHT14④：20）

8. BdⅤ型刮削器（2007GJHT15④：21）

彩版三一　第四文化层刮削器

1. BdⅤ型刮削器（2007GJHT15④：106）

2. CbⅠ型刮削器（2007GJHT15④：53）

3. CbⅡ型刮削器（2007GJHT7④：32）

4. Ab型尖状器（2007GJHT7④：12）

5. A型斧锛类毛坯（2007GJHT14④：7）

6. B型斧锛类毛坯（2007GJHT9④：2）

彩版三二　第四文化层刮削器、尖状器、斧锛类毛坯

1. A型石斧（2007GJHT9M21：1）

2. B型石斧（2007GJHT7④：29）

3. C型石斧（2007GJHT9④：1）

4. B型石锛（2007GJHT8④：1）

5. A型石凿（2007GJHT15④：125）

6. B型石凿（2007GJHT15④：1）

彩版三三　第四文化层石斧、石锛、石凿

1. A型研磨器（2007GJHM14：1）

2. B型研磨器（2007GJHT15④：3）

3. 双肩蚌铲（2007GJHT15④：5）

4. 双肩蚌铲（2007GJHT15④：6）

5. 双肩蚌铲（2007GJHT7④：42）

6. 双肩蚌铲（2007GJHT7④：43）

彩版三四　第四文化层研磨器、双肩蚌铲

1. 双肩蚌铲（2007GJHT7④：4）

2. 双肩蚌铲（2007GJHT14④：52）

3. 双肩蚌铲（2007GJHT14④：53）

4. 双肩蚌铲（2007GJHT14④：54）

5. 蚌勺（2007GJHT15④：123）

6. 单肩蚌铲（2007GJHT14④：51）

彩版三五　第四文化层双肩蚌铲、蚌勺、单肩蚌铲

1. 蚌刀（2007GJHT14④：2）

2. 骨铲（2007GJHT14④：3）

3. 骨镞（2007GJHT7④：41）

4. 陶器口沿残片（2007GJHT7④：48）

彩版三六　第四文化层蚌刀、骨铲、骨镞、陶片

1～15. 0 └─────┘ 2厘米　　16～20. 0 └─────┘ 4厘米

1、2.圆田螺未定种　　3.石田螺未定种　　4.史密斯石田螺相似种　　5、6.角螺未定种　　7.越南沟蜷　　8、9.沟蜷未定种
10.焰纹环口螺　　11.环口螺未定种　　12.克氏拇指螺　　13.月管螺未定种　　14.皱疣坚螺　　15.坚螺未定种　　16.佛耳
弓背蚌　　17.圆顶珠蚌　　18.矛蚌未定种　　19.洞穴丽蚌　　20.铆钮尖丽蚌

彩版三七　　软体动物遗存

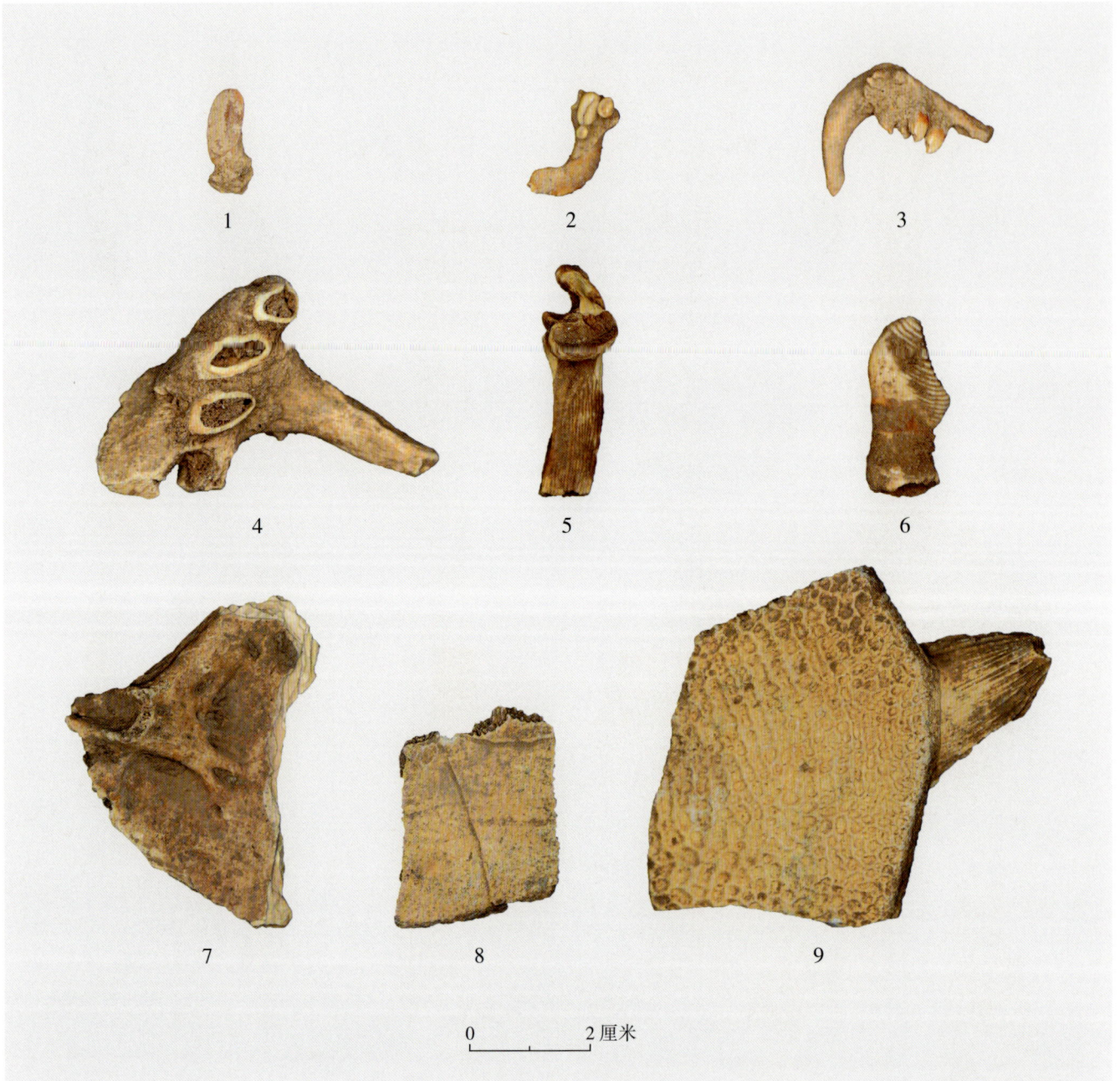

1. 鳙鱼咽骨　2. 鲤鱼咽骨　3. 赤眼鳟咽骨　4. 青鱼咽骨　5. 鲇鱼胸鳍棘　6. 草鱼咽骨　7. 鳡鱼主鳃盖骨　8. 龟甲
9. 鳖甲

彩版三八　脊椎动物骨骼

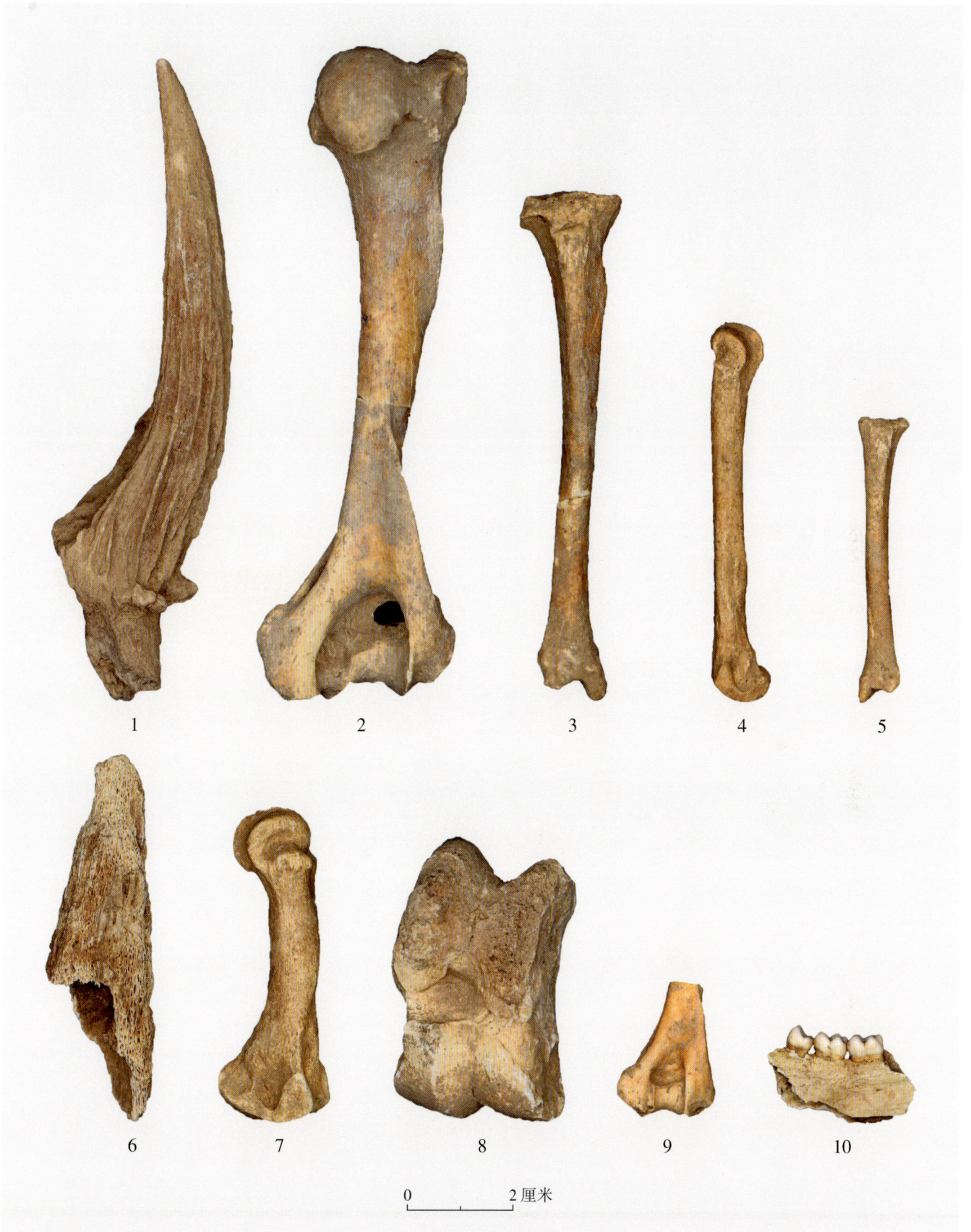

1. 麂角 2. 猪獾肱骨 3. 花面狸胫骨 4. 狼掌骨 5. 黄鼬胫骨 6. 苏门羚角 7. 熊掌骨 8. 猪距骨 9. 狗獾肱骨 10. 猕猴下颌骨

彩版三九　脊椎动物骨骼

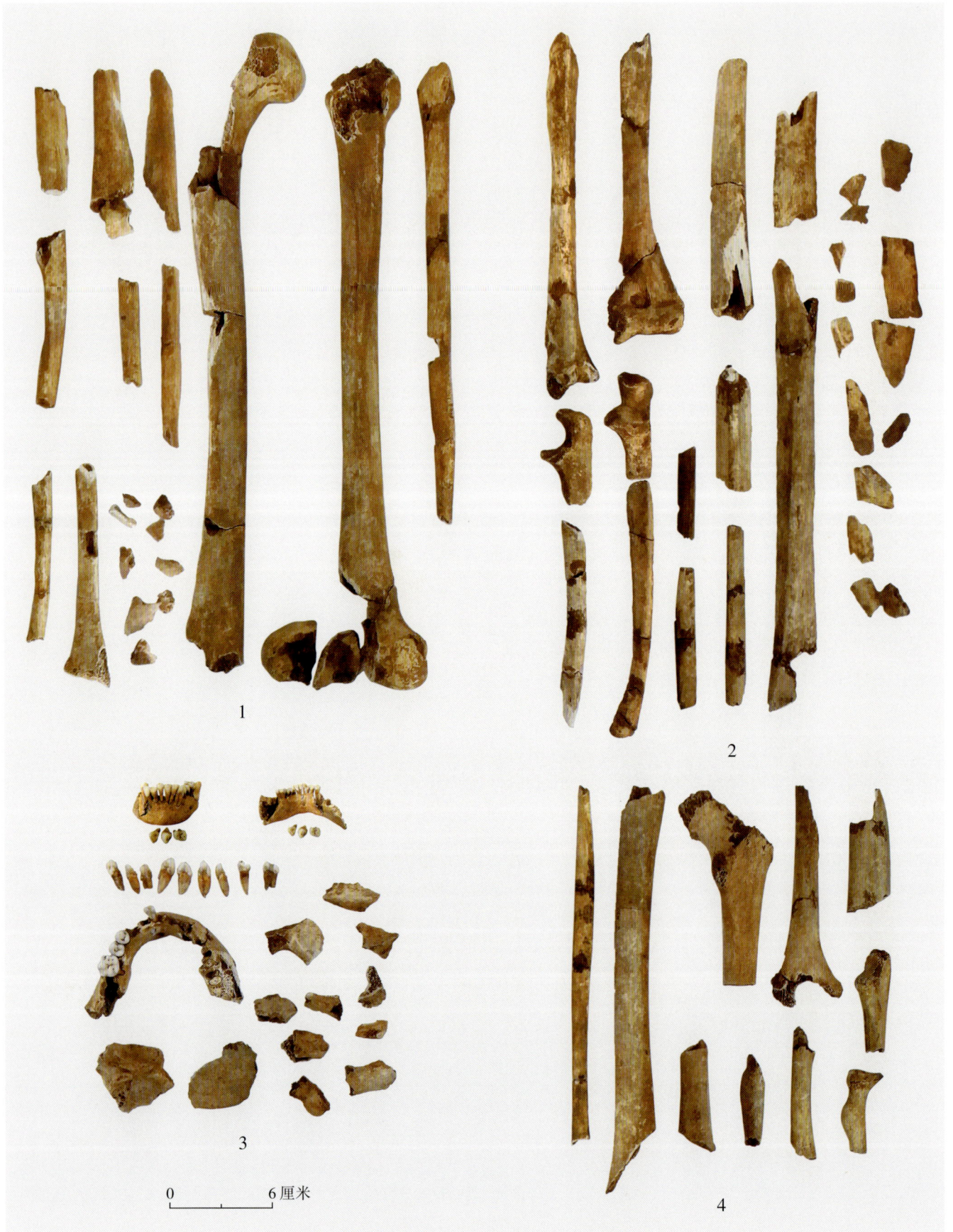

1

2

3

0   6厘米

4

1. M1肢骨　2. M2-1肢骨　3. M2-1头骨　4. M2-2肢骨

彩版四〇　M1、M2人骨

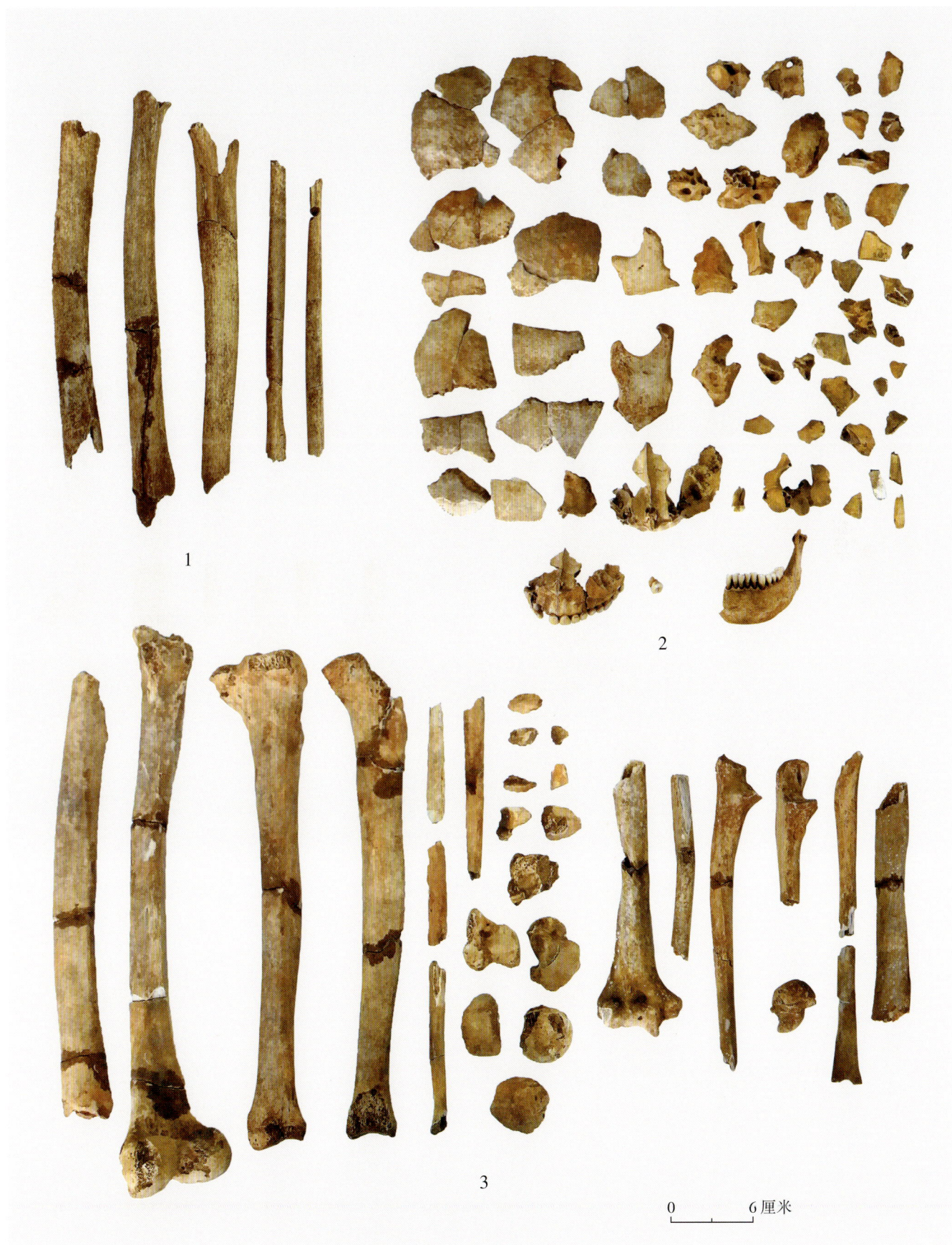

1. M3-1下肢骨　2. M3-2部分头骨　3. M3-2肢骨

彩版四一　M3人骨

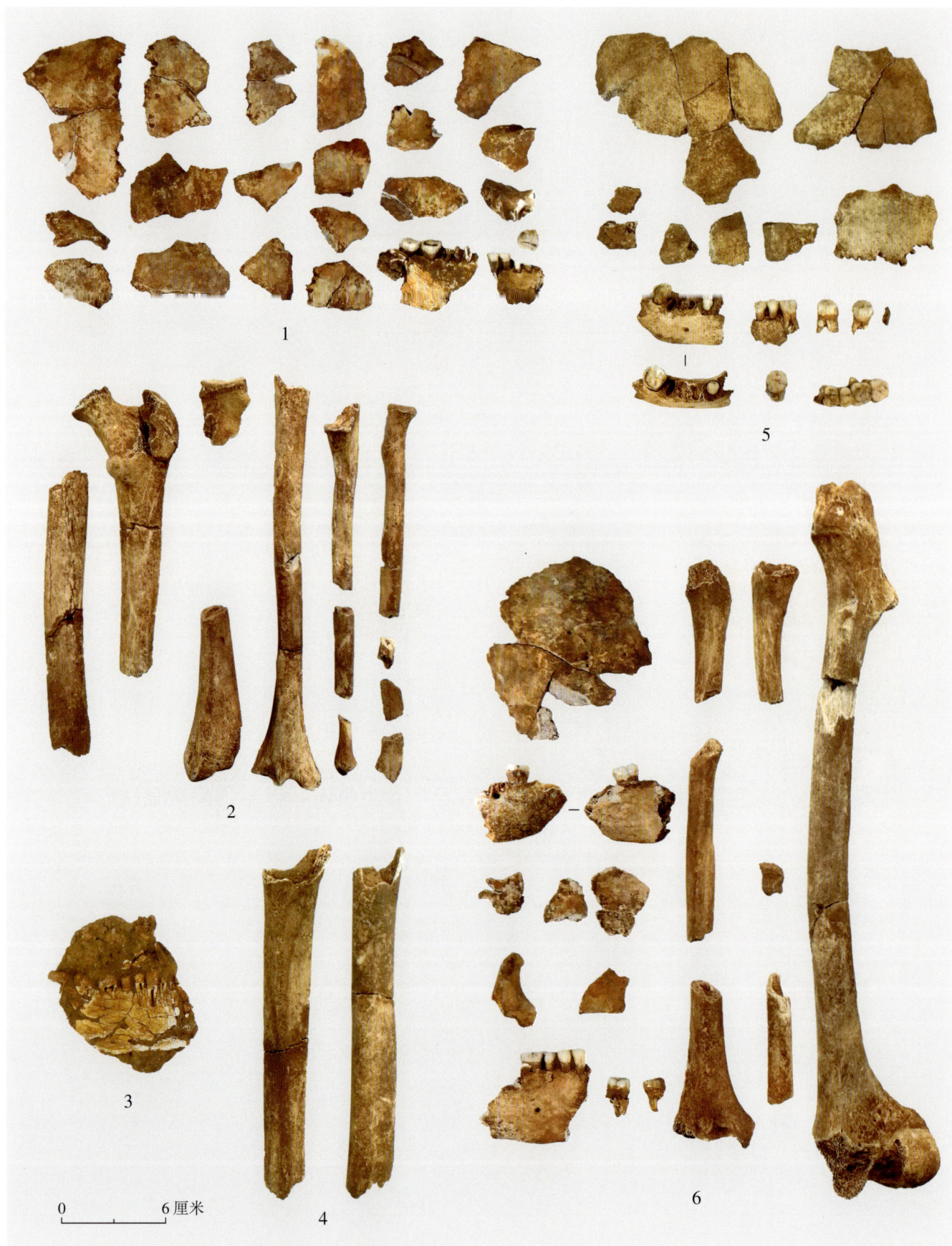

0 ————— 6厘米

1. M4-2头骨　2. M4-1肢骨　3. M4-3头骨（右）　4. M4-4肢骨　5. M4-5头骨　6. M4-7头骨、肢骨

彩版四二　M4人骨

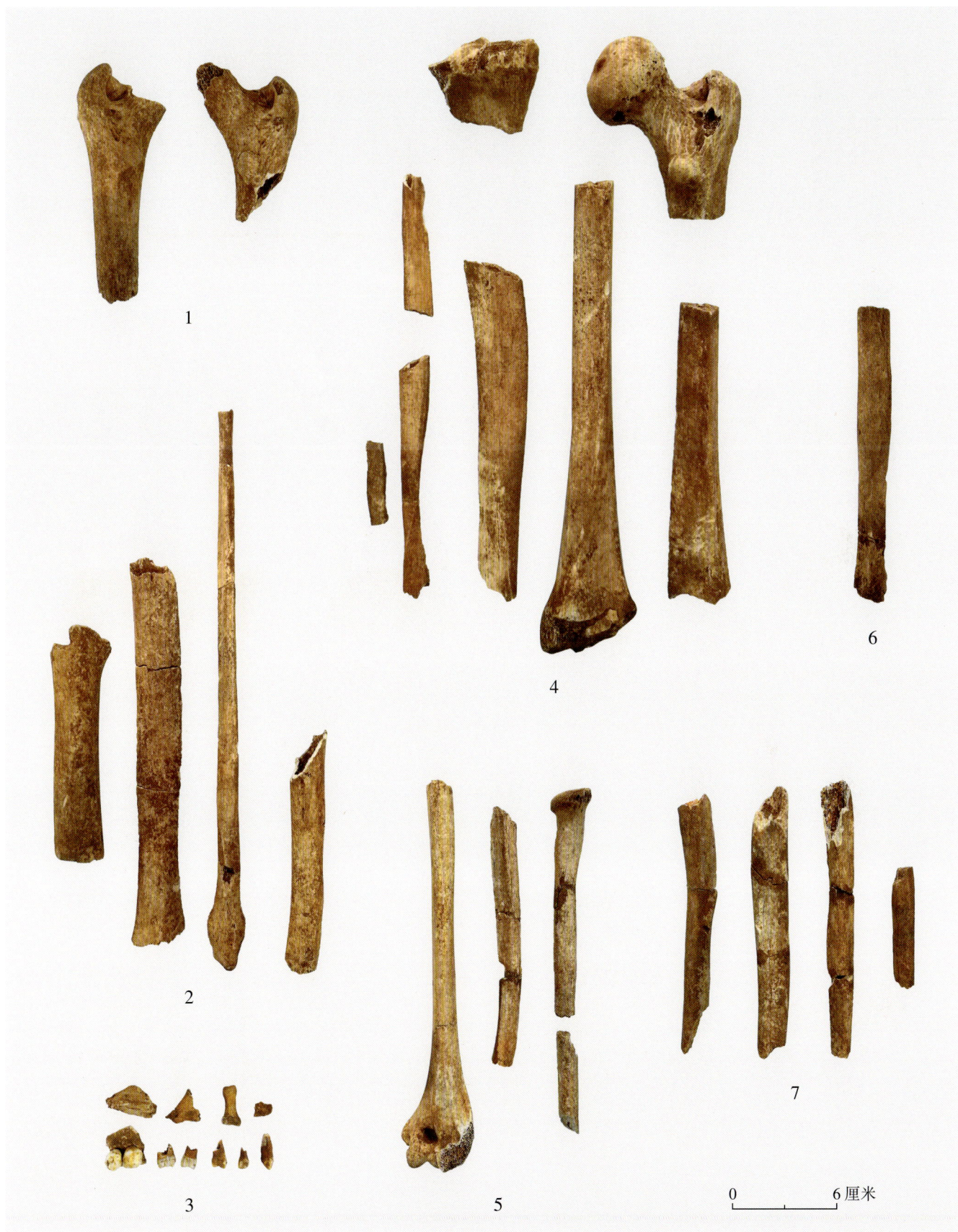

1. M4-8肢骨　2. M4-9部分肢骨　3. M4-10部分头骨、趾骨　4. M4-11部分肢骨　5. M4-12肢骨　6. M4-14肢骨
7. M4-13肢骨

彩版四三　M4人骨

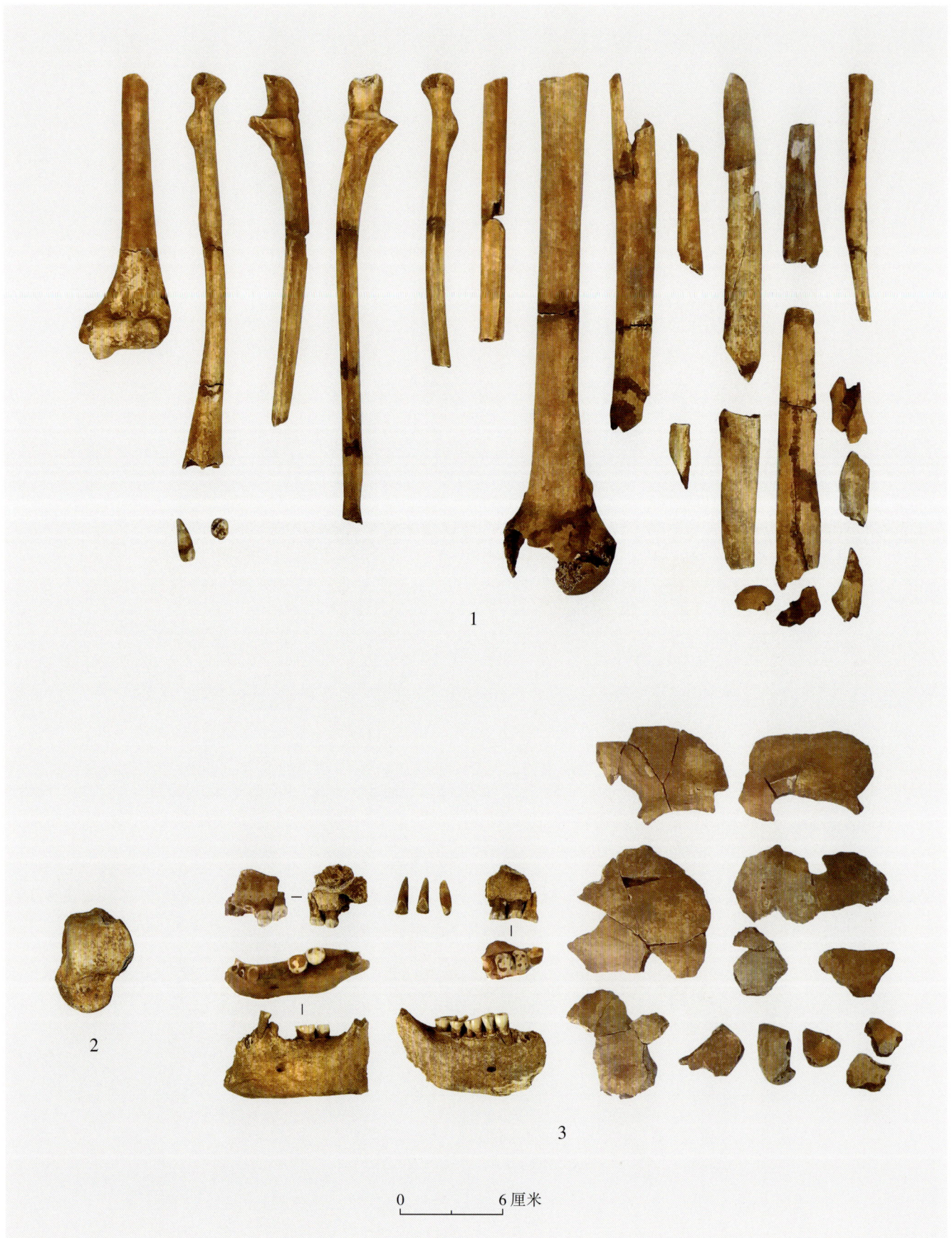

1. M5-1牙齿、部分肢骨　2. M5-2距骨　3. M5-3部分头骨

彩版四四　M5人骨

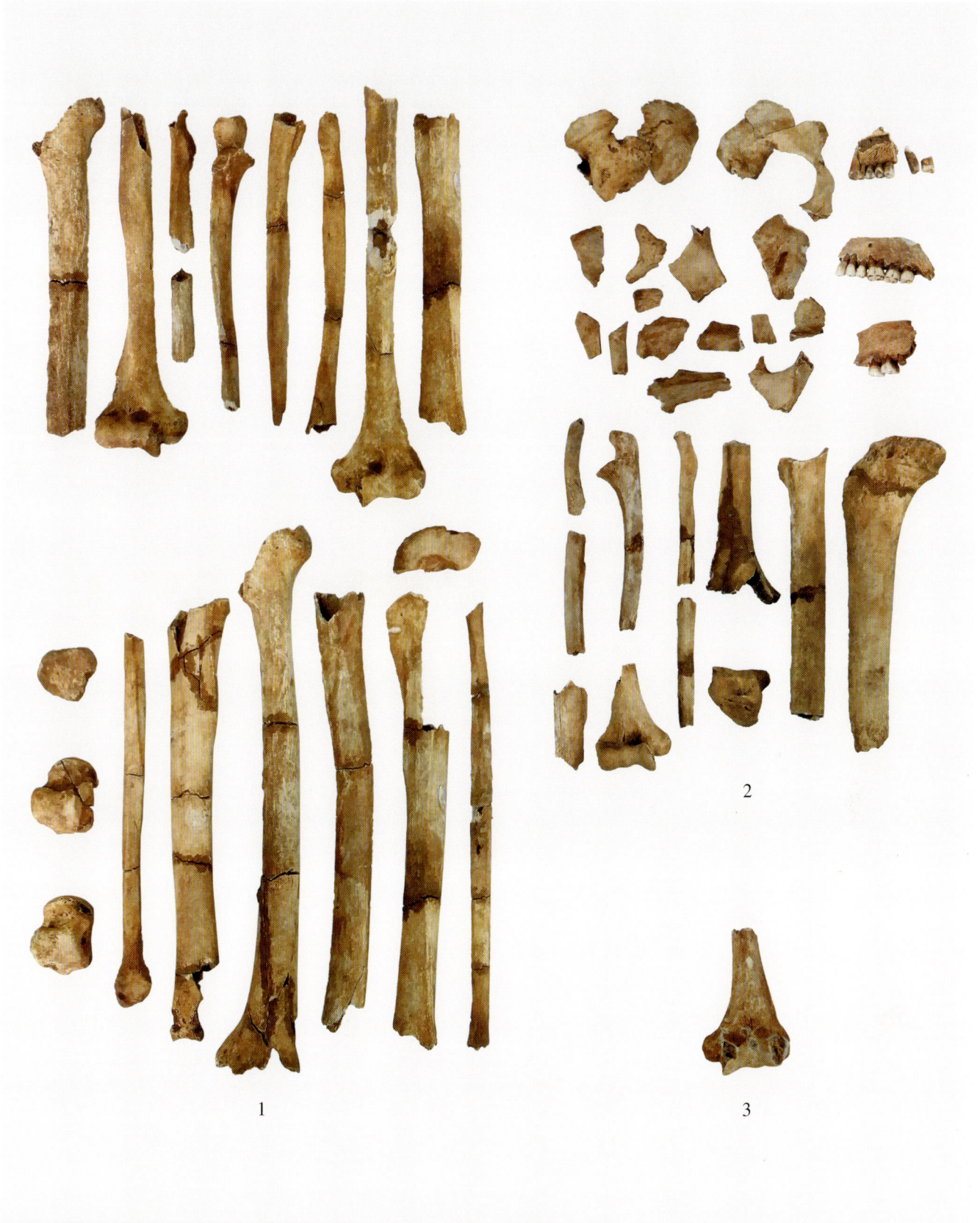

0 ____ 6厘米

1. M5-3部分上肢骨、部分下肢骨　2. M5-4头骨和肢骨　3. M5-5肱骨

彩版四五　　M5人骨

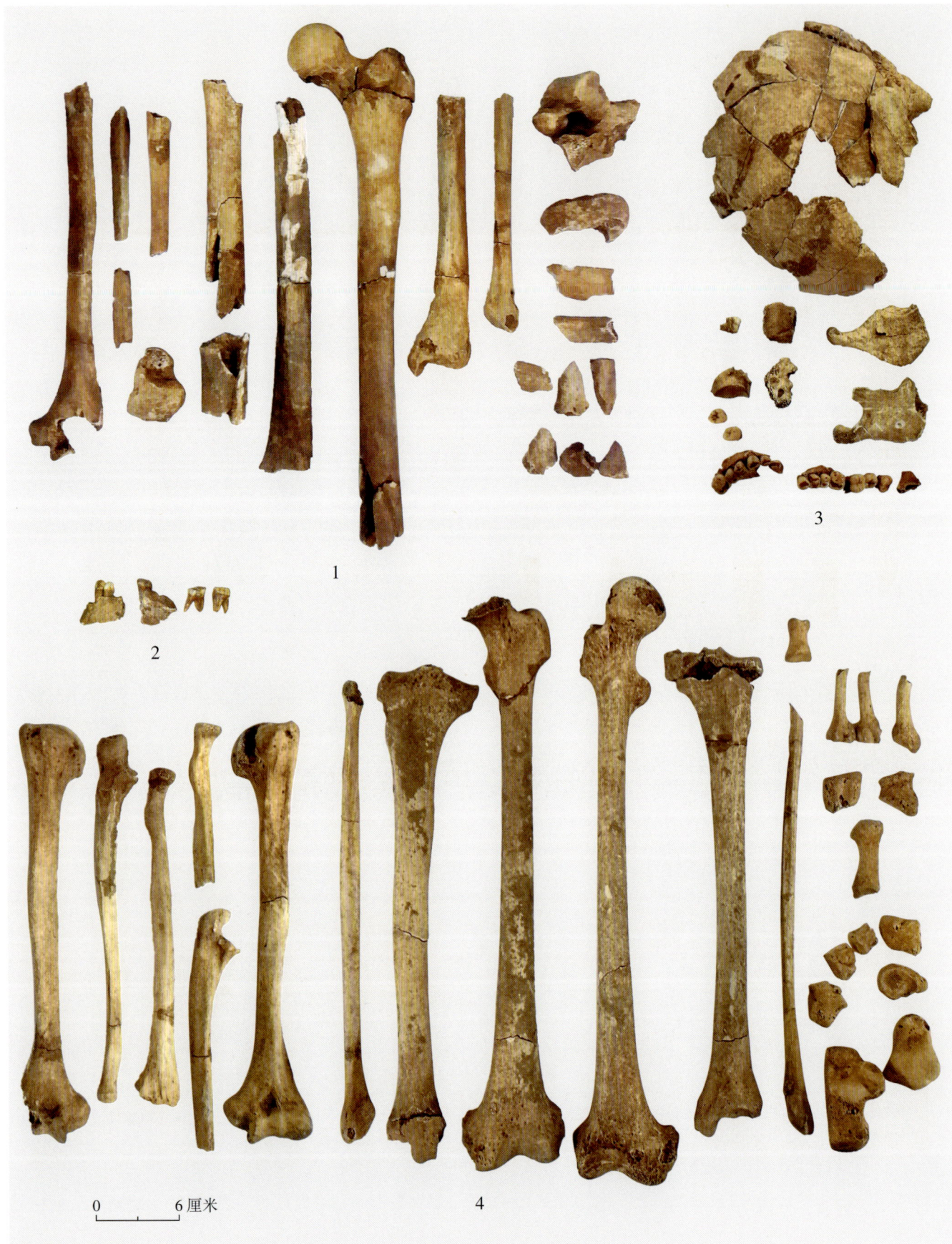

1. M5-6部分肢骨　2. M5-7牙齿　3. M6部分头骨　4. M6肢骨

彩版四六　　M5、M6人骨

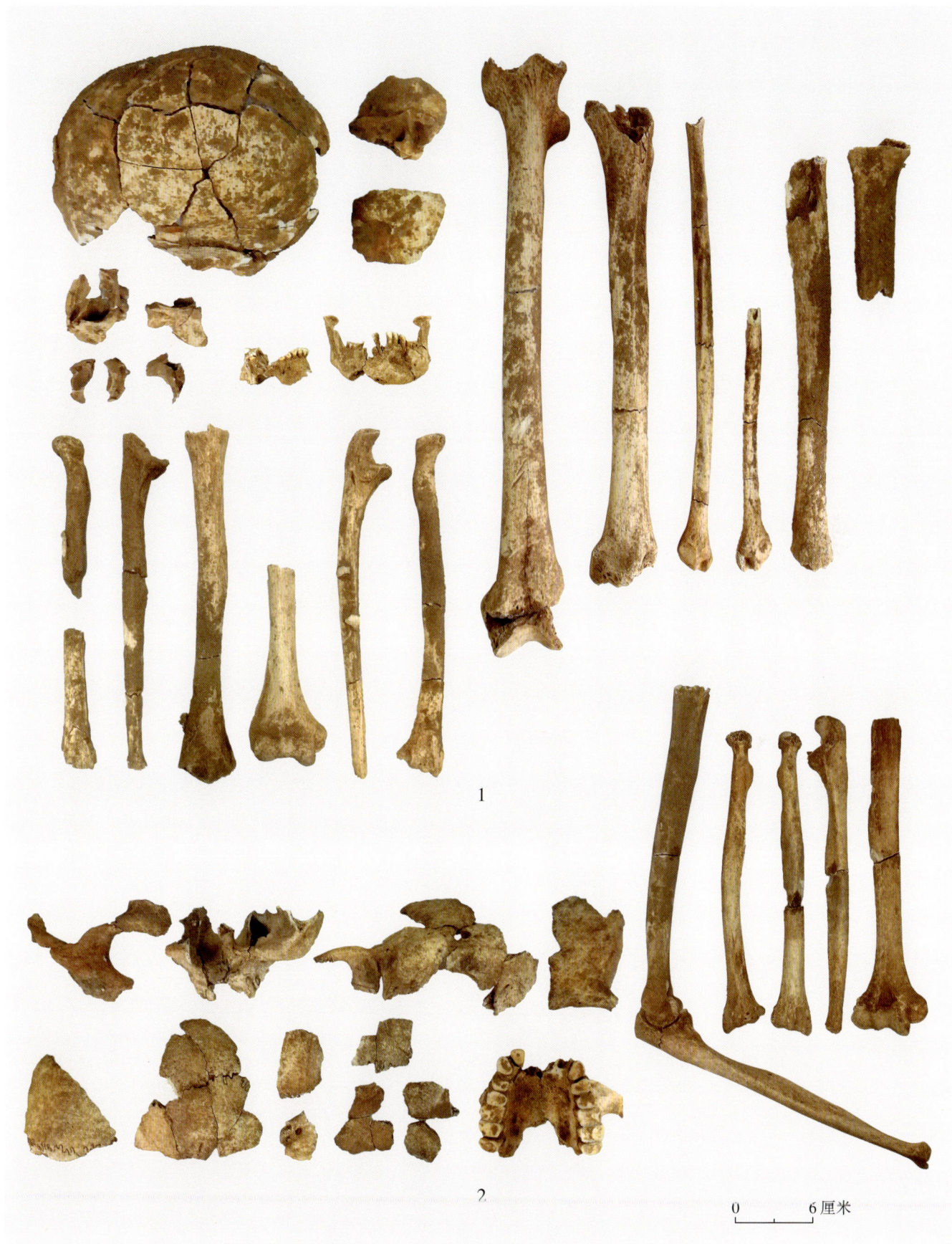

1. M7-1部分头骨、肢骨 2. M7-2部分头骨、上肢骨

彩版四七 M7人骨

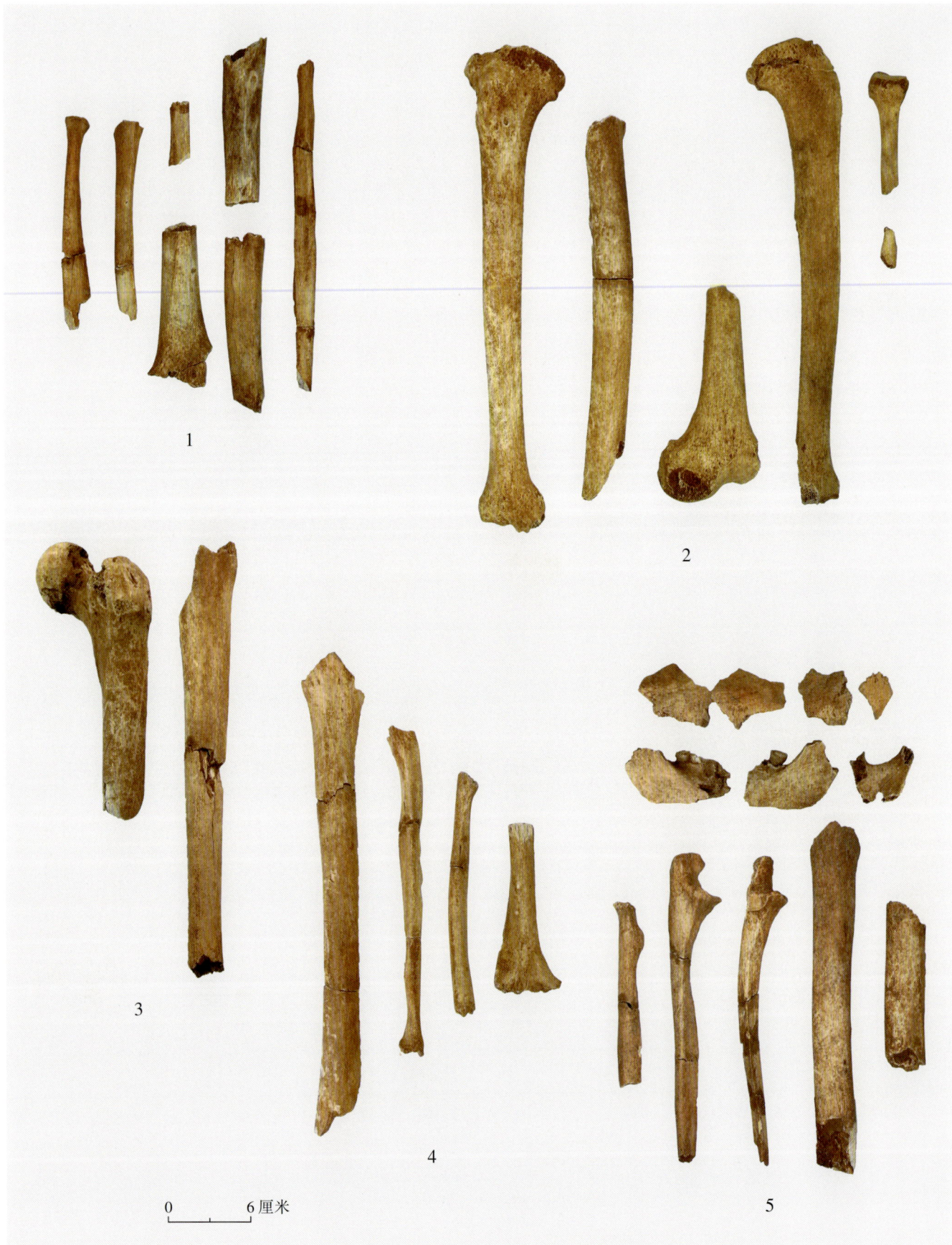

1. M7-3部分肢骨　2. M7-4部分下肢骨　3. M7-5下肢骨　4. M7-6肢骨　5. M7-7头骨、肢骨

彩版四八　M7人骨

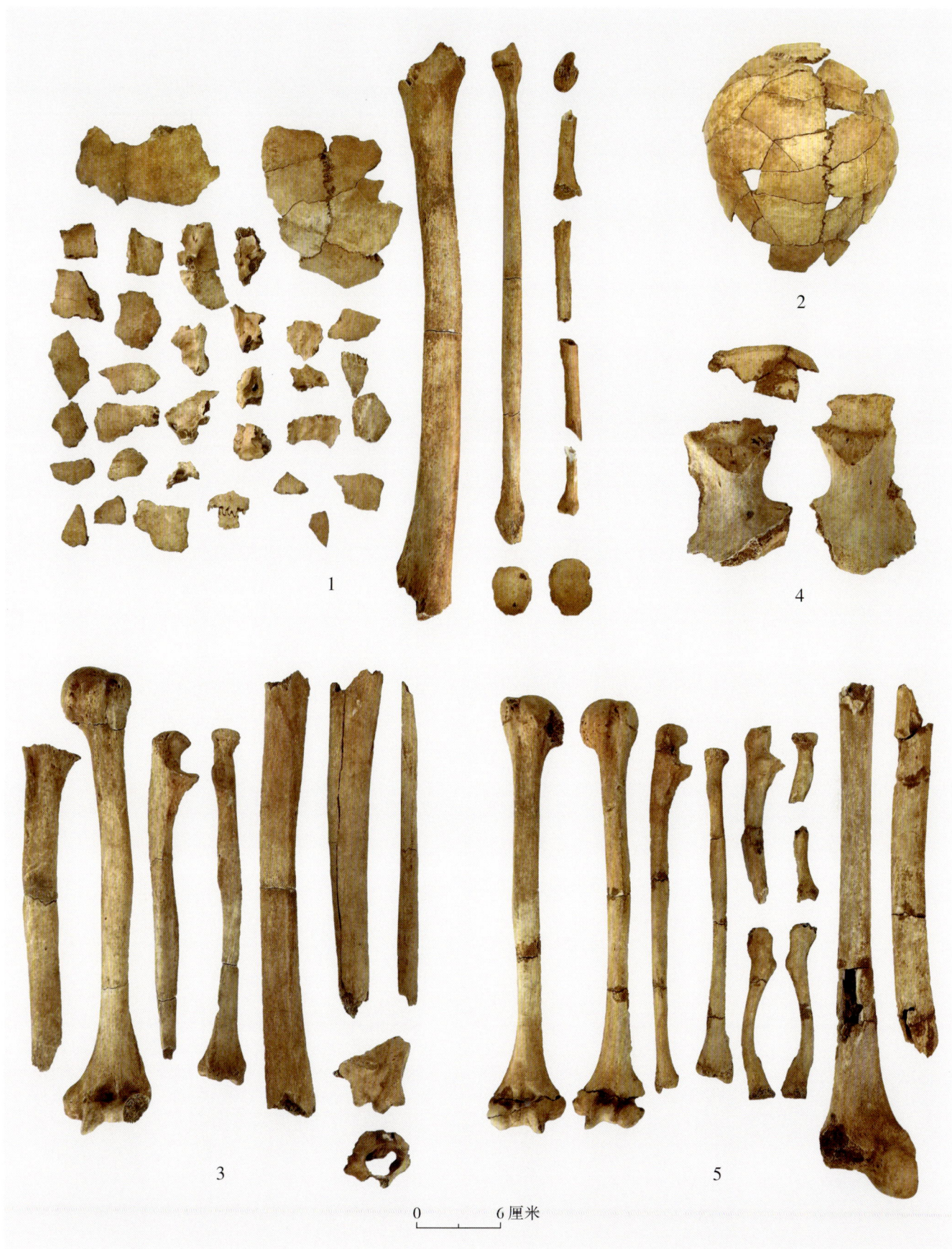

1. M8-1部分头骨、肢骨　2. M8-2部分头骨　3. M9肢骨、椎骨　4. M10部分盆骨　5. M10肢骨

彩版四九　M8、M9、M10人骨

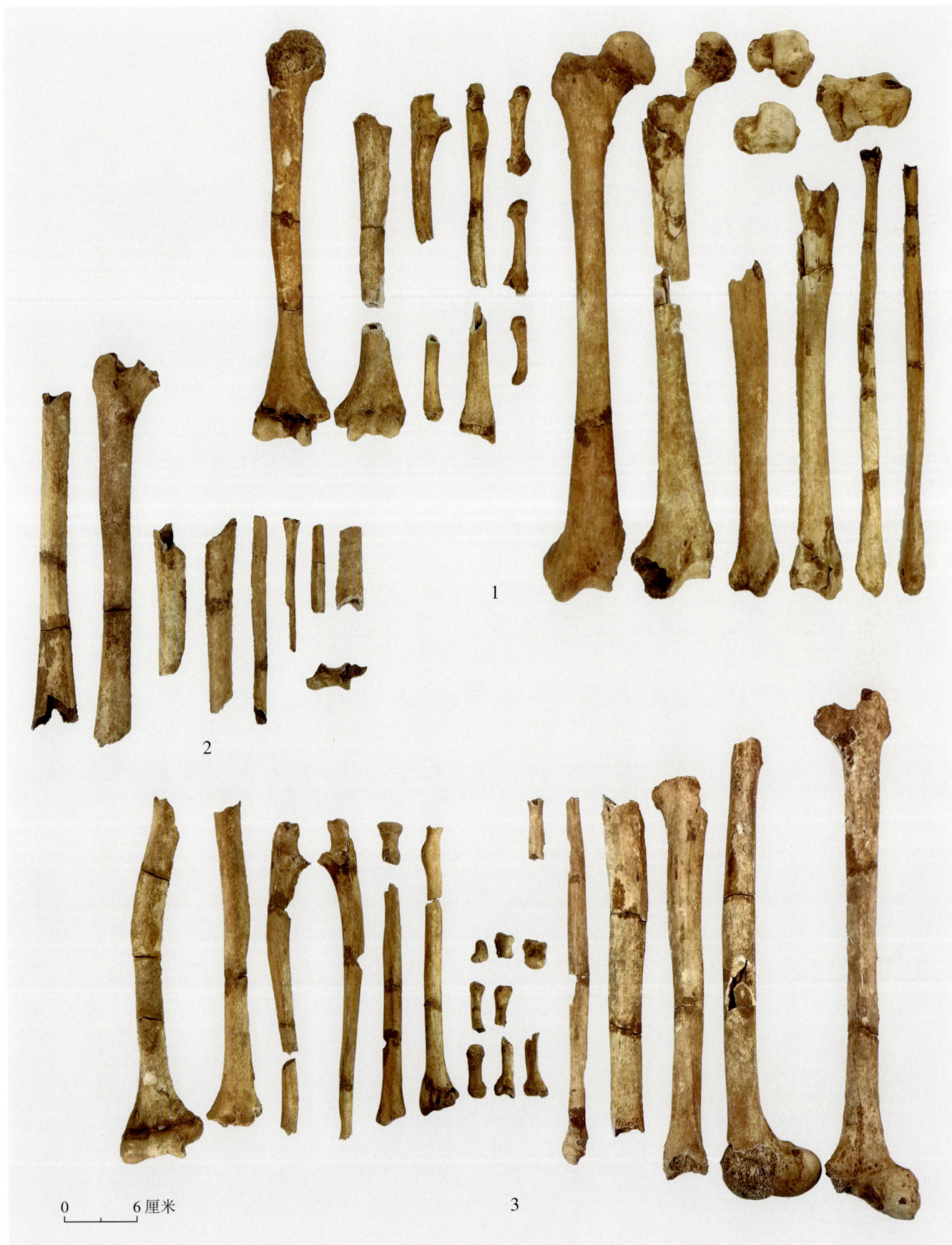

1. M13上肢骨、部分下肢骨　2. M11部分肢骨　3. M15-1肢骨

彩版五〇　M11、M13、M15人骨

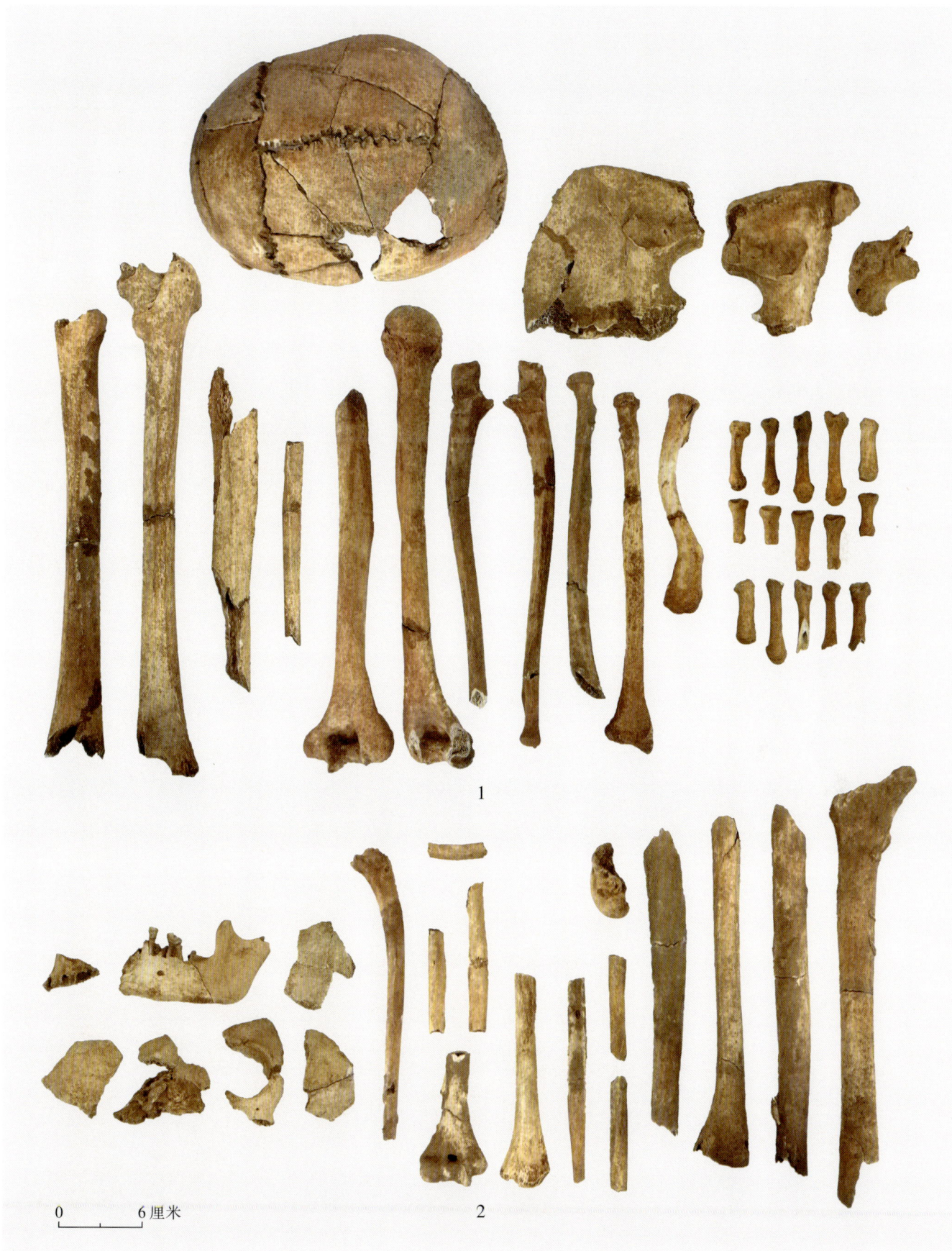

1. M14头骨、盆骨、肢骨　2. M16-1部分头骨、部分肢骨

0 ____ 6厘米

彩版五一　M14、M16人骨

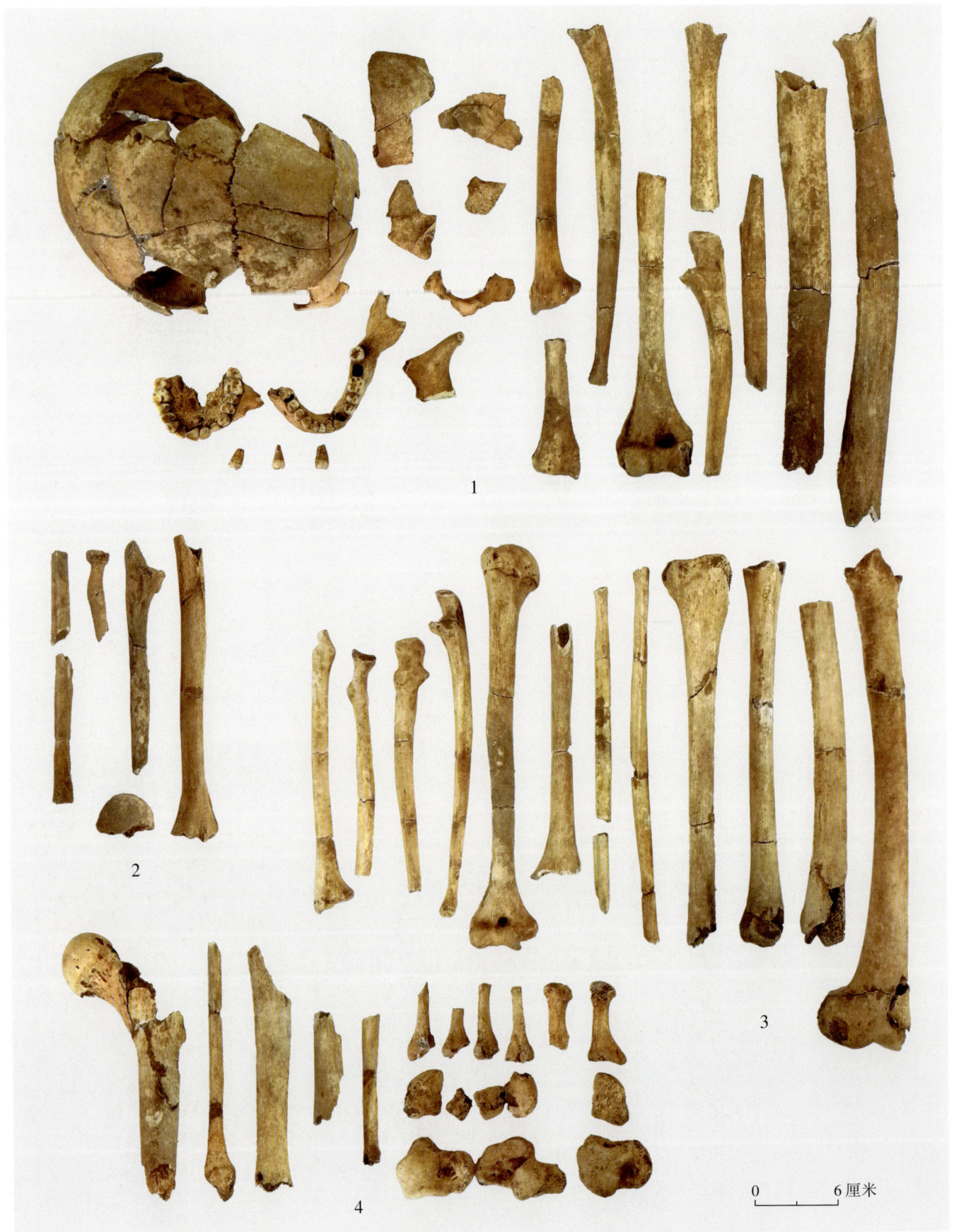

1. M16-2部分头骨、肢骨　2. M16-4肢骨　3. M16-3肢骨　4. M17-1部分下肢骨

彩版五二　M16、M17人骨

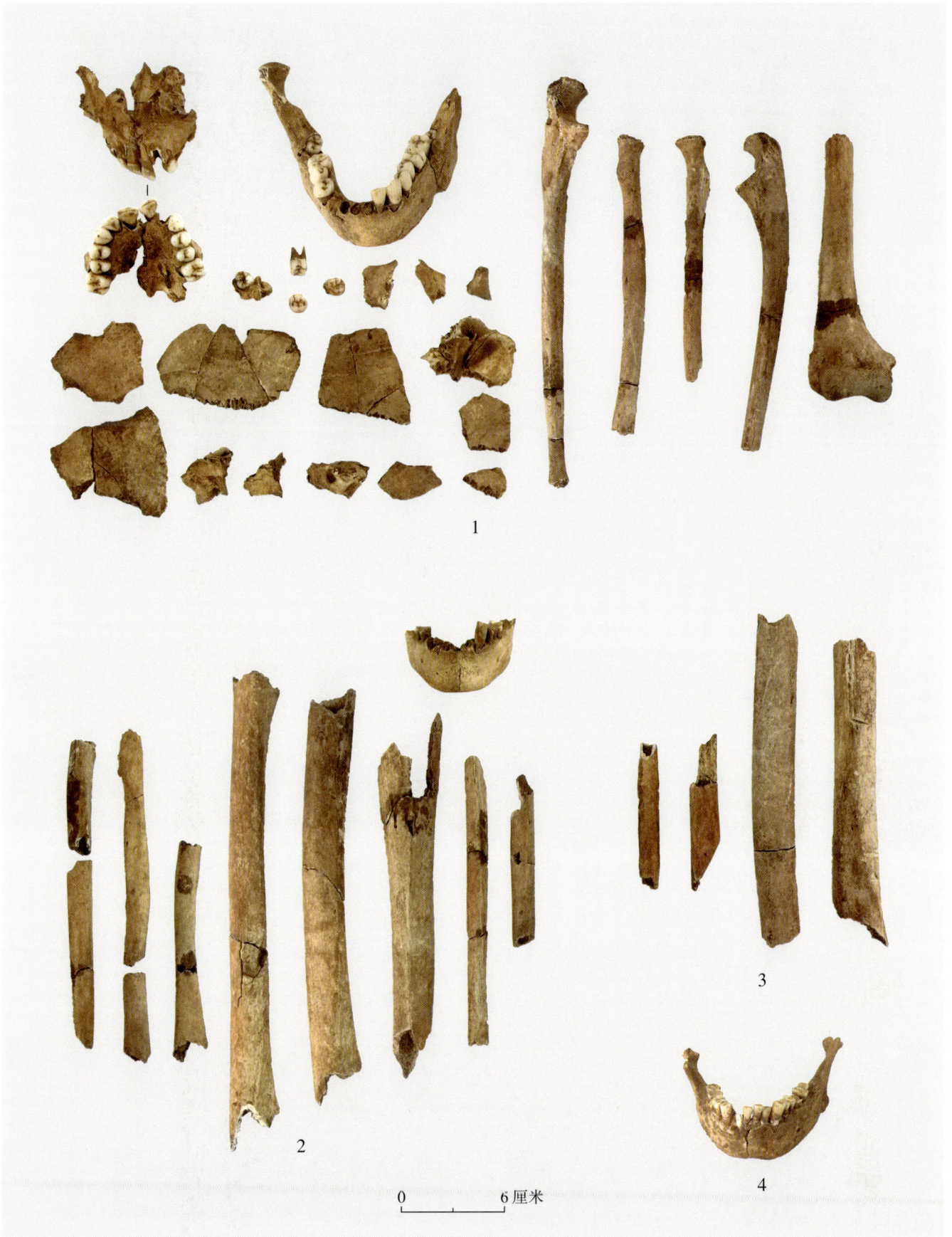

1. M17-2部分头骨、上肢骨　　2. M17-3下颌骨、肢骨　　3. M17-4肢骨　　4. M17-5下颌骨

彩版五三　　M17人骨

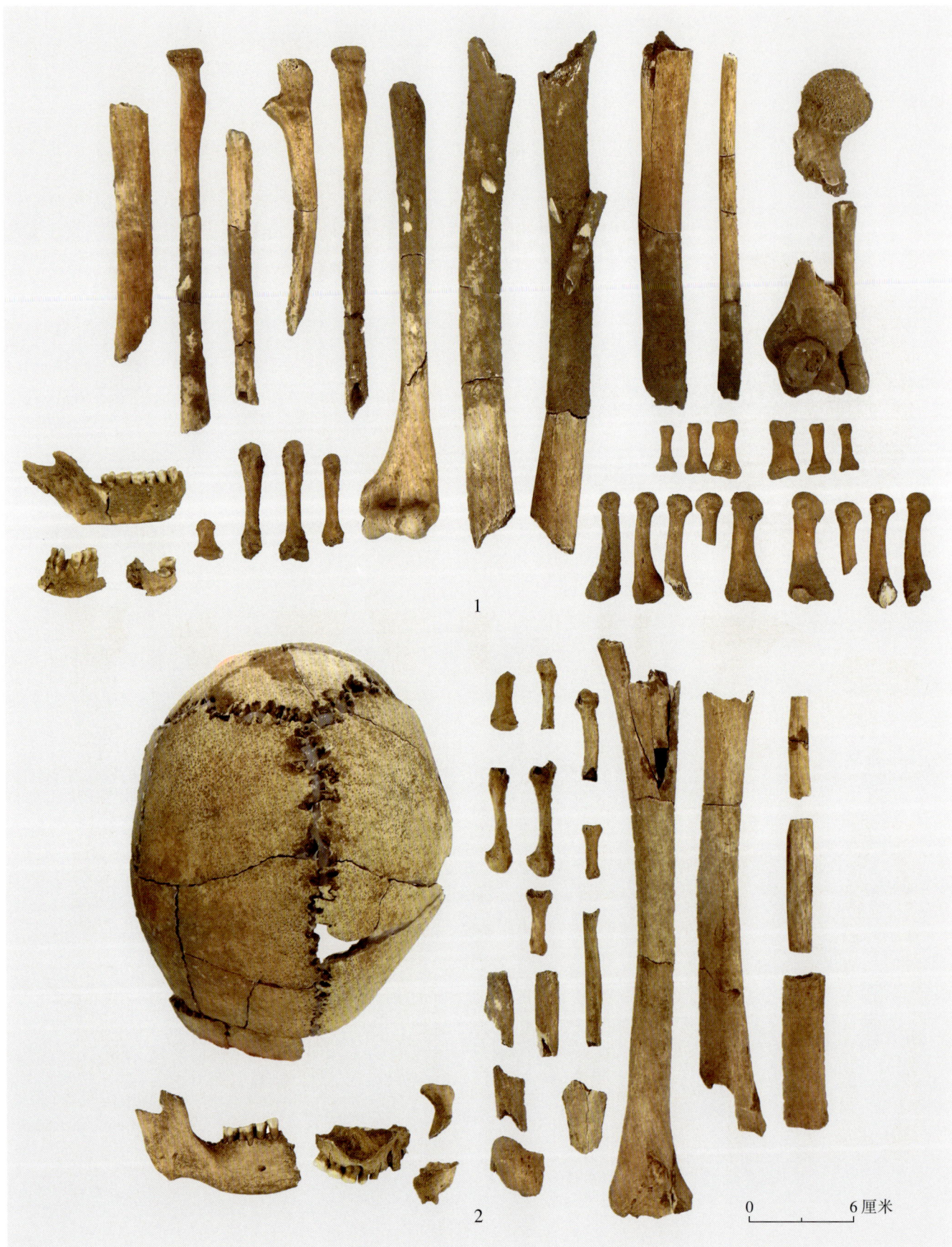

1. M18下颌骨、肢骨　2. M19头骨、部分肢骨

彩版五四　M18、M19人骨

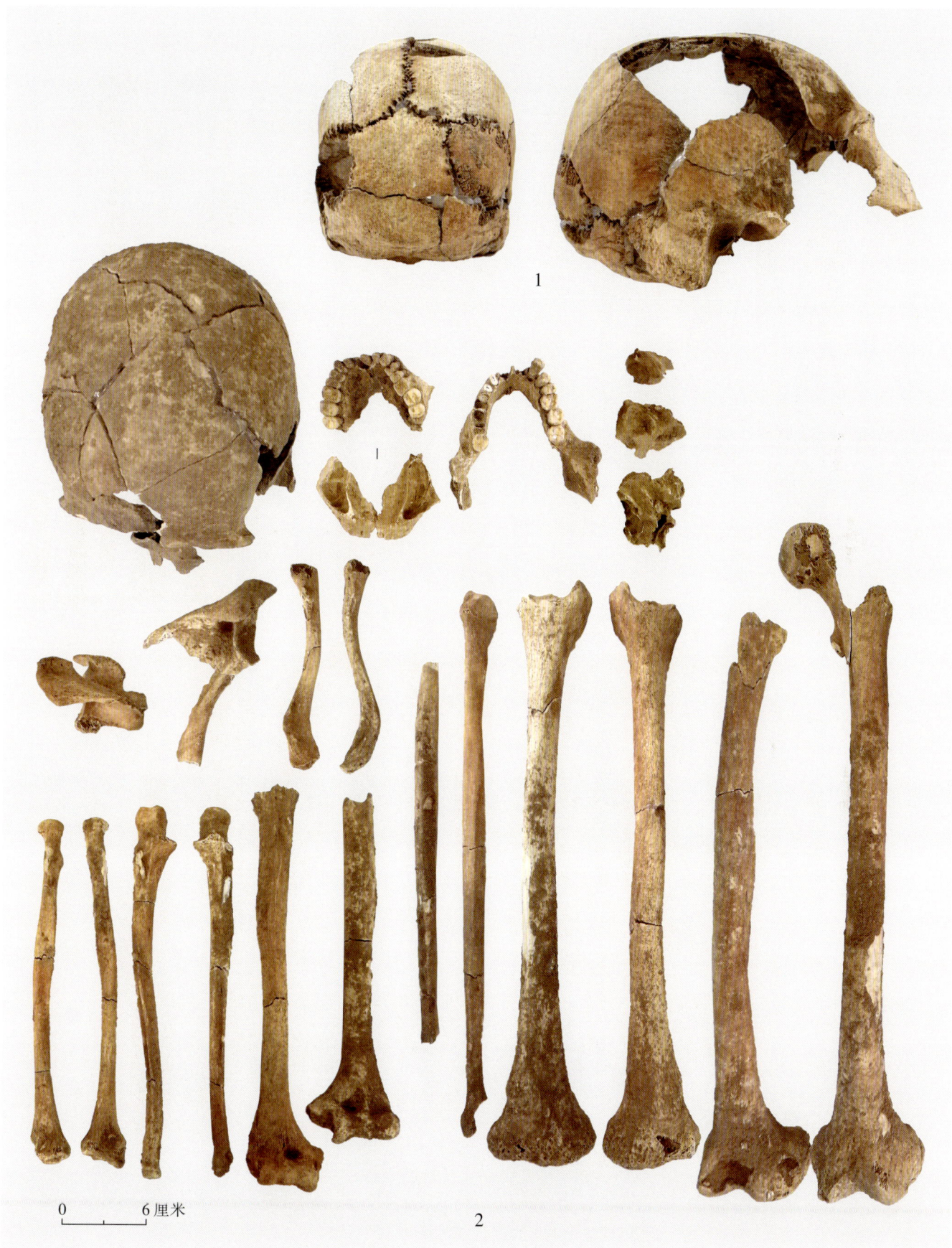

1. M20-1头骨　2. M20-2部分头骨、肢骨

彩版五五　　M20人骨

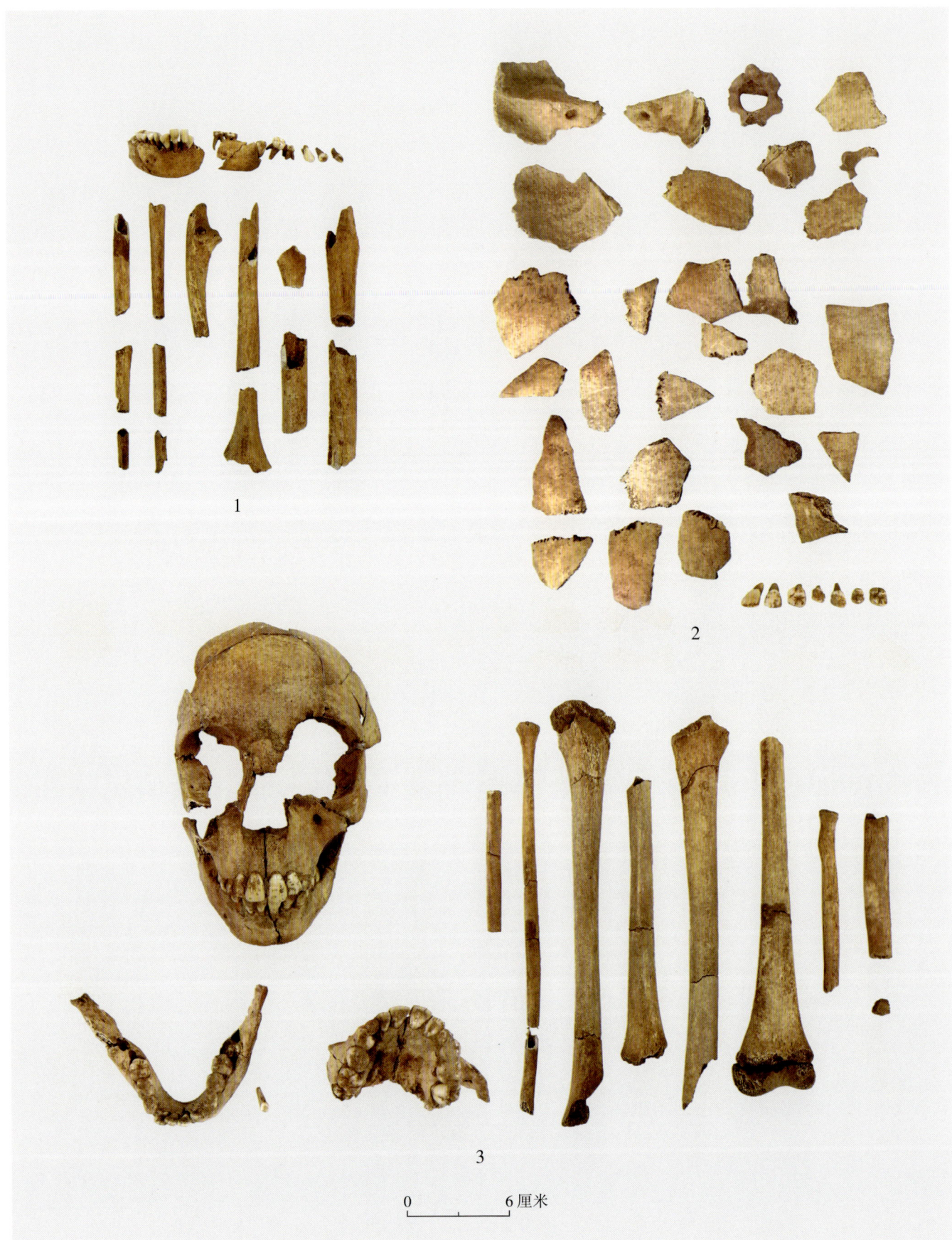

1. M21-1下颌骨、肢骨　2. M21-2部分头骨、牙齿　3. M21-3头骨、牙齿、肢骨

彩版五六　M21人骨

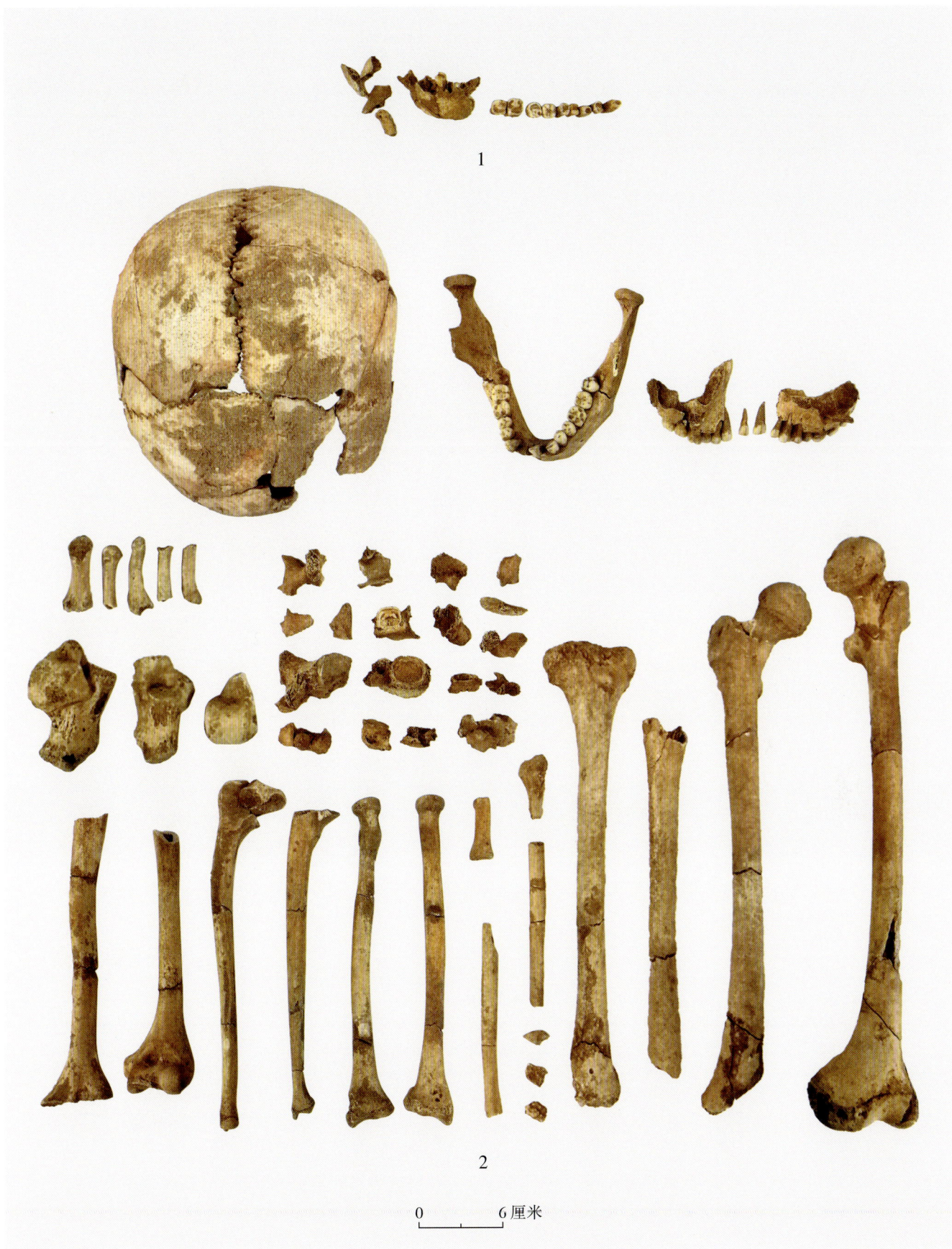

1. M22下颌骨　2. M23头骨、牙齿、椎骨、肢骨

彩版五七　　M22、M23人骨

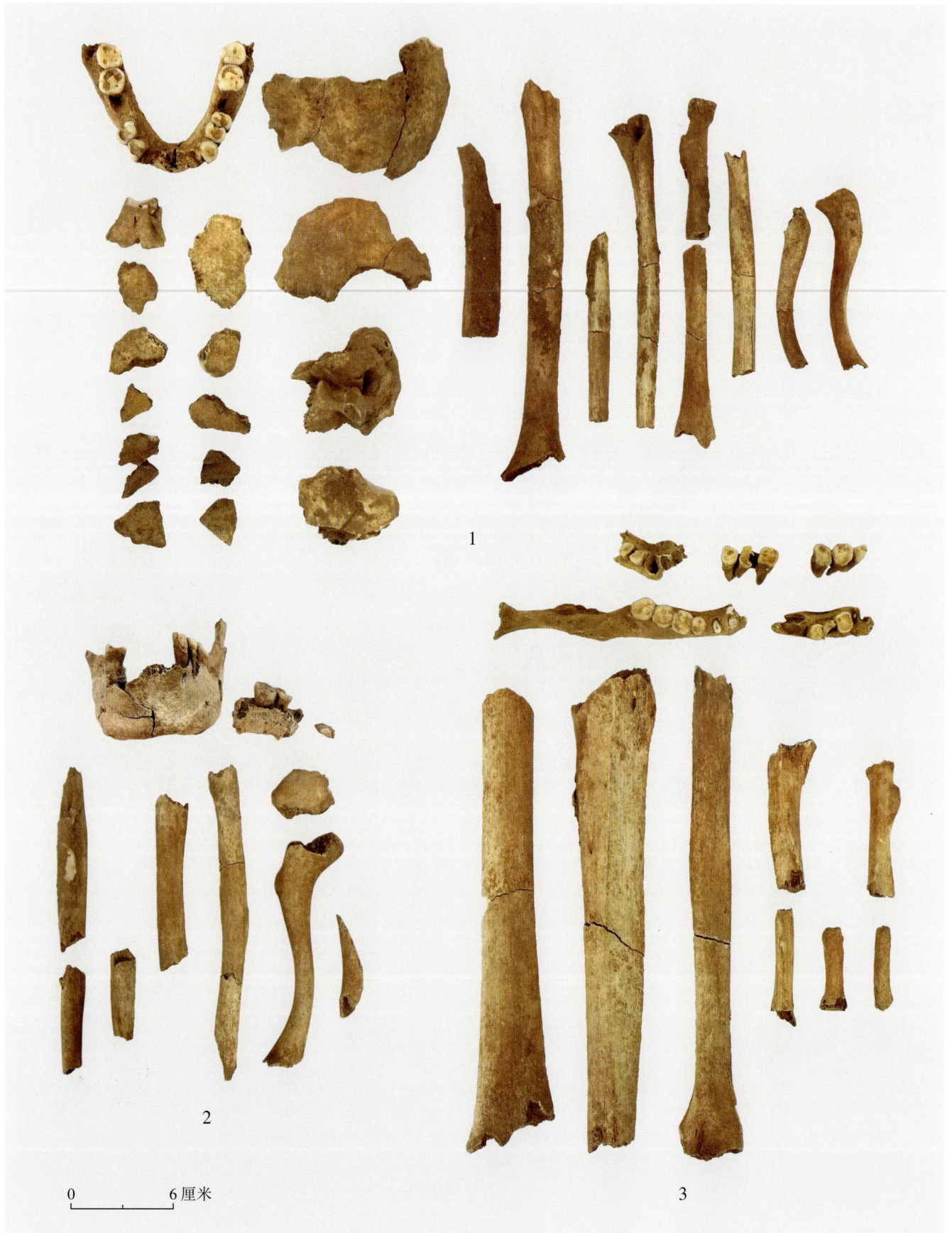

1. M24头骨、上肢骨　2. M25-1颌骨、上肢骨　3. M26牙齿、肢骨

彩版五八　M24、M25、M26人骨

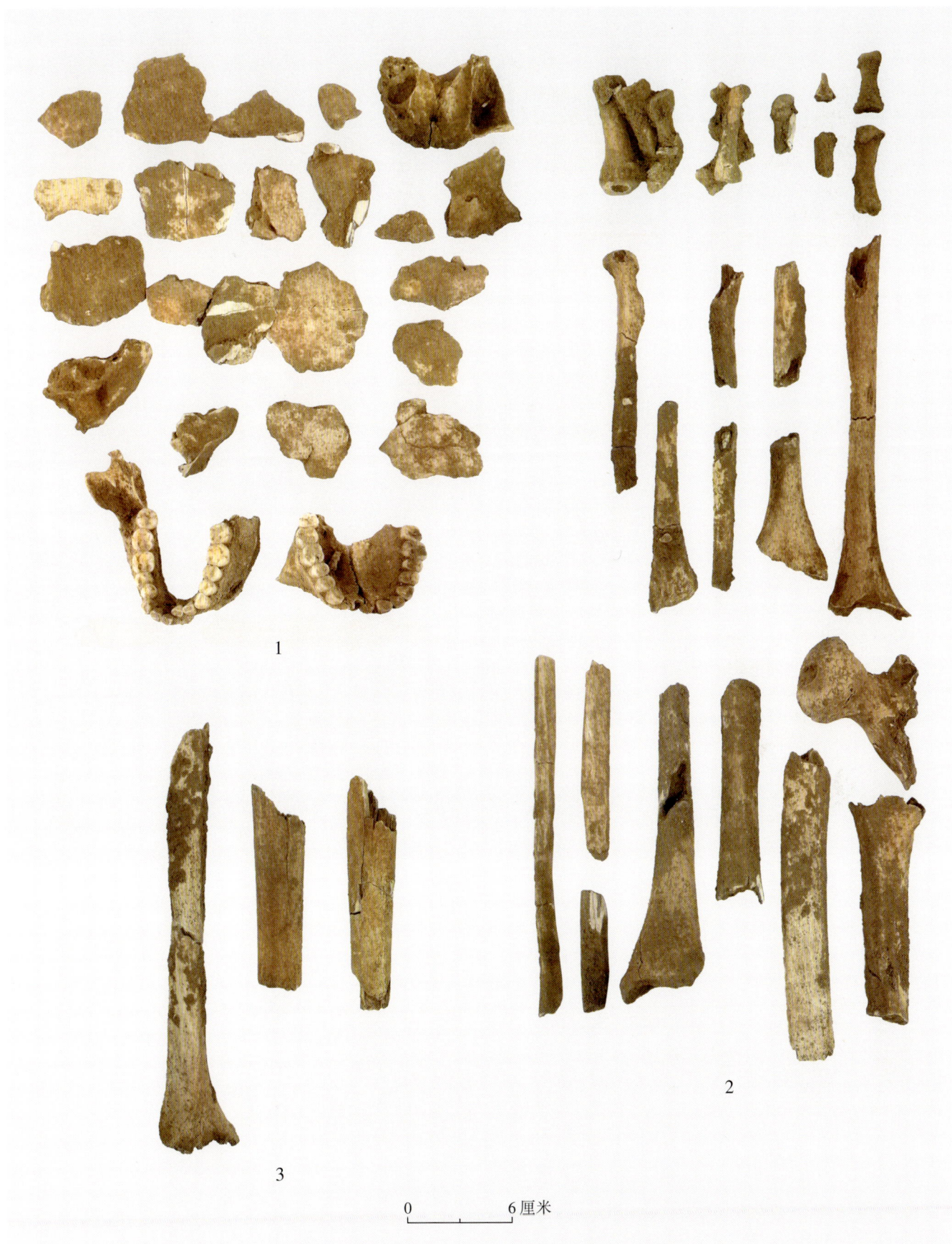

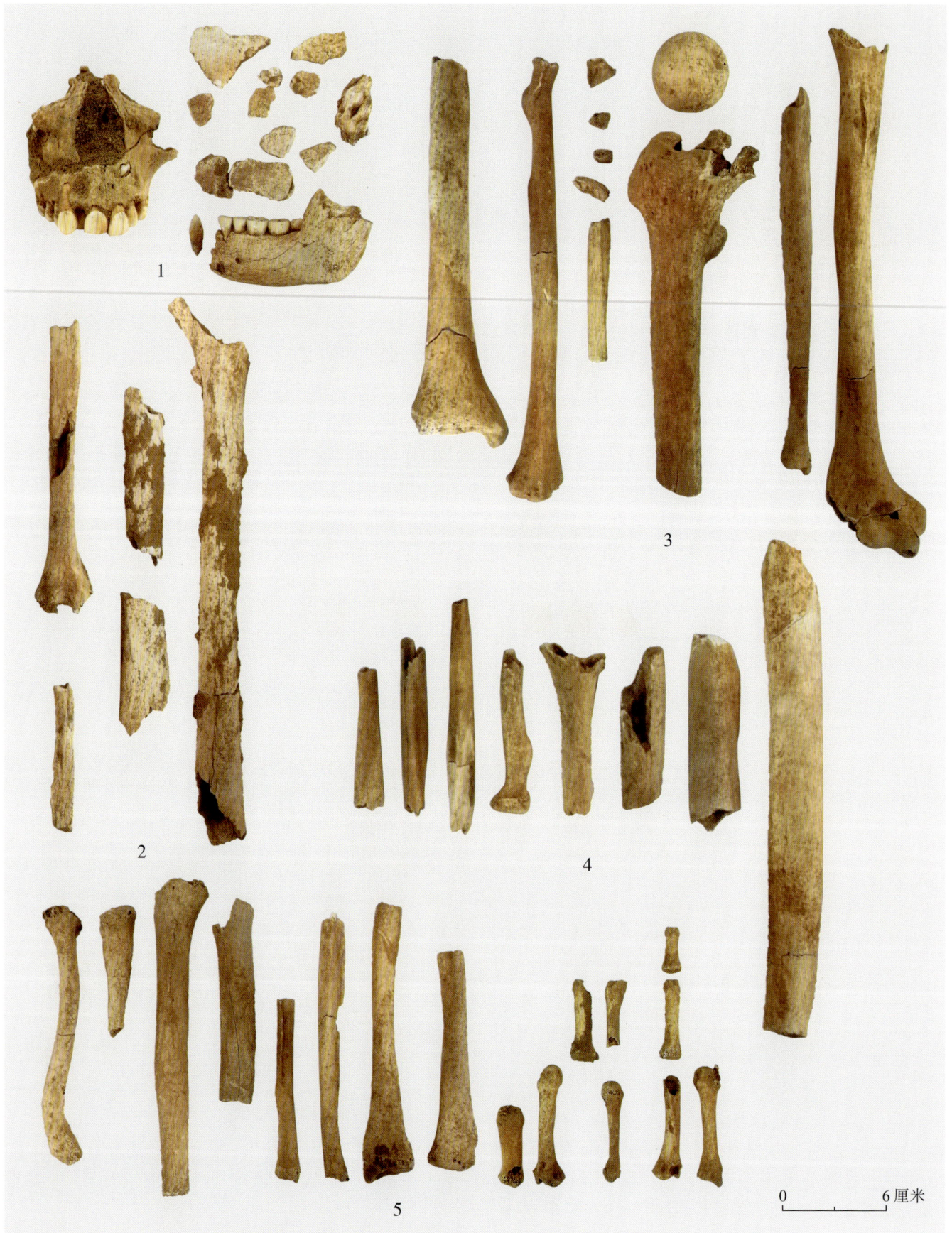

1. M27头骨　2. M27肢骨　3. M28-1肢骨　4. M28-2肢骨　5. M30上肢骨

彩版六〇　M27、M28、M30人骨

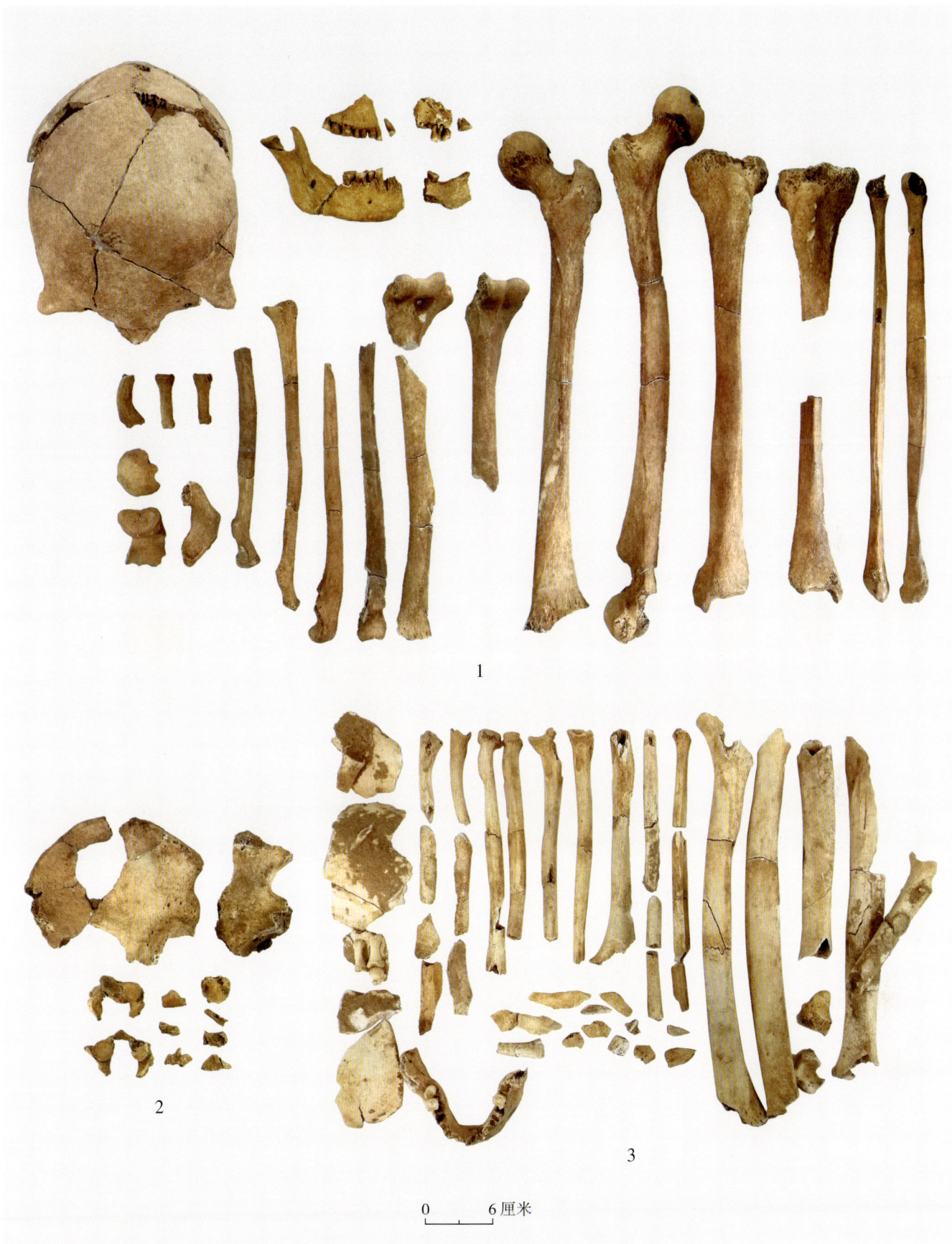

1. M29头骨、肢骨　2. M29盆骨、椎骨　3. M31头骨和肢骨

彩版六一　　M29、M31人骨

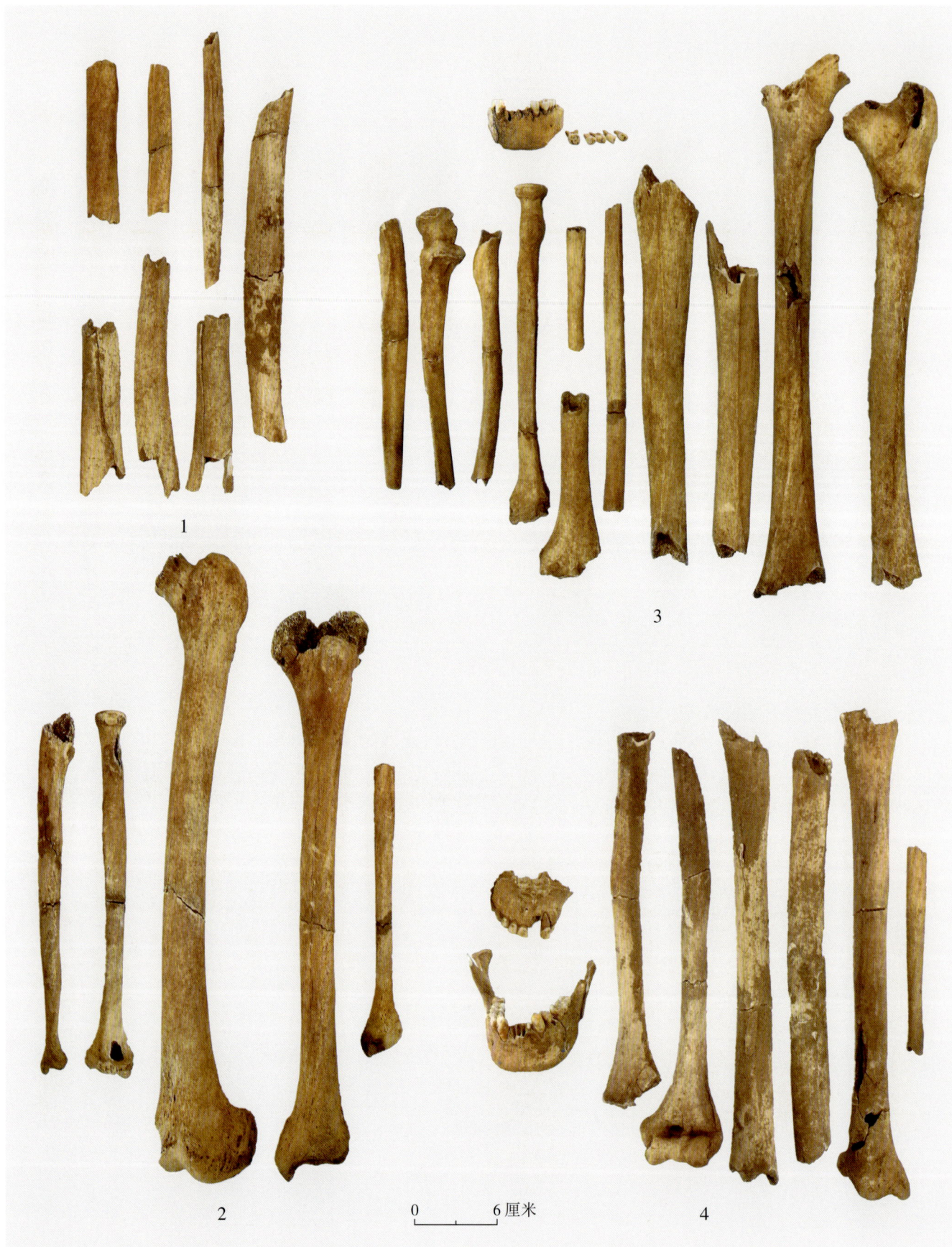

1. M32-1肢骨　2. M32-2肢骨　3. M32-3下颌骨、肢骨　4. M32-4上、下颌骨及肢骨

彩版六二　　M32人骨

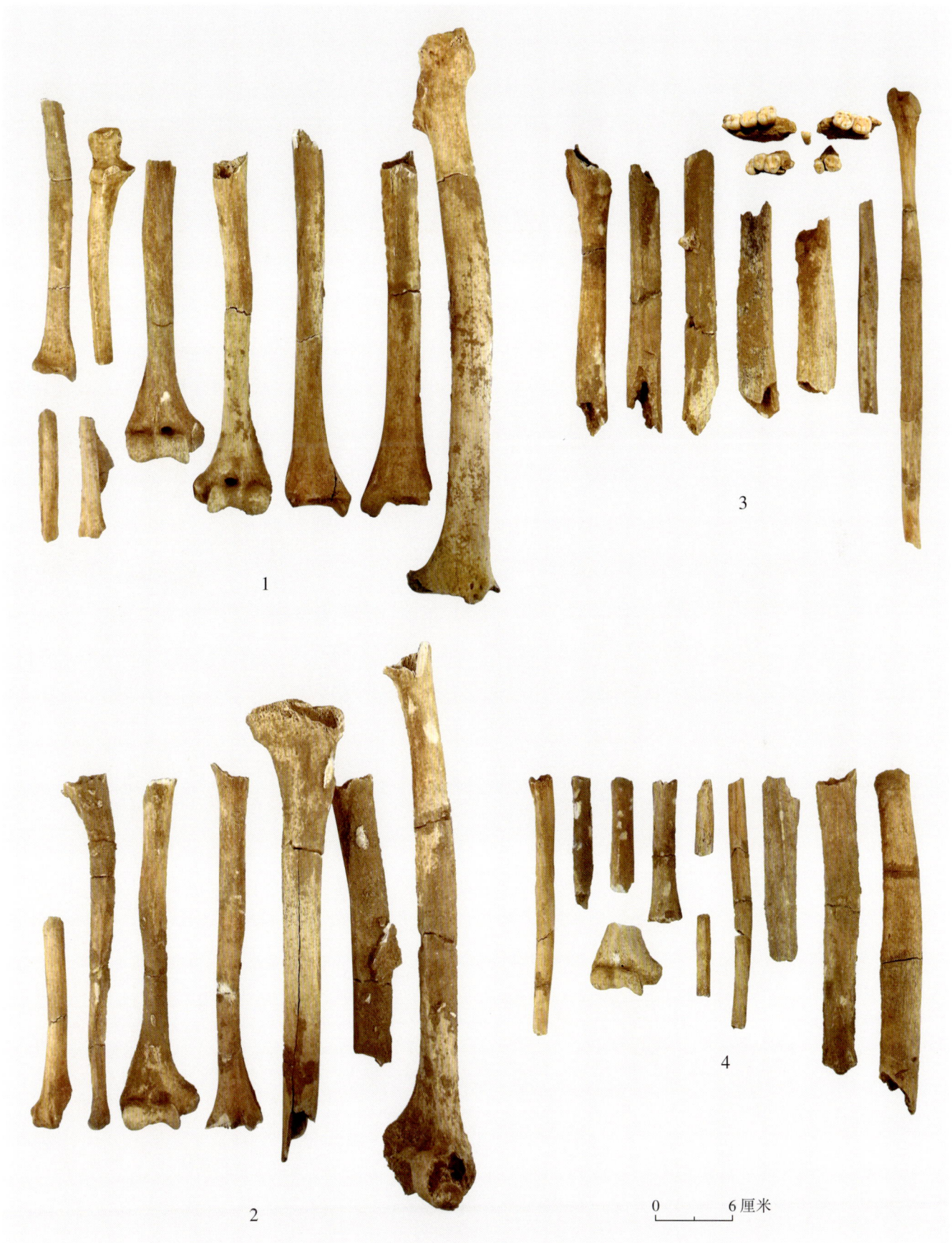

1. M32-5肢骨　2. M32-6肢骨　3. M32-7牙齿、肢骨　4. M32-8肢骨

彩版六三　M32人骨

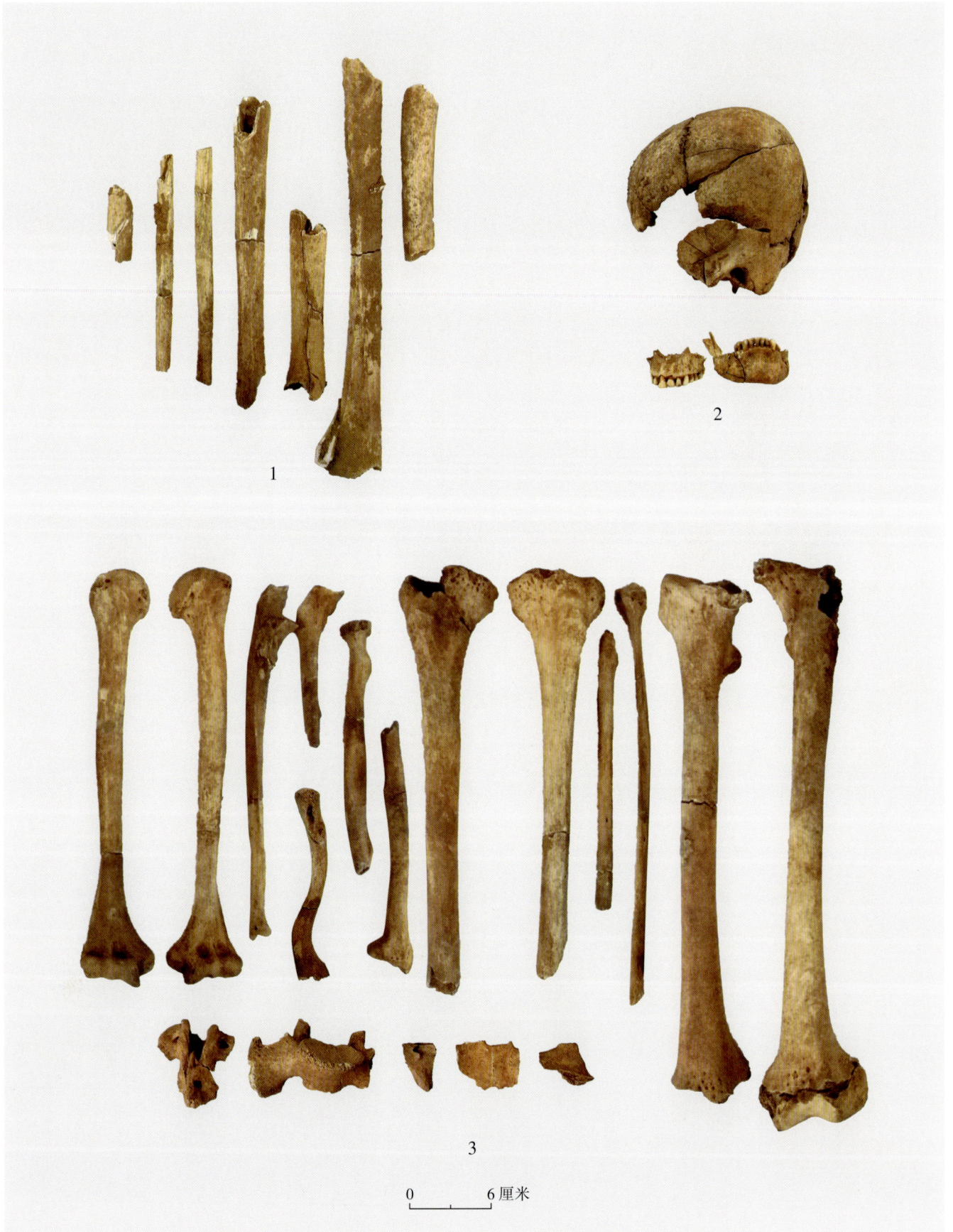

1. M32—9肢骨　2. M33—1头骨　3. M33—1肢骨、骶骨

彩版六四　M32、M33人骨

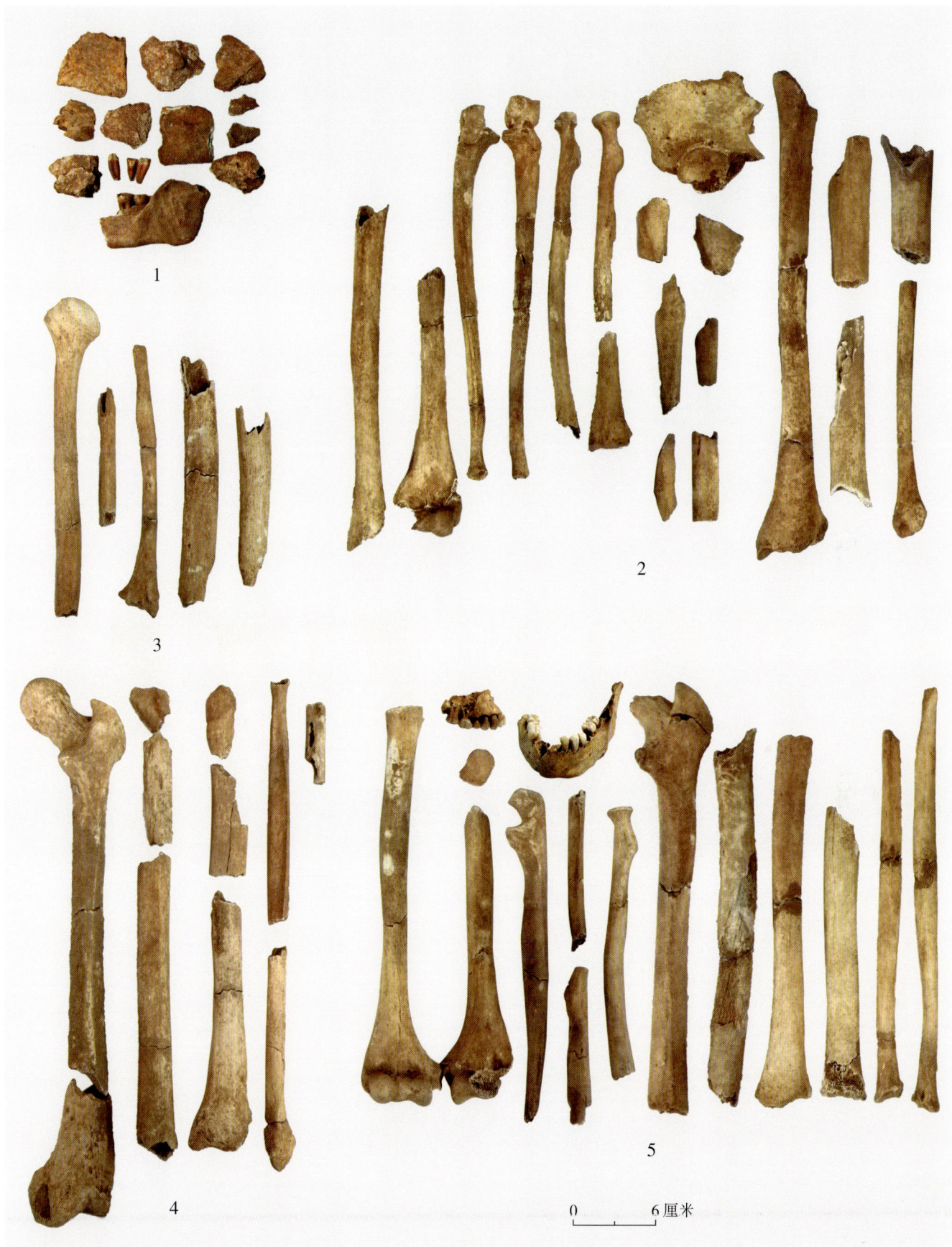

1. M33-2头骨　2. M33-2部分肢骨　3. M33-4肢骨　4. M33-3部分肢骨　5. M34-1肢骨、牙齿

彩版六五　M33、M34人骨

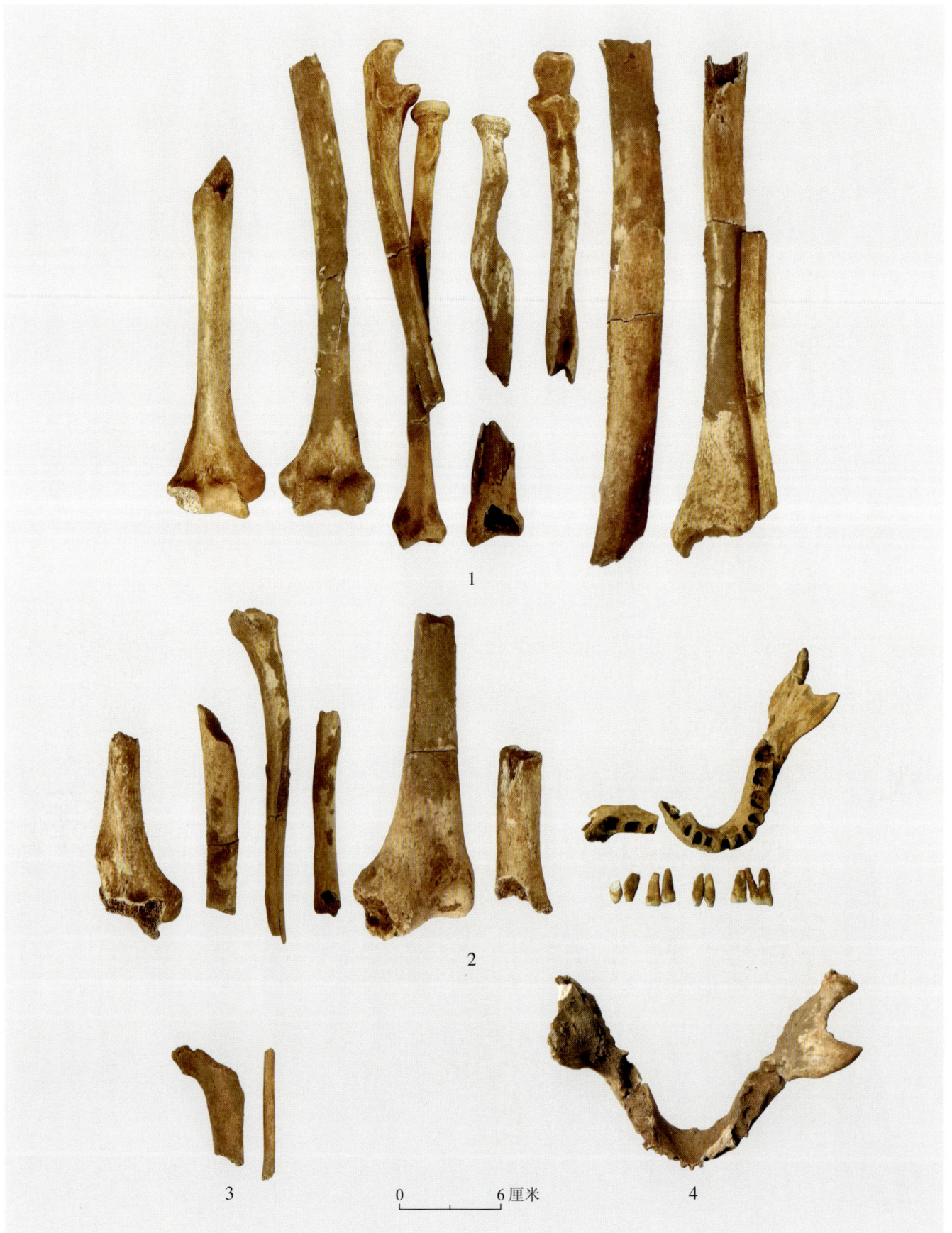

1. M34-2部分肢骨　2. M35-2下颌骨、肢骨　3. M35-3肢骨　4. M35-5下颌骨

彩版六六　M34、M35人骨

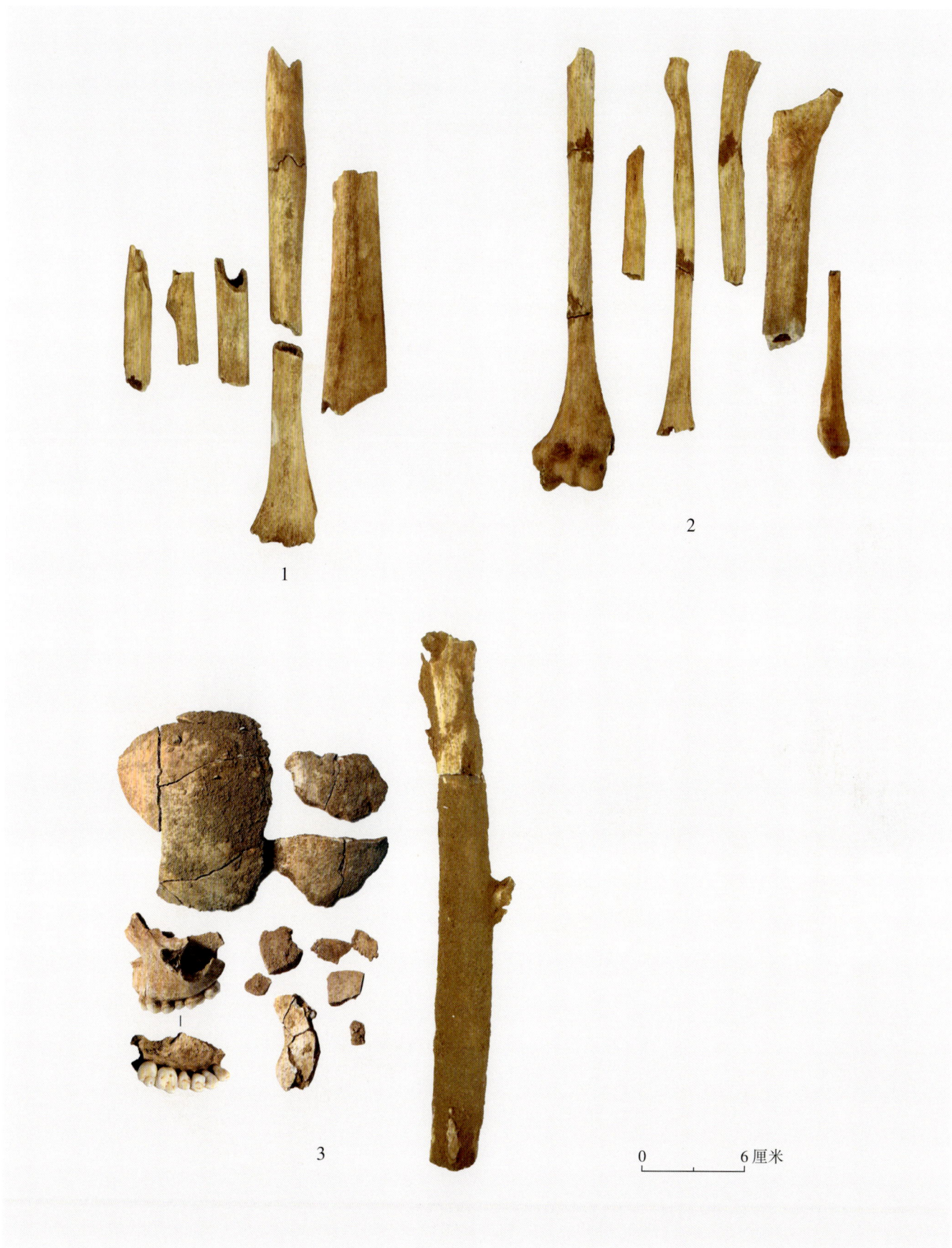

1. M37-1部分肢骨　2. M37-2肢骨　3. M38-1头骨、肢骨

彩版六七　M37、M38人骨

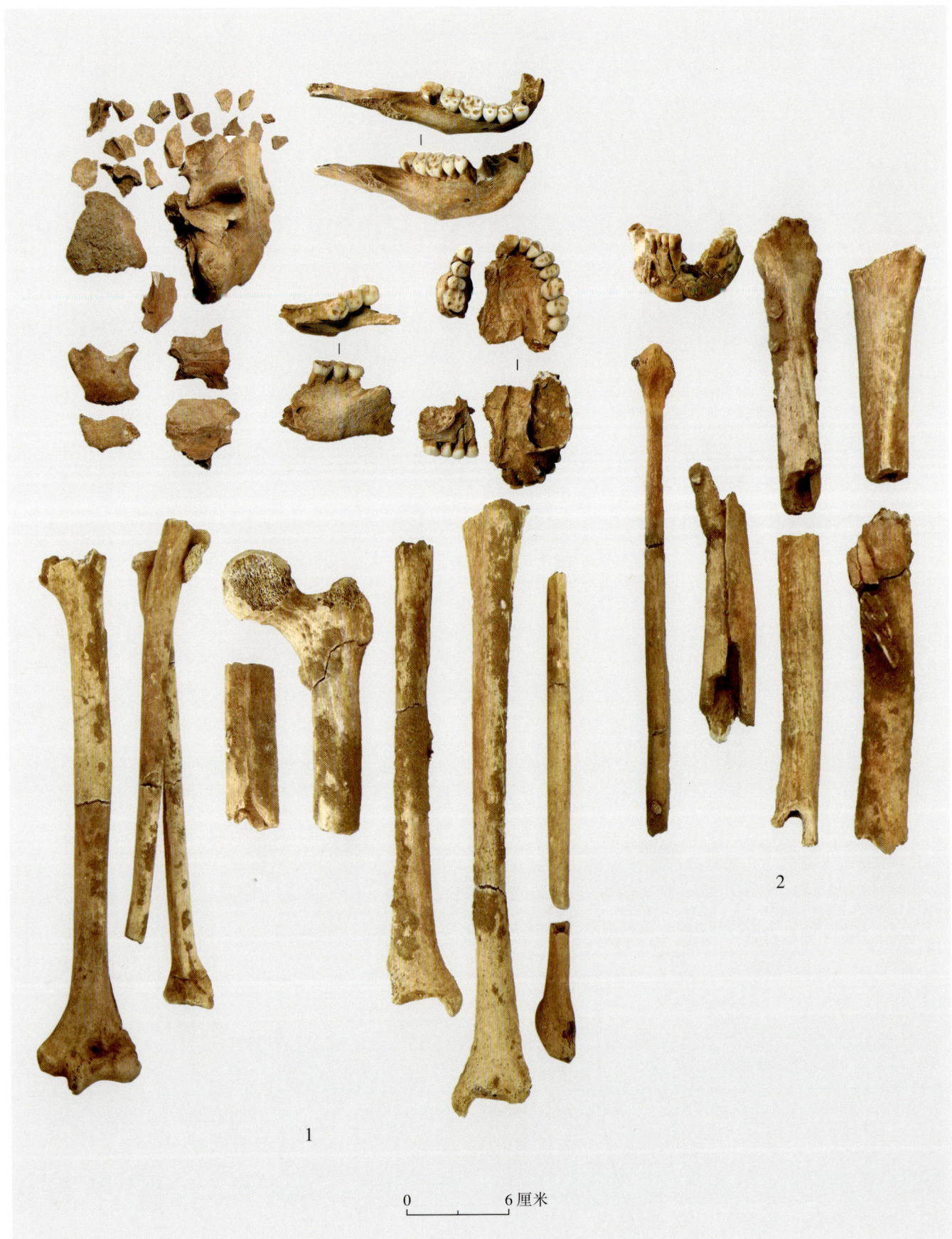

1. M38-2头骨、牙齿、肢骨　2. M38-3下颌骨、肢骨

彩版六八　M38人骨